Der gesellschaftsrechtliche Kapitalschutz
in Deutschland, England und Frankreich

EUROPÄISCHE INTEGRATION UND INTERNATIONALE WIRTSCHAFTSBEZIEHUNGEN

Rechtswissenschaftliche Studien

Herausgegeben von Peter Behrens

Band 21

PETER LANG
Frankfurt am Main · Berlin · Bern · Bruxelles · New York · Oxford · Wien

Justus Jansen

Der gesellschaftsrechtliche Kapitalschutz in Deutschland, England und Frankreich

Eine rechtsvergleichende Untersuchung zur Ermittlung gemeinsamer gesellschaftsrechtlicher Prinzipien

PETER LANG
Europäischer Verlag der Wissenschaften

Bibliografische Information der Deutschen Nationalbibliothek
Die Deutsche Nationalbibliothek verzeichnet diese Publikation in der Deutschen Nationalbibliografie; detaillierte bibliografische Daten sind im Internet über <http://www.d-nb.de> abrufbar.

Zugl.: Hamburg, Univ., Diss., 2006

D 18
ISSN 0948-8774
ISBN 3-631-55887-2

www.peterlang.de

Meinen Eltern

»The law would be much simpler and easier to understand if every company was intended to run a business for a definite number of years and was not permitted to make payments to its members until the end of the period, when it would sell the business and be wound up (...) In practice the members of a company do not wish to wait until its liquidation before receiving a share of its profits.«

Mayson/French/Ryan

Vorwort

Diese Dissertation hat dem Fachbereich Rechtswissenschaft der Universität Hamburg im Wintersemester 2005/2006 vorgelegen. Rechtsprechung und Literatur wurden bis August 2006 nachgetragen.

In erster Linie bedanke ich mich bei *Prof. Dr. Peter Behrens*. Er hat den Anstoß zum Thema dieser Schrift gegeben und mich während der Entstehung intensiv betreut. Nicht zuletzt die von ihm organisierten regelmäßigen Treffen mit anderen Doktoranden, die sich ebenfalls mit rechtsvergleichenden Themen befassten, haben zum Gelingen dieser Arbeit beigetragen. Bedanken möchte ich mich zudem bei *Prof. Dr. Jürgen Basedow* für die Erstellung des Zweitgutachtens.

Die Bibliothek des *Max-Planck-Instituts für ausländisches und internationales Privatrecht* in Hamburg hatte einen eigenen großen Anteil an dieser Schrift. Hierfür bedanke ich mich herzlich.

Ganz besonders herzlich bedanke ich mich bei meinen Eltern für ihre Unterstützung, nicht nur während der Entstehungszeit dieser Schrift. Dieses Buch widme ich meinen Eltern, insbesondere meinem Vater, der die Vollendung leider nicht mehr erleben durfte und dessen Rat mir heute fehlt. Ohne die Unterstützung meiner Eltern wäre diese Arbeit nicht möglich gewesen.

Bedanken möchte ich mich auch bei *Dr. Susanne Wendt, Bianca Nohe*, *Dr. Philip Peitsmeyer*, *Dr. Sven Krämer* und meinen Brüdern *Jasper* und *Jacob Jansen* für das Korrekturlesen des Manuskripts, für ihre Kritik und ihre wertvollen Hinweise.

Last but not least möchte ich mich bei *Alexandra Klöckler* für ihre Geduld und Unterstützung bedanken.

Hamburg, im August 2006 Justus Jansen

Inhaltsübersicht

Inhaltsverzeichnis

Abkürzungsverzeichnis

ABl. EG	Amtsblatt der Europäischen Gemeinschaften
AC	Law Reports, Appeal Cases
ADHGB	Allgemeines Deutsches Handelsgesetzbuch
AfA	Absetzung für Abschreibung
AG	Aktiengesellschaft; Die Aktiengesellschaft (Zeitschrift); Amtsgericht
al.	alinéa (Absatz einer französischen Gesetzesnorm)
All E.R.	All England Law Reports
A.N.S.A.	Association Nationale des Sociétés par actions
AnwBl	Anwaltsblatt
App.	Cour d`appel
App. Cas.	Appeals Cases / Law Reports, Appeals Cases 1875-1890
BB	Der Betriebs-Berater
BCC	British Company Law Cases
BCLC	Butterworth Company Law Cases
Bull. civ.	Bulletin des arrêts des chambres civiles de la Cour de cassation
Bull. CNCC	Bulletin du Conseil national de commisaires aux comptes
Bull. Joly	Bulletin mensuel Joly d`information des sociétés
C.	Code
Cass.	Cour de Cassation
Cass. civ.	Cour de Cassation, chambre civile
Cass. com.	Cour de Cassation, chambre commerciale et financière
Cass. crim.	Cour de Cassation, chambre criminelle
Cass. Req.	Cour de Cassation, chambre des Requêtes
CA	Court of Appeal
CA 1985	Companies Act 1985
CBCA	Canada Business Corporation Act
CCIP	Chambre de Commerce et d`industrie de Paris
C.civ.	Code civil

C.com.	Code de Commerce
CFILR	Company Financial and Insolvency Law Review
CGI	Code général des impôts
ch.	Chambre
Ch.	Chancery / Law Reports, Chancery
Ch. App.	Chancery Appeals Cases / Law Reports, Chancery Appeals Cases
Ch.D.	Chancery Division / Law Reports, Chancery Division
Civ.	Tribunal de grande instance
CLRA 1998	Company Law Review Act 1998 (Australien)
CLERP	Corporate Law Economic Reform Program (Australien)
Cm	Command Paper
CMLR	Common Market Law Review
CNPF	Conseil National du Patronat Français
Co.	Code
C.O.B.	Commission des opérations de bourse
Comp.Law.	The Company Lawyer
CREDA	Centre de recherche sur le droit des affaires der Chambre de Commerce et d'Industrie de Paris
C.soc.	Code des sociétés
D.	Recueil Dalloz
DB	Der Betrieb
Décr.	Décret
Décr. 23 mars 1967	Décret n° 67-236 du 23 mars 1967, Sur les sociétés commerciales
D.H.	Dalloz hebdomaire
DOK	Dokument
D.P.	Recueil périodique et critique mensuel Dalloz (vor 1941)
Dr. sociétés	Droit des sociétés
DStR	Deutsches Steuerrecht
DTI	Department of Trade and Industries
EBOR	European Business Organization Law Review
ECU	European Currency Unit
EG	Europäische Gemeinschaft

EGInsO	Einführungsgesetz zur Insolvenzordnung
EPG	Europäische Privatgesellschaft
EuR	Europarecht (Zeitschrift)
EURL	Entreprise unipersonnelle à responsabilité limitée
EWG	Europäische Wirtschaftsgemeinschaft
fasc.	fascicule (Heft)
FGG	Gesetz über die Angelegenheiten der freiwilligen Gerichtsbarkeit
Gaz. Pal.	Gazette du Palais
GmbHR	GmbH-Rundschau
HL	House of Lords
IA	Insolvency Act
IHL	The In-House Lawyer
IWB	Internationale Wirtschaftsbriefe
JCP	Juris-Classeur périodique (Semaine juridique)
JCP éd. N.	Jurisclasseur périodique, édition notariale
J.O.	Journal officiel de la République Française
Joly Bourse	Bulletin Joly, Bourse et produits financiers
J. Soc.	Journal des sociétés
Juriscl.Soc.	Jurisclasseur Sociétés
JuS	Juristische Schulung
JW	Juristische Wochenschrift
JZ	Juristenzeitung
KapErhG	Kapitalerhöhungsgesetz
KapRiLi	Kapitalrichtlinie
KölnerKomm	Kölner Kommentar zum Aktiengesetz
KOM	Kommission der Europäischen Gemeinschaften
KonTraG	Gesetz zur Kontrolle und Transparenz im Unternehmensbereich
L.	Loi.
L. 24 juill. 1966	Loi n° 66-537 du 24 juillet 1966, Sur les sociétés commerciales

L. 31 déc.1970	Loi n° 70-1300 du 31 décembre 1970, Fixant le régime applicable aux sociétés civiles autorisées à faire publiquement appel à l'epargne.
L. 30 déc. 1981	Loi n° 81-1162 du 30 décembre 1981, Mise en harmonie du droit de sociétés commerciales avec la deuxième directive adoptée par le conseil des communautés européennes, le 13 décembre 1976
L. 25 jan. 1985	Loi n° 85-98 du 25 janvier 1985, Relative au redressement et à la liquidation judiciares des entreprises
L. 2 juill. 1998	Loi n° 98-546 du 2 juillet 1998 portant diverses dispositions d'ordre économique et financier
LLP	Limited Liability Partnership
LPA 1907	Limited Partnerships Act 1907
L.R.Stat.	The Law Reports: Statutes
LSRL	Ley de sociedades de responsabilidad limitada (Spanisches GmbHG)
ltd	private limited company
MBCA	Model Business Corporation Act (USA)
MLR	Modern Law Review
MR	Master of the Rolls
NLJ	New Law Journal
NJW	Neue Juristische Wochenschrift
NRE	L. n° 2001-420 du 15 mai 2001, Relative aux nouvelles régulations économiques
NZG	Neue Zeitschrift für Gesellschaftsrecht
ÖGmbHG	Österreichisches Gesetz betreffend die Gesellschaften mit beschränkter Haftung
OGAW	Organismen für gemeinsame Anlagen in Wertpapieren
Ord.	Ordonnance
Ord. 19 sept. 2000	Ord. n° 2000-916 du 19 septembre 2000, Portant adaption de la valeur en euros de certains montants exprimés en francs dans les textes legislatifs

PA 1890	Partnership Act 1890
para	paragraph
PC	Privy Council
plc	Public limited company
pwc	Price Waterhouse Coopers – Aktuelles zu Steuern und Recht
RabelsZ	Rabels Zeitschrift für ausländisches und internationales Privatrecht – Tübingen
Re	in Sachen (in the matter of); zitierweise bei (nicht streitigen) Konkurs- und Zwangsabwicklungsverfahren im englischen Recht
Règl.	Règlement
Req.	Chambre des requêtes
Rev. Banque	Revue Banque
Rev.soc.	Revue des sociétés (Dalloz)
R.J.D.A.	Revue de jurisprudence de droit des affaires
RIW	Recht der internationalen Wirtschaft
RTD com.	Revue trimestrielle de droit commercial et de droit économique (Dalloz)
RTDE	Revue trimestrielle de droit européen
S.	Recueil Sirey; Satz
SA	Société anonyme
SARL	Société à responsabilité limitée
SAS	Société par actions simplifiée
SC	Société civile
SCA	Société en commandite par actions
Sch 2	Schedule 2 CA 1985, Interpretation of references to "beneficial interest".
Sch 4	Schedule 4 CA 1985, Form and content of company accounts.
Sch 7	Schedule 7 CA 1985, Matters to be dealt with in director`s report.
Sch 24	Schedule 24 CA 1985, Punishment of offences under under this Act.
SCPI	Société civile de placement immobilier
SCS	Société en commandite simple
SCV	Société à capital variable
SE	Societas Europae

SE-VO	Verordnung (EG) Nr. 2157/2001 des Rates vom 8.10.2001 über das Statut der Europäischen Gesellschaft (SE)
sec.	section
secs.	Sections
SI	Statutory Instrument
SICAF	Société d`investissement à capital fermé (fixe)
SICAV	Société d`investissement à capital variable
SLIM	Simpler Legislation for the Internal Market
SNC	Société en nom collectif
Somm.	Sommaire
SP	Société en participation
SSAP	Statements of Standard Accounting Practice
subs.	subsection
v.	versus/vom
vGA	verdeckte Gewinnausschüttung
Vol.	Volume
WFBV	Niederländisches Gesetz betreffend formal ausländische Gesellschaften (*Wet op de formeel buitenlandse vennootschappen*)
WLR	Weekly Law Reports
WM	Wertpapier-Mitteilungen – Zeitschrift für Wirtschafts- und Bankrecht
ZEuP	Zeitschrift für Europäisches Privatrecht
ZfRV	Zeitschrift für Rechtsvergleichung
ZGR	Zeitschrift für Unternehmens- und Gesellschaftsrecht
ZHR	Zeitschrift für das gesamte Handels- und Wirtschaftsrecht
ZIP	Zeitschrift für Wirtschaftsrecht
ZvglRWiss	Zeitschrift für vergleichende Rechtswissenschaft

Einleitung

I. Ausgangslage

Aufgrund der Rechtsprechung des EuGH[1] steht nach herrschender Meinung fest, dass ein Mitgliedstaat der EU auf zugezogene europäische Auslandsgesellschaften nicht mehr die Sitztheorie, sondern die Gründungstheorie anzuwenden hat. Nach der jüngst zur Niederlassungsfreiheit ergangenen Entscheidung „Inspire Art" ist das Recht des Gründungsstaates nicht nur für die wirksame Gründung, sondern insgesamt als Gesellschaftsstatut maßgeblich[2].

So sind im Ergebnis europäische Auslandsgesellschaften generell anzuerkennen. Diese Aussage des „Centros"- und des „Überseering"-Urteils kann nicht, wie noch einige Kommentatoren meinten, auf die Partei- und Rechtsfähigkeit der Gesellschaft beschränkt bleiben. Nach der „Inspire Art" Entscheidung besteht vielmehr nun Klarheit, dass auch eine nach dem Recht eines anderen Mitgliedstaates gegründete Gesellschaft im Zuzugsstaat nicht dadurch diskriminiert werden darf, dass die Haftungsbeschränkung aufgehoben und den Geschäftsführern eine gesamtschuldnerische persönliche Haftung auferlegt wird. Die „deutsche" GmbH kann also auch in Zukunft nicht, wie es in den Niederlanden versucht und auch hier zu Lande bereits angedacht wurde[3], durch nationale Beschränkungsregeln[4], die dafür Sorge

---

1 *EuGH*, Urt. v. 9.3.1999 – Rs. C-212/97 („*Centros* Ltd. ./. Erhvervs- og Selskabsstyrelsen"), Slg. 1999, I-1459; *EuGH*, Urt. v. 5.11.2002 – Rs C-208/00 („*Überseering* BV ./. Nordic Construction Company Baumanagement GmbH"), Slg. 2002, Slg. I-9919; *EuGH*, Urt. v. 30.9.2003 – Rs C-167/01 („Kamer van Koophandel en Fabrieken voor Amsterdam ./. *Inspire Art*"), Slg. I-10155.

2 *Bayer*, BB 2003, 2364; *Behrens*, IPRax 2004, 25 ; *ders.*, EBOR 2001, 160; *Borges*, ZIP 2004, 733; *Brödermann/Rosengarten*, Rn. 424; *Ebke*, BB 2003, I; *Eidenmüller/Rehm*, ZGR 2004, 159; *Geyrhalter/Gänßler*, DStR 2003, 2167; *dies.* NZG 2003, 410; *Hirte*, GmbHR 2003, R 421; *Horn*, NJW 2004, 894; *Kleinert/Probst*, DB 2003, 2217 f.; *Koegel*, GmbHR 2003, 1225; *Leible/Hoffmann*, EuZW 2003, 681; *Meilicke*, GmbHR 2003, 1271; *Merkt*, RIW 2004, 7; *Paefgen*, ZIP 2004, 2253; *Riegger*, ZGR 2004, 510 ff. ; *Sandrock*, BB 2004, 897; *Schumann*, DB 2004, 743; *Spindler/Berner*, RIW 2003, 949; *Ulmer*, NJW 2004, 1201; *Weller*, DStR 2003, 1802; *Weßling/Romswinkel*, GmbHR 2003, R 441 f.; *Ziemons*, ZIP 2003, 1913; *Zimmer*, NJW 2003, 3585; a.A. *Altmeppen*, NJW 2004, 99 ff.; *Altmeppen/Wilhelm*, DB 2004, 1085 ff.; *Wilhelm*, ZHR 2003, 539 ff.; *Baudenbacher/Buschle*, IPRax 2004, 29 ff. sprechen sich zudem für die Anwendung der Gründungstheorie auf Gesellschaften aus EWR-Staaten aus; vgl. *OLG Frankfurt a.M.*, Urt. v. 28.5.2003 – 23 U 35/02, IPRax 2003, 56.

3 *Kersting*, NZG 2003, 11, der jedoch bereits die Vereinbarkeit einer solchen Gesetzgebung mit den Grundfreiheiten des EGV bezweifelte.

4 Aufgrund des Gesetzes betreffend formal ausländische Gesellschaften (WFBV) mussten ausländische Gesellschaften, die ausschließlich in den Niederlanden geschäftlich tätig wurden, über ein Mindestkapital verfügen, welches demjenigen entspricht, das niederländische Gesellschaften aufzubringen haben, *Wet van 17 december 1997, houdende regels met betrekking tot naar buitenlands recht opgerichte, rechtspersoonlijkheid bezittende kapaitaalvennootschappen die hun werk-*

tragen, dass europäische Auslandsgesellschaften quasi auf den „Qualitätsstandard" des deutschen Gesellschaftsrechts gehoben werden, vor der Konkurrenz durch ausländische Gesellschaften geschützt werden. In Zukunft sind europäische Auslandsgesellschaften vor deutschen Gerichten nach ihrem Gründungsrecht zu behandeln, auch wenn sich ihr Unternehmen im Inland befindet.

Auf Gesellschaften anderer Mitliedstaaten sind daher grundsätzlich auch deutsche Kapitalerhaltungsregelungen und hiermit verbundene Rechtsfolgen unanwendbar[5].

Die Unternehmerschaft wird in Folge der durch die Centros-Entscheidung des EuGH begründeten Auslegung der durch Art. 43, 48 EGV gewährten Niederlassungsfreiheit und die hierdurch geschaffene „europäische Gesellschaftsrechtsformwahlfreiheit" ermutigt, sich das vorhandene Regelungsgefälle zwischen den mitgliedstaatlichen Gesellschaftsrechten im Wege eines „*law shoppings*" zunutze zu machen[6]. Die einzelnen Mitgliedstaaten müssen daher in Zukunft im Rahmen des Wettbewerbs der Rechtsformen mit mehr ausländischen Gesellschaftsrechtssubjekten rechnen[7].

---

zaamheid geheel of nagenoeg geheel in Nederland verrichten en geen werkelijke band hebben met de staat naar welks recht zij zijn opgericht (*Wet op de formeel buitenlandse vennootschappen*), Staatsblad 1997, Nr. 697. Neben den Niederlanden hat auch Dänemark in Form eines Steuergesetzes auf die Centros-Entscheidung reagiert, nach dem ausländische Gesellschaften eine Kaution in Höhe des gesetzlichen Mindestkapitals stellen oder nachweisen müssen, dass der Wert des Nettoaktivvermögens mindestens in Höhe des dänischen Mindestkapitalerfordernisses besteht, *Hansen*, EBOR 2001, 150 ff.; *Kersting*, NZG 2003, 11.

5 *Bayer*, BB 2003, 2364; *ders.* BB 2004, 4; *Ebert/Levedag*, GmbHR 2003, 1343; *Meilicke*, GmbHR 2003, 805; *ders.* GmbHR 2003, 1272; *Müller*, NZG 2003, 417; *Paefgen*, DB 2003, 489 f.; *Sandrock*, ZvglRWiss 2003, 473 ff.; *Schumann*, DB 2004, 745; *Wachter*, GmbHR 2004, 91; a. A. *Altmepen*, NJW 2004, 102; *Altmeppen/Wilhelm*, DB 2004, 1088; *Wilhelm* ZHR 2003, 540 ff.

6 *Behrens*, IPRax, 1999, 326, 331; *Blanquet*, Rev.soc. 2000, 75; *Forsthoff*, DB 2003, I; *ders.*, DB 2003, 980 f.; *McCormack*, Comp. Law. 2000, 57; *Pietrancosta*, 140; *Riedemann*, GmbHR 2004, 346; *Weller*, IPRax 2003, 520; *Wymeersch*, ZGR 2001, 306. Der EuGH beweist mit seinen Entscheidungen, dass er durchaus auch selbst Sympathien für einen Wettbewerb der Rechtsordnungen im Gesellschaftsrecht hat; *Menjucq*, 146: „*...la cour de justice des communautés européennes offre aux fondateurs la liberté de choisir le régime le plus souple en droit des sociétés et donc en matière de capital social.*" S. a. die Schlussanträge des Generalanwalts *La Pergola* v. 16.7.1998, Rs. C-212/97, Rn. 20. So antwortete zudem Generalanwalt Alber auf die Frage der Vertreter der deutschen Regierung wie die Mitgliedstaaten der Gründung von Briefkastenfirmen entgegenwirken könnten, dass die Mitgliedstaaten selbst die wünschenswerten und nötigen Folgerungen zu ziehen hätten, Schlussanträge des Generalanwalts *Alber* v. 30.1.2003, Rs. C-167/01, Rn. 122; *Weller*, IPRax 2003, 208.

7 *Ebert/Levedag*, GmbHR 2003, 1337; *Riedemann*, GmbHR 2004, 346; laut *Hirte*, GmbHR, R 421 sind die Gründungszahlen englischer *limiteds* im Anschluss an die Überseering-Entscheidung von zweiwöchentlichen 5.500 Neugründungen auf ca. 7000 gestiegen und man müsse demnächst von 100.000 *limiteds* in Deutschland ausgehen, *ders.* Rheinische Post, 28.4.2004.

Aus dieser Situation entsteht Rechtsunsicherheit und folglich nimmt der Harmonisierungsdruck auf die Mitgliedstaaten zu[8]. So ist die Diskussion um die englische ***private limited company*** und die damit verbundene Furcht vor „Briefkastengesellschaften“ und „Billig-GmbHs“[9] in den gesellschaftsrechtlichen Zeitschriften gerade aufgrund der aktuellen „Inspire Art“ Rechtsprechung des EuGH vom 30. September 2003 in vollem Gange[10]. Entsprechend gab es bereits erste Reaktionen bzw. Reformbemühungen auf Seiten der mitgliedstaatlichen Gesetzgeber: So ist in Frankreich seit dem 1. Januar 2004 für die Gründung einer SARL ein Mindestkapital nicht mehr gesetzlich vorgeschrieben[11] und auch in Deutschland ist die Reduzierung bzw. Abschaffung des Mindeststammkapital der GmbH nicht mehr nur in der wissenschaftlichen Literatur angedacht[12]. Am 7. Juni 2006 hat das Bundesministerium der Justiz einen Referentenentwurf einer Reform des GmbHG vorgelegt[13]. In § 5 Abs. 1 des MoMiG wird die Höhe des Mindestkapitals der GmbH von bisher 25.000,00 € auf 10.000,00 € abgesenkt[14].

II. Rechtsvereinheitlichung

Einen Ausweg aus der bestehenden Rechtsunsicherheit könnte eine weitere Vereinheitlichung der nationalen Gesellschaftsrechte darstellen, wie sie von vielen Stimmen verlangt wird[15].

So ging *Lutter* bereits in seinem umfassenden Werk *„Kapital, Sicherung der Kapitalaufbringung und Kapitalerhaltung in den Aktien- und GmbH-Rechten der EWG“* aus dem Jahre 1964 davon aus, dass sachlich berechtigte

---

8 *Deckert*, RabelsZ 2000, 495.

9 Gängig sind ferner die Begrifflichkeiten „Scheinauslandsgesellschaften“ bzw. *„pseudo-foreign-corporations“*; *Zimmer*, Internationales Gesellschaftsrecht, 219; *Weller* DStR 2003, 1800.

10 S. nur die in Fn. 2 zitierten Quellen. So galt die Sitztheorie als Schutztheorie gegen eine „Überflutung durch Billig-Gesellschaften“, *Weller*, IPRax 2003, 325 m.w.N.; *Behrens*, RabelsZ 1988, 516 f.

11 *Loi nr. 2003-721 du 1.8.2003 pour l'initiative économique*, J.O. nr. 179 du 5.8.2003; s. hierzu S. 28. Auch in Spanien kam es zu einer Reformierung des GmbH-Rechts, so wurde zwar nicht die Höhe des Mindestkapitals angetastet, jedoch wurden die sonstigen Gründungsvoraussetzungen stark vereinfacht (Blitz-GmbH), *Vietz* GmbHR 2003, 26.

12 So hatte die Bundesregierung am 1.06.2005 den Entwurf eines Gesetzes zur Neuregelung des Mindestkapital der GmbH (MindestkapG) beschlossen. Hierdurch sollte das Mindestkapital von € 25.000,- auf € 10.000,- abgesenkt werden. Der Gesetzesentwurf war Teil des 20-Punkte Programms zur Fortführung der Agenda 2010 des ehemaligen Bundeskanzlers Gerhard Schröder. Zur Entwicklung s. *Seibert*, ZIP 2006, 1157 f.

13 MoMiG-E.

14 *Breitenstein*, BB 2006, 1457; *Seibert*, ZIP 2006, 1157.

15 *Freitag*, EuZW 1999, 270; *Geyrhalter*, EWS 1999, 203; *Hopt*, EuZW 1999, 577; *Lutter*, ZGR 2000, 13.

Erfordernisse und objektive Verpflichtungen zur Angleichung der dem Schutze Dritter dienenden Vorschriften in den Gesellschaftsrechten der Länder der EWG bestünden[16]. Eine Ideallösung sei aus diesem Grund eine vollständige Vereinheitlichung des Gesellschaftsrechts der beteiligten Länder[17]. Diese Forderung stellte *Lutter* auf, bevor die europäischen Richtlinien zum Gesellschaftsrecht, insbesondere die Kapitalrichtlinie, beschlossen und umgesetzt wurden[18].

Die Forderung nach einer möglichst weitgehenden Vereinheitlichung des Gesellschaftsrechts wird vor allem mit dem Bedürfnis begründet, den so genannten „Delaware-Effekt" eines „negativen Wettbewerbs", der einen ständigen Abbau zwingender Schutzregeln zur Folge habe, zu verhindern[19]. Die Furcht vor einem *„race to the bottom"* sei vor allem deshalb berechtigt, weil durch das Centros-Urteil und die darauf aufbauenden Entscheidungen des EuGH das Rechtsangleichungsdefizit im Kernbereich des GmbH-Rechts, der das Mindestkapital sowie die Kapitalaufbringung und –erhaltung beinhaltet, besonders zu Tage getreten sei[20].

Eine erste direkte Folge des so genannten *„race to the bottom"* bzw. einer *„harmonisation du pauvre"* stellt die Abschaffung des Mindestkapitalerfordernisses für die SARL[21] in Frankreich im Jahre 2004 dar[22]. Durch welche Maßnahmen sich das nationale Gesellschaftsrecht im Wettbewerb der Rechtsordnungen behaupten kann, wird derzeit auch in der deutschen und englischen Rechtswissenschaft diskutiert[23].

III. Anwendung deutschen Rechts durch Sonderanknüpfung

Eine Anwendung von deutschem Kapitalerhaltungsrecht auf europäische Auslandsgesellschaften wäre in Anwendung der EuGH-Entscheidungen ausnahmsweise aber auch noch im Rahmen einer Sonderanknüpfung möglich

---

16 *Lutter*, Kapital, 29.

17 *Lutter*, Kapital, 496.

18 Die Erste Gesellschaftsrechtsrichtlinie (Publizitätsrichtlinie) datiert v. 9.3.1968, die Kapitalrichtlinie datiert v. 13.12.1976.

19 *Timmermanns*, RabelsZ 1984, 14; *Blaurock*, ZeuP 1998, 462 f.; positive Sicht des *„race to the bottom"*: *Kübler*, AG 1994, 147.

20 *Deckert*, RabelsZ 2000, 493; *Micheler*, Comp.Law. 2000, 181 f.

21 *Loi nr. 2003-721 du 1.8.2003 pour l'initiative économique*, J.O. nr. 179 du 5.8.2003, s. Art. L. 223-2 C.com. n.F., s. hierzu weitergehend u. S. 2857.

22 *Menjucq*, 147; *Pietrancosta*, 135, 140.

23 Deutschland: *Behrens*, IPRax 2003, 207; *Koegel*, GmbHR 2003, 1225 ff.; *Kulms*, ZvglRWiss 2003, 272 ff.; *Hirte*, FAZ v. 22.1.2003, 19; *ders.* GmbHR 2003, R 421; *Meilicke*, GmbHR 2003, 1273; *Triebel/Hase*, BB 2003, 2409 ff.; England: Berichte der *Company Law Review Steering Group* des *Departement of Trade and Industries* sowie die Berichte der *Law Commission for England and Wales*.

und denkbar. Hierfür müsste im Einzelfall eine Schutzlücke zwischen dem Recht des Gründungsstaates und dem Recht des Niederlassungsstaates bestehen. Weitere Voraussetzung für eine solche Sonderanknüpfung wäre, dass diese durch zwingende Gründe des Allgemeininteresses gerechtfertigt ist, in nicht diskriminierender Weise angewendet wird, zur Erreichung des verfolgten Ziels geeignet ist, und nicht über das hinausgeht, was zur Erreichung dieses Ziels erforderlich ist[24].

Ob aber überhaupt Schutzlücken im Bereich der Kapitalerhaltung in den Gesellschaftsrechtsordnungen der anderen Mitgliedstaaten bestehen, ist bisher weitgehend unerforscht geblieben.

Nach wie vor wird in der Diskussion dem deutschen bzw. dem kontinentaleuropäischen System des Gesellschaftskapitals im Vergleich zum englischen *Common Law* pauschal ein höherer Gläubigerschutz zugebilligt[25]. Dadurch erwecken viele Kommentatoren den Eindruck, im englischen Recht sei das Gesellschaftskapital nicht durch kapitalerhaltende Regelungen geschützt[26]. Zudem wird in der Kommentierung der EuGH-Rechtsprechung und deren Konsequenzen für die Behandlung der „Scheinauslandsgesellschaften" das Gesellschaftsrecht anderer Mitgliedstaaten für die Lösung der anstehenden Probleme zum größten Teil ausgeblendet. Vielmehr versucht man bis dato vor allem dem „Schreckgespenst"[27] der englischen *private limited company*[28] dadurch zu entkommen, dass man versucht, sie weiterhin unter

---

[24] *Centros*, Rn. 34; *Überseering*, Rn. 83, 92; *Inspire Art*, Rn. 133, (s. Fn.1); *EuGH*, Urt. v. 30.11.1995 – Rs. C-55/94, („Gebhard"), Slg. 1995 I-4165, Rn. 37; *Behrens*, IPRax 2004, 21; *ders.* IPRax 1999, 327 ff.; *Horn*, NJW 2004, 898; *Ulmer*, NJW 2004, 1203 f.; *Ziemons*, ZIP 2003, 1917; *Zimmer*, NJW 2003, 3586.

[25] *Geyrhalter/Gänßler*, NZG 2003, 411 f.; *Kersting*, NZG 2003, 10 f. Auch im französischen Recht wird betont, dass insbesondere im kontinentaleuropäischen Recht das Gesellschaftskapital eine zentrale Position einnimmt, *Cambassédès*, Rev.soc. 1976, 431.

[26] *Kindler*, NJW 2003, 1078 f. So meint *Wachter*, GmbHR 2004, 91, dass durch Gründung einer *private limited company* sämtliche Vorschriften über die Kapitalerhaltung umgangen werden können. Er sieht hierin jedoch einen Vorteil bzw. eine Chance gegenüber der GmbH. *Horn*, NJW 2004, 894 spricht pauschal von z.T. recht unterschiedlichen Regelungen hinsichtlich der Kapitalerhaltung. Ebenso finden sich in der Praxis solche Ansichten. So ist laut dem Mitteilungsheft von *Price Waterhouse Coopers*, pwc, Juli 2004, 21 die *private limited company* der dt. GmbH gegenüber im Vorteil, da für die engl. Gesellschaft keine Kapitalerhaltungspflicht gelte. Eine engl. *Limited* sei daher immer dann vorteilhaft, wenn es notwendig erscheine, deutsche Kapitalschutzregeln zu vermeiden. *Heinz*, AnwBl. 2004, 613 stellt ebenso fest, dass das englische Kapitalerhaltungsrecht im Vergleich zum deutschen Recht liberaler sei. Anders *Happ/Holler*, DStR 2004, 733, sowie *Höfling*, 160, wonach das englische Recht Vorkehrungen gegen einen Kapitalabfluss trifft, welche mitunter strenger sind als die entsprechenden Vorschriften im deutschen Recht. Ebenso ist nach *Kallmeyer*, DB 2004, 637, die Vermögensbindung in der *private limited company* strenger als bei der GmbH.

[27] *Weller*, IPRax 2003, 207.

[28] Sowie zukünftig der frz. *société a responsabilité limitée a une euro.*

Anwendung der Sitztheorie[29] bzw. durch Sonderanknüpfung[30] dem deutschen Gesellschaftsrecht zu unterwerfen.

Es bleibt insofern im Rahmen rechtsvergleichender Arbeiten zu untersuchen, ob im Recht der Kapitalerhaltung tatsächlich unterschiedliche Schutzstandards in den einzelnen Rechtsordnungen bestehen[31]. Die vorliegende Untersuchung soll dieser Fragestellung für Deutschland, Frankreich und England nachgehen.

IV. Harmonisierung auf dem Gebiet der Kapitalerhaltung

1. Kapitalrichtlinie

Die Kapitalrichtlinie[32] datiert aus dem Jahre 1976 und harmonisiert Teile des Kapitalschutzes und der Kapitalerhaltung für den Bereich der Aktiengesellschaft[33]. Dennoch werden durch diese Richtlinie nicht alle Einzelpunkte geregelt. Zudem wird durch die Kapitalrichtlinie keine Vereinheitlichung des europäischen Gesellschaftsrechts verwirklicht, sondern eine bloße Rechtsangleichung.

Die SLIM-Arbeitsgruppe Gesellschaftsrecht[34] hat in jüngster Zeit weitgehende Vorschläge zur Deregulierung und zur Vereinfachung der Kapital-

---

29 *Altmeppen*, NJW 2004, 102; *Altmeppen/Wilhelm*, DB 2004, 1088; *Wilhelm*, ZHR 2003, 540 ff.

30 *Geyrhalter/Gänßler*, NZG 2003, 411 f.; *Großerichter*, DStR 2003, 159, 168; *Paefgen*, DB 2003, 489f.; *Roth*, IPRax 2003, 122 ff.; *Sandrock*, ZvglRWiss 2003, 447 ff.; *Schanze/Jüttner*, AG 2003, 33 ff.; *Ulmer*, NJW 2004, 1209.

31 *Behrens*, IPRax 2004, 26; *Ziemons*, ZIP 2003, 1920.

32 Zweite Richtlinie 77/91/EWG vom 13. Dezember 1976 zur Koordinierung der Schutzbestimmungen, die in den Mitgliedstaaten den Gesellschaften im Sinne des Artikels 58 Absatz 2 des Vertrages im Interesse der Gesellschafter sowie Dritter für die Gründung der Aktiengesellschaft sowie für die Erhaltung und Änderung ihres Kapitals vorgeschrieben sind, um diese Bestimmungen gleichwertig zu gestalten (KapRiLi), abgedr. in: ABl. EG Nr. L 26 vom 31.1.1977, S. 1 ff.; *Habersack*, Rn. 206; *Lutter*, Europäisches Unternehmensrecht, 114 ff; *Palmer*, I.0015 ff.; *Schwarz*, Textsammlung, 2; *Davies*, 239; *Griffin*, 163 ff. Zur KapRiLi s. auch: *Baldamus*, 10 ff.; *Behrens* in Hachenburg, GmbHG, Einl. Rn. 210 ff.; *ders.* in Dauses, E. III Rn. 31 ff.; *ders.*, GmbHR 1993, 131; *ders.*, EuZW 1990, 17; *Le Fèvre*, Rev.soc.1982, 441 ff.; *Neßler*, ZfRV 2000, 3; *Schwarz*, Rn. 566 ff.; *Palmer*, Rn. 16.103 f.; *Edwards*, 51 ff.

33 Nach Art. 1 Abs. 1 KapRiLi ist diese nur auf die AG, die SA und die *public limited company* anwendbar.

34 Die SLIM-Arbeitsgruppe ist aufgrund einer Deregulierungsinitiative der EG-Kommission aus dem Jahre 1996 („*Simpler Legislation for the Internal Market*") zur Vereinfachung des Europarechts eingesetzt worden. Im Rahmen dieser Initiative beschäftigen sich Arbeitsgruppen, die aus Experten der einzelnen Mitgliedstaaten bestehen, mit bestimmten Regelungen, zu denen seit 1999 auch das Gesellschaftsrecht gehört. Vorsitzender der SLIM-Arbeitsgruppe Gesellschaftsrecht ist Prof. *Wymeersch*. S. hierzu *Bericht der Kommission* v. 21.5.2003 und v. 4.2.2000; *Baldamus*, 91 ff.; *Drygala*, AG 2001, 292; *Law Society of England and Wales*, Memoranda No. 464.

richtlinie vorgelegt[35]. Auf diese Vorschläge wird im Rahmen der Untersuchung im Einzelnen eingegangen.

2. Ausweitung der Kapitalrichtlinie auf die Gesellschaftsform der „GmbH"

Die fehlende Anwendbarkeit der Kapitalrichtlinie auf die GmbH hat nach Meinung von *Lutter* „weit offene Flanken" im Gläubigerschutz hinterlassen. Dadurch sei das Recht der GmbH in Europa disparater als vor Beginn der europäischen Harmonisierungsbemühungen[36].

Dies hänge damit zusammen, dass sich in einigen Rechtsordnungen beim nationalen Recht nichts geändert habe (z.B. Deutschland), während es wiederum in anderen Mitgliedstaaten durch eine freiwillige Ausweitung der Kapitalrichtlinie (z.B. Italien) zu einer Erhöhung des allgemeinen Standards des betreffenden GmbH-Rechts gekommen sei. In England hingegen stünden sich nach wie vor zwei gegensätzliche Kapitalordnungen gegenüber. Zum einen das System, welches für die *public limited companies* gilt und auf der Kapitalrichtlinie basiert, und auf der anderen Seite das traditionelle System für die *private limited company,* die nicht mit einem Mindestkapital ausgestattet ist. Mithin sei von einer Zweigleisigkeit des englischen Gesellschaftsrechts zu sprechen[37].

Um aber europaweit einen einheitlichen Gläubigerschutz zu gewährleisten, sei eine Beschränkung der Kapitalrichtlinie auf die Form der AG nicht mehr gerechtfertigt[38].

V. Die Entwicklung allgemein gültiger Prinzipien

1. Notwendigkeit für allgemein gültige Prinzipien

Die Erkenntnis, dass Rechtsvereinheitlichung durch Gesetzgebung nicht in jedem Fall gleichbedeutend mit Fortschritt ist, hat sich weitgehend durchgesetzt. Vielmehr müssen Kosten, Nutzen, Methoden und Ziele gegeneinander abgewogen werden[39].

---

[35] Empfehlungen der Arbeitsgruppe zur Vereinfachung des Gesellschaftsrechts, 4 ff; *Menjucq*, 147 ff.

[36] *Lutter*, ZGR 2000, 1, 7; *Habersack*, Rn. 50.

[37] *Neuling*, 207.

[38] *Lutter*, ZGR 2000, 9, 10.

[39] Allgemein: *Behrens*, RabelsZ 1986, 19.; im Hinblick auf das Gesellschaftsrecht: *Behrens*, EuZW 1996, 193; *ders.* FS Mestmäcker, 831 ff.; *Boucourechliev*, RIW 1999, 6.

So fordern *Zweigert* und *Kötz*[40], dass es zu einer „Europäisierung" der Rechtswissenschaft und nicht bloß zu einheitlich geltenden Rechtsvorschriften kommen müsse. Es solle wieder ein gemeinsames Vorverständnis, eine gemeinsame Denktradition in Europa entwickelt werden. Nur dies könne zu einer gleichmäßigen Anwendung vereinheitlichter Normen führen.

Es gelte also ein Koordinatensystem des Europäischen Gesellschaftsrechts zu entwickeln, mit dessen Hilfe die Rechtspraxis aufgeworfene Einzelfälle im Gesamtgefüge richtig einordnen könne[41].

Diese allgemeinen Forderungen für das gesamte Gesellschaftsrecht gelten auch im speziellen. So hält *Kübler* eine kompetenzübergreifende Orientierung, eine Art „Generalplan" im Recht der Kapitalsysteme für erforderlich. Es sei notwendig, die Regelungselemente so weit aufzubereiten, dass die Rechtspolitik auf hinreichend geklärte Modelle zurückgreifen könne[42]. Ebenso lässt sich nach *Merkt* die Anwort auf die Frage nach Stellenwert und Resistenz des Kapitalschutzes in Europa nur auf der Grundlage einer umfassenden und breit angelegten rechtsvergleichenden Studie finden, die die Gesamtheit der unterschiedlichen nationalen Lösungen der hinter dem Kapitalschutz stehenden Probleme darstellt, vergleicht, gegeneinander abwägt und schließlich sogar zu einer Modellierung von Grundzügen eines gemeineuropäischen Kapitalschutzrechtes vordringen kann[43].

Ziel der vorliegenden Untersuchung ist es, einen ersten Schritt in diese Richtung zu unternehmen. Die Untersuchung soll daher nicht bei einer klassischen Rechtsvergleichung stehen bleiben, sondern es sollen darüber hinaus bereits existierende allgemeine Prinzipien des Gesellschaftsrechts, die den einzelnen nationalen Rechtsordnungen gemeinsam sind, extrahiert und formuliert werden.

2. Verweis auf allgemein gültige Prinzipien

Auf die allgemeinen Prinzipien des Gesellschaftsrechts der Gemeinschaft und die allgemeinen Prinzipien, die den nationalen Rechtsordnungen gemeinsam sind, bezieht sich der auf private Initiative hin ausgearbeitete Verordnungsentwurf zur Europäischen Privatgesellschaft (*société privée européenne*)[44]. Es

---

[40] *Zweigert/Kötz*, § 2 VI.
[41] *Schön*, RabelsZ 2000, 5.
[42] *Kübler*, AG 1994, 147.
[43] *Merkt*, ZGR 2004, 305 f.
[44] Art. 12 des Verordnungsentwurfs zur EPG der *Chambre de Commerce et d'Industrie de Paris* und des französischen Arbeitgeberverbandes (CNPF), s. hierzu sogleich S. 10.

soll daher kurz die EPG im Vergleich zur Europäischen Aktiengesellschaft (SE) vorgestellt werden.

a) Europäische Aktiengesellschaft (SE)

Für die durch Verordnung und Richtlinie[45] im Jahr 2001 neu geschaffene Europäische Aktiengesellschaft (*Societas Europae*, SE) gibt es keine eigenen Regelungen zum Gesellschaftskapital[46]. Vielmehr existiert ein Generalverweis in Art. 5 SE-VO auf das jeweils anwendbare nationale Recht[47]. Unter diesen Verweis fällt sowohl die Kapitalerhaltung als auch die Änderung des Gesellschaftskapitals.

Ferner unterliegt die SE nach Art. 9 Abs. 1 lit. a SE-VO zunächst den Bestimmungen der Verordnung selbst. Wenn die Verordnung es ausdrücklich zulässt, kann auch auf Satzungsbestimmungen der SE zurückgegriffen werden, Art. 9 Abs.1 lit. b SE-VO. Entscheidend ist jedoch vor allem der Verweis in Art. 9 Abs. 1 lit. c SE-VO. Danach muss zur Rechtslückenschließung auf das nationale Recht des Sitzstaats zurückgegriffen werden[48].

b) Europäische Privatgesellschaft (EPG)

Anders verfährt das EPG Statut. Es wurde von der rechtswissenschaftlichen Forschungsabteilung der französischen Industrie- und Handelskammer in Paris (CREDA) als Verordnungsentwurf ausgearbeitet[49], der v.a. aufgrund des Bedürfnisses der Unternehmerschaft für eine europäische Gesellschaftsrechtsform für kleine und mittlere Unternehmen, die keinen Zugang zum Kapitalmarkt hat, entwickelt wurde[50].

Im Gegensatz zur SE soll zur Rechtslückenschließung bei der EPG nach Art. 12 Abs. 2 des Verordnungsentwurfes[51] nicht auf nationales

---

[45] Verordnung (EG) Nr. 2157/2001 des Rates vom 8.10.2001 über das Statut der Europäischen Gesellschaft (SE), abgedr. in: ABl. EG Nr. L 294 vom 10.11.2001, 1 ff.; Sonderbeilage zu NZG Heft 1/2002 u. Richtlinie 2001/86/EG zur Ergänzung des Statuts der Europäischen Gesellschaft hinsichtlich der Beteiligung der Arbeitnehmer, abgedr. in: ABl. EG Nr. L 294 vom 10.11.2001, 22 ff; Sonderbeilage zu NZG Heft 1/2002.

[46] abgesehen von einem vorgeschriebenen Mindestkapital i.H.v. 120.000 €, Art. 4 Abs. 2 SE-VO; s.u. S. 54.

[47] *Hirte*, NZG 2002, 9.

[48] *Hirte*, NZG 2002, 2.

[49] Verordnungsentwurf zur EPG der *Chambre de Commerce et d'Industrie de Paris* (CCIP) und des französischen Arbeitgeberverbandes (CNPF); *Simon*, Rev.soc. 2000, 263 ff.

[50] *Blanquet*, Rev.soc. 2000, 74. Zu weiteren Gründen; *Boucourechliev/Hommelhoff*, 65: *Dejmek*, NZG 2001, 878 ff.; *Hommelhoff*, WM 1997, 2101; *Boucourechliev/Hommelhoff*, 65.

[51] Art. 12 des Verordnungsentwurfs zur EPG der *Chambre de Commerce et d'Industrie de Paris*:

Gesellschaftsrecht, sondern auf die allgemein geltenden Prinzipien des Gesellschaftsrechts zurückgegriffen werden, die subsidiär zur Auslegung der Vorschriften und des Gesellschaftsvertrags herangezogen werden[52].

3. Definition der „gemeinsamen Prizipien“

Sowohl die gemeinsamen Prinzipien des Europäischen Gesellschaftsrechts[53] als auch die gemeinsamen Prinzipien der Gesellschaftsrechte aller nationalen Rechtsordnungen gelten jedoch bislang als noch nicht ermittelt[54].

Was aber ist ein gemeinsames Prinzip und kann als solches verstanden werden? Wie kann zwischen übereinstimmenden nationalen Regelungen und bestehenden allgemeinen Prinzipien differenziert werden[55]?

Prinzipien weisen im Vergleich zu bloßen Rechtsregelungen einen höheren Abstraktions- und Generalitätsgrad auf[56]. Prinzipien stellen insoweit die causa für Rechtsregelungen dar und treffen keine explizite Regelung für einen konkreten Sachverhalt[57]. Vielmehr besitzen sie eine gewisse Unbestimmtheit hinsichtlich der Subjekte und der Objekte der Rechtsnorm. Es lässt sich dennoch keine klare Grenzziehung zwischen dem Begriff des Prinzips und dem der Regel ziehen[58].

Als Vorbilder für die Ermittlung der allgemeinen Prinzipien dienten zum einen die so genannten *restatements* des amerikanischen Rechts[59], zum

---

1. Auf eine EPG finden die Bestimmungen dieser Verordnung und ihre Satzungsregelungen, die dieser nicht widersprechen, Anwendung. Die in dieser Verordnung geregelten Bereiche sind der Anwendung des nationalen Rechts der Mitgliedstaaten entzogen; dies gilt auch für die nicht ausdrücklich geregelten Gegenstände.
2. Subsidiär gelten in folgender Reihenfolge:
- die allgemeinen Prinzipien dieser Verordnung;
- *die allgemeinen Prinzipien des Gesellschaftsrechts der Gemeinschaft und die allgemeinen Prinzipen, die den nationalen Rechtsordnungen gemeinsam sind*, soweit sie dieser Verordnung nicht widersprechen.
3. Die Bestimmungen des nationalen Gesellschaftsrechts am Sitz der Gesellschaft gelten nur, soweit diese Verordnung ausdrücklich auf nationales Gesellschaftsrecht verweist.

[52] *Hommelhoff*, WM 1997, 2108; vgl. zur Heranziehung von allgemeinen Prinzipien zur Auslegung und Lückenfüllung *Dejmek*, NZG 2001, 881; *Magnus*, RabelsZ 1995, 472 ff.

[53] *Völter*, 262, 263.

[54] *Ehricke*, RabelsZ 2000, 515.

[55] Zur methodischen Herangehensweise sei v.a. auf die bereits im Rahmen der Doktorandengruppe von Prof. Behrens zur Prinzipienbildung im Gesellschaftsrecht erstellten Untersuchungen verwiesen: *Einmahl*; *Krämer*, 32 ff.; *Peitsmeyer*, 36 ff.; *Schmidt-Tiedemann*, 27 f.; *Schwanna*, 27; *Wendt*, 34 ff.

[56] *Alexy*, 72 ff.

[57] *Esser*, 51 f.

[58] *Peitsmeyer*, 38.

[59] *American Law Institute*, Restatement of the Law. Es existieren zahlreiche Bände zu den unterschiedlichsten Rechtsgebieten. Jedoch sind bisher für den Bereich des Gesellschaftsrechts keine

anderen die Untersuchungen zur Bildung gemeinsamer Prinzipien, wie z.B. die *Principles of European Contract Law* der sog. *Ole Lando* Kommission[60].

Die vorliegende Untersuchung verfolgt einen ähnlichen Ansatz. Ziel ist nicht eine hohe und hierdurch v.a. für die Praxis wertlose Abstraktion. Ein Prinzip soll schon dann formulierbar sei, wenn sich in den untersuchten Rechtsordnungen funktional vergleichbare Rechtssätze finden lassen. So weisen die im Folgenden ermittelten Prinzipien zum Teil zwar einen inhaltlich hohen Abstraktionsgrad auf und beschreiben meist Grundsätze des Gesellschaftsrechts, aber dennoch geht der gefundene *common core* darüber hinaus und zeigt, dass in vielen Detailfragen gemeinsame Prinzipien bestehen.

Zur Ermittlung der gemeinsamen Prinzipien im Recht der Kapitalerhaltung soll zunächst eine Beschreibung und eine vergleichende Analyse der einschlägigen nationalen Regelungen vorgenommen werden. Darauf aufbauend werden die gemeinsamen Grundsätze der einzelnen Rechtsinstitute bzw. Rechtsregelungen ermittelt. Betrachtet werden dabei die beiden großen Rechtskreise des *Civil Law* und des *Common Law*. Als Repräsentanten dieser Rechtskreise wurden die Rechtsordnungen Deutschlands, Frankreichs und Englands gewählt[61].

4. Aufgaben, Nutzen und Vorteile gemeinsamer Prinzipien

Es soll nicht verschwiegen werden, dass an der Prinzipienbildung auch Kritik geübt wird. So wird vorgebracht, dass sich selten gewichtige Gemeinsamkeiten finden ließen und falls doch, dann besäßen die gemeinsamen Prin-

---

restatements erstellt worden. Auch für das UNIDROIT-Projekt dienten die *restatements* als Vorbild, *Bonell*, RabelsZ 1992, 281.

60 *Lando/Beale*, Principles of European Contract Law, Parts I and II, 2000; *von Bar/Zimmermann*, Grundregeln des Europäischen Vertragsrechts, Teile I und II, 2002; *Lando/Clive/Prüm/Zimmermann*, Principles of European Contract Law, Part III, in Vorbereitung für 2003; *Gandolfi*, Code Européen des Contrats – Avant Profet, 2000; s. hierzu *Sonnenberger*, RIW 2001, 409 ff.; *von Bar*, Die Study Group on a European Civil Code, in: FS *Henrich*, 2000, 3 ff.; *Spier/Haazen*, The European Group on Tort Law ("Tilburg Group") and the European Principles of Tort Law, ZEuP 1999, 469 ff.; *Hayton/Kortmann/Verhagen*, Principles of European Trust Law, 1999; *Bonell*, UNIDROIT - Principles of International Commercial Contracts; s. hierzu *Frick*, RIW 2001, 416 ff. Siehe zum Ansatzpunkt der Untersuchung gemeinsamer Prinzipien auch *Krämer*, 31 f.; *Peitsmeyer*, 36 ff.; *Schmidt-Tiedemann*, 25 f.; *Wendt*, 33f.

61 Hiermit soll das *Common Law*, der romanische und der germanische Rechtskreis, die in Europa vorherrschenden Rechtssysteme, abgedeckt werden, Über die Anzahl der zu vergleichenden Rechtsordnungen: *Völter*, 263. Zur Kapitalerhaltung im italienischen Recht, *Spolidoro*, AG 1998, 363 ff., im spanischen Recht, *Rojo*, AG 1998, 358 ff., im schweizerischen Recht, *Nobel*, AG 1998, 354 ff.

zipien aufgrund der ihnen innewohnenden Verallgemeinerung keinen wirklichen Nutzen[62].

Eine überzeugende Antwort auf diese Kritik kann jedoch erst dann gegeben werden, wenn zuvor der Versuch der Ermittlung bestehender Prinzipien durchgeführt worden ist[63]. Lassen sich gemeinsame allgemeine Prinzipien finden, so können sie folgenden Zwecken dienen[64]:

- Maßstab für die Evaluierung des nationalen Rechts,
- Vermittlungsposition zwischen *Civil* und *Common Law*,
- Auslegungsgrundlage für die Judikative,
- Arbeitsgrundlage für die Legislative,
- Vorgabe einer „Infrastruktur“ für zukünftiges Richtlinienrecht,
- Erster Schritt auf dem Weg zu einer Kodifizierung eines europäischen Gesellschaftsrechts,
- Heranziehung der Prinzipien bei Schiedsverfahren,
- Erkenntnisquelle für den Praktiker,
- Bildung einer europäischen Rechtsterminologie.

VI. Gegenstand der Untersuchung

Gegenstand der Untersuchung ist der Grundsatz der nominellen Kapitalerhaltung. Ausgangspunkt ist insoweit die Gesellschaft nach ordnungsgemäßer Gründung und realer Kapitalaufbringung. Fragen der Kapitalerhöhung, der verdeckten Sacheinlage, des originären Erwerbs eigener Geschäftsanteile und des kapitalunabhängigen Vermögensschutzes werden nicht bzw. nur am Rande behandelt. Ebenso ausgenommen bleibt das Kapitalersatzrecht und damit vor allem der Problembereich der eigenkapitalersetzenden Darlehen.

---

[62] *Bachmann*, ZGR 2001, 373 ff, 376: „...unterhalb eines hohen, praktisch oft wertlosen Abstraktionsgrades lässt sich kaum ein gemeinsamer Nenner formulieren, ein Problem, das sich auch durch den Rückgriff auf gemeinsame historische Wurzeln zumindest im Gesellschaftsrecht nicht lösen lässt.“; vgl. hierzu auch *Teichmann*, ZGR 2004, 349 ff.

[63] Zum Bedürfnis der Ermittlung und zum Beweis der Existenz gemeinsamer europäischer Prinzipien des Gesellschaftsrechts: *Krämer*, 27 ff.; *Peitsmeyer*, 33 ff.; *Schmidt-Tiedemann*, 25 f.; *Wendt*, 31 ff.

[64] Zu den Nutzen und Vorteilen, *von Bar/Zimmernann*, XXIII ff.; *Brödermann*, RIW 2004, 722 ff.; *Lando*, RabelsZ 1992, 264 ff.

VII. Zu betrachtende Gesellschaftsrechtsformen

Es sollen die in den einzelnen Rechtsordnungen wichtigsten Gesellschaftsrechtsformen auf den Grundsatz der nominellen Kapitalerhaltung und ihr jeweiliges Kapitalregime hin untersucht werden.

Nach allgemeinem deutschen Rechtsverständnis ist Kern jeder Kapitalgesellschaft die Bindung des Gesellschaftsvermögens durch das Gesellschaftskapital. Teilweise ging man sogar so weit, diese Bindung als Kern der juristischen Person zu beschreiben[65].

Bei der Ermittlung der gemeinsamen allgemeinen Prinzipien sollen aber nicht nur die Kapitalgesellschaften betrachtet werden, sondern ebenso die Personengesellschaften. So sei hier nur kurz angemerkt, dass im französischen Recht – im Gegensatz zum deutschen und englischen – nicht nur die klassischen Kapitalgesellschaften eine eigene Rechtspersönlichkeit besitzen[66]. Vielmehr zeichnen sich alle französischen Gesellschaftsformen durch eine *personnalité juridique* aus[67]. Stellt die Bindung des Gesellschaftsvermögens durch das Kapital aber möglicherweise den Kern der juristischen Person dar[68], so muss man auch die französischen Personengesellschaften mit in die Untersuchung einbeziehen. So ist z.B. für die *société civile* (SC) die Ausweisung eines Gesellschaftskapitals gesetzlich vorgeschrieben[69]. Aus diesem

---

65 *Kronstein*, 69 f.: *„Eines aber lässt sich von allen vom Gesetz zugelassenen juristischen Personen in gleicher Weise feststellen: sie dürfen ihr Kapital nur unter Einhaltung bestimmter Vorschriften ausschütten (...) Diese Feststellung ist nicht etwa die einer zufälligen Übereinstimmung gesetzlicher Vorschriften, sondern lässt das „Wesen" der juristischen Person als eine durch Einhaltung gewisser Normen zum Rechtssubjekt geformte Kapitalbindung erscheinen. Nur wo die Kapitalbindung sein soll, kann die juristische Person sein; nur solange die Kapitalbindung aufrecht erhalten bleibt, wird man dem Wesen der juristischen Person gerecht. Jede mit einer juristischen Person versuchte Konstruktion ist darauf zu prüfen, ob sie die Kapitalbindung stört oder nicht. Tut sie es, so ist sie unzulässig. Nicht im Zweck, nicht in dem „Organismus" liegen die bei der Abhängigkeit aufrecht zu erhaltenden Grenzen der juristischen Person, sondern in der Bindung des Kapitals."*

66 Anzumerken ist, dass aufgrund der Rechtsprechung des BGH wohl auch die Personengesellschaften in Deutschland inzwischen weitgehend eigene Rechtspersönlichkeit besitzen, s. hierzu *BGH*, Urt. v. 27.9.1999 – II ZR 371/98, NJW 1999, 3483-3485 = ZIP 1999, 1755 ff. = WM 1999, 2071 ff. = DB 1999, 2205 ff.

67 *Cozian/Viandier/Deboissy*, Rn. 254; *Frommel*, Rev.soc. 1976, 12 f.; SC: Art. 1842 C.civ., Für die frz. Handelsgesellschaften (*sociétés commerciales*) SNC, SCS, SARL, SAS & SA: Art. L. 210-6 C.com. Die Gesellschaften genießen erst mit Eintragung im Handels- und Gesellschaftsregister (*registre du commerce et des sociétés*) Rechtspersönlichkeit. Ausnahmsweise besitzen jedoch die *société en participation* (SP) und die *société créée de fait* keine eigene Rechtspersönlichkeit.

68 Die Tatsache, dass das Merkmal „juristische Person" nicht zwingend für die Existenz von Kapitalerhaltungsregelungen spricht, wird im späteren dargelegt.

69 In der französischen Rechtsordnung wird erst dann von einer *société* im gesellschaftsrechtlichen Sinne gesprochen, wenn durch Einlagen (*apports*) der Gesellschafter ein Gesellschaftsvermögen (*patrimoine social*) geschaffen wurde. So ist für die Errichtung einer SC zwin-

Grund und aus Gründen der Vollständigkeit wurden für die Erforschung bestehender gemeinsamer Prinzipien sowohl Kapital- als auch Personengesellschaften betrachtet.

Es werden somit aus dem deutschen Recht die AG, die GmbH, die KG, die KGaA, die OHG und die BGB-Gesellschaft, aus dem französischen Recht die *société anonyme* (SA), die *société par actions simplifiées* (SAS), die *société à responsabilité limitée* (SARL), die *société en commandite simple* (SCS), die *société en commandite par actions* (SCA), die *société en nom collectif* (SNC), die *société à capital variable* (SCV)[70] und die *société civile* (SC), aus der englischen Rechtsordnung die *public* (plc) und die *private limited company by shares* (ltd), die *limited partnership* und die einfache *partnership* untersucht.

Die unterschiedlichen Gesellschaftsformen und deren wesentliche Charakteristika und Merkmale sollen hier nicht vorgestellt werden. Es sei hierzu auf die zahlreich vorhandenen Darstellungen und Überblicke in der Literatur verwiesen[71].

VIII. Gang der Darstellung

Vorweg wird im ersten Teil der Untersuchung das Gesellschaftskapital (A.) und der Grundsatz der Kapitalerhaltung (B.) im allgemeinen untersucht. Zusätzlich werden die in den einzelnen Rechtsordnungen bestehenden Mindestkapitalerfordernisse (C.) dargestellt, da zur Erklärung der vermeintlichen Unterschiedlichkeit der Kapitalsysteme -v.a. zwischen dem englischen und dem kontinentaleuropäischen- hierauf immer wieder verwiesen wird. Abgeschlossen wird der erste Teil mit einem kurzen Exkurs zur französischen Besonderheit der *société à capital variable* (D.).

---

gend vorgeschrieben, dass die Gesellschafter eine Einlage in die Gesellschaft zu erbringen haben, Art. 1832 al. 1 C.civ.; *Blaise*, 16 ff. Dabei muss es sich bei mindestens einer Gesellschaftereinlage um eine Kapitaleinlage handeln. Wenn dies nicht gegeben ist, spricht man hingegen nur von einer Zusammenarbeit (*collaboration*) und es kommt keine *société* im gesellschaftsrechtlichen Sinne zustande; *Ripert/Roblot/Germain*, 1056-13, 1056-49.

[70] Bei der SCV handelt es sich nicht um eine Gesellschaftsform im eigentlichen Sinne. So können die meisten frz. Gesellschaftstypen in der Form einer SCV gegründet werden, s. hierzu im einzelnen S. 35.

[71] *Behrens*, Die GmbH im internationalen und europäischen Recht; *Herberstein*, Die GmbH in Europa; *Hohloch*, *Tillmanns* in *Hohloch*, EU-Handbuch, Deutschland, England, Frankreich; *Bastian/Germain*, *Pennington* in Jura Europae; *Krämer*, 36 ff.; *Peitsmeyer*, 43 ff.; *Wendt*, 43 ff.; England: *v. Bernstorff*, 201 ff.; *Michalsky*, DStR 1991, 1660 ff.; *Müller/Müller*, GmbHR 2006, 640 ff.; *Triebel/Hodgson/Kellenter/Müller*, Kapitel VI § 1 ff. Frankreich: *Chaussade-Klein*; *Edelmann*, AnwBl 1995, 71-76; *Hübner/Constantinesco*, 218 ff.; *Michalsky*, DStR 1991, 1563 ff.; *Müller/Müller*, GmbHR 2006, 583 ff.; *Sonnenberger/Autexier*, 188 ff.; *Sonnenberger/Dammann*.

Zur wirkungsvollen Ausgestaltung des Grundsatzes der Kapitalerhaltung greifen die nationalen Rechtsordnungen auf unterschiedliche Instrumentarien zurück. Daher werden im Rahmen der Prinzipienbildung die nationalen Kapitalerhaltungsregelungen aufgrund ihres funktionalen Charakters in unterschiedlichen Kapiteln zu konkreten Problemlagen untersucht. Im zweiten Teil der Untersuchung werden diese einzelnen Instrumentarien zur Kapitalerhaltung dargestellt und verglichen.

Der Grundsatz der Kapitalerhaltung basiert auf dem Verbot der Ausschüttung des durch die Kapitalziffer gebundenen Gesellschaftsvermögens (A.). Jedoch könnte dieses Verbot leicht durch verdeckte Vermögensverlagerungen umgangen werden (B.). Zusätzlich kann das Gesellschaftskapital durch die Bindung einer gesetzlichen Gewinnrücklage (C.) oder eines Agios (D.) verstärkt oder durch den Erwerb eigener Anteile (E.) vermindert werden. Kommt es zu schwerwiegenden Verlusten gebundenen Gesellschaftsvermögens (F.), stellt sich die Frage, welche Konsequenzen zu ziehen sind, um eine weitere Verschlechterung der finanziellen Situation zu verhindern. Letztendlich kann der Grundsatz der Kapitalerhaltung nur dann Wirkung entfalten, wenn das Gesellschaftskapital nicht beliebig herabgesetzt werden kann (G.).

Die ermittelten gemeinsamen Prinzipien werden, ergänzt durch erläuternde Anmerkungen, in einem dritten Teil nochmals systematisch zusammengefasst.

Erster Teil: Kapital und Kapitalerhaltung im Allgemeinen

A. Kapital

I. Gesellschaftskapital (Festes Kapital)

Nach der von *Lutter* formulierten Definition handelt es sich bei dem Gesellschaftskapital einer Kapitalgesellschaft um die Summe der Einlagen, die innerhalb des Systems von Sicherungsvorschriften mindestens auf die vereinbarte und nicht willkürlich veränderbare Kapitalhöhe geleistet werden muss[72]. Das Gesellschaftskapital stellt ein in seiner Höhe durch den Gesellschaftsvertrag fixiertes[73] und nicht willkürlich veränderbares Garantievermögen zugunsten der potentiellen Gläubiger der Gesellschaft dar, jedoch nicht im Sinne eines von dem übrigen Vermögen abgesondert zu haltenden Vermögensteils, sondern im Sinne eines unausgeschiedenen, rein rechnerischen, vorhandenen oder auch nur potentiellen Teiles des Gesellschaftsvermögens, für den besondere Regeln gelten[74]. Dieses Gesellschaftskapital wird auch als festes bzw. Satzungskapital bezeichnet.

Ein festes Gesellschaftskapital lässt sich aber auch im Personengesellschaftsrecht finden. Es kann im Gesellschaftsvertrag durch Vereinbarung festgelegt werden[75] oder aber es ist sogar, wie z. B. in Frankreich, eine Ausweisung im Gesellschaftsvertrag gesetzlich vorgeschrieben[76].

Die Regelungen, die für den Schutz und Erhalt des Gesellschaftskapitals in Deutschland, England und Frankreich gelten, sollen im Folgenden untersucht werden.

---

72 *Lutter*, Kapital, 52.

73 Die Pflicht zur Festschreibung eines Gesellschaftskapitals besteht für folgende Gesellschaften: Deutschland: AG: § 23 Abs. 2 AktG; KGaA: § 278 Abs. 3 i.V.m. § 23 Abs. 2 AktG; GmbH: § 3 Abs. 1 Ziff. 2, 3 GmbHG; Frankreich: SC: Art. 1832 C.civ., *Cass. civ.* 20 juill. 1908: DP 1909, 1, 93; Req. 15 déc. 1920: S. 1922, 1,17, Anm. *Bourcart*; *Cass. com.* 28 juin 1976: Rev.soc. 1977, 241, Anm. *Hémard*; SNC, SCS, SARL, SCA, SAS, SA: Art. L. 210-2 C.com. (zusätzlich für die SCA, SAS, SA: Art. 224-1 al. 1 C.com.), *Maul*, RIW 1997, 914. England: Das Memorandum einer company limited by shares muss eine *capital clause* enthalten, in der das Nennkapital der Gesellschaft ausgewiesen werden muss, sec. 2 subs. 5 lit. a CA 1985, *Palmer*, Rn. 2.801.

74 *Lutter*, Kapital, 52.

75 Treffen Gesellschafter einer OHG keine vertragliche Vereinbarung, so sind die Kapitalanteile der einzelnen Gesellschafter nach § 120 Abs. 2 HGB veränderlich. In der Mehrzahl der Gesellschaftsverträge wird aber von der gesetzlichen Regelung abgewichen, da diese den praktischen Bedürfnissen nicht entspricht. Auf diese Weise wird die Gewinnverteilung zwischen den Gesellschaftern vereinfacht und auch die Beteiligungsverhältnisse eindeutig festgelegt, Münch. HdB. GesR I-*v. Falkenhausen/Schneider*, § 61 Rn. 31-33.

76 SC: Art. 1835 C.civ.; SNC: Art. L. 210-2 C.com.

II. Mindestkapital

Das Mindestkapital ist der gesetzlich festgelegte Mindestnennbetrag des Gesellschaftskapitals, zu dessen Aufbringung die Gesellschafter sich bei Gründung der Gesellschaft verpflichten müssen. Es wird in einem eigenen Abschnitt gesondert dargestellt[77].

III. Eigenkapital (Variables Kapital)

Das Gesellschaftskapital ist jedoch nicht zu verwechseln mit dem Eigenkapital. Bei letzterem handelt es sich um den Unterschiedsbetrag zwischen den Bilanzwerten der Vermögensgegenstände (Aktiva) zu den Bilanzwerten von Rückstellungen und Verbindlichkeiten (Passiva). Dieses Kapital ist veränderlich; es vermehrt sich, wenn die Gesellschaft profitabel ist, und verringert sich, wenn die Gesellschaft Verluste erwirtschaftet. Es wird daher auch als Reinvermögen bezeichnet. Eigenkapital findet sich sowohl in der Kapital- als auch in der Personengesellschaft.

B. Der Grundsatz der Kapitalerhaltung im Gesellschaftsrecht

I. Sinn und Zweck der Kapitalerhaltung

Primäre Aufgabe der Kapitalerhaltung ist es, Vorsorge dafür zu treffen, dass das einmal von den Gesellschaftern dem Gesellschaftsvermögen durch Einlagen gewidmete „Kapital" nicht wieder an diese zurückfließt. Der Grundsatz der Kapitalerhaltung stellt hierbei auf das Gesellschaftskapital und nicht auf das Eigenkapital ab.

Durch die Regelungen der Kapitalerhaltung soll verhindert werden, dass die Gesellschafter in einer wirtschaftlichen Krise alle Aktiva unter sich aufteilen und die Gesellschaftsgläubiger mit ihren Forderungen leer ausgehen[78].

Um das Konzept der Kapitalerhaltung zu verwirklichen, gelten in den einzelnen nationalstaatlichen Kapitalerhaltungssystemen strikte Aus-

---

[77] s. u. S. 53 ff.

[78] Deutschland: *Kübler*, 153 f.; Frankreich: *Cozian/Viandier,Deboissy*, Rn. 306: *„Le principe de l'intangibilité interdit aux associés de manger le capital"*; England: *McGee*, 1.4: *„The doctrine of capital maintenance is that the paid-up share capital* (...) *is not to be returned to the shareholders, whether in the guise of dividends or otherwise."*; *Company Law Review Steerin Group, Company Formation and Capital Maintenance*, Rn. 3.1; *Griffin*, 163; *Palmer*, Limited Liability, Rn. A4-24.

schüttungsverbote[79]. Mit deren Hilfe soll jegliche Grenzverschiebung außerhalb der gesetzlichen Gewinnverteilung zwischen Gesellschaftsvermögen und dem Vermögen der Gesellschafter unterbunden werden.

Das passivierte Gesellschaftskapital und der Grundsatz der Erhaltung desselben bilden somit im übertragenen Sinn eine Art „Staumauer" für die Verteilung von Gewinnen oder anderen Vergütungen[80]. Ausschüttungen können erst dann an die Gesellschafter vorgenommen werden, wenn alle Aktivposten der Gesellschaft in der Summe höher sind als die Schulden zuzüglich des Gesellschaftskapitals[81].

Aufgabe der Kapitalerhaltung ist es aber nicht, unter allen Umständen einen Vermögensschwund zu verhindern. Es gibt kein Verbot, Verluste zu machen. Wirtschaftliche Verluste einer Gesellschaft lassen sich nie gänzlich vermeiden; denn das Gesellschaftskapital dient der Gesellschaft auch als Betriebskapital[82].

Insofern ist der Kapitalbegriff nicht mit dem Vermögensbegriff zu verwechseln. Die Regeln der Kapitalerhaltung sind nicht positiv auf die Erhaltung und Bereithaltung eines haftungsrechtlich relevanten Vermögensstocks gerichtet, sondern rein negativ auf die Verhinderung bestimmter Maßnahmen der Gesellschaft gegenüber den Gesellschaftern[83].

---

79 *Guyon*, Rn. 110; *K. Schmidt*, Sicherung der Kapitalaufbringung und -erhaltung, 120; Deutschland: §§ 57 AktG, 30 GmbHG, England: sec. 263 subs. 3 CA 1985, Frankreich: Artt. L. 232-11, 232-12 al. 3 C.com.

80 Deutschland: *Würdinger*, 25; *Wiedemann*, § 10 IV 1 b; *Fleck*, 393 sprechen von einem „*bilanztechnischen Sparstrumpf*"; England: Im engl. Recht wird von einem „*yardstick*" gesprochen, *Griffin*, 163; Frankreich: Im französischen Recht wird der Grundsatz der Kapitalerhaltung (*principe de l'intangibilité du capital social*) auch als „Pfand" des Gläubigers im Ausgleich für die beschränkte Haftung der Gesellschaft bezeichnet, *Chaput*, 643; *Coudin*, 32; *Lucas*, 24; *Cozian/Viandier,Deboissy*, Rn. 304 ff.: „*Le capital: gage des créanciers.*" *Nabasque*, 124, spricht von einer *ligne d'horizon, une ligne de sécurité*, die durch das Gesellschaftskapital zugunsten der Gesellschaftsgläubiger gebildet wird und zur Bestimmung der Zulässigkeit von Ausschüttungen an die Gesellschafter dient.

81 Zu den einzelnen Ausschüttungsverboten S. 65 ff.

82 *Lutter*, International Encyclopedia, 150; Frankreich: *Guyon*, Rn. 110; England: *Jones/Bellringer*, 51; *Griffin*, 163; *Palmer*, Rn. 9.801.

83 Dies wird treffend durch *Lord Watson* in dem Urteil *Trevor v Whitworth* (1887) 12 App Cas 409, 423 f. ausgedrückt: „*Paid-up capital may be diminished or lost in the course of the company's trading; that is a result which no legislation can prevent; but persons who deal with, and give credit to a limited company, naturally rely on the fact the company is trading with a certain amount of capital already paid, as well as upon the responsibility of its members for the capital remaining at call; and they are entitled to assume that no part of the capital which has been paid into the coffers of the company has been subsequently paid out, except in the legitimate course of its business.*" Ähnlich beschreibt es im gleichen Urteil auf S. 415 *Lord Herschell*: „*The shareholders receive back the moneys subscribed, and there passes into their pockets what before existed in the form of cash in the coffers of the company, or of buildings, machinery, or stock*

Der Grundsatz der Kapitalerhaltung besagt allein, dass aufgrund von Leistungen bzw. Ausschüttungen an die Gesellschafter das Nettoaktivvermögen der Gesellschaft nicht unter den Betrag des Gesellschaftskapitals sinken darf.

Häufig wird dies in der Literatur ungenau formuliert und davon gesprochen, dass das Gesellschaftskapital einer Gesellschaft nicht an die Gesellschafter ausgeschüttet werden dürfe. Das Gesellschaftskapital ist jedoch lediglich eine feste rechnerische Größe, da es sich um eine bloße Ziffer auf der Passivseite der Bilanz handelt. Tatsächlich kann immer nur Gesellschaftsvermögen ausgeschüttet werden. Man spricht aus diesem Grund daher auch vom Grundsatz der nominellen Kapitalerhaltung.

II. Das klassische Konzept der Kapitalerhaltung

Bei Gesellschaften, in denen die unmittelbare und persönliche Haftung der Gesellschafter für die Schulden der Gesellschaft ausgeschlossen ist, steht den Gläubigern als Zugriffsobjekt für ihre Forderungen nur das Vermögen der Gesellschaft zur Verfügung. Folglich liegt es im Interesse der Gesellschaftsgläubiger, dass das Vermögen der Gesellschaft nicht unbeschränkt durch Leistungen an die Gesellschafter geschmälert werden kann[84].

Der Kapitalerhaltungsgrundsatz stellt hierbei einen gesetzlichen Ausgleich für die mit der Haftungsbeschränkung verbundene teilweise Abwälzung des Insolvenzrisikos auf die Gesellschaftsgläubiger dar, um auf diese Weise für eine gerechte Risikoverteilung zwischen Gesellschaftern und Gläubigern zu sorgen[85]. Die Rückzahlung von Gesellschaftskapital bzw. die Ausschüttung von Gewinnen ist bei Kapitalgesellschaften daher besonders streng geregelt.

Nach dieser Definition ist die Kapitalerhaltung ein typischer Charakterzug der Gesellschaftsform, die sich durch eine beschränkte Haftung ihrer Mitglieder auszeichnet[86].

Die Bedeutung des Kapitalsicherungsrechts wird daher herkömmlich als ein Spezifikum der Kapitalgesellschaften gesehen[87]. Hierzu zählen nach

---

available to meet the demands of the creditors."; *Palmer*, Rn. 72-02; *Sealy*, 367; *Joost*, GmbHR 1983, 285.

[84] *Lutter*, Kapital, 41; *Company Law Review Steering Group, Company Formation and Capital Maintenance*, Rn. 18; *Jones/Bellringer*, 51, 264, 265; *Pietrancosta*, 138 f.

[85] *Bauer*, 89; *Palmer*, Rn. 9.801; *White Paper – Modernising Company Law*, Cm 5553 (2002), S. 50 f.

[86] *Wiedemann*, § 10 IV 1 b: „*Wer für ordnungsgemäße Finanzierung sorgt, darf seinen Risikoeinsatz beschränken.*"

[87] *Cozian/Viandier,Deboissy*, Rn. 306; *K. Schmidt*, Sicherung der Kapitalaufbringung und -erhaltung, 103.

deutschem Rechtsverständnis vor allem die GmbH und die AG, im englischen Recht die *companies limited by shares* (*private-* und *public limited company*[88]) und in Frankreich die *société à responsabilité limitée* (SARL) sowie die *société anonyme* (SA).

III. Kapitalerhaltungssysteme im Personengesellschaftsrecht

Wie im Kapitalgesellschaftsrecht kann sich aber auch im Personengesellschaftsrecht ein Gesellschaftskapital finden lassen[89]. Ebenso gilt es hier, zwischen Vermögen und Kapital zu unterscheiden[90].

Dennoch sei bereits jetzt erwähnt, dass bei Personengesellschaften die Vorschriften hinsichtlich der Rückzahlung von Gesellschaftskapital bzw. der Ausschüttung von Gewinnen wesentlich großzügiger sind, da das Haftungsvolumen, auf das Gesellschaftsgläubiger zurückgreifen können, durch die persönliche Haftung der Gesellschafter erweitert ist.

Zudem sei die Idee und Forderung erwähnt, Kapitalsicherungsregeln für alle unternehmenstragenden Gesellschaften gesetzlich einzuführen, da eine persönliche Haftung die Kapitalausstattung von Gesellschaften nur sehr unvollkommen ersetzen könne[91]. Beachtenswert ist hier vor allem die aufgeworfene Fragestellung, ob die persönliche Haftung Kapital ersetzen kann. Bisher ist man immer nur von der Fragestellung ausgegangen, inwiefern Kapital die persönliche Haftung beschränken kann[92].

IV. Alternative Kapitalerhaltungsmechanismen

Das traditionelle Konzept der Kapitalerhaltung wird zur Zeit von mehreren Seiten hinterfragt und es werden neue Möglichkeiten des Gläubigerschutzes auf europäischer Ebene diskutiert. Im Bericht der von der Europäischen Kommission eingesetzten *High Level Group of Company Law Experts* wurde Ende 2002 vorgeschlagen, einen alternativen Ansatz zum bisher im europäischen Rechtsraum geltenden System der Kapitalerhaltung, wie es durch die zweite Kapitalrichtlinie auf dem Gebiet der Aktiengesellschaften existiert, anzudenken[93].

---

[88] *Pennington*, 3; vgl. sec. 25 CA 1985.

[89] s.o. S. 49; Kapitalerhatungsregelungen finden sich insbesondere im Kommanditgesellschaftsrecht, *K. Schmidt*, ZGR 1976, 307, 330; *Ripert/Roblot/Germain*, 1237.

[90] *Blackett-Ord/McDonnell*, 143 f.

[91] *K. Schmidt*, Gesellschaftsrecht, § 18 IV 2.

[92] *K. Schmidt*, JZ 1985, 303.

[93] *Report of High Level Group of Company Law Experts on a modern regulatory Framework for Company Law in Europe (Chairman: Winter)*, Brüssel 2002, 16 (*Recommendation* IV.11). Der

Im Gegensatz zum bisher geltenden Grundsatz der Kapitalerhaltung, der auf bilanziellen Ausschüttungssperren basiert, wird ein System der Kapitalerhaltung vorgeschlagen, welches situative Ausschüttungssperren aufstellt[94]. Ein solches System hat z.B. Eingang in das südafrikanische Company Law gefunden.

Nach diesem System sollen Ausschüttungen der Unternehmen an ihre Aktionäre immer erst dann vorgenommen werden dürfen, wenn im Rahmen eines sogenannten *solvency* bzw. *liquidity tests* nachgewiesen wird, dass die Gesellschaft auch noch nach den geplanten Ausschüttungen zahlungsfähig bleibt.

Dieses alternative Modell soll nicht unbedingt das geltende System ersetzen, sondern den Mitgliedstaaten als Alternativmodell zur Umsetzung angeboten werden. Es soll jedoch erst dann umgesetzt werden, wenn eine Untersuchung zu positiven Ergebnissen gekommen ist. Aus diesem Grund schrieb die Kommission der Europäischen Union erst kürzlich eine Forschungsarbeit aus, die dieses Problemfeld untersuchen soll[95].

Eine angemessene Solvenzprüfung soll nach dem Reformvorschlag für jede Ausschüttung von Dividenden oder andere Zahlungen, einschließlich Aktienrückkäufe und Kapitalherabsetzungen mit Rückzahlungen an die Aktionäre, Vorraussetzung sein. Gefordert werden für eine angemessene Solvenzprüfung zumindest zwei unterschiedliche Kontrollen, die vor einer Ausschüttung durchzuführen sind[96]:

1. Bilanzprüfung (balance sheet test)

So soll zum einen die Bilanz oder das Nettovermögen der Gesellschaft überprüft werden. Im Rahmen einer solchen Prüfung sollen die Aktiva die Passiva nach der geplanten Ausschüttung vollständig abdecken bzw. übersteigen, d.h. es soll weiterhin ein positives Reinvermögen existieren. Die Bewertungsmodalitäten sollen sich dabei an der aktuellen Lage des Unternehmens (Fortführung, Liquidation) ausrichten und durch diese gerechtfertigt sein.

Vorschlag bezieht sich bisher nur auf die Gesellschaftsformen, die unter die Kapitalrichtlinie fallen (Aktiengesellschaften); *DTI, European Company Law and Corporate Governance*, London 2005, 44; *Merkt*, ZGR 2004, 306-309.

[94] Erste Ansätze finden sich auch in der englischen Company Law Reform, s.S. 237 ff.

[95] Die Ausschreibung endete am 29. Oktober 2005.

[96] *Report of High Level Group of Company Law Experts on a modern regulatory Framework for Company Law in Europe (Chairman: Winter)*, Brüssel 2002, 16, 94 ff.

2. Liquiditätsprüfung (liquidity test)

Zweitens soll eine Liquiditätsprüfung bzw. ein Vergleich des Umlaufvermögens mit den kurzfristigen Verbindlichkeiten durchgeführt werden. Diese Prüfung soll nur dann zu einem positiven Ergebnis kommen, wenn das Umlaufvermögen der Gesellschaft für die Zahlung der Verbindlichkeiten bei ihrer Fälligkeit in der nächsten Periode, z.B. in den nächsten zwölf Monaten, ausreicht.

Ferner soll angedacht werden, ob eine gewisse Liquiditätsmarge vorgeschrieben werden soll[97].

3. Solvenzbescheinigung (solvency certificate)

Schlussendlich soll die zu einem positiven Ergebnis kommende Solvenzüberprüfung durch eine entsprechende Solvenzbescheinigung der Unternehmensleitung nachgewiesen werden. In dieser Solvenzbescheinigung soll die Unternehmensleitung ausdrücklich bestätigen, dass die vorgeschlagene Ausschüttung nach der Solvenzprüfung zulässig ist. Hierdurch soll die Unternehmensleitung die Verantwortung für die Richtigkeit der Solvenzbescheinigung übernehmen. Es sollen entsprechende Sanktionen, wie z.B. persönliche Haftung oder ein Tätigkeitsverbot, vorgesehen werden, wenn nachgewiesen wird, dass die Bescheinigung irreführend war.

C. Mindestkapital

I. Kapitalgesellschaften

Ein besonderes Merkmal der Gesellschaftsformen, welche die Haftung für Gesellschaftsschulden auf ihr Gesellschaftsvermögen beschränken, ist, dass häufig ein gesetzlich vorgeschriebenes Mindestkapital gebildet und durch die Gesellschafter aufgebracht werden muss[98]. Das Mindestkapital ist der Mindestnennbetrag, zu dessen Aufbringung die Gesellschafter sich bei Gründung der Gesellschaft verpflichten müssen[99]. Die bestehenden Rege-

---

[97] *Report of High Level Group of Company Law Experts on a modern regulatory Framework for Company Law in Europe (Chairman: Winter)*, Brüssel 2002, 100.

[98] Untersucht werden hier die GmbH, AG, *private limited company, public limited company*, SARL, SA, SAS.

[99] Darüber hinaus ist die Höhe des Gesellschaftskapitals mit dem eine Gesellschaft ausgestattet werden soll, von den Gründern der Gesellschaft frei wählbar. In keiner untersuchten Rechtsordnung wird eine Höchstgrenze des Kapitals festgesetzt. *Palmer*, Rn. 2.802; *Bastian/Germain* in Jura Europae, 30.00·5. Ein Höchstkapital ist nur im schweizerischen Gesellschaftsrecht bekannt,

lungen zur Kapitalaufbringung sorgen dafür, dass das Kapital auch tatsächlich von den Gesellschaftern der Gesellschaft zur Verfügung gestellt wird[100].

1. Mindestkapitalausstattung der Kapitalgesellschaften, die öffentlich zur Zeichnung ihrer Anteile aufrufen können

Ein gesetzlich vorgeschriebenes Mindestkapital ist durch die Kapitalrichtlinie für die AG, die *public limited company* und die SA europaweit festgeschrieben worden. Nach Art. 6 KapRiLi muss das Gesellschaftskapital mindestens € 25.000,- betragen[101].

Art. 6 Abs. 1 KapRiLi wurde jedoch in den Mitgliedstaaten unterschiedlich umgesetzt. So ist für die AG ein Mindestgrundkapital in Höhe von € 50.000,- vorgeschrieben[102]. In England ist für die Gründung einer *public limited company* ein *authorised minimum share capital* von mindestens £ 50.000,- notwendig[103]. Das französische Recht differenziert zwischen der so genannten „vereinfachten" SA (SAS), die nicht öffentlich zur Zeichnung ihrer Anteile aufrufen darf[104], und der „Publikums"-SA (SA), der Letzteres

---

Art. 772 ff. Obligationenrecht (OR). Dort muss eine Gesellschaft mit beschränkter Haftung, die ein Gesellschaftskapital von mehr als 2.000.000 CHF aufweist in eine Aktiengesellschaft umgewandelt werden. Aktuell gibt es jedoch Reformbestrebungen, das Höchstkapital ersatzlos zu streichen; *Frank/Wachter*, RIW 2002, 24, Fn. 92, 108.

100 *Lutter*, Kapital, 57 ff.; *K. Schmidt*, Gesellschaftsrecht, § 29, § 37; zur Kapitalbildung in Deutschland, Frankreich und England: *Schwanna*, 412 ff.; *Ullrich*, DB 1990, 465 ff.

101 Art. 6 Abs. 1 KapRiLi spricht von 25.000 Europäischen Rechnungseinheiten. Hierbei handelt es sich nach Einführung des Euros um € 25.000,-. Die Regelung des Art. 6 Abs. 1 KapRiLi wird nach h.M. als Mindestregelung aufgefasst; *Schwarz*, Rn. 582 Fn. 581; *Habersack*, Rn. 139; *Ebenroth/Neiß*, BB 1992, 2087; *Lutter*, FS Everling, 765; *Mülbert/Birke* EBOR 2002, 701 f.; a.A. *Drinkuth*, 135 ff., als Argument gegen eine Mindestregelung wird angeführt, dass ein durch den nationalen Gesetzgeber zu hoch angesetztes Mindestkapital die Gesellschaftsgründung und damit die Niederlassungsfreiheit beschränke. Ein Überblick über bestehende Mindeskapitalforderungen in den Aktienrechten in Europa gibt *Van der Elst*, 9. Gemäß Art. 2c KapRiLi bildet das Grundkapital einen notwendigen Bestandteil der Satzung. Dieses in der Satzung festgeschriebene Gesellschaftskapital ist im Jahresabschluss nach Art. 9 Bilanzrichtlinie als Passivposten auszuweisen.

102 § 7 AktG (vor der Euro-Umstellung: DM 100.000,-).

103 Secs. 11, 117 subs. 2, 118 subs. 1 CA 1985, *Palmer*, Rn. 2.803; *Schmitthoff*, 18 f.. Dieses Mindestkapital wurde durch den CA 1980, der die Vorgaben der KapRiLi umsetzte, eingeführt. Diese Umsetzung wird als *„fundamental change of the structure of company law"* beschrieben, *Palmer*, Rn. 1.118, 4.006. Das Kapital muss mindestens zu einem Viertel einbezahlt werden, sec. 101 subs. 1 CA 1985. Zum englischen Mindestkapital *Gansen*, 23 ff.; *Höfling*, 135.

104 Art. L. 227-2 C.com.

gestattet ist. Zur Gründung einer SAS bedarf es € 37.000,-[105], bei der SA muss das Gesellschaftskapital mindestens € 225.000,- betragen[106].

Auch bei der neu geschaffenen Gesellschaftsform der Societas Europae (SE) gilt ein Mindestkapitalerfordernis. Das Gesellschaftskapital der SE muss nach Art. 4 Abs. 2 SE-VO wenigstens € 120.000,- betragen[107]. Wenn die Rechtsvorschriften eines Mitgliedstaats ein höheres Mindestkapital für Gesellschaften vorsehen, die bestimmte Arten von Tätigkeiten ausüben[108], gelten diese auch für die SE mit Sitz in dem betreffenden Mitgliedstaat[109].

Ebenso ist zur Gründung einer KGaA bzw. einer SCA ein Mindestkapital gesetzlich vorgeschrieben. Nach §§ 278 Abs. 3, 7 AktG beträgt der Mindestnennbetrag des Gesellschaftskapitals einer KGaA, wie bei der AG,

---

[105] Art. L. 227-1 al. 3 i.V.m. Art. L. 224-2 al. 1 C.com. (ehemals FF 250.000,-); *Ripert/Roblot/Germain*, Rn. 2032.

[106] Art. L. 224-2 al. 1 C.com. (ehemals FF 1.500.000,-). Anzumerken ist, dass das Mindestkapital der Publikums-SA durch das L. 30 déc. 1981 von FF 500.000,- auf FF 1.500.000,- erhöht wurde.

[107] *Kersting*, DB 2001, 2080. Das relativ hohe Mindestkapital einer SE zeigt, dass die SE als Rechtsform für große Unternehmen gedacht ist, *Hirte*, NZG 2002, 9; *Hommelhoff*, AG 2001, 286 f.

[108] Für den Fall, dass Gesellschaften bestimmte Tätigkeiten ausüben, haben alle Rechtsordnungen besondere und meist strengere Mindestkapitalanforderungen *Frank/Wachter*, RIW 2002, 21 Fn. 70. Dies gilt vor allem im Bereich der Banken. Hier wurde auf europäischer Ebene bereits eine Harmonisierung erreicht:

Zweite Richtlinie 89/646/EWG des Rates vom 15. Dezember 1989 zur Koordinierung der Rechts- und Verwaltungsvorschriften über die Aufnahme und Ausübung der Tätigkeit der Kreditinstitute und zur Änderung der Richtlinie 77/780/EWG (Zweite Bankenkoordinierungsrichtlinie), abgedr. in: ABl. EG Nr. L 386 vom 30.12.1989, 1 ff. (verabschiedete Fassung); *Lutter*, Europäisches Unternehmensrecht, 332 ff. Art. 4 Abs. 1 setzt für Kreditinstitute ein Mindestkapital i.H.v. 5 Millionen ECU fest. Eine Übersicht über das aufzubringende Mindestkapital bei Banken in den einzelnen Mitgliedstaaten findet sich bei *Lanzke*, WM 1994, 2004.

Richtlinie 89/299/EWG des Rates vom 17. April 1989 über die Eigenmittel von Kreditinstituten (Eigenmittelrichtlinie), abgedr. in: ABl. EG Nr. L 124 vom 5.5.1989, 6 ff. (verabschiedete Fassung); *Lutter*, Europäisches Unternehmensrecht, 353 ff. Die Eigenmittelrichtlinie hat eine größere Bonität und Stabilität der Banken zum Ziel; *Berger*, BB 1989, 1017 ff.; *Alsheimer*, RIW 1993, 111 ff.

Dasselbe gilt für Kapitalanlagegesellschaften. Auch hier wurde bereits auf europäischer Ebene eine Harmonisierung vorgenommen:

Richtlinie 85/611/EWG des Rates vom 20.12.1985 zur Koordinierung der Rechts- und Verwaltungsvorschriften betreffend bestimmte Organismen für gemeinsame Anlagen in Wertpapieren (OGAW) (Investmentrichtlinie), abgedr. in: ABl. EG Nr. L 375 vom 31.12.1985, 3 ff. (verabschiedete Fassung); *Lutter*, Europäisches Unternehmensrecht, 627 ff. Art. 5 der Investmentrichtlinie verlangt, dass die Gesellschaft über ausreichende finanzielle Mittel verfügt, die es ihr gestattet, ihre Tätigkeit ordnungsgemäß auszuüben sowie ihren Verpflichtungen nachzukommen. Hierbei handelt es sich um eine offene Generalklausel, die den nationalen Gesetzgebern gestattet, das Mindestkapital für Investmentgesellschaften zu erhöhen; *Drinkuth*, 121.

Im französischen Recht werden zudem Ausnahmen für Presseunternehmen zugelassen. So ist nach Art. L. 224-2 al. 3 C.com. nur ein Mindestkapital in Höhe von € 300,- erforderlich.

[109] Art. 4 abs. 3 SE-VO.

€ 50.000,-[110]. Für die SCA gelten ebenfalls dieselben Mindestkapitalanforderungen wie für die SA, wenn die Gesellschaft öffentlich zur Zeichnung ihrer Anteile aufruft (€ 225.000,-), bzw. wie für die SAS, wenn dies unterbleibt (€ 37.000)[111].

Im Ergebnis besteht in allen untersuchten Rechtsordnungen für Gesellschaften, die öffentlich zur Zeichnung ihrer Anteile aufrufen können, ein gesetzlich vorgeschriebenes Mindestkapital[112]. Dies gilt nicht nur für die Aktiengesellschaften, bei denen eine Harmonisierung durch die Kapitalrichtlinie stattgefunden hat, sondern auch für die KGaA und die SCA[113].

Es lässt sich somit folgendes allgemeine Prinzip bilden:

Zur Gründung von Kapitalgesellschaften, denen der Zugang zu öffentlichen Kapitalmärkten offen steht, bedarf es der Aufbringung eines gesetzlich vorgeschriebenen Mindestkapitals. Die Mindesthöhe des gesetzlichen Mindestkapitals beträgt € 25.000,-.

Anmerkung: Dieser Grundsatz wurde auf Grund der Kapitalrichtlinie europaweit umgesetzt.

2. Mindestkapitalausstattung bei Kapitalgesellschaften, denen der Zugang zu öffentlichen Kapitalmärkten nicht gestattet ist

Die Kapitalrichtlinie, die ein Mindestkapital von € 25.000,- vorschreibt, ist nur auf „Aktiengesellschaften" anwendbar, mit Ausnahme der französischen SAS. Letztere darf aber nicht öffentlich zur Zeichnung ihrer Anteile aufrufen[114]. Eine Harmonisierung für die „Gesellschaften mit beschränkter Haftung", die nicht öffentlich zur Zeichnung ihrer Anteile aufrufen dürfen, ist

---

110 Münch. HdB. GesR IV-*Herfs*, § 75 Rn. 18.

111 Art. L. 226-1 al. 2 i.V.m. Art. L. 224-2 al. 1 C.com.; *Ribert/Roblot*, Rn. 2022.

112 *Ommeslaghe/Ryn*, Rn. 5-12.

113 Dieser Grundsatz gilt auch für die Immobiliarinvestitionsgesellschaft SCPI (*société civile de placement immobilier*) im französischen Recht. Es handelt sich hierbei um eine Grundstücksgesellschaft des Bürgerlichen Rechts, die ermächtigt ist, zur Zeichnung ihrer Anteile öffentlich aufzurufen (Daher wird die SCPI auch als *„sociétés civiles immobilières autorisées à faire publiquement appel à l'epargne"* bezeichnet). Für diese Sonderform der SC ist ein Mindestgrundkapital in Höhe von FF 5.000.000,- vorgeschrieben, Art. 2 al. 1 L. 31 déc. 1970. Das Kapital der SCPI muss vollständig gezeichnet werden und mindestens zu einem Viertel eingezahlt sein, Artt. 5 al. 3, 6 al. 2 L. 31 déc. 1970. Der Mindestnennbetrag der Anteile beträgt FF 1000,-, Art. 2 al. 1 L. 31 déc. 1970.

114 Art. L. 227-2 C.com.

bisher nicht erfolgt. Dennoch ist ein Mindestkapital auch für diese Gesellschaften im nationalen Recht häufig vorgegeben[115].

So muss in Deutschland nach § 5 Abs. 1 GmbHG für die GmbH das Gesellschaftskapital mindestens € 25.000,- betragen[116]. Wie bereits erwähnt soll jedoch im Rahmen der GmbH-Reform durch § 5 Abs. MoMiG-E die Höhe des Mindeststammkapitals der GmbH von bisher € 25.000,00 auf € 10.000,00 abgesenkt werden[117].

Ein Mindestkapitalerfordernis galt lange Zeit auch für die SARL. Der französische Gesetzgeber hatte sich bei der rechtlichen Ausgestaltung der SARL bisher weitgehend an das deutsche GmbH-Recht und somit auch an das System des festen Mindestkapitals angelehnt[118]. Nach Art. L. 223-2 C.com. a.F. betrug dieses € 7.500,- [119].

Nach Verabschiedung der *Loi pour l`initiative économique* am 21. Juli 2003 ist jedoch seit dem 1. Januar 2004 für die Gründung einer SARL ein Mindestkapital nicht mehr gesetzlich vorgeschrieben[120]. So kann nunmehr auch eine *Société a responsabilité limitée a une euro* gegründet werden[121].

Diese Kehrtwendung im Recht der SARL kam überraschend und stellt eine Reaktion auf die Centros-Entscheidung des EuGH dar[122]. Noch im

---

[115] Die Höhe des Mindestkapitals bewegt sich in der EU zwischen € 3.000,- (Spanien, Art. 4 LSRL, ehemals ESP 500.000,-) und € 35.000 (Österreich: § 6 Abs. 1 ÖGmbHG, ehemals ATS 500.000,-). Der durchschnittliche Betrag liegt bei ca. € 10.000; rechtsvergleichender Überblick: *Frank/Wachter*, RIW 2002, 24 ff.

[116] Das Mindestkapital wurde durch die kleine GmbH-Novelle vom 4.7.1980 von DM 20.000,- auf DM 50.000,- angehoben. Durch das Euro-Einführungsgesetz vom 9.6. 1998 wurde das Stammkapital auf € 25.000,- umgestellt. Bei dem für die GmbH vorgeschrieben Mindestkapital handelt es sich um den zweithöchsten Wert im europäischen Vergleich der Gesellschaften mit beschränkter Haftung; *Frank/Wachter*, RIW 2002, 24.

[117] *Breitenstein*, BB 2006, 1457 f.; *Seibert*, ZIP 2006, 1157 ff.

[118] *Frank/Wachter*, RIW 2002, 12; *Maier*, GmbHR 1990, 380. Die SARL wurde 1925 nach dem Vorbild des deutschen Rechts eingeführt, *Merle*, Rn. 173; *Sonnenberger/Dammann*, Rn. III 9.

[119] ehemals FF 50.000,-.

[120] *Loi nr. 2003-721 du 1.8.2003 pour l`initiative économique*, J.O. nr. 179 du 5.8.2003. S. hierzu auch den Bericht der Nationalversammlung, Nr. 572, tome I, 2eme Partie v. 28.1.2003, zu Art. 1 und den Bericht des Senats, Nr. 217 v. 19.3.2003, J.O. n° 179 du 5.6.2003, 13449; *Le Cannu*, Rev.soc. 2003, 414 ff.; *Lienhard*, D. 2003, 1900 ff.; *Pecqueur*, JCP éd. N. 2003, 1645; *Pietrancosta*, 130 ff.; *Becker*, GmbHR 2003, 707 f.; *dies.* GmbHR 2003, 1120 f.; *Recq/Hoffmann*, GmbHR 2004, 1071 ; *Wachter*, GmbHR 2003, R 377.

[121] Art. L. 223-2 C.com. lautet in seiner jetzigen Fassung: „*Le montant du capital de la société est fixé par les statuts. Il est divisé en parts sociales égales.*" Die Gründung einer SARL ohne Gesellschaftskapital, also eine *SARL à zero euro* ist jedoch nicht zulässig. Es muss weiterhin ein Gesellschaftskapital existieren, also mindestens 1 cent. Der französische Gesetzgeber wollte durch die „*mini-révolution*" nämlich nicht das Kapitalsystem abschaffen. „*La SARL peut devenir une SARTL: une société à responsabilité très limitée, qui tangente le 0.*", *Pietrancosta*, 130 f., 133, 139.

[122] s.o. S. 31.

Marini-Rapport wurde 1996 eine Erhöhung des Mindestkapitals für die SARL auf FF 100.000,- (€ 15.000,-) vorgeschlagen[123]. Jedoch wurde bereits im Jahr 2001 durch die *Nouvelles régulations économiques* (NRE)[124] das für die SARL geltende Gebot der sofortigen Volleinzahlung des Gesellschaftskapitals aufgehoben. Durch Art. 124 NRE wurde Art. L. 223-7 C.com. dahingehend geändert, dass jeder Gesellschafter nur noch ein Fünftel seiner Bareinlage bei Gründung einbezahlen muss[125].

Für die *limited company* in England bestand ursprünglich kein Mindestkapitalerfordernis[126]. Die gesetzliche Festschreibung eines Mindestkapitals fand erst durch die Umsetzung der Kapitalrichtlinie und begrenzt auf die *public limited company* Einzug in das englische Gesellschaftsrecht[127]. Aufgrund dieser auffälligen Diskrepanz zu den übrigen europäischen Gesellschaftsrechten wurde in der Literatur daher häufig zwischen dem kontinentaleuropäischen System des festen Kapitals und dem englischen System, welches kein Mindestkapitalerfordernis kennt, unterschieden[128]. Dieser Schluss ist jedoch irreführend, da auch im englischen Recht ein „festes“ Gesellschaftskapital vorgesehen ist, nur ist dieses eben nicht in seiner Mindesthöhe gesetzlich für die *private limited company* festgeschrieben.

Für die *private limited company* muss ein Gesellschaftskapital, wie im übrigen auch immer noch bei der SARL[129], im *Memorandum* festgeschrieben werden. Dies kann in beliebiger Höhe und daher z.B. auch mit nur £ 1,- vereinbart werden[130]. So ist bei einem Großteil der *private limited companies* das Gesellschaftskapital auch nur sehr gering[131]. Aus diesem Grund wurde in der

---

[123] *Marini-Rapport, La modernisation du droit des sociétés.*

[124] L. n° 2001-420 du 15 mai 2001, *Relative aux nouvelles régulations économiques.*

[125] *Guyon*, Rev.soc. 2001, 511; *Le Cannu*, Rev.soc. 2001, 635; *Storp*, RIW 2002, 420; *Frank/Wachter* GmbHR 2002, 54 ff. Nicht eingezahlte Beträge müssen auf Anforderung der Geschäftsführung, spätestens aber innerhalb von fünf Jahren ab Eintragung der Gesellschaft im Handels- und Gesellschaftsregister von den Gesellschaftern geleistet werden. Sacheinlagen müssen nach wie vor bei Gründung vollständig geleistet werden, Art. L. 223-7 al. 1 C.com.

[126] Ebensowenig besteht für den einzelnen Gesellschafter die Pflicht zu einer Mindesteinlage; *Neuling*, 145. Nach *Frank/Wachter*, RIW 2002, 24 ist das Konzept eines gesetzlichen Mindestkapitals für die Gesellschaften mit beschränkter Haftung innerhalb Europas nur in Großbritannien und Irland nicht gegeben. Ebenso *Freedman*, MLR 2000, 335 Fn. 117. Hinzugekommen ist in jüngster Zeit jedoch die SARL.

[127] *Davies*, AG 1998, 353 f.

[128] *Freedman*, MLR 2000, 335: „*This [minimum capital requirement] creates a distinction in approach that is a matter of more than detail: it reflects a deep cultural divide as regards attitude to limited liability.*“ *Pietrancosta*, 136.

[129] Art. 223-2C.com.

[130] *Palmer*, Rn. 2.802; zur Entwicklung in England: *Meyer*, 419 f.

[131] Über zwei Drittel der im Jahre 2002 registrierten *private limited companies* besitzen ein gezeichnetes Kapital von bis zu £ 100,- und rund 3,5 % aller registrierten *private limited companies* besitzt überhaupt kein ausgegebenes Kapital; Bericht des *DTI*: *Companies in 2001-2002*, Art. 7

englischen Rechtswissenschaft die Einführung eines Mindestkapitalerfordernisses für die *private limited company* vereinzelt angedacht[132]. Jedoch spricht sich die Mehrheit der englischen Rechtswissenschaft, vor allem die *Company Law Review Steering Group*, gegen die Einführung eines Mindestkapitals aus[133].

Ob der Trend generell zu einer Aufhebung des Mindestkapitalerfordernisses geht, lässt sich nur schwer vorhersehen[134]. So ist auf der einen Seite in den Vorschlag für eine Europäische Privatgesellschaft das Erfordernis eines Mindestkapitals in Höhe von € 25.000 aufgenommen worden[135]. Strittig ist indes, weshalb ein solches vorgegeben sein soll. Auf der einen Seite werden Gläubigerschutzgesichtspunkte vorgebracht[136], auf der anderen Seite wird ein Mindestkapital nur für zwingend gehalten, um eine Zustimmung aller Mitgliedstaaten zum Statut zu erreichen[137].

Zudem wird immer wieder die Ausweitung der Kapitalrichtlinie auf die „Gesellschaft mit beschränkter Haftung" propagiert[138]. Auf der anderen Seite wird das Mindestkapitalerfordernis, insbesondere mit Blick auf das anglo-

---

Table A, S. 30. Bemerkenswert ist aber, dass das gezeichnete Kapital nicht in einem offensichtlich unzureichenden Verhältnis zum Gegenstand der Gesellschaft stehen darf, da ihr in diesem Fall eine Auflösung aus wichtigen Grund droht, *Behrens*, GmbH, Rn. GB/NI/EI 16, 51. Anzumerken sei hier zudem, dass in Deutschland mehr als zwei Drittel aller GmbHs nur mit dem gesetzlich vorgeschrieben Mindeststammkapital ausgestattet sind; *Roth/Altmeppen* (Hrsg.), GmbHG, Einl. Rn. 7; *Ulmer* in Hachenburg, GmbHG, Einl. Rn. 71; *Hansen*, GmbHR 1988, 16; *Frank/Wachter*, RIW 2002, 24.

132 *Freedman*, MLR 2000, 335 ff., 338; *Company Law Committee Report (chairman Lord Jenkins)*, Cm 1749 (1962), para 27; *Kahn Freund*, MLR 1944, 54.

133 *Armour*, MLR 2000, 371; *Company Law Review Steering Group, Developing the Framework*, Rn. 9.61-9.71. Die *Company Law Review Steering Group* wurde 1998 ins Leben gerufen und soll das Gesellschaftsrecht umfassend reformieren, *Beckett, For a Competitive Economy.*

134 Die Frage, ob ein Mindestkapital überhaupt noch beibehalten werden soll, wird so auch durch die *High Level Group of Company Law Experts* aufgeworfen, Konsultationspapier vom 25.4.2002, 3.3. Rn. 8 (Frage 18). Für die Abschaffung des deutschen Mindestkapitalerfordernisses *Schuster*, AG 1998, 379; *Kloße-Mokroß*, 187 ff.; *Triebel* im Interview mit *Wegerich*, BB 2004, Heft 17, VII; kritisch hierzu, *Happ/Holler* DStR 2004, 731 f.; *Niederleithinger*, AG 1998, 378; *W. Schön*, ZHR 2002, 5. Zur Aufgabe des Mindestkapitalerfordernisses im amerikanischen Gesellschaftsrecht, *Conac*, 153 ff,: *Fleischer*, ZGR 2001, 12 ff.; *Kübler*, ZHR 1995, 559 ff.; *Maier*, 119 ff.; *Meyer*, 420 ff.

135 Art. 3 Abs. 1 des Verordnungsentwurfs zur EPG der *Chambre de Commerce et d'Industrie de Paris*; *Drury/Hicks* in *Boucourechliev/Hommelhoff*, Rn. 114; *Helms*, 126 ff. Jedoch wurde über die Notwendigkeit eines Mindestkapitalerfordernisses für die EPG bisher kaum diskutiert. So ist nimmt auch der englische Bericht von *Drury/Hicks* eine skeptische Haltung hierzu ein, *Hirte*, ZHR 2001, 497.

136 *Helms*, 304.

137 *Drury/Hicks* in *Boucourechliev/Hommelhoff*, Rn. 114.

138 *Lutter*, ZGR 2000, 9, 10.

amerikanische Recht, immer wieder kritisiert, da der durch ihn verfolgte Zweck des Gläubigerschutzes nicht erreicht werde[139].

Als Grund hierfür wird der erhebliche zeitliche und finanzielle Aufwand, der mit einem festen Nennkapitalsystem einhergeht, angeführt. Auch die Insolvenzerfahrung zeige, dass den Gläubigern das bestehende Regelungsgefüge wenig helfe[140].

Die Gläubiger seien vielmehr grundsätzlich in der Lage, sich selbst durch Sicherungsrechte zu schützen[141]. Wenn dies im Einzelfall, wie bei Deliktsgläubigern, nicht der Fall sei, so würden diese dennoch häufig durch (Zwangs-) Haftpflichtversicherungen geschützt[142]. Ansonsten käme notfalls auch ein Haftungsdurchgriff auf die Gesellschafter zu Gunsten der Gläubiger in Betracht[143].

Die nahe liegende Schlussfolgerung daraus ist in erster Linie die Forderung, die das Garantiekapital konstituierenden Vorschriften abzuschaffen, wie dies auch in den USA geschehen ist[144]. Das Nennkapitalsystem wird in der amerikanischen Rechtswissenschaft inzwischen als eine „*historic anomaly*" bezeichnet[145]. Man geht sogar von einem weltweiten Trend zur Abschaffung des Systems des festen Kapitals aus[146].

---

139 *Bauer*, 336; *Klose-Mokroß*, 83; *Kübler*, 155; *ders.* AG 1994, 145 f.; *ders.* AG 1998, 345; dagegen *Lutter*, AG 1998, 375; *Fleischer*, DStR 2000, 1020; *Report of High Level Group of Company Law Experts on a modern regulatory Framework for Company Law in Europe* vom 4. November 2002, 79 ff. Aus diesem Grund soll nach Ansicht der Europäischen Kommission auch eine Studie über die Realisierbarkeit einer Alternative zum bestehenden Kapitalsystem in Auftrag gegeben werden, *Mitteilung der Kommission an den Rat und das Europäische Parlament* vom 21.5.2003, Rn. 3.2. Auf der anderen Seite wurde im Rahmen der kürzlich verabschiedeten SE-VO das System des festen Nennkapitals nicht abgeschafft. Nach *Hirte*, NZG 2002, 9 ist das aufgrund der langen Rechtsetzungsgeschichte jedoch auch nicht überraschend Europa: SLIM-Vorschläge, ZIP 1999, 1944 ff.; *Drygala*, AG 2001, 291 ff.

140 *Kübler*, 155.

141 So können sich v.a. Banken durch *financial covenants* absichern, vgl. hierzu *Cheffins*, 533 f.; *Fleischer*, ZIP 1998, 313 ff., *ders.*, ZGR 2001, 13; *Walter*, AG 1998, 370 ff.; *W. Schön*, ZHR 2002, 4.

142 *Walter*, AG 1998, 370 ff.; *Klose-Mokroß*, 87.

143 *Kübler*, 155.

144 *Klose-Mokroß*, 187, 188; *Bauer*, 335.

145 *Hamilton*, Corporation Finance, 69. Ebenso aus dt. Sicht: *Kübler*, AG 1994, 147: „*Im Lichte der amerikanischen Erfahrung bedeutet v.a. die KapRiLi die vorschnelle Zementierung überlieferter Strukturen, deren wirtschaftlicher Sinn höchst fragwürdig geworden ist.*"

146 *Hamilton*, 160: „*The current trend is clearly in the direction of eliminating such requirements (initial capitalization). Most states today have eliminated all minimum capitalization requirements. The theory behind this trend is that minimum capitalization requirements are arbitrary and unrelated to the true capital needs of corporation, and therefore do not provide meaningful protection to the creditors.*"

So gab es vor allem im Rechtskreis des Commonwealth im letzten Jahrhundert eine Bewegung hin zu einer Liberalisierung des Kapitalsystems[147]. Im ersten *consultation paper* zur *company law reform* in England wird das geltende System der Kapitalerhaltung als überreguliert beschrieben. Die gesetzliche Regelung sei zu detailliert, verursache dadurch zusätzliche Kosten und vermindere die Flexibilität der Geschäftsführung, mit dem Kapital zu wirtschaften[148]. Deshalb forderte anfänglich die *Steering Group* der *company law review* des DTI auch, dass das System des Nennkapitals gänzlich abgeschafft werden solle[149]. Von dieser Forderung wurde jedoch vor allem wegen der Unvereinbarkeit mit der europäischen Kapitalrichtlinie wieder Abstand genommen[150].

Die *High Level Group of Company Experts* schlägt dennoch vor, bestehende Mindestkapitalvorschriften beizubehalten[151].

Im Ergebnis hängt es also vom nationalen Recht ab, ob zur Gründung einer Kapitalgesellschaft, in der der Zugang zu öffentlichen Kapitalmärkten verwehrt ist, ein Mindestkapitalerfordernis vom Gesetz verlangt wird[152]. Abgesehen von der zu beobachtenden Gemeinsamkeit, dass die Mindestkapitalbeträge der Gesellschaften, die öffentlich zur Zeichnung ihrer Anteile aufrufen können, höher liegen als für die Gesellschaften, denen dies untersagt ist[153], lässt sich für diesen Bereich kein allgemeines Prinzip formulieren.

II. Personengesellschaften

Ein gesetzlich vorgegebenes Mindestkapital für Gesellschaften, in denen neben dem Gesellschaftsvermögen die Gesellschafter persönlich und un-

[147] So wurde in Kanada durch den CBCA 1974 die Nennwertaktie abgeschafft und das Kapitalerhaltungssystem wesentlich entschärft. Nun kann z.B. die Gesellschaft ihre eigenen Aktien zurückkaufen. Das gleiche gilt für das Company law Neuseelands. 1994 wurde im neuen Companies Act, wie auch in Kanada, die nennwertlose Aktie eingeführt und das Kapitalerhaltungsregime zugunsten einer sog. *solvency certification* vereinfacht. Ebenso wurde im Australischen Gesellschaftsrecht, im Rahmen des CLERP, durch den CLRA 1998 die nennwertlose Aktie eingeführt; s.a. *Company Law Review Steering Group, The Strategic Framwork*, 24 ff.

[148] V.a. im Hinblick auf die Regelungen des Verbots der Gewährung finanzieller Hilfe zum Erwerb eigener Aktien. *Company Law Review Steering Group, First Consultation Paper*, 7.

[149] *Company Law Review Steering Group, First Consultation Paper*, 6 f.

[150] *Company Law Review Steering Group, Completing the Structure*, 149.

[151] *Report of High Level Group of Company Law Experts on a modern regulatory Framework for Company Law in Europe* vom 4.11.2002, 82.

[152] Ob ein Mindestkapital von den einzelnen Rechtsordnungen verlangt wird, ist vielmehr eine rechtspolitische Frage, *Bachmann*, ZGR 2001, 362 Fn. 76.

[153] *Lutter*, FS für Riesenfeld, 169.

beschränkt für die Gesellschaftsschulden haften, findet sich in keiner der drei untersuchten Rechtsordnungen[154].

Auch zur Gründung einer Personengesellschaft ist es rechtlich oder zumindest praktisch notwendig, dass im Gesellschaftsvertrag ein Gesellschaftskapital festgelegt wird[155]. Ferner bleibt es den Gesellschaftern, die mit ihrem Privatvermögen für die Gesellschaftsschulden haften, aufgrund der Vertragsfreiheit unbenommen, ein Gesellschaftskapital festzulegen[156].

Es lässt sich daher folgendes allgemeine Prinzip bilden:

Gesellschaften, in denen alle Gesellschafter persönlich und unbeschränkt für die Gesellschaftsschulden haften, bedürfen zu ihrer Gründung nicht der Ausweisung eines Mindestkapitals im Gesellschaftsvertrag. Im Rahmen der Vertragsfreiheit kann jedoch ein Gesellschaftskapital festgeschrieben werden.

D. Exkurs: Die französischen „*sociétés à capital variable*"

Das französische Recht kennt die Gesellschaften mit einem variablen Gesellschaftskapital[157]. Es handelt sich hierbei nicht um einen eigenen Typus einer Gesellschaft, sondern vielmehr um eine besondere Form der Ausgestaltung der bekannten Gesellschaftsformen[158]. Ein variables Gesellschaftskapital kann daher für jegliche Gesellschaftsform gewählt werden[159], außer für die SA, der aufgrund der Kapitalrichtlinie die Möglichkeit eines variablen Kapitals nicht

---

[154] Untersucht werden hier die GbR, OHG, KG, *partnership, limited partnership, unlimited company*, SC, SNC, SCS. Deutschland: Das BGB setzt für die GbR kein Mindestkapital fest. Ebenso besteht für die OHG und die KG keine Mindestkapitalaufbringungspflicht; *Baumbach/Hopt*, HGB, § 109 Rn. 6; Münch. HdB. GesR II-*v. Falkenhausen/Schneider*, § 60 Rn. 6; *Keßler* in Staudinger, BGB, § 706 Rn. 3; *Ulmer*, BGB, § 706 Rn. 1, 15; England: *Pennington* in Jura Europae 90.00 Rn. 15; *Ommeslaghe/Ryn*, Rn. 5-13; Frankreich: Es findet sich im C.civ keine Vorschrift zur Schaffung eines Mindestkapitals. Auch für die SNC und die SCS ist keine Mindestgrenze für ein Gesellschaftskapital im C.com. festgelegt; *Bastian/Germain* in Jura Europae, 30.30 Rn. 15; *Pietrancosta*, 138.

[155] Dies gilt in Frankreich für sämtliche Gesellschaftsformen und somit auch für die hier behandelten SC, SNC und SCS; Art. 1835 C.civ. Artt. L. 210-2, 222-4 C.com; *Bastian/Germain* in Jura Europae, 30.30. Rn. 6.

[156] Deutschland: Münch. HdB. GesR I-*Gummert*, § 15, Rn. 21; England: sec. 19 PA 1890; *Morse, Partnership Law*, 41 f., 252 f.; Frankreich: *Bastian/Germain* in Jura Europae, 30.40·6.

[157] *Mémento, Sociétés Civiles*, Rn. 1770 ff.; *Lutter*, Kapital, 488 ff.; *Tilmanns* in Hohloch, Frankreich, Rn. 42

[158] *Mémento, Sociétés Civiles*, Rn. 1780.

[159] *Mémento, Sociétés Civiles*, Rn. 1770; *Mercadal/Janin/Charvériat/Couret*, Rn. 5072.

gegeben ist[160]. Jedoch kann die SAS sowie die SCA ein variables Gesellschaftskapital besitzen[161]. Der Firmenbezeichnung der Gesellschaft muss der Zusatz „*à capital variable*" angehängt werden[162].

Bei einer *société à capital variable* muss im Gesellschaftsvertrag ein Gesellschaftskapital zwischen zwei feststehenden Werten angegeben werden. Dabei muss der niedrigere Wert[163] mindestens 10% des oberen Wertes[164] betragen[165]. Innerhalb dieser festgelegten Kapitalwerte kann das Gesellschaftskapital durch wiederholte Einzahlungen der Gesellschafter oder durch die Aufnahme neuer Gesellschafter erhöht werden bzw. durch Austritt oder durch Rückzahlung der Einlagen herabgesetzt werden, ohne dass weitere Formvorschriften wie beim festen Kapital beachtet werden müssten[166]. Jedoch müssen auch bei der *société à capital variable* die Mindestkapitalerfordernisse beachtet werden. So darf der untere Wert des variablen Kapitals nicht die gesetzlich geforderte Mindestkapitalsumme unterschreiten[167].

---

160 Art. L. 231-1 al. 1 C.com.; *Mercadal/Janin/Charvériat/Couret*, Rn. 7119. Eine Ausnahme besteht jedoch für die Genossenschaften (*coopératives*) und *sociétés d'investissement à capital variable* (SICAV).

161 *Mercadal/Janin/Charvériat/Couret*, Rn. 14031, 14941.

162 Art. L. 231-2 C.com.

163 Sog. „*capital plancher*".

164 Sog. „*capital autorisé*".

165 Art. L. 231-5 al. 2 C.com. So kann z.B. ein variables Gesellschaftskapital zwischen € 10.000,- (10% von € 100.000,-) und € 100.000,- vereinbart werden.

166 Art. L. 231-3 C.com.; *Mémento, Sociétés Civiles*, Rn. 1786.

167 Art. L. 231-5 al. 2 C.com.

Zweiter Teil: Die Instrumentarien der Kapitalerhaltung

A. Verbot der „offenen“ Ausschüttung des durch die Kapitalziffer gebundenen Gesellschaftsvermögens

I. Bindung des Gesellschaftsvermögens

Dividendenausschüttungen verringern das Gesellschaftsvermögen. Eine jährliche bzw. nach gewissen Zeitabständen erfolgende Gewinnverteilung ist nach allen behandelten Rechtsordnungen zulässig. Die Gesellschafter müssen also nicht erst die Gesellschaft liquidieren, um in den Genuss verteilbarer Überschüsse zu kommen[168].

Um den Zielen und Aufgaben des Grundsatzes der Kapitalerhaltung gerecht zu werden, muss die Ausschüttungspraxis einer Gesellschaft daher kontrolliert werden, d.h., es muss geregelt sein, was an die Gesellschafter ausgeschüttet werden darf, ohne dass dadurch das Gesellschaftskapital angegriffen wird. Gesetzliche Vorschriften zur Dividendenausschüttung finden sich in allen untersuchten Rechtsordnungen[169]. Diese gesellschaftsrechtlichen Regelungen zur Dividendenausschüttung dienen in erster Linie dem Gläubigerschutz[170].

Es lässt sich daher folgendes allgemeine Prinzip bilden:

Gewinnausschüttungen an die Gesellschafter sind zu bestimmten Zeitpunkten nur nach Feststellung eines Überschusses über das gebundene Vermögen zulässig.

Wie bereits erläutert, dient der Grundsatz der Kapitalerhaltung jedoch nicht dem Schutz des Gesellschaftsvermögens im Allgemeinen, sondern ausschließlich dem Schutz des durch das Gesellschaftskapital gebundenen Gesellschaftsvermögens[171]. Das Gesellschaftskapital dient als Betriebskapital

---

[168] *Lutter*, Kapital, 333. Zwar kann bei der GbR nach § 721 BGB ein Gesellschafter die Verteilung eines Gewinns erst nach Auflösung der Gesellschaft verlangen, jedoch kann und wird diese Vorschrift regelmäßig durch Vereinbarung zwischen den Gesellschaftern abbedungen, *Ulmer*, BGB, § 721 Rn. 1, 3. So kann auch bei der GbR eine periodische Gewinnverteilung vereinbart werden.

[169] Deutschland: GbR: §§ 721, 722 BGB; OHG: §§ 120-122 HGB; KG: §§ 167-169 HGB; KGaA: § 288 AktG; GmbH: §§ 29 - 32 GmbHG, AG: §§ 57 - 62, 174 AktG; England: ltd. & plc.: secs. 263 – 281 CA 1985; *partnership*: sec. 24 PA 1890; *limited partnership*: sec. 4 subs. 3 LPA1907; Frankreich: SC: 1844-1 C.civ.; SNC, SCS, SCA, SARL, SA, SAS: Artt. L. 232-10 – 232-20 C.com.

[170] Deutschland: *Kübler*, 227; *K. Schmidt*, Gesellschaftsrecht, § 37 III 1f; England: *Farrar/Hannigan*, 206; Frankreich: *Gibirila*, Rn. 72.

[171] s.o. S. 477.

und soll zukünftige Gewinne generieren, die anschließend im Wege einer Dividendenzahlung an die Gesellschafter ausgeschüttet werden können[172]. Der Grundsatz der Kapitalerhaltung ist also immer dann durch eine Ausschüttung an die Gesellschafter verletzt, wenn das Nettoaktivvermögen (Reinvermögen)[173] der Gesellschaft unter die rechnerisch gezogene Grenze der im Gesellschaftsvertrag festgeschriebenen Kapitalziffer sinkt[174]. Dies bedeutet, dass eine Gesellschaft nur dann Dividenden zahlen oder Ausschüttungen vornehmen kann, wenn ihr für diesen Zweck ausreichend Gewinn zur Verfügung steht[175].

Für Ausschüttungen einer Gesellschaft an ihre Gesellschafter, durch die das gebundene Gesellschaftsvermögen angegriffen wird, lassen sich in der Praxis zahlreiche Erwägungen und Gründe finden. So kann durch Dividendenzahlungen Dritten gegenüber eine Prosperität der Gesellschaft vorgetäuscht werden, die in Wirklichkeit nicht vorhanden ist. Geschäftsführer und Gesellschafter könnten daher versucht sein, nicht erwirtschaftete Gewinne auszuzahlen; denn eine Gesellschaft, die höhere oder überhaupt Gewinne ausschüttet, stellt auf den ersten Blick ihren wirtschaftlichen Erfolg nach außen hin unter Beweis. Dies wird vom Markt durch einen höheren Kurswert oder aber durch eine scheinbar höhere Kreditwürdigkeit honoriert[176]. Werden aber real nicht existierende Gewinne an Gesellschafter ausgeschüttet, so wird auch das gebundene Vermögen der auszahlenden Gesellschaft nach und nach verringert[177].

Obwohl sich die Frage des Gläubigerschutzes und somit das Gebot der Kapitalsicherung in allen drei untersuchten Rechtsordnungen stellt, ist das Konzept der Kapitalerhaltung in den einzelnen Ländern unterschiedlich ausgeprägt[178].

Die einzelnen Kapitalbindungsordnungen in Deutschland, England und Frankreich sind teils gesetzlich fixiert, teils durch die Rechtsprechung herausgearbeitet worden. Es wird sich aber zeigen, dass in allen untersuchten Gesellschaftsrechtsordnungen der Grundsatz der Kapitalerhaltung verwirk-

---

172 England: *Griffin*, 163; Frankreich: *Ripert/Roblot/Germain*, Rn. 1056-23.

173 Das Nettoaktivvermögen der Gesellschaft ist ihr gesamtes Aktivvermögen abzüglich der Summe aller Verbindlichkeiten, einschließlich Rückstellungen (echte Passiva), aber ohne Rücklagen, in seinem rechnerischen Wert, *Memento*, Gesellschaftsrecht, Rn. 2196.

174 England: *Davies*, 281; *Lowry/Watson*, Rn. 4.15; Frankreich: *Cozian/Viandier/Deboissy*, Rn. 863; *Guyon*, Rn. 110.

175 England: *Palmer*, Fn. 9.705, 9.801; Frankreich: *Mercadal/Janin/Charvériat/Couret*, Rn. 25164; *Constantin*, 45.

176 *Ferran*, 410.

177 In England wird dies bildlich als sog. „*asset stripping*" bezeichnet: *Farrar/Hannigan*, 206; *Pettet*, 309.

178 *Ommeslaghe/Ryn*, Rn. 5-46.

licht wird und das durch die Kapitalziffer gebundene Gesellschaftsvermögen grundsätzlich nicht an die Gesellschafter ausgeschüttet werden darf[179].

Das Kapitalsystem, welches seinerseits aus dem Grundsatz der (realen) Kapitalaufbringung[180] und dem Grundsatz der (nominellen) Kapitalerhaltung besteht[181], ist in seinem Kern in der Rechtswissenschaft, aber auch in der gesellschaftsrechtlichen Praxis anerkannt und wird nicht nur in Deutschland, sondern auch in England und Frankreich als selbstverständlich erachtet[182]. Es kommt daher in der Praxis nur in seltenen Fällen zu klaren Verletzungen des Verbots der „offenen" Rückzahlung des durch die Gesellschaftskapitalziffer gebundenen Gesellschaftsvermögens an die Gesellschafter.

Problematisch ist jedoch die Ausweitung des Verbots der Ausschüttung gebundenen Gesellschaftsvermögens auf Fälle, in denen es zu Vermögensverschiebungen zwischen Gesellschaft und Gesellschaftern kommt und eine Ausschüttung gebundenen Gesellschaftsvermögens nicht ohne weiteres offensichtlich ist. Dann muss die Frage beantwortet werden, ob eine solche Vermögensverschiebung einen Umgehungstatbestand zu Lasten des Verbots der Rückzahlung gebundenen Gesellschaftsvermögens darstellt, oder ob es sich noch um ein rechtmäßiges Geschäft der Gesellschaft handelt.

So tritt z.B. in der Gesellschaft mit beschränkter Haftung in allen Rechtsordnungen häufig der Fall auf, dass überhaupt keine oder nur geringe Dividendenauszahlungen an die Gesellschafter vorgenommen werden. Dies liegt an dem Umstand, dass häufig die Gesellschafter auch die Geschäftsführung der Gesellschaft innehaben[183]. Diese so genannten Gesellschafter-Geschäftsführer verteilen in der Regel erwirtschaftete Gewinne nicht durch Zahlung einer Dividende, sondern im Wege einer Vergütung für geleistete Geschäftsführertätigkeit[184]. Solche Geschäftsführergehälter entsprechen in der Realität häufig nicht dem wirtschaftlichen Wert der Tätigkeit der Geschäftsführer und sind vielfach im Hinblick auf die real erwirtschafteten Gewinne der Gesellschaft unangemessen. Im deutschen Recht wird diese Problematik mit dem Rechtsinstitut der verdeckten Gewinnausschüttung gelöst, da der Grundsatz der Kapitalerhaltung nicht bereits auf den ersten Blick verletzt

---

[179] *Lutter*, International Encyclopedia, 151; *Ommeslaghe/Ryn*, Rn. 5-47; *Würdinger*, 25; Deutschland: *Eisenhardt*, Rn. 491; *Kübler*, 155; *K. Schmidt*, Gesellschaftsrecht, § 29 II 2, § 37 III; England: *Sealy*, 396; *Pennington*, 503; Frankreich: *Constantin*, 45; *Gibirila*, Rn 71 f., 126, 128. Zur Kapitalerhaltung in den Ländern Mittel- und Osteuropas, *Kalss*, ZGR 200, 841 ff., 854 f.

[180] Zum Prinzip der realen Kapitalaufbringung s. *Lutter*, Kapital, 57 ff.; *ders.*, Rev.soc. 1991, 331 ff.

[181] *Wiedemann*, § 10 IV 2.

[182] Für die kontinentaleuropäischen Rechtsordnungen: *Lutter*, Kapital, 42; *Wymeersch*, AG 1998, 382.

[183] In England spricht man von sog. *quasi-partnerships* bzw. von *family companies*.

[184] England: *Farrar/Hannigan*, 207; *Ferran*, 409; Frankreich: *Merle*, Rn. 295, 549.

wird. Die hier angesprochene Thematik soll jedoch erst später, im Kapitel „Verdeckte Vermögensverlagerungen", näher untersucht werden[185].

Zu Beginn der rechtsvergleichenden Untersuchung sollen zunächst nur die so genannten „offenen" Ausschüttungen des durch die Kapitalziffer gebundenen Gesellschaftsvermögens, also die als Dividendenzahlungen deklarierten Ausschüttungen der Gesellschaft an die Gesellschafter, untersucht werden. Im französischen Recht unterscheidet man begrifflich zwischen dem verteilbaren Gewinn (*bénéfice distribuable*) und den „erdichteten" Gewinnzahlungen (*dividendes fictifs*)[186]. Wenn im Weiteren von „offenen" Ausschüttungen, die den Grundsatz der Kapitalerhaltung verletzen, gesprochen wird, so können diese mit dem französischen Rechtsinstitut der *dividendes fictifs* gleichgesetzt werden.

II. Das Verbot der offenen Ausschüttung gebundenen Gesellschaftsvermögens bei Kapitalgesellschaften

Zunächst soll das Verbot der offenen Ausschüttung gebundenen Gesellschaftsvermögens im Hinblick auf die Kapitalgesellschaften untersucht werden[187]. Im Anschluss sollen die Gesellschaftsformen, bei denen neben dem Gesellschaftsvermögen zusätzlich das Vermögen der Gesellschafter für entstandene Gesellschaftsschulden haftet, betrachtet werden[188].

1. Kapitalrichtlinie und EPG-Statut

Art. 15 der Kapitalrichtlinie normiert das Verbot der Ausschüttung gebundenen Gesellschaftsvermögens für die europäischen Aktiengesellschaften[189]. Danach dürfen, außer im Falle einer Kapitalherabsetzung, keine Ausschüttungen an die Aktionäre erfolgen, wenn bei Abschluss des letzten Geschäftsjahres das Nettoaktivvermögen, wie es der Jahresabschluss ausweist, den Betrag des gezeichneten Kapitals zuzüglich der Rücklagen, deren Ausschüttung das Gesetz oder die Satzung nicht gestattet, unterschreitet oder aufgrund dieser Ausschüttung unterschreiten würde[190]. Nach Art. 16 KapRiLi

---

[185] S. 979 ff.

[186] *Merle*, Rn. 295, 297, 546; *Guyon*, Rn. 119; *Ripert/Roblot/Germain*, Rn. 1332, 1912.

[187] Deutschland: AG, GmbH; Frankreich: SA, SAS, SARL; England: *private* und *public limited company*.

[188] Deutschland: GbR, OHG, KG; Frankreich: SC, SNC; SCS; England: *partnership*, *limited partnership*.

[189] *Denecker*, Rev.soc. 1977, 669 f.; *Edwards*, 68 f.; *Houin*, RTDE 1978, 732; *Hüffer*, NJW 1979, 1065; *Lutter*, Europäisches Unternehmensrecht, 50; *Niessen*, AG 1970 289; *Schmitthoff*, CMLR 1978, 51; *Schwarz*, Rn. 379 f.

[190] Art. 15 Abs. 1 lit a KapRiLi.

ist jede Ausschüttung, die entgegen Art. 15 KapRiLi erfolgt, von den Aktionären, die sie empfangen haben, zurückzugewähren, wenn die Gesellschaft beweist, dass diesen Aktionären die Unzulässigkeit der an sie erfolgten Ausschüttung bekannt war oder sie darüber nach den Umständen nicht in Unkenntnis sein konnten.

Bei dem in Art. 15 KapRiLi festgeschriebenen Prinzip der Erhaltung des durch die Kapitalziffer gebundenen Gesellschaftsvermögens und dem in Art. 16 in der Konsequenz eingeführten Anspruch der Rückeinlage handelt es sich jedoch nur um einen europaweiten Mindeststandard. Das heißt, dass der nationale Gesetzgeber schärfere Regelungen für eine Gewinnausschüttung aufstellen bzw. bei Verletzung des Verbots einer Ausschüttung gebundenen Gesellschaftsvermögens zusätzliche Konsequenzen gesetzlich anordnen kann[191]. Zu untersuchen bleibt also, inwieweit sich abweichend von der Kapitalrichtlinie gemeinsame Prinzipien der drei untersuchten Rechtsordnungen bilden lassen.

Ebenso wurde m Rahmen der Formulierung des EPG-Statuts die Problematik der Kapitalerhaltung diskutiert[192]. Um einen effektiven Gläubigerschutz zu verwirklichen, soll das Haftkapital der Gesellschaft gegen unkontrollierte Gewinnentnahmen abgesichert werden. Die Ausschüttungen an die Gesellschafter sollen daher auf den festgestellten Jahresgewinn begrenzt werden[193].

2. Die Entwicklung der capital maintenance doctrine in England

Häufig wird behauptet, dass der Komplex der Dividendenausschüttung (*distributions*) in England erstmals aufgrund der europäischen Kapitalrichtlinie und deren Umsetzung im CA 1980[194] im *Statutory Law* gesetzlich geregelt wurde. Zuvor haben jedoch bereits frühzeitig die englischen Gerichte im Rahmen des *Common Law* Regelungen über die Möglichkeit der Ausschüttung von Dividenden entwickelt.

a) Common Law

Mit Einführung der jedermann zugänglichen Möglichkeit der Gründung einer Gesellschaft mit *„limited liability"*, also der Beschränkung der Haftung für Gesellschaftsschulden auf das Gesellschaftsvermögen, im Jahre 1855, wurde im englischen Recht, wie auch in den kontinentaleuropäischen Rechts-

[191] *Drinkuth*, 183 ff.; *Habersack*, Rn. 168.
[192] *Drury/Hicks* in *Boucourechliev/Hommelhoff*, Rn. 111 ff.
[193] *Helms*, 304.
[194] CA 1985, Part VIII (*Distribution of profits and assets*), (secs. 263 – 281).

ordnungen, die Regel entwickelt, dass das Gesellschaftsvermögen, welches das Gesellschaftskapital darstellt, nicht wieder zurück an die Gesellschafter ausgeschüttet werden darf. Dieser Grundsatz wurde mit dem durch das Konzept der *limited liability* notwendig gewordenen Gläubigerschutz begründet[195].

So wurde bereits in sec. 25 des *Joint Stock Companies Act 1844* normiert, dass Dividenden nur aus erwirtschafteten Gewinnen gezahlt werden durften. Nach sec. 9 des *Limited Liability Act 1855* waren zudem die *directors* einer Gesellschaft persönlich für deren Schulden haftbar, falls Dividenden gezahlt wurden, obwohl die Gesellschaft bereits insolvent war oder durch die Gewinnausschüttung insolvent wurde[196]. Diese gesetzlichen Regelungen wurden durch den Companies Act aus dem Jahre 1862 jedoch nicht wieder übernommen und es dauerte über hundert Jahre bis Dividendenausschüttungen aufgrund der Umsetzung der Kapitalrichtlinie durch den Companies Act 1980 wieder normiert wurden. Dies bedeutet jedoch nicht, dass das Problemfeld der Dividendenzahlungen während dieser Zeit keinerlei Regelungen unterlag. Vielmehr wurde das fehlende *Statutory Law* durch Rechtsprechung der englischen Gerichte ersetzt[197].

(1) Capital maintenance doctrine – "Flitcroft's Case" (1882)

Das grundsätzliche Verbot der Dividendenzahlung aus dem Kapital wurde im Jahr 1882 im so genannten „*Flitcroft's Case*" formuliert[198].

Danach soll nur dann eine Dividende an Gesellschafter gezahlt werden, wenn die Summe des Nettoaktivvermögens das durch die Gesellschafter eingezahlte Gesellschaftskapital übersteigt[199].

Als Begründung für die hier erstmals formulierte *capital maintenance doctrine* wurde die Notwendigkeit eines effizienten Gläubigerschutzes angeführt[200]. Die im „*Flitcroft's Case*" getroffene Entscheidung stützte sich zu-

---

195 *Furey*, 176.

196 *French*, 306 ff.

197 *Re Exchange Banking Co, Flitcroft's Case* (1882) 21 Ch D 519, CA; *Re Oxford Benefit Building and Investment Society* (1886) 35 Ch D 502; *Verner v General and Commercial Investment Trust* [1894] 2 Ch 239; *Farrar/Hannigan*, 206; *Ferran*, 417; *Davies*, 281; *Palmer*, Rn. 9.801; *Pettet*, 294, 299; *Sealy*, 396; *Yamey*, MLR 1941, 273 ff.

198 *Re Exchange Banking Co, Flitcroft's Case* (1882) 21 Ch D 519, CA; *Pettet*, 310.

199 *Yamey*, MLR 1941, 274, 275, 285 f.; *Verner v General and Commercial Investment Trust* [1894] 2 Ch 239, 247.

200 *Sir George Jessel, MR* in *Re Exchange Banking Co, Flitcroft's Case* (1882) 21 Ch D 519, 533 f., CA: "*The creditor has no debtor, but that impalpable thing the corporation, which has no property except the assets of the business. The creditor, therefore, I may say, gives credit to that capital, gives credit to the company on the faith of the representation that the capital shall be*

dem auf das grundsätzlich bereits zu dieser Zeit geltende gesetzliche Verbot der Reduzierung des Gesellschaftskapitals mit Ausnahme einer ordnungsgemäßen Kapitalherabsetzung[201]. Es sei bereits hier erwähnt, dass die im „*Flitcroft's Case*" enthaltenen Grundprinzipien in allen drei untersuchten Rechtsordnungen bis heute Gültigkeit besitzen.

(2) Aufweichung der „capital maintenance doctrine" durch die Entscheidung „Lee v. Neuchatel Asphalte" (1889) – Einführung der „current earnings method"

Eine strikte Anwendung des Grundsatzes der Kapitalerhaltung wurde aber bereits durch die Entscheidung im Fall „*Lee v. Neuchatel Asphalte Co.*"[202] im Jahr 1889 aufgegeben. Die Regelung, dass Dividenden nur aus erwirtschafteten Gewinnen ausgeschüttet werden dürfen, wurde zwar dem Wortlaut nach beibehalten, jedoch wurde der Begriff des Gewinns (*profit*) neu ausgelegt.

Der Begriff des Gewinns war zu dieser Zeit weder im Gesetz definiert noch war er in der „*Flitcroft's Case*"[203] Entscheidung rechtlich eingegrenzt worden. Der Gewinnbegriff wurde vielmehr seit jeher durch das Rechnungswesen und durch Buchführungsprinzipien definiert[204]. In der Entscheidung „*Lee v. Neuchatel Asphalte Co.*" legten die Richter im Vergleich zum heutigen Verständnis eines Gewinns recht ungewöhnliche Buchführungsprinzipien zugrunde[205]. Aus diesem Grund kam man zu ganz neuen Ergebnissen, die den noch jungen und strengen Kapitalerhaltungsgrundsatz der *Flitcroft*-Rechtsprechung aufweichten[206].

---

applied only for the purposes of the business, and he has therefore a right to say that the corporation shall keep its capital and not return it to the shareholders."

201 So *Sir George Jessel, MR* in *Re Exchange Banking Co, Flitcroft's Case* (1882) 21 Ch D 519, 533, CA: "*A limited company by its memorandum of association declares that its capital is to be applied for the purposes of the business. It cannot reduce its capital except in the manner and with the safeguards provided by statute, and looking at the Act 40 & 41 Vict. c. 26, it clearly is against the intention of the Legislature that any portion of the capital should be returned to the shareholders without the statutory conditions being complied with. A limited company cannot in any other way make a return of capital, the sanction of the general meeting can give no validity to such a proceeding, and even the sanction of every shareholder cannot bring within the powers of the company an act which is not within its powers.*"; *Yamey*, MLR 1941, 274 f.

202 *Lee v. Neuchatel Asphalte Co* (1889) 41 ChD 1.

203 *Re Exchange Banking Co, Flitcroft's Case* (1882) 21 Ch D 519, CA.

204 *Davies*, 281; *Yamey*, MLR 1941, 273, 276 f. Zu beachten sind jedoch die nun vorhandenen gesetzlichen Regelungen in den secs. 263-281 CA 1985.

205 *Birds/Ferran/Villiers/Boyle*, Rn. 7.21; *Farrar/Hannigan*, 206.

206 *Sealy*, 396.

So sollte es nach der Entscheidung *Lee v. Neuchatel Asphalte Co.* möglich sein, dass eine Gesellschaft auch dann eine Dividende an ihre Gesellschafter auszahlt, wenn der Gewinn allein aus dem laufenden Handelsgeschäft (*current trading profits*) resultiert. Eine solche Dividendenzahlung wird auch als „*nimble dividend*" bezeichnet[207].

Zusammengefasst gesagt galt unter dem *Common Law* zur Bestimmung des ausschüttbaren Gewinns die Regel, dass nur die Gewinne und die Verluste aus dem laufenden Geschäftsjahr verrechnet wurden. Man spricht daher von der „*current earnings method*", die der *Lee*-Rechtsprechung zugrunde liegt[208]. Außer Betracht blieben Unternehmensverluste aus früheren Geschäftsjahren[209].

Nicht notwendig für eine Dividendenausschüttung war zudem, dass es sich hierbei um realisierte Gewinne der Gesellschaft handelte[210]. So musste eine Entwertung des Anlagevermögens nicht durch entsprechende Abschreibungen der Aktiva bei der Gewinnermittlung berücksichtigt werden[211]. Ein Überschuss, der durch eine Erhöhung der Buchwerte des Gesellschaftsvermögens zustande gekommen war, konnte ebenso als Dividende an die Gesellschafter ausgezahlt werden, obgleich er nicht durch einen Verkauf von Betriebsvermögen realisiert worden war[212].

Begründet wurde diese Trendwende in der Rechtsprechung damit, dass es Sache der Wirtschaft und nicht der Gerichte sei, zu entscheiden, wann eine Dividende an die Gesellschafter ausbezahlt werden solle und wie hoch diese sein könne[213]. Nach Ansicht der Richter bedrohte die bis dato geltende im *Flitcroft's Case* formulierte *capital maintenance doctrine* die Wirtschaft des ganzen Landes[214].

Die in der Entscheidung *Lee v. Neuchatel Asphalte Co.* gefundene Regelung bezüglich der Möglichkeit von Dividendenzahlungen löste in der

---

207 *Davies*, 281; Die Zahlung einer solchen nimble dividend ist nach dem Gesellschaftsrecht von Delaware möglich, *Conac*, 164; *Fleischer*, 59.

208 *Pennington*, 504 f.

209 *Ammonia Soda Co Ltd v Chamberlain* [1918] 1 Ch 266; *Verner v General and Commercial Investment Trust* [1894] 2 Ch 239; *Pettet*, 309; *Yamey*, MLR 1941, 284 f.

210 *Davies*, 281 f.; *Sealy*, 396; *Pennington*, 504 f.; *Yamey*, MLR 1941, 287.

211 D.h., das Anlagevermögen wurde nicht abgeschrieben. *Lee v Neuchatel Asphalte Co* (1889) 41 ChD 1; *Bolton v Natal Land and Colonization Co* (1892) 2 Ch 124; *Bishop v Smyrna and Cassaba Rly Co (No 2)* [1895] 2 Ch 596; *In re Kingston Cotton Mills Co., No. 2* (1896), I Ch 331.

212 *Dimbula Valley (Ceylon) Tea Co Ltd v Laurie* [1961] Ch 353, [1961] 1 All ER 769.

213 *Lord Lindley* in *Lee v Neuchatel Asphalte Co* (1889) 41 ChD 1, 22: "*That is a business matter left to businessmen. If they think their prospects of success are considerable, so long as they pay their creditors, there is no reason why they should not go on and divide profits, so far as I can see, although every shilling of the capital may be lost.*"

214 So *Lord Lindley* in *Lee v. Neuchatel Asphalte Co* (1889) 41 ChD 1, 19: "…[*the capital maintenance rule would*] *paralyze the country.*"

englischen Rechtswissenschaft starke Kritik aus. So wurde zu Recht behauptet, die Rechtsprechung verkehre das im Gesellschaftsrecht geltende System des festen Kapitals ins Gegenteil und mache die „*capital maintenance doctrine*“ gänzlich sinnlos[215].

b) Statutory Law

(1) Allgemeine Regelungen – der „realised profit test“

Die Ausschüttung von Dividenden durch eine *company* wird heute durch die secs. 263-281 CA 1985 gesetzlich geregelt. Grundlage für diese Regelung war Art. 15 KapRiLi, der eine Neuordnung des Ausschüttungsrechts in England notwendig machte[216]. Darüber hinaus bleibt jedoch das *case* bzw. *Common Law* weiterhin anwendbar soweit dieses im Einklang mit der jetzigen gesetzlichen Regelung steht[217].

Nach sec. 263 subs. 1 CA 1985, der sowohl für die *private* als auch für die *public limited company* gilt[218], kann eine Ausschüttung (*distribution*) nur aus hierfür verfügbaren Gewinnen vorgenommen werden. Als Ausschüttung definiert sec. 263 subs. 2 CA 1985 jegliche Art von Ausschüttung, die von der Gesellschaft zu Lasten des Gesellschaftsvermögens an ihre Gesellschafter erfolgt. Hierbei ist es unerheblich, ob es sich um eine Ausschüttung von Barmitteln handelt oder ob diese auf andere Art und Weise erfolgt[219].

Welche Gewinne im Sinne des Gesetzes für eine Ausschüttung zur Verfügung stehen, definiert sec. 263 subs. 3 CA 1985. Danach entspricht der verteilungsfähige Gewinn der Summe der realisierten Gewinne seit Bestehen der Gesellschaft, sofern sie nicht bereits für eine Ausschüttung bzw. zur Er-

215 *Birds/Ferran/Villiers/Boyle*, Rn. 7.21 Fn. 3: „*The common-law rule was notoriously out of touch with good commercial and accounting practice*“; *Davies*, 282, der weiterhin anmerkte, dass glücklicherweise die meisten großen *public companies* die Regelungslage nicht zu ihren Gunsten ausnutzten.

216 *Davies*, 282, 294 f. bezeichnet dies als einen glücklichen Umstand, der dafür sorgte, dass das Konzept des Gesellschaftskapitals, welches durch die von der Rspr. eingeschlagene Richtung aufgeweicht wurde, wieder in Ordnung gebracht wurde: „*While, perhaps, lawyers and businessmen, may fairly complain that not all the present capital maintenance and dividend rules,..., are expressed in a way which is readily intelligible to anyone other than a specialist corporate accountant, at long last we have rules which on the whole are logical and sensible. For this we have to thank our membership of the European Community.*“ *Pettet*, 309 bezeichnet die Regelungen der Kapitalrichtlinie im Gegensatz zum alten *case law* als “*more in line with normal business and accountancy practice*”. *Davies*, 239 bezeichnet die Umsetzung der Kapitalrichtlinie als eine fundamentale Umwandlung des Englischen *company law.*

217 *Pennington*, 506.

218 Für die *public limited company* gelten zusätzlich die Voraussetzungen der sec. 264 CA 1985.

219 *Lowry/Watson*, Rn. 4.4.

höhung der Kapitalausstattung (durch Ausgabe von Gratisanteilen oder die Einlösung oder den Erwerb von eigenen Anteilen) benutzt wurden, abzüglich des Betrages der angesammelten realisierten Verluste, sofern diese nicht bereits durch eine ordnungsgemäße Kapitalherabsetzung bzw. Umstrukturierung des Gesellschaftskapitals (durch entsprechende Verwendung von Gewinnen und Rücklagen) abgedeckt wurden[220].

Man spricht diesbezüglich vom *realised profit test*[221]:

Verteilungsfähiger Gewinn = $\sum$ realisierte Gewinne - $\sum$ realisierte Verluste

Diese gesetzliche Regelung unterscheidet sich wesentlich von dem Rechtszustand der vor Einführung des CA 1980 galt[222]. Durch Einführung der sec. 263 CA 1985 wurde die durch die Entscheidung *Lee v. Neuchatel Asphalte Co.* eingeleitete Aufweichung der *capital maintenance doctrine* beendet. So darf nun nicht mehr der erwirtschaftete Jahresgewinn, sondern nur noch der realisierte Bilanzgewinn für eine Ausschüttung herangezogen werden[223]. Die gesetzliche Regelung der Dividendenausschüttung der secs. 263 ff. CA 1985 führte damit zwei grundlegende Änderungen in das englische Recht ein:

- Zum einen muss zur Bestimmung des ausschüttbaren Gewinns nicht mehr nur das laufende Geschäftsjahr in Betracht gezogen werden, sondern es sind alle Gewinne und Verluste, die von der Verleihung der Rechtsfähigkeit bis zum Ende des Geschäftsjahres gemacht wurden, heranzuziehen[224]. Somit folgt die durch den CA 1980 geschaffene gesetzliche Regelung nun dem Grundsatz der fortgeführten Bilanz (*balance sheet surplus approach*).
- Zum anderen darf bei der Berechnung des ausschüttbaren Gewinns nur der realisierte Gewinn und Verlust herangezogen werden[225]. Bloße Überschüsse aus Wertsteigerungen des Anlagekapitals (*revaluation surpluses*) und somit reine *paper profits* dürfen nicht den Gewinn der Gesellschaft steigern[226]. Der „realisierte Gewinn“ soll vor allem im Sinne seiner wirt-

[220] *Davies*, 283; *Sealy*, 412; *Jones*, NLJ 1983, 155, 160; *Palmer*, Rn. 9.801; *Company Law Review Steering Group, Capital Maintenance: Other Issues*, 44 ff. Anders als vor 1980 spielt es keine Rolle, ob es sich um Gewinne bzw. -verluste aus dem Unternehmensgeschäft (*revenue profits/losses*) oder Veräußerungsgewinne bzw. –verluste von Investitionsgütern (*capital profits/losses*) handelt, d.h., es werden Einnahmen und Ausgaben, sowie Gewinne und Verluste auf der Kapitalseite berücksichtigt, sec. 280 (3) CA 1985.

[221] *Davies*, 283.

[222] *Bowen*, 152.

[223] *Farrar/Hannigan*, 208; *Davies*, 283; *Neuling*, 164; *Pettet*, 310.

[224] *Farrar/Hannigan*, 208 f.; *Pennington* in Jura Europae, 90.10·172.

[225] *Behrens*, GmbH, Rn. GB/NI/EI 45.

[226] *Goulding*, 200; *Sealy*, 397.

schaftlichen Bedeutung verstanden werden. Bildlich gesprochen handelt es sich bei dem „realisierten Gewinn" um das Bargeld in den Händen der Gesellschaft oder zumindest um die Mittel, welche zum Zwecke der Teilung greifbar sind[227]. Hintergrund dieser Voraussetzung ist, dass verhindert werden soll, dass sich die Gesellschaft auf erhoffte bzw. erwartete Gewinne verlässt, die sich unter Umständen niemals „realisieren"[228]. Unrealisierte Gewinne können daher nicht dazu benutzt werden, die Dividendenzahlungen an die Gesellschafter künstlich aufzublähen, wie dies vor der Einführung der gesetzlichen Regelung möglich war[229]. Dies entspricht dem kontinentaleuropäischen Rechnungslegungsprinzip, wonach die Gesellschaft verpflichtet ist, vorausschauend und vorsichtig zu bilanzieren[230].

Die besondere Schwierigkeit besteht vor allem darin, zu entscheiden in welchem Fall man von einem realisierten Gewinn oder Verlust sprechen kann. Der englische Gesetzgeber hat diese Definitionsarbeit im Gesetz nicht geleistet[231]. Vielmehr verweist sec. 262 subs. 3 CA 1985 zur Bestimmung der Begriffe „Gewinn" und „Verlust" auf die durch die Wirtschaftsprüfung entwickelten und allgemein anerkannten Grundsätze ordnungsgemäßer Rechnungslegung[232].

Danach gilt ein Gewinn als realisiert, sobald eine Zahlung an die Gesellschaft fällig ist. Ein Verlust realisiert sich, sobald die Gesellschaft einen Aufwand zu tragen hat oder sie angefallene und quantifizierbare Verpflichtungen treffen. Ebenso realisieren sich Verluste, wenn ein Vermögensgegenstand der Gesellschaft nicht mehr vorhanden ist oder er seinen Wert verloren hat[233]. Rückstellungen werden daher immer als realisierte Verluste behandelt. Dies gilt sowohl für Rückstellungen für Verbindlichkeiten der Gesellschaft, die nicht mit hinreichender Genauigkeit beziffert werden können, als auch für Rückstellungen, die mit Blick auf die Abschreibung oder Wertminderung von Teilen des Anlagevermögens (sec. 275 subs. 1, 2 CA

---

227 *Re Oxford Benefit Building and Investment Society* (1886) 35 ChD 502: "*reduced to actual cash in hand*" bzw. "*rendered tangible for the purpose of division*".

228 *Farrar/Hannigan*, 208.

229 *Dimbula Valley (Ceylon) Tea Co Ltd v Laurie* [1961] CH 353, [1961] 1 All ER 769; *Pennington*, 507.

230 Prinzip der *true and fair view* Bilanzierung in England.

231 *Pennington*, 507.

232 Diese Grundsätze finden sich in den *Statements of Standard Accounting Practice* (SSAP) sowie in den ; *Goulding*, 200; *Davies*, 283 f.

233 *Pennington*, 507.

1985) gebildet werden[234]. Unrealisierter Gewinn oder Verlust beruht nur auf Schätzungen oder entsteht durch eine Neubewertung des Betriebsvermögens.

Vier Arten von Ausschüttungen, die unter den Wortlaut der Definition der sec. 263 subs. 2 CA 1985 fallen würden sind der *company* als Ausnahmen jedoch ausdrücklich gestattet:

- Die Ausgabe von voll oder teilweise eingezahlten Bonusaktien (*bonus shares*)[235].
- Die Finanzierung eines Rückkaufs (*redemption*) oder Erwerbs (*purchase*) eigener Anteile zu Lasten des Gesellschaftskapitals (einschließlich der Ausgabe neuer Aktien) oder durch nicht realisierte Gewinne. Zusätzlich sind hierbei die Voraussetzungen der Vorschriften des CA 1985 über den Rückkauf und den Erwerb eigener Anteile zu beachten[236].
- Eine formale Kapitalherabsetzung (*capital reduction*), die die Verpflichtung eines oder mehrer Gesellschafter zur Einlageleistung auf bisher nicht vollständig eingezahlte Gesellschaftsanteile beseitigt oder reduziert oder aber in Folge derer Gesellschaftskapital an die Gesellschafter ausgezahlt wird[237].
- Die Ausschüttung von Gesellschaftsvermögen im Rahmen der Liquidation einer Gesellschaft (*winding up*).

Ob unter die Vorschriften über Ausschüttungen von Gewinnen und Gesellschaftsvermögen auch nicht formal als Dividendenzahlung bzw. Ausschüttung bezeichnete Transaktionen fallen, bei denen über Umwege Gesellschaftsvermögen in die Hände der Gesellschafter gelangt, wie z.B. im Fall verdeckter Vermögensverlagerungen[238], ist sehr umstritten[239]. Nach der herrschenden Meinung in der englischen Rechtswissenschaft ist sec. 263 CA 1985 jedoch nur auf offene Dividendenzahlungen und nicht im Bereich verdeckter Vermögensverlagerungen anzuwenden[240].

Durch sec. 263 CA 1985, der sowohl für die *private* als auch für die *public limited company* gilt, wurden die Anforderungen der Kapitalrichtlinie

---

234 *Birds/Ferran/Villiers/Boyle*, Rn. 7.21.2; *Bowen*, 153; *Pennington* in Jura Europae, Rn. 90.10·172; *Palmer*, Rn. 9.809 f.; *Mayson/French/Ryan*, Rn. 10.5.5.

235 S.u. S. 146; *Davies*, 293.

236 Secs. 159-181 CA 1985 (Chapter VII of Part V des CA 1985). Zum Erwerb eigener Gesellschaftsanteile s.u. S. 1599 ff.

237 Zur Kapitalherabsetzung s.u. S. 221 ff.

238 Als Fallbeispiele seien hier nur die Zahlung unangemessener Gehälter an Gesellschafter, die Darlehensvergabe zu nicht marktgerechten Konditionen und der Abschluss unausgewogener Austauschgeschäfte mit der Gesellschaft zugunsten eines Gesellschafters erwähnt, weitere Beispiele, s.u. Fn. 3666.

239 *Ferran*, 417, 426 ff.; *Davies*, 282 f.; s.u. S. 1177.

240 *Ferran*, 417.

zum Teil für beide Gesellschaftsformen umgesetzt[241]. Jedoch gelten für die *public limited company* zusätzliche Anforderungen, die für eine zulässige Dividendenausschüttung erfüllt werden müssen[242].

(2) Spezielle Regelungen für public companies – der „net assets test"

Für die *public limited company* gilt zusätzlich zum *realised profit test* der so genannte „*net assets test*", welcher in sec. 264 CA 1985 niedergelegt ist. Die Vermögensbindung ist hier aufgrund weitergehender Beschränkung einer möglichen Ausschüttung an die Gesellschafter anders ausgestaltet als bei der *private limited company*[243]. Nach sec. 264 CA 1985 kann eine *public limited company* nur dann eine Dividendenzahlung an ihre Gesellschafter vornehmen, wenn hierdurch nicht die Summe des Nettoaktivvermögens der Gesellschaft (*net assets*) unter die Summe des eingeforderten Gesellschaftskapitals (*called up share capital*) und der gebundenen Rücklagen (*undistributable reserves*)[244] absinkt[245]. Es handelt sich hierbei um die direkte Umsetzung von Art. 15 KapiRiLi.

Nettoaktivvermögen $\geq \sum$ des Gesellschaftskapitals + $\sum$ der gebundenen Rücklagen

In sec. 264 subs. 2 CA 1985 werden die *net assets* als die Summe der Aktiva (*company's assets*) abzüglich der Summe der Verbindlichkeiten (*liabilities*) definiert. Dabei werden im Gegensatz zur Dividendenzahlung vor 1980 auch unrealisierte Verluste, wie z.B. der Wertverfall des Anlagevermögens, als in die Rechnung einzubeziehender Passivposten angesehen[246]. Im Gegensatz zur

---

241 *Davies*, 284.

242 *Pennington*, 504.

243 *Farrar/Hannigan*, 209; *Davies*, 284 f.; *Sealy*, 396 f. Für Investmentgesellschaften gelten secs. 265, 266 CA 1985. Danach kann eine Investmentgesellschaft eine Ausschüttung aus dem Überschuss des realisierten Gewinns über den realisierten Verlust nur dann vornehmen, wenn das Gesellschaftsvermögen im Wert nicht unter das Anderthalbfache der Verpflichtungen absinkt. Für Versicherungsgesellschaften ist sec. 268 CA 1985 zu beachten.

244 Bei den *undistributable reserves* handelt es sich nach sec. 264 (3) CA 1985 um:
- das *share premium account*
- die *capital redemption reserve*
- die *revaluation reserve*
- weitere Rücklagen, die aufgrund besonderer Vorschriften bzw. aufgrund des Gesellschaftsvertrags (*memorandum* und *articles*) zu bilden sind.

245 Sec. 264 (1) (a), (b) CA 1985.

246 Sec, 264 (2) i.V.m. para 89 Sch 4 CA 1985; *Bowen*, 153.

private company müssen also bei der Errechnung der Summe des ausschüttbaren Gewinns auch die unrealisierten Verluste beachtet werden[247].

Dennoch existiert zwischen den Regeln der Gewinnausschüttung in der *public* und der *private limited company* nur ein marginaler Unterschied[248]. Dies liegt daran, dass durch die Umsetzung der vierten Gesellschaftsrechtsrichtlinie (Bilanz- bzw. Jahresabschlussrichtlinie)[249] durch den CA 1981 Rückstellungen[250] für Wertabschreibungen verpflichtend vorgeschrieben und diese als realisierte Verluste zu behandeln sind[251]. Darüber hinaus sei nochmals erwähnt, dass auch für die *private limited company* der im *Common Law* durch die Flitcroft-Rechtsprechung festgelegte Grundsatz, dass eine Dividendenausschüttung niemals zu Lasten des durch die Kapitalziffer gebundenen Gesellschaftsvermögens erfolgen darf, neben sec. 263 CA 1985 weiterhin Anwendung findet[252].

Daher lässt sich kein wesentlicher Unterschied in den Regelungen zur Dividendenausschüttung zwischen der *private* und der *public company* feststellen. Dies mag wohl auch die Erklärung dafür sein, dass es der englischen Literatur nicht gelingt, ein Beispiel für die Unterschiedlichkeit der Dividendenregelungen darzulegen und so wird nur immer wieder darauf verwiesen, dass im Gegensatz zur *private limited company* bei der *public limited company* auch die unrealisierten Verluste zu berücksichtigen seien.

3. Der Grundsatz der Kapitalerhaltung in Deutschland

Das Kapitalerhaltungssystem wird heute noch in Deutschland als „Kulturleistung ersten Ranges" gefeiert[253]. Der Grundsatz der Kapitalerhaltung stelle den „Grundpfeiler"[254] des Systems der Haftungsbeschränkung und das „Konstruktionselement"[255] des Kapitalgesellschaftsrechts dar und sei deshalb genuin gesellschaftsrechtlichen Ursprungs[256].

Auf den ersten Blick könnte man meinen, dass der Grundsatz der Kapitalerhaltung im deutschen Aktienrecht in § 57 Abs. 1 S. 1, Abs. 2 AktG

---

247 *Farrar/Hannigan*, 208; *Goldenberg*, Rn. 703.

248 *Pennington*, 508.

249 Vierte Richtlinie 78/660/EWG vom 25. Juli 1978 aufgrund von Art. 54 Abs. 3 lit. g des Vertrages über den Jahresabschluss von Gesellschaften bestimmter Rechtsformen.

250 Rückstellungen (*provisions*) werden für erwartete aber noch unrealisierte Verluste der Gesellschaft begründet.

251 Sec. 275 CA 1985 i.V.m. Sch. 4, paras. 18, 32, 89; *Palmer*, Rn. 9.810; *Mayson/French/Ryan*, Rn. 10.5.4.

252 *Pennington*, 506.

253 *Wiedemann*, § 10 IV 1 b.

254 *Barz* in GroßkommAktG, Bd. 1, § 57, Rn. 1; *Schilling*, JZ 1954, 636.

255 *Lutter*, Kapital, 51.

256 *Westermann* in Scholz, GmbHG, § 30 Rn. 1.

niedergelegt ist. Danach darf die AG die geleisteten Einlagen an die Aktionäre weder zurückgewähren, noch darf sie den Aktionären Zinsen zusagen oder zahlen[257].

Dieses in § 57 Abs. 1 S. 1, Abs. 2 AktG formulierte Verbot hat jedoch keine eigenständige Bedeutung[258]. Vielmehr findet sich der Grundsatz der Kapitalerhaltung in den §§ 57 Abs. 3, 58 Abs. 4 AktG wieder. Danach ist im Aktienrecht nur die Ausschüttung des ordnungsgemäß festgestellten Bilanzgewinns an die Aktionäre der Gesellschaft zulässig[259]. Das übrige Gesellschaftsvermögen einer Aktiengesellschaft ist gebunden und darf nicht an die Aktionäre ausgeschüttet werden[260]. Man spricht daher im deutschen Aktienrecht auch von einem „totalen Ausschüttungsverbot"[261].

Ein Bilanzgewinn ist nur dann gegeben, wenn ein positiver Überschuss der Aktiv- über die Passivposten der Bilanz, nach etwaiger Auflösung von Rücklagen und nach Bildung der vorgeschriebenen oder erlaubten Rücklagen, vorhanden ist[262]. Da nach §§ 266 Abs. 3, 272 Abs. 1, 283 HGB das Grundkapital einer AG zum Nennwert auf der Passivseite der Bilanz auszuweisen ist[263], können Gewinne nicht zu Lasten des Gesellschaftskapitals entstehen[264].

---

[257] Eine entsprechende Vorschrift wie die des § 30 GmbHG, die besagt, dass das zur Erhaltung des Grundkapitals erforderliche Vermögen nicht an die Aktionäre ausgezahlt werden darf, findet sich im Aktienrecht nicht.

[258] Das Verbot der Rückgewähr von Einlagen und der Zahlung von Zinsen besitzt nur klarstellende Bedeutung, *Joost*, ZHR 1985, 419, 420.

[259] *Hirte*, Rn. 674; *Hefermehl/Bungeroth*, § 57 Rn. 1, 4; *Meyer*, 377 f..

[260] *RG*, Urt. v. 13.12.1935 – II ZS 161/35, RGZ 149, 385, 400: „*Anderweitige Ausschüttungen von Gesellschaftsvermögen an die Aktionäre sind vielmehr der Gesellschaft schlechterdings verwehrt; sie kann sich auch zu solchen weder ihren Aktionären noch Dritten gegenüber rechtswirksam verpflichten. Dabei ist es gleichgültig, ob es sich um eine offene oder mehr oder minder verschleierte oder verdeckte Vermögensverteilung unter den Aktionären oder gar nur bestimmten oder bestimmbaren Gruppen von ihnen handelt.*"; „*Das Aktienrecht stellt also nicht auf die Wirkung, sondern auf den Grund der Auszahlung ab und erreicht dadurch einen Sondervermögens-, nicht nur einen Garantiekapitalschutz*", *Wiedemann*, § 10 IV 2 b.

[261] *Flume*, ZHR 1980, 18; *Lutter* in KölnerKomm, AktG, § 57 Rn. 3; *K. Schmidt*, Gesellschaftsrecht, § 29 II 2. Im Einzelfall lässt das Aktienrecht auf den Bilanzgewinn eine Abschlagszahlung zu, § 59 AktG. Zu beachten ist ferner die Möglichkeit, dass die Gesellschaft bei wiederkehrenden Leistungen, die aufgrund einer Nebenleistungspflicht des Aktionärs erbracht werden, eine Vergütung zahlen kann, § 55 Abs. 1 AktG. In diesem Fall sorgt jedoch § 61 AktG für den Schutz des Gesellschaftsvermögens, da durch diese Norm festgelegt wird, dass höchstens eine dem Wert der Leistung entsprechende Vergütung gezahlt werden darf. Als Anhaltspunkt hierfür dient der marktübliche Anschaffungswert der Leistung.

[262] *Eisenhardt*, Rn. 491; *Memento*, Gesellschaftsrecht, Rn. 4494.

[263] *Ellrott/Krämer* in Beck'scherBilanzKomm, HGB, § 266 Rn. 170 ff.

[264] § 272 Abs. 1, 266 Abs. 3 HGB; *Memento*, Gesellschaftsrecht, Rn. 3544; *Kübler*, 155. Man bezeichnet die Pflicht zur Passivierung des Gesellschaftskapitals und die damit einhergehende Bilanzfunktion auch als „Ausschüttungssperre".

Ein Bilanzgewinn kann an die Aktionäre, abgesehen von der Auflösung freier Rücklagen, folglich nur dann ausgezahlt werden, wenn die Gesellschaft wirkliche Gewinne gemacht hat und somit das Gesellschaftsvermögen die Passiva übersteigt. Hat die Gesellschaft Verluste gemacht, so kann sie erst dann wieder Ausschüttungen an die Gesellschafter vornehmen, wenn diese Verluste ausgeglichen worden sind[265].

Durch diese Bindung des gesamten Gesellschaftsvermögens ist das Gesellschaftskapital einer AG umfänglich geschützt[266].

Ein wenig anders verhält es sich bei der Vermögensbindung im Recht der GmbH[267]. Nach § 30 Abs. 1 GmbHG darf das zu Erhaltung des Stammkapitals erforderliche Vermögen nicht an die Gesellschafter ausgezahlt werden[268]. Anders als bei der AG handelt es sich somit nicht um eine Vermögensbindung des gesamten Gesellschaftsvermögens; denn an die GmbH-Gesellschafter kann nicht nur der förmlich festgestellte Bilanzgewinn ausgeschüttet werden. Die Vorschrift des § 30 Abs. 1 GmbHG beschränkt sich vielmehr auf eine reine Umschreibung des Grundsatzes der Kapitalerhaltung. Das heißt, dass an die Gesellschafter jederzeit Ausschüttungen vorgenommen werden können, solange keine Unterbilanz bzw. Unterdeckung der GmbH entsteht. Eine solche Situation ist dann gegeben, wenn das Nettoaktivvermögen der Gesellschaft in seinem Wert geringer ist als die Stammkapitalziffer. Im Ergebnis bedeutet dies, dass Ausschüttungen an Gesellschafter einer GmbH nicht gegen das Kapitalerhaltungsgebot verstoßen, wenn die Gesellschaft ein Nettoaktivvermögen in Höhe des Gesellschaftskapitals besitzt[269]. Dieser so gesetzlich festgeschriebene Grundsatz der Kapitalerhaltung entspricht der Regelung, die durch Art. 15 KapRiLi vorgeschrieben wird[270].

Dies verlangt im Ergebnis auch der Kapitalerhaltungsgrundsatz im Aktienrecht. Nur geht das Aktienrecht mit seiner Vermögensbindung darüber hinaus. So können Rücklagen der AG nur dann an die Gesellschaftsmitglieder verteilt werden, wenn diese förmlich aufgelöst worden sind. Zusätzlich kennt das Aktienrecht das Institut der gesetzlichen Rücklage nach § 150 AktG[271].

---

265 *Eisenhardt*, Rn. 491; *Wiedemann*, § 10 IV 2 b.

266 *Memento*, Gesellschaftsrecht, Rn 3625.

267 S. zur unterschiedlichen Vermögensbindung in der AG und der GmbH *Hirte*, Rn. 674; *Fabritius*, ZHR 1980, 628 ff.; *Wilhelm*, FS für Flume II, 337 ff.

268 vgl. hierzu *Meyer*, 538 ff.; *Stimpel*, 335 ff. Handelt es sich um eine GmbH & Co. KG, so ist zu bedenken, dass Zahlungen aus dem KG-Vermögen auch dem Ausschüttungsverbot des § 30 GmbHG unterliegen können, *BGH*, Urt. v. 19.2.1990 – II ZR 268/88, NJW 1990, 1725; *K. Schmidt*, Gesellschaftsrecht, § 56 V 1b.

269 Die Ausschüttung kann aber aus anderen Gründen, wie z.B. bei einem Verstoß gegen den Grundsatz der Gleichbehandlung aller Gesellschafter, rechtswidrig sein.

270 *Lutter*, Europäisches Unternehmensrecht, 50.

271 S.u. Fn. 532.

Anders als in der AG kann in der GmbH also über den Bilanzgewinn hinaus sämtliches nicht durch das Stammkapital gebundene Vermögen an die Gesellschafter ausgekehrt werden.

Der Grundsatz der Kapitalerhaltung ist somit sowohl im Aktien- als auch im GmbH-Recht den Vorgaben der Kapitalrichtlinie entsprechend gewahrt.

4. Der Grundsatz der „intangibilité du capital social" im französischen Recht

Im französischen Recht ist der Grundsatz der *intangibilité du capital social*, also der Unantastbarkeit des Gesellschaftskapitals, seit Ende des 19. Jahrhunderts bekannt[272]. Auch hier hält man diesen Grundsatz für das *„principe dominant"* im Kapitalgesellschaftsrecht[273].

Im Gegensatz zum englischen Gesellschaftsrecht war es, ebenso wie in Deutschland, zu keinem Zeitpunkt möglich, dass französische Gesellschaften einzelne erzielte Jahresgewinne, unabhängig von vorangegangenen Verlusten, an ihre Gesellschafter ausschütten durften[274].

Der verteilbare Gewinn einer Gesellschaft wird für sämtliche Gesellschaftsformen nach den Artt. L. 232-11 – 232-20 C.com. bestimmt[275]. Nach Art. L. 232-11 al. 3 C.com.[276] ist eine Gewinnausschüttung verboten, soweit dadurch das Nettoaktivvermögen der Gesellschaft unter den Betrag des Kapitals und der Rücklagen, dessen Ausschüttung durch Gesetz und Satzung verboten ist, sinkt oder sinken würde[277].

Die Gesellschafterversammlung beschließt gemäß Art. L. 232-12 al. 1 C.com. nach Feststellung ausschüttungsfähiger Beträge über die Gewinnausschüttung an die Gesellschafter. Der verteilbare Gewinn (*bénéfice distribuable*) besteht nach Art. L. 232-11 al. 1 C.com. aus dem Jahresüberschuss

---

272 So war der Grundsatz der *intangibilité du capital social* bereits im Aktiengesetz von 1867 festgelegt. *Lutter*, Kapital, 332 ff. m.w.N.; *Unger*, 28; *Le Cannu, Les rides du capital social*, 3 f.; *Daigre*, 11 f.; *Ripert/Roblot/Germain*, Rn. 1911 m.w.N; *Ullrich*, 18.

273 *Dalloz*, 91 – 1; *Jeantin*, 56 : *„La notion de capital social a longtemps été considérée comme l'une des notions centrales du droit français des sociétés."*; *Menjucq*, 145 spricht von einem *„pierre angulaire du droit européen"* bzw. davon, dass „*…la notion de capital légal est génerale-ment considérée come un des « piliers » du droit européen des sociétés…* „

274 *Lutter*, Kapital, 332 Rn. 2: *„Dies ergibt sich bereits aus der rechtlichen Natur des Grund- und Stammkapitals"*, vgl. zu diesem Grundsatz auch *BGH*, Urt. v. 14.12.1959 – II ZR 187/57, DB 1960, 27.

275 *Merle*, Rn. 36; SNC, SCS, SARL, SA, SAS.

276 Die Regelungen der KapRiLi wurden durch die Gesetze Nr. 81-1162 vom 30.12.1981 und Nr. 83-353 vom 30.4.1983 im frz. Gesellschaftsrecht umgesetzt.

277 Vgl. *Gibirila*, Rn. 71, 128; *Goré*, 85 ff; *Guyon*, Rn. 118; *Merle*, Rn. 297; *Sayag/Palmade*, Rev.soc. 1983, 699 ff.

(*bénéfice de l'exercice*)[278] abzüglich bestehender Verlustvorträge und Beträge, die nach Gesetz oder Satzung in eine Rücklage einzustellen sind, erhöht um bestehende Gewinnvorträge[279]. An die Gesellschafter dürfen somit nur bilanzmäßig ausgewiesene Gewinne ausgeschüttet werden[280].

Wie der Gewinn genau ermittelt wird, ist - wie auch im englischen und deutschen Gesellschaftsrecht - durch die in Art. 232-11 al. 1 C.com. enthaltene Formel noch nicht hinreichend bestimmt. Denn das *bénéfice distribuable* bestimmt sich nach dem Wert des Nettoaktivvermögens der Gesellschaft und dieser wird unter Zugrundelegung der Bilanz ermittelt. Wie sich aber bereits bei der Erörterung des englischen Gesellschaftsrechts gezeigt hat, sind für den verteilbaren Gewinn vor allem die Bilanzierungsregelungen von Bedeutung.

Ebenso wie in Deutschland und England kann auch nach französischem Rechtsverständnis ein verteilbarer Gewinn immer nur aus realisierten Gewinnen entstehen[281]. Unrealisierte Gewinne bleiben daher außer Betracht. So können nach französischem Recht reine Werterhöhungen der Aktivposten zwar in der Bilanz ausgewiesen werden, müssen aber im Gegenzug durch eine entsprechende Rückstellung in der so genannten „*réserve de réévaluation*" gewinnneutral verbucht werden[282]. Werterhöhungen können somit nur dann als verteilbarer Gewinn an die Gesellschafter ausgeschüttet werden, wenn sie auch wirklich durch die Gesellschaft realisiert wurden.

Im Gegensatz zum deutschen Aktienrecht kann die Hauptversammlung in der SA gemäß Art. L. 232-11 al. 2 C.com. auch über die freien Rücklagen verfügen. In der deutschen AG müssen die freien Rücklagen vor einer Ausschüttung erst aufgelöst werden[283].

Nach h.M. kommen die Art. L. 232-11 ff. C.com. jedoch nur für Ausschüttungen *à titre de dividende* zur Anwendung[284]. Die Vorschriften regeln somit nur Gewinnausschüttungen, die auch als solche bezeichnet werden. Die Regelung zur Rückzahlung der weiter unten dargestellten Scheindividenden

---

278 Der Jahresüberschuss ist die Differenz zwischen Ergebnis und Aufwand, wie er sich aus der Gewinn- und Verlustrechnung ergibt; *Mercadal/Janin/Charvériat/Couret*, Rn. 1934.

279 Vgl. *Constantin*, 45; *Gibirila*, Rn. 71; *Merle* Rn. 295; vertiefend *Ripert/Roblot/Germain*, Rn. 1912.

280 Für die S.A.R.L.: *Behrens*, GmbH, F37.

281 *Merle*, Rn. 546; *Lutter*, Kapital, 338 m.w.N.; *Cass.* vom 11.2.1930 in D.P. 1932. 1. 145 mit Anm.*Cordonnier* = J.S. 1931, 555: „*Les bénéfices distribuables sous forme de dividende doivent correspondre à des bénéfices complètement réalisés et réellement acquis. Il ne suffit pas qu'ils soient assurés, il faut qu'ils soient le résultat d'operations accomplies, et, qu'à ce titre, ils figurent éffectivement au bilan...*".

282 Art. 123-18 al. 3 C.com.; *Ripert/Roblot/Germain*, Rn. 1876, 1899

283 *Joost*, ZHR 1985, 419, 439 ff.; *Wilhelm*, FS für Flume II, 337, 371, 373.

284 *Sousi*, 202; *Vidal*, 36.

(*dividendes fictifs*) nach Art. 232-17 C.com. wird insofern nicht zur rechtlichen Lösung verdeckter Vermögensverlagerungen herangezogen[285].

Zusammenfassend lassen sich für die untersuchten Rechtsordnungen daher folgende gemeinsame Prinzipien bilden:

Steht zur Befriedigung der Gesellschaftsschulden nur das Vermögen der Gesellschaft zur Verfügung, so ist das Gesellschaftsvermögen jedenfalls in Höhe des Kapitals gebunden und darf in dieser Höhe nicht im Wege einer Dividendenzahlung oder auf anderem Wege an die Gesellschafter ausgeschüttet bzw. zurückgezahlt werden.

An die Gesellschafter darf höchstens der Betrag des Nettoaktivvermögens ausgeschüttet werden, welcher die Summe des Gesellschaftskapitals zuzüglich der Rücklagen, deren Ausschüttung das Gesetz oder der Gesellschaftsvertrag nicht gestattet, übersteigt.

Entscheidend für eine Gewinnausschüttung ist immer der Vermögensstand der Gesellschaft und nicht das einzelne Jahresergebnis. Verteilungsfähiger Gewinn kann nur die Summe der realisierten Gewinne seit Bestehen der Gesellschaft abzüglich des Betrages der angesammelten Verluste sein.

5. Rechtsfolgen bei verbotenen Ausschüttungen

a) Haftung der Gesellschafter bei Empfang einer unzulässigen Ausschüttung

Nach Art. 16 der Kapitalrichtlinie ist ein Rückgewähranspruch der Aktiengesellschaft bei unzulässigen Ausschüttungen, die entgegen Art. 15 KapRiLi von den Aktionären empfangen wurden, europaweit vorgeschrieben. Jedoch muss ein solcher Anspruch der Gesellschaft im nationalen Recht nur dann vorgeschrieben sein, wenn den Aktionären die Unzulässigkeit der an sie erfolgten Ausschüttung bekannt war oder sie darüber nach den Umständen nicht in Unkenntnis sein konnten.

Nach § 31 GmbHG haften die Gesellschafter einer GmbH bei einem Verstoß gegen § 30 Abs.1 GmbHG, d.h., wenn das zur Erhaltung des Stammkapitals erforderliche Vermögen der Gesellschaft an Gesellschafter ausgezahlt wurde. Danach müssen sie die von der GmbH empfangenen Leistungen ersetzen[286]. Da es sich bei der Kapitalerhaltung um eine rechne-

[285] *Ullrich*, 27; *Nienhaus*, 25 f.

[286] *Winter*, ZHR 1984, 587 ff.

rische und nicht um eine gegenständliche Bindung des Vermögens der Gesellschaft handelt, ist der Gesellschafter nicht zu einer gegenständlichen Rückerstattung der unrechtmäßig empfangenen Leistung verpflichtet[287]. Vielmehr handelt es sich bei der Haftung nach § 31 Abs. 1 GmbHG nur um einen Wertausgleich; denn Aufgabe der Kapitalerhaltung ist es nicht, die Entziehung bestimmter Vermögensgegenstände zu verhindern und einen festgelegten Haftungsfonds vorzuhalten. Der gutgläubige Empfänger ist gemäß § 31 Abs. 2 GmbHG nur dann zur Rückerstattung verpflichtet, wenn die Gesellschaft ihre Gläubiger nicht befriedigen kann[288]. Ein einmal wegen Verstoßes gegen § 30 Abs. 1 GmbHG entstandener Erstattungsanspruch der Gesellschaft nach § 31 Abs. 1 GmbHG entfällt nach neuerer Rechtsprechung auch dann nicht, wenn das Gesellschaftskapital zwischenzeitlich anderweitig bis zur Höhe der Stammkapitalziffer nachhaltig wiederhergestellt worden ist[289]. Nach alter Rechtsprechung erlosch der Anspruch der Gesellschaft auf Rückerstattung, wenn das Stammkapital der GmbH nachträglich wieder aufgefüllt wurde[290].

Die Haftung der Aktionäre einer AG im Falle einer gesetzeswidrigen Ausschüttung der Gesellschaft wird in § 62 AktG geregelt. Wie auch bei der GmbH haben die Aktionäre die empfangenen Leistungen an die AG zurückzugewähren[291]. Der gutgläubige Empfänger ist wiederum von dieser Pflicht ausgenommen.

Gemäß sec. 277 subs 1 CA 1985 hat ein Gesellschafter einer *private* oder *public limited company*, der eine verbotene Ausschüttung von der Gesellschaft empfangen hat, diese an sie zurückzubezahlen, wenn er im Zeitpunkt der Ausschüttung wusste oder aufgrund stichhaltiger Gründe (*reasonable grounds*) hätte wissen müssen, dass es sich um eine dem Gesetz nach verbotswidrige Ausschüttung handelte. Im Falle einer verbotswidrigen Ausschüttung von Sachleistungen hat der Gesellschafter unter den gleichen Voraussetzungen Wertersatz zu leisten. Die Ausschüttung ist weder nichtig noch anfechtbar, aber sie kann vom Empfänger zurückverlangt werden[292]. Darüber hinaus haftet ein Gesellschafter über die Rechtsfigur des so genannten

---

[287] *Joost*, ZHR 1984, 27ff.

[288] Dies hat in der Praxis jedoch selten Relevanz, da ein Anspruch der Gesellschaft nach § 31 Abs. 1 GmbHG im Regelfall nur in der Insolvenz der Gesellschaft durch den Insolvenzverwalter geltend gemacht wird.

[289] *BGH*, Urt. v. 29.5.2000 – II ZR 118/98, NJW 2000, 2577; *Kort*, ZGR 2001, 615 ff.

[290] *BGH*, Urt. v. 11.5.1987 – II ZR 226/ 86, NJW 1988, 139 = LM § 31 GmbHG Nr. 15 = ZIP 1987, 1113; *Henze*, NZG 2003, 652.

[291] *Meyer*, 379 ff.; § 62 Abs. 1 S. 1 AktG. Der Anspruch der Gesellschaft geht wie bei der GmbH nur auf den Wertausgleich für die von den Aktionären empfangenen verbotenen Leistungen.

[292] *Farrar/Hannigan*, 210; *Davies*, 292.

constructive trustee, wenn er von der Unrechtmäßigkeit der Ausschüttung wusste[293].

Nach Art. L. 232-12 al. 3 C.com ist eine unter Verstoß gegen die Artt. L. 232-11, 232-12 al. 2 C.com. vorgenommene Gewinnausschüttung als *dividende fictif* unwirksam[294]. Als Folge kann im SARL-Recht nach Art. L. 223-40 C.com und bei einer SA, SAS, SCA gemäß Art. L. 232-17 C.com. diese *dividende fictif* von den Gesellschaftern zurückgefordert werden. Gemäß Art. L. 232 17 al. 2 C.com. besteht der Rückgewähranspruch gegenüber den Aktionären einer SA, SAS oder SCA nur dann, wenn der Aktionär Kenntnis von dem unrichtigen Gewinnausweis hatte und er somit bösgläubig war. Dies gilt jedoch nicht für einen Gesellschafter einer SARL. Hier besteht nach Art. L. 223-40 C.com. ein Rückgewähranspruch unabhängig davon, ob dieser bös- oder gutgläubig war[295].

Abgesehen von der SARL, lässt sich für sämtliche Gesellschaften somit folgendes gemeinsames Prinzip bilden:

Gesellschafter, die eine unzulässige Ausschüttung erhalten haben und denen die Unzulässigkeit bekannt war oder hätte bekannt sein müssen, sind zur Rückzahlung des empfangenen Betrages verpflichtet. Der Gesellschafter haftet der Gesellschaft lediglich auf Wertersatz.

b) Ausfallhaftung der Mitgesellschafter

Das deutsche Recht sieht gemäß § 31 Abs. 3 GmbHG für den Fall, dass die vom Empfänger unter Verstoß gegen die Kapitalerhaltungsvorschrift § 30 Abs. 1 GmbHG erhaltene Leistung nicht zu erlangen und diese zur Befriedigung bestehender Gesellschaftsgläubiger erforderlich ist, einen Haftungsanspruch der Gesellschaft gegen die übrigen Gesellschafter vor. Nach h.M. ist diese Ausfallhaftung jedoch auf die Höhe des Stammkapitals begrenzt, d.h. die Mitgesellschafter haften nur und lediglich solange, wie eine Unterbilanz der Gesellschaft gegeben ist[296].

---

[293] *Moxham v Grant* [1900] 1 QB 85, CA; *Precision Dippings Ltd v Precision Dippings Marketing Ltd* [1986] Ch 447, 458 [1985] 3 WLR 812, 818 BCLC 385, CA. Zur Rechtsfigur des *constructive trustee* im Einzelnen s.u. S. 1222. Diese Konstellation kommt v.a. in kleineren Gesellschaften, i.d.R. *private companies* vor, da hier das beim Empfänger verlangte Wissen um die verbotswidrige Ausschüttung näher liegt als beim Gesellschaftsmitglied einer *public company*, *Davies*, 292.

[294] *Roblot*, 983.

[295] *Ullrich*, 23 f.

[296] Diese Ansicht stützt sich auf eine Analogie unter Heranziehung des Rechtsgedankens des § 24 GmbHG. Danach ist im Rahmen der Kapitalaufbringung die Haftung der Gesellschafter bei Nichtaufbringung der Stammeinlage durch einen Mitgesellschafter auf die jeweils nicht erbrachte

Im Gegensatz zum GmbH-Recht kennt das deutsche Aktienrecht eine Ausfallhaftung der Mitaktionäre nicht. Grund hierfür ist die gegenüber der GmbH weniger personalistisch ausgestaltete Rechtsform der AG.

Eine gesetzliche Ausfallhaftung der Mitgesellschafter ist im englischen Recht nicht festgelegt. Jedoch können Mitgesellschafter, wenn sie von den verbotswidrigen Auszahlungen wussten bzw. hätten wissen müssen, als *constructive trustees* auch zur Rückerstattung der verbotswidrig ausgeschütteten Dividende herangezogen werden.

Ebenso wenig ist eine gesetzliche Ausfallhaftung nach französischem Recht gegeben. Als einzige Ausnahme erscheint somit die deutsche GmbH. Es lässt sich somit nur folgendes eingeschränkte Prinzip bilden:

Eine Ausfallhaftung der Mitgesellschafter für nicht durchsetzbare Rückgewähransprüche der Gesellschaft aufgrund unzulässiger Ausschüttungen besteht nicht.

Anmerkung: Für die GmbH besteht eine solche Ausfallhaftung. Jedoch ist diese auf die Höhe des Stammkapitals beschränkt und kann nur geltend gemacht werden, wenn die Gesellschaft ihre Gläubiger nicht mehr befriedigen kann.

c) Haftung der Geschäftsführer bzw. Verwalter einer Gesellschaft

Eine Harmonisierung durch die Kapitalrichtlinie ist in Bezug auf eine mögliche Haftung der Geschäftsleiter nicht vorgenommen worden. Dennoch wird sich zeigen, dass sich in diesem Punkt ein gemeinsames Prinzip bilden lässt.

Verstößt eine Auszahlung gegen § 30 GmbHG, haften die Geschäftsführer der Gesellschaft auf Schadensersatz nach § 43 Abs. 2, 3 GmbHG. Ein Handeln der Geschäftsführer aufgrund eines Beschlusses der Gesellschafterversammlung schließt die Haftung nicht aus, § 43 Abs. 3 S. 3 GmbHG. Zusätzlich unterliegen Geschäftsführer nach § 31 Abs. 6 GmbHG einer gesamtschuldnerischen Haftung gegenüber den Gesellschaftern, die im Rahmen des § 31 Abs. 3 GmbHG verbotene Ausschüttungen an die Gesellschaft zurückgewähren müssen. Voraussetzung für beide Ansprüche ist ein schuldhaftes Handeln des Geschäftsführers[297].

Stammeinlage begrenzt. Im Ergebnis bedeutet dies, dass die Gesellschafter gemeinsame Verantwortung für das Gesellschaftsvermögen nur in Höhe des Gesellschaftskapitals tragen. Dies soll auch im Rahmen der Ausfallhaftung des § 31 GmbHG gelten, vgl. hierzu *Ulmer*, FS 100 Jahre GmbHG, 370 ff.

[297] § 31 Abs. 6 GmbHG.

Vorstandsmitglieder einer AG haften ebenso gemäß § 93 Abs. 2 AktG in dem Fall, dass sie ihre Pflichten verletzen. § 93 Abs. 3 AktG benennt namentlich mögliche Pflichtverletzungen. Danach ist vor allem bei Nichtbeachtung der gesetzlichen Vorschriften, die den Grundsatz der Kapitalerhaltung umreißen, eine solche Pflichtverletzung gegeben; so auch dann, wenn Gesellschaftsvermögen entgegen den Vorschriften des AktG verteilt wird[298]. Der Vorstand haftet in Höhe des der Gesellschaft entstandenen Schadens.

Aufsichtsratsmitglieder haften nach § 116 AktG, der auf § 93 AktG verweist, aus den gleichen Gründen wie Vorstandmitglieder einer AG. Die Schadensersatzpflicht eines Vorstands- oder Aufsichtsratsmitglieds tritt jedoch gemäß § 93 Abs. 4 AktG dann nicht ein, wenn die Handlung auf einem gesetzmäßigen Beschluss der Hauptversammlung beruht. Eine Billigung der Ausschüttung durch den Aufsichtsrat schließt die Haftung nicht aus[299]. Darüber hinaus besteht die Möglichkeit, dass die Gesellschaft drei Jahre nach Entstehung des Anspruchs bei Zustimmung der Hauptversammlung auf ihren Anspruch verzichtet oder sich vergleicht[300].

Die *directors* einer *company* haften in Höhe einer verbotenen Ausschüttung[301], da hierin eine Verletzung ihrer treuhänderischen Pflichten gesehen wird (*breach of fiduciary duties*)[302]. Diese Pflichtverletzung kann nicht durch einen Gesellschafterbeschluss, auch nicht durch einen einstimmigen, geheilt werden.

Werden von einer SA, SAS, SCA oder SARL unzulässige Gewinnausschüttungen (*dividendes fictifs*) vorgenommen, so haften die Geschäftsführer, die Mitglieder der Verwaltung und des Vorstands zivilrechtlich für die unzulässigen Ausschüttungen[303]. Voraussetzung ist ein schuldhaftes Handeln, wobei Fahrlässigkeit ausreichend ist. Die soeben aufgeführten Mitglieder der Geschäftsleitung haften gesamtschuldnerisch in der Höhe, in der der Rückgewähranspruch gegen die Gesellschafter nicht durchsetzbar ist[304]. Außerdem

---

298 § 93 Abs. 3 AktG, s. v.a. Nr. 1, 2, 5.

299 § 93 Abs. 4 S. 2 AktG.

300 § 93 Abs. 4 S. 3 AktG.

301 *Dovey v Cory* [1901] AC 477, HL. Die Haftung der Geschäftsführer ist nicht darauf beschränkt, das womöglich durch die verbotene Ausschüttung Erhaltene an die Gesellschaft zurückzuführen.

302 *Jessel, MR* in *Re Exchange Banking Co, Flitcroft's Case* (1882) 21 ChD 519, CA: "*It follows then that if directors who are quasi trustees for the company improperly pay away the assets to the shareholders, they are liable to replace them.*"; *Re Oxford Benefit Building and Investment Society* (1886) 35 ChD 502; *Bairstow v Queens Moat Houses plc* [2000] 1 BCLC 549; *Farrar/Hannigan*, 210; *Davies*, 292; *Sealy*, 397 f.

303 *Mercadal/Janin/Charvériat/Couret*, Rn. 5432 (SARL), 8481, 9230 (SA), 14285 (SCA), 15070 (SAS), 25241 (SA, SAS, SCA); *Becker*, GmbHR 2003, 162 f.

304 *Mercadal/Janin/Charvériat/Couret*, Rn. 5430 ff., 8480, 9230; *Lutter*, Kapital, 373 f.

kann sich die Geschäftsleitung strafbar machen, wenn sie wissentlich *dividends fictifs* an die Gesellschafter ausschüttet[305].

In allen untersuchten Rechtsordnungen gilt somit folgendes gemeinsames Prinzip:

Geschäftsleiter haften gegenüber der Gesellschaft in Höhe des Wertes der unzulässigen Ausschüttungen.

d) Haftung der Gesellschafter und Geschäftsführer gegenüber den Gläubigern der Gesellschaft

Gläubiger der Gesellschaft besitzen in allen untersuchten Rechtsordnungen keine eigenen Erstattungsanprüche in Bezug auf die Auszahlung unrechtmäßig geleisteter Dividenden durch die Gesellschaft.

Jedoch kennt das deutsche Aktienrecht die Möglichkeit, dass Gesellschaftsgläubiger den Ersatzanspruch der Gesellschaft geltend machen können (§§ 93 Abs. 5, 62 Abs. 2 S. 1 AktG), wenn sie von der Gesellschaft keine Befriedigung erlangen können[306]. Die Haftungsausschlussgründe des § 93 Abs. 4 AktG können den Gläubigern der Gesellschaft gegenüber nicht geltend gemacht werden, d.h. die Haftung wird weder durch einen Verzicht oder Vergleich der Gesellschaft noch dadurch aufgehoben, dass die Ausschüttung auf einem Beschluss der Hauptversammlung beruht (§ 93 Abs. 5 S. 3 AktG).

Die Möglichkeit der Geltendmachung des Ersatzanspruches der Gesellschaft durch die Gläubiger besteht ebenso im französischen Recht für die SA, SAS, SCA und die SARL im Wege der so genannten *action individuelle*[307].

Im englischen Recht lässt sich eine solche Möglichkeit für die Gesellschaftsgläubiger dagegen nicht finden[308]. So wurde von der Rechtsprechung ausdrücklich entschieden, dass ein Gesellschaftsgläubiger nicht berechtigt ist, im Rahmen einer Klage eine unzulässige Gewinnausschüttung anzugreifen[309].

Es lässt sich zumindest folgendes gemeinsames Prinzip formulieren:

Gläubiger einer Gesellschaft besitzen keine eigenen Ansprüche gegen die Geschäftsleitung oder die Gesellschafter auf Erstattung unrechtmäßig ausgeschütteter Dividenden.

---

305 Artt. L. 242-6 n° 1 (SA), 241-3 n° 2 (SARL), 243-1 (SCA), 244-1 (SAS) C.com. Es droht eine Freiheitsstrafe von 5 Jahren zzgl. einer Geldstrafe i.H.v. € 375.000; *Mercadal/Janin/Charvériat/Couret*, Rn. 25240.

306 §§ 62 Abs. 2, 93 Abs. 5 AktG.

307 *Mercadal/Janin/Charvériat/Couret*, Rn. 5442, 8510; *Lutter*, Kapital, 374 f.

308 *Furey*, 177.

309 *Mills v Northern Rly. of Buenos Ayres* (1870) 5 Ch. App. 621.

Ob die Gläubiger aber die Möglichkeit besitzen, Ansprüche der Gesellschaft auf dem Klageweg durchzusetzen, bestimmt sich nach nationalem Recht. Ein gemeinsames Prinzip lässt sich hier nicht finden.

III. Entnahmen und Ausschüttungen von Gesellschaftsvermögen in Personengesellschaften

Anders als bei den Kapitalgesellschaften, finden sich bei den Personengesellschaften wesentlich großzügigere Entnahme- und Ausschüttungsregelungen, da zusätzlich zum Gesellschaftsvermögen das Privatvermögen der Gesellschafter für die Schulden der Gesellschaft haftet[310].

Die gesetzlichen Regelungen zur Gewinnverteilung in der GbR finden sich in den §§ 721, 722 BGB[311]. Wie bereits dargelegt, ist aber durch den Gesetzgeber für die GbR, im Unterschied zur AG und GmbH, kein Gesellschaftskapital zwingend vorgesehen[312]. So finden sich letztlich im BGB auch keine Regelungen, die dafür Sorge tragen, dass ein gewisser Teil des Gesellschaftsvermögens einer GbR vor Ausschüttungen an die Gesellschafter geschützt ist.

Auch ist eine detaillierte gesetzliche Regelung über die genauen Modalitäten einer möglichen Gewinnauszahlung an die Gesellschafter nicht vorhanden. So findet sich vor allem keine Regelung, die das Recht der Gesellschafter, den auf sie entfallenden, festgestellten Gewinnanteil zu entnehmen, der Höhe nach oder zeitlich beschränkt[313].

Fehlen zudem gesellschaftsvertragliche Regelungen, so ist der Gewinn einer GbR nach § 722 BGB nach Köpfen und nicht nach Kapitalanteilen zu verteilen. Nach h.M. entsteht der Anspruch auf Auszahlung des Gewinnes erst mit der Feststellung des einen Gewinn ausweisenden Rechnungsabschlusses[314]. Nach dem gesetzlichen Leitbild kann eine GbR also nur dann Gewinne verteilen, wenn diese auch tatsächlich entstanden sind. Es besteht daher grundsätzlich kein gewinnunabhängiges Entnahmerecht[315]. Ein solches kann jedoch vertraglich zwischen den Gesellschaftern vereinbart werden[316].

---

310 Deutschland: GbR, OHG; Frankreich: SC, SNC; England: partnership. Die KG, KGaA, SCS, SCA und limited partnership werden gesondert untersucht, s.u. S. 933.

311 Es handelt sich hierbei um dispositive Vorschriften, Münch. HdB. GesR I-*Gummert*, § 15, Rn. 10.

312 *Wolf*, WM 2000, 707.

313 Münch. HdB. GesR I-*Gummert*, § 15, Rn. 34, 39.

314 Münch. HdB. GesR I-*Gummert*, § 15, Rn. 34; *Ulmer*, BGB, § 721, Rn. 4, 11; *BGH*, Urt. v. 6.4.1981 – II ZR 186/80, NJW 1981, 2563.

315 Münch. HdB. GesR I-*Gummert*, § 15, Rn. 19, § 16 Rn. 17; *Ulmer*, BGB, § 721, Rn. 13; *BGH*, Urt. v. 30.5.1994 – II ZR 205/93, NJW-RR 1994, 996.

316 *Wolf*, WM 2000, 707; Münch. HdB. GesR I-*Gummert*, § 15, Rn. 47, § 16 Rn. 47.

Eine Einschränkung eines vereinbarten gewinnunabhängigen Entnahmerechts der Gesellschafter existiert nur in begrenztem Umfang. So können die Gesellschafter aufgrund der gesellschaftlichen Treuepflicht ausnahmsweise verpflichtet sein, Gewinne ganz oder teilweise im Gesellschaftsvermögen zu belassen oder Rücklagen zu bilden[317].

Es bleibt jedoch den Gesellschaftern überlassen, abweichend von der gesetzlichen Regelung, durch Gesellschaftsvertrag ein Gesellschaftskapital zu vereinbaren[318], und damit eine Ausschüttungssperre, die dafür Sorge trägt, dass das Gesellschaftsvermögen in Höhe der Kapitalziffer gebunden ist[319].

Diesem gesetzlichen Leitbild folgend wird daher vom BGH auch eine GbR mit beschränkter Haftung als Gesellschaftsrechtsform abgelehnt[320], da in einem solchen Fall den Gesellschaftsgläubigern nur das ungesicherte Gesellschaftsvermögen haften würde.

Eine Haftungsbeschränkung kann, nach Ansicht des BGH, nur unter den jeweils spezifischen Voraussetzungen und Auflagen des Gesetzes gestattet werden. Diese wären einfach zu umgehen, wenn es den Gesellschaftern einer GbR freigestellt wäre, einseitig die Haftung auf das Gesellschaftsvermögen zu beschränken. Nach Ansicht des BGH würde dies für den Rechtsverkehr nicht geringe Gefahren bedeuten, denn mangels einschlägiger Vorschriften über die Aufbringung eines Mindestkapitals und mangels Kapitalerhaltungsregeln wären die Gesellschafter einer GbR nicht gehindert, die Gesellschaft mit einem nur minimalen oder gar ganz fehlenden Haftungsfonds zu betreiben. Sie könnten zudem jederzeit Entnahmen aus dem Gesellschaftsvermögen beschließen, ohne zur Erstattung verpflichtet zu sein. Eine Haftungsbeschränkung kommt daher nur im Rahmen einer individuell mit dem Gläubiger getroffenen Vereinbarung in Betracht[321].

Die §§ 120-122 HGB regeln die Gewinnverteilung und die Entnahmerechte der Gesellschafter in der OHG. Nach § 121 Abs. 1, 2 HGB ist, wenn gesellschaftsvertraglich nichts anderes vereinbart ist, den Gesellschaftern auf den Gewinn eine Vordividende in Höhe von bis zu 4% ihrer Kapitalanteile zu zahlen. Nach § 121 Abs. 3 HGB wird der Restgewinn nach Köpfen verteilt. Ebenso wie bei der GbR können die Gesellschafter von dieser gesetzlichen Regelung abweichen und ein gewinnunabhängiges Entnahmerecht

---

317 Münch. HdB. GesR I-*Gummert*, § 15, Rn. 40, 49; *Ulmer*, BGB, § 721, Rn. 14; *OLG Karlsruhe*, Urt. v. 28.2.2003 – 4 U 8/02, NZG 2003, 429; *BGH*, Urt. v. 29.3.1996 – II ZR 263/94 NJW 1996, 1678, 1681; *BGH*, Urt. v. 10.5.1976 – II ZR 180/74, BB 1976, 948 ff.

318 Münch. HdB. GesR I-*Gummert*, § 15, Rn. 21.

319 *Ulmer*, BGB, § 721, Rn. 13; *BGH*, Urt. v. 30.5.1994 – II ZR 205/93, NJW-RR 1994, 996; *Wolf*, WM 2000, 708 f.

320 *BGH*, Urt. v. 27.9.1999 – II ZR 371/98, NJW 1999, 3483 = ZIP 1999, 1755 = WM 1999, 2071 = DB 1999, 2205.

321 *BGH*, Urt. v. 27.9.1999 – II ZR 371/98, NJW 1999, 3483.

vereinbaren[322]. Zudem besteht nach § 122 Abs. 1 Hs. 1 HGB ein gesetzliches gewinnunabhängiges Entnahmerecht in Höhe von 4% des Kapitalanteils des Gesellschafters. Weitergehende Kapitalentnahmen durch einen Gesellschafter sind ohne Genehmigung der anderen Gesellschafter nicht gestattet[323].

Wie auch bei der GbR ist das Entnahmerecht der Gesellschafter durch die Treupflicht begrenzt. Diese findet sich in § 122 Abs. 1 Hs. 2 HGB wieder. Danach darf der Gesellschafter die Auszahlung des Gewinns nur in der Höhe verlangen, wie sie der Gesellschaft nicht zum offenbaren Schaden gereicht[324].

Fraglich ist, ob darüber hinaus ein sich aus § 122 Abs. 1 Hs. 2 HGB ergebender Rückgewähranspruch der Gesellschaft gegenüber den Gesellschaftern besteht, wenn sich nach einer Entnahme deren Unentbehrlichkeit für die Gesellschaft herausstellt. Nach h.M. ergibt sich jedoch aus der gesellschaftsrechtlichen Treuepflicht kein Rückzahlungsanspruch. Eine solche Rückzahlung wäre vielmehr als ein weiterer Gesellschafterbeitrag zu bewerten, zu dem die Gesellschafter aber nach § 707 BGB nicht verpflichtet sind. Jedoch können sich die Geschäftsführer der Gesellschaft bei einer Ausschüttung, die gegen § 122 Abs. 1 Hs. 2 HGB verstößt, gegenüber der Gesellschaft schadensersatzpflichtig machen[325].

Hiervon ist der Rückzahlungsanspruch der Gesellschaft zu unterscheiden, der aufgrund überhöhter Auszahlungen, die nicht der gesetzlichen Regelung oder dem Gesellschaftsvertrag entsprechen, gegenüber dem empfangenden Gesellschafter besteht. Hierbei handelt es sich um einen Anspruch aus ungerechtfertigter Bereicherung[326].

Statt der gesetzlichen Regelung können die Gesellschafter durch Gesellschaftsvertrag das Gewinnbezugsrecht sowie Entnahmerechte anderweitig regeln. So werden im Regelfall für die Gesellschafter feste Kapitalanteile und nur gewinnabhängige Entnahmerechte vereinbart[327].

Auch bei der *partnership* ist ein Gesellschaftskapital nicht zwingend vorgeschrieben[328]. Wie bei der deutschen GbR können auch die *partner* einer

---

322 Münch. HdB. GesR I-*v. Falkenhausen/Schneider*, § 63, Rn. 17.

323 § 122 Abs. 2 HGB. Die gesetzliche Entnahmeregelung des § 122 HGB ist dispositiv.

324 Eine Entnahme des Jahresgewinns ist dann unzulässig, wenn die Schädigung der Gesellschaft jedem Sachkundigen in Kenntnis der Lage der Gesellschaft im Zeitpunkt des Verlangens ohne weiteres zu erkennen ist. Erforderlich ist, dass die nahe liegende Gefahr für den Fortbestand der Gesellschaft offen zu Tage tritt, Münch. HdB. GesR I-*v. Falkenhausen/Schneider*, § 63 Rn. 40, 41.

325 Münch. HdB. GesR I-*v. Falkenhausen/Schneider*, § 63, Rn. 43.

326 Münch. HdB. GesR I-*v. Falkenhausen/Schneider*, § 63, Rn. 55. Der Gesellschafter kann dem Rückzahlungsanspruch der Gesellschaft nicht entgegen halten, dass er den Gewinn im guten Glauben bezogen habe. § 172 Abs. 5 HGB ist nicht analog anwendbar.

327 Münch. HdB. GesR I-*v. Falkenhausen/Schneider*, § 63, Rn. 68 ff.

328 Dies ergibt sich aus dem Umkehrschluss der sec. 2 des PA 1890: *Rules for determining existence of partnership*.

partnership die Gewinnverteilung durch Gesellschaftsvertrag regeln. Treffen die Gesellschafter keine Regelung, so wird der Gewinn der *partnership* nach sec. 24 subs. 1 PA 1890 in gleichen Anteilen auf alle Gesellschafter verteilt. Eine Gewinnverteilung im Verhältnis der Kapitalanteile ist gesetzlich also nicht vorgesehen[329].

Nach sec. 24 subs. 4 PA 1890 ist eine gewinnunabhängige Verzinsung der Kapitalanteile der Gesellschafter einer *partnership* gesetzlich nicht vorgesehen. Es bleibt den Gesellschaftern jedoch überlassen zu vereinbaren, dass auch dann Beträge aus dem Gesellschaftsvermögen entnommen werden können, wenn dieses nicht mehr in Höhe des Gesellschaftskapitals besteht[330]. Gewinnunabhängige Entnahmerechte (*overdrawings*) sind daher wie bei der GbR in Deutschland zulässig[331].

Bei der SC können die Gesellschafter, wie auch bei der GbR, die Gewinnverteilung zwischen den Gesellschaftern frei vereinbaren[332]. Anders als bei der GbR ist für die SC vom französischen Gesetzgeber als Gründungsvoraussetzung die Festschreibung eines Gesellschaftskapitals vorgeschrieben[333]. Dennoch kann bei der SC gesellschaftsvertraglich ein gewinnunabhängiges Entnahmerecht zwischen den Gesellschaftern vereinbart werden[334]. Treffen die Gesellschafter keine Vereinbarung über die Gewinnverteilung, so erfolgt diese nach Art. 1844-1, al. 1 C.civ. im Verhältnis der Kapitalanteile der Gesellschafter[335].

Etwas anders stellt sich die Situation in Bezug auf die SNC dar. So dürfen Handelsgesellschaften (*sociétés commerciales*)[336], also auch die hier interessierende SNC, keine gewinnunabhängigen Ausschüttungen an ihre Gesellschafter vornehmen. Jegliche gesellschaftsvertragliche Vereinbarung, die eine Verzinsung des Kapitalanteils trotz fehlender Gewinne der Gesellschaft vorsieht, ist nach Art. L. 232-15 al. 1 C.com. nichtig[337]. Für die SNC gelten somit die gleichen Regelungen wie auch für die SARL und die SA. Werden an die Gesellschafter *dividendes fictifs* ausgeschüttet, so müssen diese also nach Art. L. 232-17 C.com. an die Gesellschaft zurückgezahlt werden[338]. Bei der SNC greifen folglich die gleichen Kapitalerhaltungsregelungen wie bei der SARL und der SA. Das durch das Gesellschafts-

---

329 *Blackett-Ord/McDonnell*, 205; *Triebel/Hodgson/Kellenter/Müller*, Rn. 796.

330 *Banks*, Rn. 10-55; *Milman/Flanagan*, 9; *Morse, Partnership Law*, 157 f.

331 *Blackett-Ord/McDonnell*, 206.

332 *Cozian/Viandier/Deboissy*, Rn. 1469, 863 f.; *Guyon*, Rn. 229, 118 f.

333 SC: Art. 1835 C.civ.; Dies gilt ebenso für die SNC: Art. L. 210-2 C.com.

334 *Mémento, Sociétés Civiles*, Rn. 20280, 18620.

335 *Mémento, Sociétés Civiles*, Rn. 1525, 1535, 18620, 20280.

336 SNC, SCS, SARL, SA, SAS, SCA.

337 *Mercadal/Janin/Charvériat/Couret*, Rn. 25184.

338 *Mercadal/Janin/Charvériat/Couret*, Rn. 4207, 4244.

kapital gebundene Gesellschaftsvermögen kann an die Gesellschafter erst im Rahmen der Liquidation der Gesellschaft zurückgezahlt werden[339].

Zusammenfassend lässt sich feststellen, dass abgesehen von der SNC in Personengesellschaften das Gesellschaftsvermögen nicht durch ein vertraglich oder gesetzlich vorgeschriebenes Gesellschaftskapital gebunden wird, weil die Gesellschafter zusätzlich neben dem Gesellschaftsvermögen mit ihrem Privatvermögen für die Gesellschaftsschulden haften.

Vertraglich kann in allen Gesellschaften ein festes Gesellschaftskapital vereinbart werden. Auf der anderen Seite lassen sich auch gewinnunabhängige Entnahmerechte der Gesellschafter vereinbaren.

Bei der SNC kommt man letzlich zum selben Ergebnis. Zwar dürfen die Gesellschafter nur Gewinne entnehmen, so dass das Gesellschaftsvermögen in Höhe der Kapitalziffer nicht angegriffen wird[340]. Aber über den Umweg einer Kapitalherabsetzung, die nur eines einstimmigen Beschlusses der Gesellschafter bedarf[341], können die Gesellschafter einer SNC gebundenes Gesellschaftsvermögen auf einfachem Wege zur Entnahme befreien.

Es lässt sich daher folgendes Prinzip bilden:

Haftet neben dem Gesellschaftsvermögen auch das Privatvermögen der Gesellschafter für die Schulden der Gesellschaft, so bindet ein vertraglich vereinbartes bzw. gesetzlich vorgeschriebenes Gesellschaftskapital grundsätzlich nicht das Gesellschaftsvermögen. Das Vermögen der Gesellschaft kann unbeschränkt von den Gesellschaftern entnommen oder an diese ausgeschüttet werden.

Anmerkung: Dieses Prinzip gilt in obiger Formulierung nicht für die SNC. Jedoch können die Gesellschafter einer SNC dasselbe Ergebnis, also die „Entbindung“ des Gesellschaftsvermögens, durch eine Kapitalherabsetzung erzielen. Für eine solche Kapitalherabsetzung bedarf es lediglich eines einstimmigen Gesellschafterbeschlusses.

IV. Das Verbot der offenen Ausschüttung gebundenen Gesellschaftsvermögens bei Kommanditgesellschaften

In diesem Abschnitt sollen die Kommanditgesellschaften behandelt werden[342], bei denen ein Teil der Gesellschafter persönlich und unbeschränkt für

339 Art. L. 237-29 C.com; *Constantin*, 45.
340 Art. L. 232-11 C.com.
341 Art. L. 221-6 C.com.
342 Deutschland: KG, KGaA; Frankreich: SCS, SCA; England: *limited partnership*.

die Gesellschaftsschulden haftet,[343] während der andere Teil der Gesellschafter die Haftung auf die Höhe der Einlage beschränkt hat[344].

Die Komplementäre und die Kommanditisten sind hierbei getrennt voneinander zu behandeln. An ihrer Stellung zeigt sich deutlich der bestehende Unterschied zwischen den Gesellschaften, bei denen nur das Gesellschaftsvermögen den Gläubigern zur Verfügung steht und den Gesellschaften, bei denen zusätzlich das Privatvermögen der Gesellschafter von den Gläubigern als Haftungsgrundlage herangezogen werden kann.

Beide Haftungsregime finden sich in der KG wieder. So muss auf der einen Seite der Komplementär mit seinem Privatvermögen für die Gesellschaftsschulden haften, auf der anderen Seite ist die Haftung des Kommanditisten auf die Höhe seiner Einlage beschränkt[345]. Aus diesen unterschiedlichen Positionen folgt ferner, dass das Gesetz davon ausgeht, dass der persönlich haftende Gesellschafter die ihm zustehenden Gewinne entnimmt[346], während der Kommanditist sich seinen Gewinnanteil auszahlen lassen muss[347].

Die Verteilung des Gewinns der KG bestimmt sich nach § 168 HGB. Für beide Gesellschaftergruppen gelten über § 168 Abs. 1 HGB die Regelungen der OHG nach §§ 120, 121 Abs. 1, 2 HGB. Somit ist den Gesellschaftern eine Vorwegdividende in Höhe von 4% ihrer Kapitalanteile zu zahlen. Der Restgewinn ist nach § 168 Abs. 3 HGB zwischen den Gesellschaftern in einem den Umständen nach angemessenen Verhältnis der Anteile zu verteilen[348]. Es kann wie bei der OHG ein gewinnunabhängiges Entnahmerecht vereinbart werden. Das oben Gesagte zur Begrenzung der Entnahmepflicht durch die Treuepflicht der Gesellschafter und zu den bestehenden Rückzahlungsansprüchen gilt entsprechend.

Das Gewinnauszahlungsrecht des Kommanditisten ist in § 169 HGB normiert und weicht von der Regelung in § 122 HGB ab. Nach § 169 Abs. 1 S. 2 Hs. 2 HGB kann der Kommanditist die Auszahlung eines Gewinnes nicht fordern, solange sein Kapitalanteil durch Verlust unter den auf die bedungene Einlage geleisteten Betrag herabgesunken ist oder durch die Auszahlung unter diesen Betrag sinken würde. Durch dieses Verbot, welches die Auszahlung von Gewinnen erst nach Ausgleich vorangegangener Verluste erlaubt, soll die Einlage gesichert und damit die Kapitalgrundlage der Gesellschaft gestärkt werden. Ein Gläubigerschutz wird durch diese Vor-

343 Komplementär, *general partner*, *commandités*.
344 Kommanditist, *limited partner*, *commanditaires*.
345 §§ 161 Abs. 1, 171 Abs. 1 HGB.
346 §§ 161 Abs. 2, 122 HGB.
347 § 169 HGB.
348 Münch. HdB. GesR II-*v. Falkenhausen/Schneider*, § 23, Rn. 5 ff.

schrift jedoch nicht erreicht, da die Gesellschafter vereinbaren können, dass auch bei Verlustsituationen Ausschüttungen vorgenommen werden dürfen[349]. In einem solchen Fall lebt jedoch nach § 172 Abs. 4 HGB die Haftung des Kommanditisten in Höhe der zurückbezahlten Einlage wieder auf[350].

Nach § 278 Abs. 2 AktG i.V.m. §§ 168 Abs. 1, 121 Abs. 1, 2 HGB gilt für die KGaA und somit für deren persönlich haftende Gesellschafter (Komplementäre) und deren Kommanditaktionäre dieselbe gesetzliche Gewinnverteilungsregelung wie für die KG. So ist, wenn keine abweichende Regelung in der Satzung getroffen wurde, zunächst von dem zu verteilenden Gewinn ein Betrag in Höhe von 4% der Kapitaleinlagen der Komplementäre und 4% des Grundkapitals abzuziehen und jeweils beiden Gesellschaftergruppen zuzuweisen[351]. Der Restgewinn wird nach § 278 Abs. 2 AktG i.V.m. §168 Abs. 2 HGB in einem den Umständen nach angemessenen Verhältnis auf die Gesellschafter verteilt.

Anders als bei der KG gestaltet sich jedoch das Entnahmerecht des persönlich haftenden Gesellschafters. So wird das gesetzliche Entnahmerecht oder ein abweichendes vertragliches Entnahmerecht durch § 288 AktG begrenzt. Danach darf ein persönlich haftender Gesellschafter Gewinne nur dann dem Gesellschaftsvermögen entnehmen, wenn sein Kapitalanteil nicht durch Verlust oder bereits getätigte Entnahmen aufgezehrt ist[352]. Ferner darf der persönlich haftende Gesellschafter nach § 288 Abs. 1 S. 2 AktG keine Entnahme tätigen, selbst wenn eine solche Entnahme aufgrund der Höhe seines Kapitalanteils nicht unzulässig wäre, soweit hierdurch die Kapitalgrundlage der Gesellschaft gefährdet ist. Dies ist dann der Fall, wenn die Summe aus Bilanzverlust, Einlageverpflichtungen, Verlustanteilen persönlich haftender Gesellschafter und Forderungen aus Krediten an persönlich haftende Gesellschafter und deren Angehörige die Summe aus Gewinnvortrag, Kapital- und Gewinnrücklagen sowie Kapitalanteilen der persönlich haftenden Gesellschafter übersteigt.

Durch diese Begrenzung des Entnahmerechts des persönlich haftenden Gesellschafters einer KGaA wird dafür Sorge getragen, dass das Gesellschaftsvermögen in Höhe des Gesellschaftskapitals gebunden ist. Aus diesem Grund sind Entnahmen der persönlich haftenden Gesellschafter, die gegen § 288 Abs. 1 AktG verstoßen der Gesellschaft zurückzugewähren[353].

In den Bestimmungen zur KGaA lassen sich keine besonderen Vorschriften über Ausschüttungen an Kommanditaktionäre finden. Die Stellung

---

349 Münch. HdB. GesR II-*v. Falkenhausen/Schneider*, § 24 Rn. 39.
350 *K. Schmidt*, Gesellschaftsrecht, § 54 III.
351 Münch. HdB. GesR IV-*Herfs*, § 79, Rn. 15.
352 § 288 Abs. 1 S. 1 AktG.
353 Münch. HdB. GesR IV-*Herfs*, § 79, Rn. 25.

der Kommanditaktionäre folgt daher nach § 278 Abs. 3 AktG den Regelungen, die für die AG bestehen[354]. Das bedeutet, dass an die Kommanditaktionäre das durch die Gesellschaftskapitalziffer gebundene Gesellschaftsvermögen nicht ausgeschüttet werden darf.

Somit lässt sich festhalten, dass bei der KGaA Ausschüttungen, die das durch die Gesellschaftskapitalziffer gebundene Gesellschaftsvermögen angreifen, an jeglichen Gesellschafter unzulässig sind.

Der Gewinn einer *limited partnership* wird nach sec. 7 LPA 1907 i.V.m. sec. 24 subs. 1 PA 1890 in gleichen Teilen auf die *limited partners* (Kommanditisten) und *general partners* (Komplementäre) verteilt, wenn nichts anderes zwischen den Gesellschaftern vereinbart wurde[355]. Ein *general partner* kann bei entsprechender vertraglicher Vereinbarung, wie auch bei der einfachen *partnership*, gewinnunabhängig Teile des Kapitals oder des gesamten Kapitals dem Gesellschaftsvermögen entnehmen[356]. Dem *limited partner* ist es hingegen nicht gestattet, seinen von ihm eingebrachten Kapitalanteil zu entnehmen. Geschieht dies dennoch, so haftet er persönlich nach sec. 4 subs. 3 LPA 1907 für die Schulden und Verbindlichkeiten der Gesellschaft in Höhe des von ihm entnommenen Kapitalbetrages[357].

In Frankreich gelten für die SCS und die SCA dieselben Regelungen wie für die anderen französischen Handelsgesellschaften (*sociétés commerciales*)[358]. So darf der Gesellschaft nur der ausschüttbare Gewinn nach Art. L. 232-11 al. 1 C.com. entnommen werden. Gewinnunabhängige Entnahmen bzw. Ausschüttungen sind nach Art. L. 232-15 al. 1 C.com. nicht zulässig[359]. Werden an die Gesellschafter dennoch unzulässige *dividendes fictifs* ausgeschüttet, so sind diese nach Art. L. 232-17 C.com. an die Gesellschaft zurückzugewähren[360].

Auf den ersten Blick stellt sich bei den in diesem Abschnitt untersuchten Kommanditgesellschaften ein recht uneinheitliches Bild dar. Zur Prinzipienbildung sollen die Gesellschaften daher nochmals unterteilt werden. Zum einen in die „einfachen" Kommanditgesellschaften, die nicht öffentlich zur Zeichnung ihrer Anteile aufrufen dürfen, also die KG, SCS und die *limited partnership* und auf der anderen Seite die KGaA und die SCA, denen der Kapitalmarkt offensteht.

Betrachtet man die KG und die *limited partnership*, so fällt auf, dass sich die englischen und deutschen Regelungen gleichen. So können die per-

---

354 *K. Schmidt*, Gesellschaftsrecht, § 32 III; *Memento*, Gesellschaftsrecht, Rn. 1895.
355 *Pennington* in Jura Europae, 90.30 Rn. 25.
356 *Pennington* in Jura Europae, 90.30 Rn. 24.
357 *Blackett-Ord/McDonnell*, 512 f.
358 SNC, SCS, SARL, SA, SAS; *Moliérac*, Rev.soc. 1938, 114.
359 *Mercadal/Janin/Charvériat/Couret*, Rn. 25184.
360 *Mercadal/Janin/Charvériat/Couret*, Rn. 4904, 4907, 25235.

sönlich haftenden Gesellschafter (*general partner*) aufgrund vertraglicher Vereinbarung gewinnunabhängige Entnahmen vornehmen und ebenso die Kommanditisten (*limited partner*) ihre Kapitaleinlage zurückgewährt bekommen. Bei letzteren lebt jedoch die Haftung in Höhe der zurückgewährten Einlage wieder auf. Bei der SCS können die Gesellschafter im Gegensatz dazu nur Gewinne ausschütten, wobei das durch die Kapitalziffer gebundene Gesellschaftsvermögen erhalten bleibt. Wird hiergegen verstoßen, besitzt die SCS einen Rückzahlungsanspruch gegen ihre Gesellschafter. Wie aber bereits für die SNC erwähnt[361], können die Gesellschafter einer SCS über den Umweg einer Kapitalherabsetzung, die eines einstimmigen Beschlusses der Gesellschafter bedarf, gebundenes Gesellschaftsvermögen auf einfache Art und Weise für eine Entnahme entbinden[362]. Die SCS soll daher als Ausnahme das folgende Prinzip nicht entkräften.

Der persönlich haftende Gesellschafter einer Kommanditgesellschaft, die nicht öffentlich zur Zeichnung von Anteilen aufrufen darf, darf grundsätzlich gewinnunabhängige Entnahmen aus dem Gesellschaftsvermögen vornehmen.

Anmerkung: Der persönlich haftende Gesellschafter einer SCS kann der Gesellschaft nur Gewinne entnehmen, die nicht zu Lasten des gebundenen Gesellschaftsvermögens erfolgen. Jedoch können die Gesellschafter dasselbe Ergebnis, also die Entbindung des Gesellschaftsvermögens, durch eine Kapitalherabsetzung erzielen. Für eine solche Kapitalherabsetzung bedarf es lediglich eines einstimmigen Gesellschafterbeschlusses.

Die Kapitaleinlage des Kommanditisten einer Kommanditgesellschaft, die nicht öffentlich zur Zeichnung aufrufen darf, ist entweder durch eine entstehende persönliche Haftung des Kommanditisten in Höhe einer vorgenommenen Einlagenrückgewähr oder durch ein Verbot der Einlagenrückgewähr abgesichert.

Anders ist dies bei der KGaA und der SCA. Hier können weder der persönlich haftende Gesellschafter noch der Kommanditaktionär der Gesellschaft durch das Gesellschaftskapital gebundenes Gesellschaftsvermögen entziehen. Es lassen sich vielmehr dieselben Regelungen finden, wie sie auch für die Aktiengesellschaften gelten. Dies liegt vor allem daran, dass die

---

[361] S.o. S. 933.
[362] Art. L. 222-9 C.com. Zur Kapitalherabsetzung bei der SCS s.u. S. 2288.

KGaA und die SCA Sonderformen der AG bzw. SA sind. Folgendes Prinzip kann daher gebildet werden:

Der Komplementär und der Kommanditist einer Kommanditgesellschaft auf Aktien dürfen der Gesellschaft nur dann Gesellschaftsvermögen entnehmen, wenn dieses mindestens in Höhe der Kapitalziffer bestehen bleibt.

B. Verdeckte Vermögensverlagerungen

I. Die „verdeckte Gewinnausschüttung“ im Gesellschaftsrecht

Mit dem Stichwort der „verdeckten Gewinnausschüttung“ verbindet man gemeinhin den klassischen Fall des unausgewogenen Austauschvertrags zwischen Gesellschaft und Gesellschafter. Bei der „verdeckten Gewinnausschüttung“ handelt es sich um eine Vermögensverlagerung von der Gesellschaft zum Gesellschafter ohne äquivalente Gegenleistung, die außerhalb der Regeln zur Feststellung des Bilanzgewinns und seiner Verteilung erfolgt[363].

Wenn im deutschen Recht von der „verdeckten Gewinnausschüttung“ gesprochen wird, ist in der Regel ein Themenkomplex aus dem Körperschaftsteuergesetz gemeint[364]. Die steuerrechtliche Problematik liegt darin begründet, dass die Gesellschaften[365] die durch eine „verdeckte Gewinnausschüttung“ ausgekehrten Vermögenswerte als Betriebsausgabe und nicht als Gewinn ausweisen. Auf der anderen Seite werden die verdeckten Entnahmen von den Gesellschaftern häufig nicht als Einkünfte aus Kapitalvermögen in der Einkommensteuer deklariert, sondern einfach unterschlagen. Deshalb bleiben nach § 8 Abs. 3 S. 2 KStG 1999 bei der Ermittlung des Einkommens der Kapitalgesellschaften als Steuerbemessungsgrundlage für die Körperschaftsteuer „verdeckte Gewinnausschüttungen“ unberücksichtigt, d.h. sie mindern das Einkommen nicht. Typische Fallgestaltungen für solche Umgehungsgeschäfte bietet für das deutsche Recht Abschnitt 31 Abs. 3 S. 8 KStR 1995 in Form eines Beispielkataloges[366], der aber keinesfalls abschließend die möglichen Konstellationen auflistet.

---

[363] *K. Schmidt*, Gesellschaftsrecht, § 29 II 2, § 37 III 1.

[364] Die „verdeckte Gewinnausschüttung“ ist in der deutschen Steuerrechtsliteratur bereits vielfach behandelt worden; s. nur die Literaturzusammenstellung in *Tipke/Lang*, § 11.

[365] Steuersubjekte nach § 1 Abs. 1 KStG sind alle juristischen Personen des privaten Rechts, also v.a. Kapitalgesellschaften. Personengesellschaften unterfallen über die „Mitunternehmereinkünfte“ nach § 15 Abs. 1 S. 1 Nr. 2 EStG der Einkommensteuer.

[366] Abschnitt 31 Abs. 3 S. 8 KStR 1995:

1. Ein Gesellschafter erhält für seine Vorstands- oder Geschäftsführertätigkeit ein unangemessen hohes Gehalt.
2. Eine Gesellschaft zahlt an einen Gesellschafter besondere Umsatzvergütungen neben einem angemessenen Gehalt.
3. Ein Gesellschafter erhält ein Darlehen von der Gesellschaft zinslos oder zu einem außergewöhnlich geringen Zinssatz.
4. Ein Gesellschafter erhält von der Gesellschaft ein Darlehen, obwohl schon bei der Darlehenshingabe mit der Uneinbringlichkeit gerechnet werden muss.
5. Ein Gesellschafter gibt der Gesellschaft ein Darlehen zu einem außergewöhnlich hohen Zinssatz.

Die „verdeckte Gewinnausschüttung“ wirft neben steuerrechtlichen Problemen insbesondere gesellschaftsrechtliche Fragen im Kapitalerhaltungsrecht auf. Problematisch ist vor allem die Frage, wie sich „verdeckte Gewinnausschüttungen“ zum Grundsatz der Kapitalerhaltung verhalten.

So liegt für den von dem Kapitalerhaltungsgebot betroffenen Gesellschafter der Gedanke nicht fern, sich das Gesellschaftsvermögen über den Umweg eines Drittgeschäftes ausschütten zu lassen, wenn eine solche Ausschüttung nach Kapitalerhaltungsvorschriften oder Gewinnvorschriften verboten wäre. Dabei tritt der Gesellschafter als gesellschaftsfremder Dritter in Erscheinung. Der Gesellschafter erscheint hierbei folglich in einer Doppelrolle: als Partner des Umsatzgeschäftes einerseits, und als ein vom Verbot der Kapitalrückzahlung Betroffener andererseits[367].

In dem Fall, dass ein unausgewogenes Austauschgeschäft zwischen der Gesellschaft und dem Gesellschafter geschlossen wird, könnte man zunächst annehmen, dass dies durch die Vertragsfreiheit gedeckt sei. Dies gilt zumindest dann, wenn der dem Gesellschafter gezahlte Zuschlag oder der ihm gewährte Nachlass nicht eigens ausgewiesen wird, sondern in die Festlegung von Preis und Entgelt unerkennbar eingeht. Bei objektiver Betrachtung des Sachverhalts ist jedoch eine Gesellschafterbegünstigung zu Lasten der Gesellschaftsgläubiger festzustellen. Genau dies soll der Grundsatz der Kapitalerhaltung aber verhindern. Der Gläubiger einer Gesellschaft, die in eine wirtschaftliche Krise gerät, soll mit seinen Forderungen nicht leer ausgehen[368].

---

6. Ein Gesellschafter liefert an die Gesellschaft Waren oder erwirbt von der Gesellschaft Waren und sonstige Wirtschaftsgüter zu ungewöhnlichen Preisen oder erhält besondere Preisnachlässe und Rabatte.
7. Ein Gesellschafter verkauft Aktien an die Gesellschaft zu einem höheren Preis als dem Kurswert oder die Gesellschaft verkauft Aktien an einen Gesellschafter zu einem niedrigeren Preis als dem Kurswert.
8. Ein Gesellschafter vermietet an die Gesellschaft oder mietet von der Gesellschaft Gegenstände oder überlässt ihr Rechte oder nutzt gesellschaftseigene Rechte zu einem unangemessenen Preis.
9. Eine Gesellschaft übernimmt eine Schuld oder eine sonstige Verpflichtung eines Gesellschafters.
10. Eine Gesellschaft verzichtet auf Rechte, die ihr einem Gesellschafter gegenüber zustehen.
11. Ein Gesellschafter beteiligt sich an der Gesellschaft als stiller Gesellschafter und erhält dafür ein unangemessen hohes Gehalt.
12. Die an einer Personengesellschaft beteiligte Kapitalgesellschaft stimmt einer rückwirkenden Neuverteilung des Gewinns zu, die ihre Gewinnbeteiligung zugunsten ihres gleichfalls an der Personengesellschaft beteiligten Gesellschafters einschränkt.
13. Eine GmbH gibt aus Anlass des 65. Geburtstags ihres Gesellschafter-Geschäftsführers einen Empfang, an dem nahezu ausschließlich Geschäftsfreunde teilnehmen.

[367] *Lutter*, FS Stiefel, 529.

[368] *Kübler*, 153, 154; *Cozian/Viandier,Deboissy*, Rn. 306: „*Le principe de l'intangibilité interdit aux associés de manger le capital*“; *McGee*, 2: „*The doctrine of capital maintenance is that the*

Darüber hinaus wird bei der „verdeckten Gewinnausschüttung" auch die Thematik des Gleichbehandlungsgebotes angesprochen. Aufgabe des gesellschaftsrechtlichen Gleichbehandlungsgebotes ist es zu verhindern, dass sich ein Gesellschafter zu Lasten seiner Mitgesellschafter unrechtmäßig bereichert[369]. Dieser Grundsatz ergibt sich sowohl aus der Treuepflicht des Gesellschafters[370] als auch aus dem Gesetz[371].

II. Problemstellung

In der deutschen Literatur wird immer wieder erwähnt, dass die „verdeckte Gewinnausschüttung" eine überaus häufige Erscheinung im Verhältnis zwischen einer Kapitalgesellschaft und ihren Gesellschaftern darstellt[372].

Fraglich ist, ob das durch die Kapitalrichtlinie europaweit für den Bereich der Aktiengesellschaften geschaffene System der Kapitalerhaltung auch die Problematik der „verdeckten Gewinnausschüttung" geregelt ist und somit diese Problematik Eingang in andere Rechtsordnungen gefunden hat. So sind nach Art. 16 KapRiLi Ausschüttungen, die nach Art. 15 KapRiLi verboten sind, von den Gesellschaftern zurückzugewähren. Hierunter könnten dem Wortlaut nach auch „verdeckte Gewinnausschüttungen" fallen.

Die Kapitalrichtlinie ist bereits seit langem in allen drei zu untersuchenden Rechtsordnungen implementiert worden. Nach Aussage der *International Encyclopedia of Comparative Law* wird die „verdeckte Gewinnausschüttung" in den einzelnen Rechtsordnungen bislang in nur geringem Umfang wahrgenommen. Die Ausnahme bilde einzig Deutschland[373].

Zu untersuchen bleibt, ob ein solches Defizit in der europäischen Rechtswissenschaft in der Tat gegeben ist, oder ob der Problembereich der „verdeckten Vermögensverlagerungen" in den nationalstaatlichen Rechtsordnungen durch andere Rechtsfiguren gelöst werden.

Im Zentrum der Betrachtung sollen die gesellschaftsrechtlichen Schranken und Rechtsfolgen einer „verdeckten Gewinnausschüttung" unter Hervorhebung des Grundsatzes der Kapitalerhaltung stehen. Die Problematik einer Verletzung des gesellschaftsrechtlichen Gleichheitsgrundsatzes durch eine „verdeckte Gewinnausschüttung" soll nur am Rande betrachtet werden, da es sich hierbei thematisch um Fragen des Minderheitenschutzes handelt.

---

paid-up share capital...is not to be returned to the shareholders, whether in the guise of dividends or otherwise."

369 *Hueck*, 151 ff.; *Kübler*, 180; *Tries*, 4.
370 *BGH*, Urt. v. 16.12.1991 – II ZR 58/91, BGHZ 116,359,373; *Eisenhardt*, Rn. 726, 733.
371 So z.B. im dt. Recht § 53 a AktG.
372 *Bommert*, 1, 2; *Döllerer*, 5; *Tries*, VII, 1.
373 *Lutter*, International Encyclopedia, 152.

Der Ausdruck der „verdeckten Vermögensverlagerung" wird für die oben bereits dargestellten Sachverhalte der „verdeckten Gewinnausschüttung" in der deutschen Rechtswissenschaft wenig verwendet[374]. Bei letzterem handelt es sich um einen Ausdruck aus dem deutschen Steuerrecht[375]. Dieser Begriff wird auch im Gesetzestext[376] verwendet. Eine gesetzliche Definition findet sich nicht. Vielmehr hat es der Gesetzgeber der Rechtsprechung und der Lehre überlassen, diesen Rechtsbegriff auszufüllen. In der Literatur und Rechtsprechung werden andere Bezeichnungen selten gewählt[377], der steuerrechtliche Ausdruck wird in der Regel übernommen[378].

Im englischen Recht gibt es zahlreiche Bezeichnungen, die ähnliche Sachverhalte umschreiben wie sie der Begriff der „verdeckten Gewinnausschüttung" im deutschen Recht umreißt. So wird z.B. von der „*dissipation of corporate assets*", also von der Verschwendung von Gesellschaftsvermögen gesprochen[379]. In der Rechtsprechung werden die Tatbestände einer „verdeckten Gewinnausschüttung" vielfach umschrieben, so z.B. als „*dressed up gifts*", „*dressed up return of capital*", „*dressed up distribution*"[380], „*sale at a gross under-value*"[381], „*excessive remuneration*" oder „*disguised gift out of capital*"[382].

Auch im französischen Recht gibt es etliche Begrifflichkeiten die dem deutschen Begriff nahe kommen. Bezeichnungen wie „*distributions occultes*", „*rémunération occulte*" oder „*avantage occulte*" entstammen dem französischen Steuerrecht[383].

Unterschieden wird zwischen ordnungsgemäßen („*distributions régulières*") und nicht ordnungsgemäßen Gewinnausschüttungen („*distributions irrégulières*")[384]. Letztere werden weiter in verdeckte („*distribution*

---

374 *Bommert*, 9.

375 Vgl. *Hager*, ZGR 1989, 72 f; *W. Schön*, FS für Flume, 267 ff; *Stengel/Scholderer*, ZGR 1997, 41 ff.; *Wassermeyer*, GmbHR 1998, 157 ff.

376 § 8 Abs. 3 S. 2 KStG 1999; *Herrmann/Heuer/Raupach*, KStG, § 8 Rn. 37 ff.

377 So spricht z.B. der *BGH*, Urt. v. 1.12.1986 – II ZR 306/85, NJW 1987, 1194 = WM 1987, 348 von einer „verdeckten Ausschüttung von Gesellschaftsvermögen"; *Ebenroth* wählt den Begriff der „verdeckten Vermögenszuwendung"; *Lutter* spricht von „verdeckten Vorteilsgewährungen" in *Lutter/Hommelhoff*, GmbHG, § 30 Rn. 28.

378 *Barz* in GroßkommAktG, Bd. 1, § 57, Rn. 3.

379 *Sealy*, 415 ff.; *Clark*, Comp.Law. 1985, 155 spricht von „*unreasonable depletions of corporate assets*".

380 *Aveling Barford Ltd. v. Perion Ltd.* [1989] BCLC 626 Ch.D.

381 *Ridge Securities Ltd. v. Inland Revenue Commissioners* [1964] 1 All ER 275 ff.

382 *Re Halt Garage (1964) Ltd.* [1982] 3 All ER 1016 ff.

383 Artt. 111, 117 CGI; *Viegener*, RIW 1988, 788 ff.

384 *Cozian*, Précis de fiscalité des entreprises, 900 ff.

occultes") getarnte (*„distributions camouflées*") und vermutete Gewinnausschüttungen (*„distributions présumées*") aufgeteilt[385]. In Literatur und Rechtsprechung werden folgende Bezeichnungen verwendet: *„distributions clandestines, officieuses, déguisées, imparfaites, indirectes*".

2. Begriffsbildung für eine funktionale Rechtsvergleichung

Im Folgenden soll die rechtliche Behandlung der „verdeckten Gewinnausschüttung" unter Berücksichtigung seiner Funktionen untersucht werden. Die Ausgangsfrage der Untersuchung muss deshalb rein funktional gestellt, das zu untersuchende Problem frei von den Systembegriffen der eigenen Rechtsordnung formuliert werden[386].

Für eine rechtsvergleichende Untersuchung müsste sich daher der Begriff der „verdeckten Gewinnausschüttung" als sinnvolles Abgrenzungskriterium eignen. Wie sich aber herausstellen wird, wird das Problemfeld der „verdeckten Gewinnausschüttung" in den anderen Rechtsordnungen nicht immer durch die Gewinnverteilungsregeln gelöst, sondern primär durch andere Rechtsinstitute.

Wie bereits dargelegt stammt die Begrifflichkeit aus dem deutschen Steuerrecht und der dortigen Gewinn- bzw. Einkommensermittlung. Um keine rein deutsche Sichtweise durchschlagen zu lassen, soll aus diesen Gründen der Begriff der „verdeckten Gewinnausschüttung" nicht für die Bildung einer Systematik[387] im Rechtsvergleich dienen. Deshalb wird als Oberbegriff die Bezeichnung „verdeckte Vermögensverlagerung" gewählt, die den hier zu untersuchenden Sachverhalt nicht lösungsorientiert, sondern eher deskriptiv erfasst[388].

III. Die verdeckte Vermögensverlagerung in der deutschen Rechtsordnung

1. Verdeckte Vermögensverlagerungen im Aktienrecht

Eine Vermögenszuwendung kann offen[389] oder in verdeckter Form erfolgen. Eine verdeckte Leistung der AG liegt im Allgemeinen vor, wenn sie im Rahmen eines Umsatzgeschäfts mit dem Aktionär erfolgt, ihr Wert aber den

[385] *Cozian*, Les grands principes de la fiscalité des entreprises, 282 ff.
[386] *Zweigert/Kötz*, § 3.
[387] *Zweigert/Kötz*, § 3.
[388] S.a. Plädoyer für den Begriff der „verdeckten Vermögensverlagerung" in *Bommert*, 9 ff.
[389] Beispiel: Vorauszahlung auf den Dividendenanspruch vor Ablauf des Geschäftsjahrs oder ohne Satzungsgrundlage, vgl. § 59 AktG.

der Gegenleistung übersteigt[390]. Es geschieht in der Praxis häufig, dass Vermögenswerte der AG verdeckt an die Aktionäre übertragen werden. Ein offener Verstoß gegen die Regeln der Gewinnausschüttung hingegen kommt praktisch nie vor[391].

a) Anwendung der Kapitalerhaltungsvorschriften auf verdeckte Vermögensverlagerungen

Wäre es möglich, die Regeln zur Gewinnausschüttung, §§ 57, 58 Abs. 4 AktG, zu umgehen, indem sich die Gesellschafter das Gesellschaftsvermögen über den Umweg einer verdeckten Vermögensverlagerung zukommen lassen, wären die Regeln der Kapitalerhaltung schnell ausgehöhlt. Aus diesem Grund wird die Regelung der Bilanzgewinnverteilung weit ausgelegt und ein totales Ausschüttungsverbot in ihr gesehen[392]. Es nützt den Beteiligten nichts, wenn sie das Ausschüttungsgeschäft durch ein Verkehrsgeschäft verschleiern. Die „verdeckte" Ausschüttung ist ebenso verboten wie die „offene"[393]. Es macht hierbei auch keinen Unterschied, ob das Kapital angegriffen wurde, oder ob die verdeckte Vermögensverlagerung aus dem Gesellschaftsvermögen erfolgte, welches prinzipiell im Rahmen eines festgestellten Bilanzgewinns hätte ausgeschüttet werden können[394].

Die Kapitalerhaltungsvorschriften des AktG werden also auf verdeckte Vermögensverlagerungen, die nicht im Einklang mit der gesetzlichen Gewinnverteilung stehen und zu einer Auskehrung von Gesellschaftsvermögen an die Gesellschafter führen, angewendet.

Die AG ist jedoch frei, mit jedermann Geschäfte abzuschließen, auch mit ihren Gesellschaftern[395]. Bei einem solchen Drittgeschäft mit dem Gesellschafter muss die AG den Aktionär auch tatsächlich als einen Dritten („*at arm's length*") behandeln[396].

---

390 *Hüffer*, AktG, § 57 Rn. 8.

391 *Geßler* in Geßler/Hefermehl/Eckhardt/Kropff, AktG, § 57 Rn. 10.

392 *RG*, Urt. v. 13.12.1935 – II ZS 161/35, RGZ 149, 385, 400; *Ballerstedt*, 132; *Lutter*, FS Stiefel, 505, 526 f.

393 RG, Urt. v. 19.10.1934 – II ZS 85/34, RGZ 146, 93; *RG*, Urt. v. 13.12.1935 – II ZS 161/35, RGZ 149, 385, 400; *RG*, Urt. v. 30.5.1930 – II ZS 505/29, JW 1930, 3730; *OLG Frankfurt*, Urt. v. 30.11.1995 – 6 U 192/91, AG 1996, 324; *Würdinger*, § 9 I 3; *Flume*, § 8 IV 2 b; *Ballerstedt*, 112ff.

394 *Joost*, ZHR 1985, 419, 439 ff.

395 *Lutter* in KölnerKomm, AktG, § 57, 15; *OLG Koblenz*, Urt. v. 10.2.1977 – 6 U 847/75, AG 1977, 231 f.; *OLG München*, Urt. v. 11.7.1979 – 15 U 1532, AG 1980, 272 f.; *OLG Düsseldorf*, Urt. v. 24.10.1979 – 11 U 47/79, AG 1980, 273 f.

396 *Henze* in GroßkommAktG, § 57, Rn. 35: „*at arm's length*" – Fall eines drittgleichen Umsatzgeschäftes, bei dem die Leistungsgegenstände zu marktüblichen Bedingungen ausgetauscht werden.

Problematisch bleibt also, in welchem Fall eine verdeckte Vermögensverlagerung vorliegt und damit als Ausschüttung von Gesellschaftsvermögen qualifiziert werden kann und wann nur ein Umsatzgeschäft zu üblichen Bedingungen gegeben ist.

b) Der Tatbestand der verdeckten Vermögensverlagerung

Eine verbotene Ausschüttung ist immer dann gegeben, wenn ein objektives Missverhältnis zwischen Leistung und Gegenleistung mit dem Gesellschafter als Vorteilsnehmer besteht[397]. Dieses Missverhältnis ist aber nicht immer leicht feststellbar[398]. Die „verdeckte Gewinnausschüttung" hat jedoch drei wesentliche Merkmale:

Der Empfängerkreis beschränkt sich auf die Gesellschafter und diesen nahestehende Personen. Einer dieser Personen muss ein Vermögensvorteil zugewandt werden. Die Zuwendung muss durch das Gesellschaftsverhältnis bedingt („causa societatis") sein[399].

Ob eine „verdeckte Gewinnausschüttung" ihren Rechtsgrund in den gesellschaftsrechtlichen Beziehungen hat, beurteilt der BGH danach, ob ein gewissenhaft nach kaufmännischen Grundsätzen handelnder Geschäftsführer das Geschäft unter sonst gleichen Umständen zu gleichen Bedingungen auch mit einem Nichtgesellschafter abgeschlossen hätte[400]. Das Merkmal des hypothetischen Drittgeschäftes dient dazu, die „verbotene Gewinnausschüttung" von einem normalen Umsatzgeschäft mit einem Gesellschafter objektiv abzugrenzen, und die Doppelrolle des Gesellschafters zu würdigen[401].

c) Subjektives Element

Fraglich ist, ob für den Tatbestand der „verdeckten Gewinnausschüttung" ein subjektives Element bei den Beteiligten erforderlich ist. Nach einer Ansicht muss der Gesellschafter das Bewusstsein und den Willen haben, eine Leistung aufgrund seiner Eigenschaft als Mitglied der Gesellschaft zu erlangen[402]. Im deutschen Recht wird von einem Großteil der Lehre aber eine objektive Betrachtungsweise vertreten, da nur sie der Kapitalerhaltung, insbesondere unter dem Gesichtspunkt des Gläubigerschutzes, gerecht werde;

---

397 *BGH*, Urt. v. 1.12.1986 – II ZR 306/85, NJW 1987, 1194 = WM 1987, 348 f.; *Geßler* in Geßler/Hefermehl/Eckhardt/Kroppf, AktG, § 57 Rn. 12; *Lutter* in KölnerKomm, AktG, § 57, 16.

398 *Lutter* in KölnerKomm, AktG, § 57, 16.

399 *Winter*, ZHR 1984, 583 ff.

400 *BGH*, Urt. v. 1.12.1986 – II ZR 306/85, NJW 1987, 1194 f. = WM 1987, 348.

401 *Wiedemann*, § 8 III 1 a.

402 *Ballerstedt*, 112 ff.; *Barz* in GroßkommAktG, Bd. 1, § 57, Rn. 3; *Wilhelm*, FS für Flume II, 337, 378 f.

denn die Kapitalerhaltung sei nicht disponibel[403]. Die vom BGH verwendete Abgrenzungsformel schließt aber einen Beurteilungsspielraum mit ein. Damit orientiert sie sich nicht streng an objektiven Maßstäben wie etwa dem Marktwert[404].

d) Adressaten des totalen Ausschüttungsverbots

§ 57 Abs. 1 S. 1 AktG spricht ausdrücklich von den Aktionären als Empfängern. Fraglich ist, wie weit die personelle Reichweite des Verbotstatbestandes geht. Wiederum gilt aus Gründen der Umgehungsgefahr das totale Ausschüttungsverbot auch für Geschäfte, mit denen, unter Einschaltung von Drittpersonen, der Umstand verschleiert werden soll, dass eine Vermögensverlagerung von der AG an einen ihrer Aktionäre erfolgt[405]. Eine verbotene Vermögensverlagerung ist daher schon dann gegeben, wenn sich das Vermögen der Gesellschaft mindert und das eines Gesellschafters sich, wenn auch nur mittelbar, vermehrt[406].

e) Rechtsfolgen einer verdeckten Vermögensverlagerung

(1) Rückgewährhaftung von Gesellschaftern

Aus dem Grundsatz des totalen Ausschüttungsverbots folgt, dass „verdeckte Gewinnausschüttungen" genauso behandelt werden wie offene Vermögenszuwendungen. Die Kapitalerhaltungs- und Gewinnvorschriften gelten also auch in ihren Rechtsfolgen bei einer „verdeckten Gewinnausschüttung" unmittelbar.

Ein Verstoß gegen § 57 AktG hat zur Folge, dass die Aktionäre, die die verbotswidrigen Leistungen empfangen haben, zur Rückgewähr an die AG verpflichtet sind (§ 62 AktG). Zu beachten ist, dass Rückerstattungsschuldner immer nur der Gesellschafter ist und nicht z.B. der die Leistung empfangende Dritte[407].

Neben dem Rückgewähranspruch aus § 62 AktG hat die AG bei Verstößen gegen § 57 AktG einen dinglichen Herausgabeanspruch (§§ 985, 1007 BGB), ferner ggf. Ansprüche auf Schadensersatz aus §§ 823 ff. BGB, 117 AktG. Die Bereicherungshaftung gemäß §§ 812 ff. BGB wird durch § 62

---

[403] *Henze* in GroßkommAktG, § 57, Rn. 47; *Hueck* in Baumbach/Hueck, GmbHG, § 29 Rn. 70; *Bommert*, 33 ff.; *Tries*, 49 ff.

[404] So aber *Lutter*, FS Stiefel, 505, 528 f.; *Lutter* in KölnerKomm, AktG, § 57, 15 ff.

[405] *Henze* in GroßkommAktG, § 57, Rn. 73; *Canaris*, 31 ff.

[406] *Döllerer*, 46; *Michalski*, AG 1980, 261, 265; *Westermann* in Scholz, GmbHG, § 30 Rn. 28.

[407] Eine Haftung des Dritten könnte sich jedoch aus §§ 812, 138 BGB ergeben.

AktG verdrängt[408]. Die „verdeckte Gewinnausschüttung" ist nicht nichtig nach § 134 BGB, sondern es muss die gestörte Vermögenssituation wiederhergestellt werden[409]. Ein Beschluss der Hauptversammlung, der gegen das Verbot einer „verdeckten Gewinnausschüttung" verstößt, ist nach § 241 Nr. 3 AktG nichtig[410].

(2) Haftung der Geschäftsführer

Vorstandsmitglieder haften nach § 93 Abs.3 Ziff. 1 AktG, wenn durch die Geschäftsführungsmaßnahme entgegen den §§ 57, 58 AktG Gesellschaftsvermögen an Aktionäre ausgekehrt wurde. Ein weiterer Schadensersatzanspruch ergibt sich aus den Grundsätzen des Missbrauchs der Vertretungsmacht. Danach müssen die Geschäftsleiter jedoch bewusst zum Nachteil der Gesellschaft Vermögensverlagerungen vorgenommen haben[411].

2. Verdeckte Vermögensverlagerungen im GmbH-Recht

a) Anwendung der Kapitalerhaltungsvorschriften auf verdeckte Vermögensverlagerungen

Die Rechtslage in der GmbH ist eine andere als im Aktienrecht. Verantwortlich für die Kapitalerhaltung ist § 30 GmbHG. Der Schutz des Gesellschaftsvermögens ist durch diese Regelung, wie bereits dargelegt[412], nicht so weitreichend wie derjenige durch die §§ 57, 58 AktG[413]. Denn im Unterschied zur AG ist das Kapital nicht „total" geschützt, sondern lediglich bis zur Höhe der Stammkapitalziffer gebunden. Auszahlungen an die Gesellschafter sind erst und auch nur insoweit verboten, wie sie zu einer Unterbilanz oder Überschuldung führen oder diese weiter vertiefen würden[414]. Genau wie das Ausschüttungsverbot nach §§ 57, 58 AktG ist die Bestimmung des § 30 GmbHG zwingend und streng auszulegen. D.h., dass auch hier jede Umgehung unter das Verbot fällt. Der Zweck der Kapitalerhaltung des § 30 GmbHG muss auf jeden Fall gewahrt bleiben[415].

---

408 *Hüffer*, AktG, § 62 Rn. 10; *Joost*, ZHR 1985, 426, 435; *Bommert*, 83 ff.
409 *Flume*, § 8 IV 2 c; *Wilhelm*, FS für Flume II, 384.
410 *Zöllner* in KölnerKomm, AktG, § 241, 120 ff.
411 *K. Schmidt*, Gesellschaftsrecht, § 10 II 2; *Bommert*, 132 ff.
412 S.o. S. 800.
413 Westermann in Scholz, GmbHG, § 30 Rn. 5 f.
414 *Lutter/Hommelhoff*, GmbHG, § 30 Rn. 28.
415 BGH, Urt. v. 26.11.1979 – II ZR 104/77, BGHZ 75, 335 f.; BGH, Urt. v. 21.9.1981 – II ZR 104/80, BGHZ 81, 315.

b) Rechtsfolgen einer verdeckten Vermögensverlagerung

Bei einem Verstoß gegen § 30 GmbHG hat der Empfänger die Leistungen zurückzugewähren. Genau wie § 62 AktG wendet sich dieser Anspruch nur gegen Gesellschafter. Von dritten Zuwendungsempfängern kann die Gesellschaft keine Erstattung verlangen[416]. Weiterhin gibt es einen Schadensersatzanspruch der Gesellschaft gegen die Geschäftsführer nach § 43 GmbHG.

IV. Die verdeckte Vermögensverlagerung in der französischen Rechtsordnung

1. Die Regeln der Kapitalerhaltung und die „dividende fictif"

Wie bereits dargelegt, ist das französische Kapitalerhaltungsregime dem deutschen sehr ähnlich[417]. Es stellt sich also die Frage, ob verdeckte Vermögensverlagerungen, wie im deutschen Recht, als ein Problem der Gewinnausschüttung gesehen werden.

Art. L. 232-12 al. 3 C.com. erscheint dabei für den deutschen Juristen beim ersten Blick als des Rätsels Lösung. Danach ist eine unter Verstoß gegen die Art. L. 232-11, 232-12 al. 2 C.com. vorgenommene Gewinnausschüttung wie oben dargelegt als *dividende fictif* unwirksam[418]. Werden im französischen Recht die verdeckten Vermögensverlagerungen also explizit in den Vorschriften der Kapitalerhaltung angesprochen?

Nach h.M. kommen die Art. L. 232-11 ff. C.com. jedoch nur für Ausschüttungen „*à titre de dividende*" zur Anwendung[419]. D.h. die Vorschriften regeln nur Gewinnausschüttungen, die auch als solche bezeichnet werden[420]. Die Regelung der *dividends fictifs* wird nicht zur rechtlichen Lösung verdeckter Vermögensverlagerungen herangezogen[421].

Zu untersuchen bleibt folglich, wie das französische Recht durch andere Institute versucht, den Schutz des Gesellschaftsvermögens vor verdeckten Vermögensverlagerungen zu erreichen.

---

416 *BGH*, Urt. v. 20.9.1982 – II ZR 268/81, WM 1982, 1402.
417 S.o. S.81.
418 *Roblot*, 983.
419 *Sousi*, 202; *Vidal*, 36.
420 Also vergleichbar mit den offenen Gewinnausschüttungen im dt. Recht.
421 *Ullrich*, 27.

2. Schutz des Gesellschaftsvermögens vor verdeckten Vermögensverlagerungen

a) Das Prinzip der „spécialité" als Schranke für verdeckte Vermögensverlagerungen

(1) Das Prinzip der „spécialité légale"

Das Verbot der Auskehrung von Gesellschaftsvermögen außerhalb einer regulären Gewinnverteilung wird in Frankreich aus dem Grundsatz der *spécialité légale* hergeleitet.

Im Gegensatz zum deutschen Recht bedarf es für eine Trennung des Gesellschaftsvermögens vom privaten Vermögen der Gesellschafter eines anderen Rechtsträgers[422]. Die *société* wird als eine autonome, mit eigenem Vermögen (*patrimoine*) ausgestattete, juristische Person verstanden[423]. Im deutschen Recht bedarf es zur Gründung einer Gesellschaft nicht notwendigerweise einer solchen Bildung von Gesellschaftsvermögen[424].

Die *société* besitzt Rechtsfähigkeit[425] und setzt nach der Definition des Art. L. 1832 C.civ. zwingend eine Gewinnerzielungsabsicht voraus[426]. Mithin wird die *société* weitgehend mit der *personne morale*, also der juristischen Person, gleichgesetzt[427]. Somit gilt für alle *sociétés*, dass ihr Vermögen strikt unabhängig von dem der Gesellschafter verwaltet werden muss. Nach dem Grundsatz der *spécialité légale* ist die *société*, obwohl sie als *personne morale* der natürlichen Person nachgebildet ist, nur partiell geschäftsfähig. D.h. sie handelt *ultra vires*, wenn sie nicht zu Gewinnerzielungszwecken tätig wird.

Aus der französischen Grundkonzeption der *société* auf der Basis der *spécialité légale* folgt, dass den Gesellschaftern keine Einflussnahme auf die Verwaltung dieses Vermögens gestattet werden kann[428]. Aus dieser vermögensrechtlichen Autonomie folgt wiederum, dass zumindest unent-

---

422 *Cozian/Viandier,Deboissy*, Rn. 318; *Roblot*, 668, 681; im dt. Recht kann das „Gesellschaftsvermögen" rechtlich auch der Gesamthand zugeordnet werden, § 718 BGB.

423 *Weill*, 306. Die Gründung einer *„société"* setzt laut Art. 1832 C.civ. einen Vertrag voraus, in dem die Gründungsmitglieder übereinkommen, einem gemeinsamen Unternehmen Vermögensgegenstände zu widmen.

424 So reicht für die Entstehung einer BGB-Gesellschaft nach § 705 BGB ein auf die Erreichung eines gemeinsamen Zwecks gerichteter Vertrag.

425 *Sonnenberger/Autexier*, 192.

426 *Ripert*, 53.

427 *Cozian/Viandier,Deboissy*, Rn. 220 ff., 240 f.; *Mercadal/Janin/Charvériat/Couret*, Rn. 1, 41. Eine Ausnahme stellt die SP dar, die nach Art. 1871 C.civ. keine Rechtsfähigkeit besitzt, vgl. *Saintourens*, 25.

428 *Guyon*, Juriscl.Soc., fasc. 27 E-2, 52.

geltliche Vermögensauskehrungen grundsätzlich verboten sind. Durch diesen Grundsatz sind die Gesellschafter und die Gesellschaftsorgane gebunden[429].

Die *société* kann dementsprechend nicht schenken, also nicht mit *animus donandi* handeln. Geschäfte, die ohne Gewinnerzielungsabsicht vorgenommen worden sind und damit den Grundsatz der *spécialité* verletzen, sind unwirksam[430].

Ausnahmsweise können jedoch dann unentgeltliche Vermögensauskehrungen zulässig sein, wenn sie dem gesellschaftsrechtlichen Erwerbszweck dienen. So dürfen z.B. bescheidene Geschenke an die Aktionäre einer Gesellschaft geleistet werden, um sie zum Besuch der Hauptversammlung zu bewegen[431].

Fraglich ist aber, ob auch ungleichgewichtige Austauschverträge, wie z.B. ein Kauf unter/über Preis, aufgrund der *spécialité légale* unzulässig sind. Ausschlaggebend für die Beurteilung, ob eine Vermögensauskehrung zulässig ist, ist die Beantwortung der Frage, ob diese Zuwendung noch mit dem Gesellschaftsinteresse vereinbar ist. Im Einzelnen ist die Bewertung, ob eine Handlung der Gesellschaft innerhalb oder außerhalb ihres Geschäftskreises liegt, schwer zu beantworten. Deshalb hat der französische Gesetzgeber die Beurteilung der Zulässigkeit bestimmter Vermögensverlagerungen, die zugunsten der Gesellschafter erfolgen, besonderen Regeln unterworfen (s. sogleich (2) - e)). Das Prinzip der *spécialité légale* wird aus diesem Grund nur noch hilfsweise herangezogen[432].

(2) Das Prinzip der „spécialité statutaire"

Zum Prinzip der *spécialité légale* tritt der Grundsatz der *spécialité statutaire.* Danach muss das Gesellschaftsvermögen in der von der Satzung vorgesehenen Weise verwandt werden[433].

Durch den Grundsatz der *spécialité* ist also die Vertretungsmacht der Gesellschaftsorgane festgelegt.

---

429 *Chaput*, Juriscl.Soc., fasc. 9-2, 31; *Contin/Hovasse*, 197; *Guyon*, Juriscl.Soc., fasc. 27 E-2, 18.

430 *Grua*, 70 ff.; *Guyon*, Rn. 188.

431 *Mercadal/Janin/Charvériat/Couret*, Rn. 1850.

432 *Ullrich*, 44.

433 *Paillusseau*, 166, 171. Bei den Personengesellschaften erstreckt sich die Vertretungsmacht auf alle vom Geschäftsgegenstand der Gesellschaft (*objet social*) gedeckten Geschäfte; bei den Kapitalgesellschaften besteht die Vertretungsmacht aufgrund gesetzlicher Fiktion auch für solche Geschäfte, die außerhalb des Geschäftsgegenstands liegen. Dies gilt aber dann nicht, wenn der Geschäftspartner die eingeschränkte Vertretungsmacht kannte oder hätte erkennen können (s. Artt. L. 223-18 al. 5, 225-35 al. 2, 225-51 al. 3, 225-64 al. 2 C.com.). Diese Einschränkung erfolgte aufgrund der Publizitätsrichtlinie. Dennoch besitzen alle in den Statuten vorgesehenen Beschränkungen Innenwirkung, *Sonnenberger/Autexier*, 190 f.

Wie aber auch im englischen Recht[434] wird in die Satzung häufig eine Art Generalklausel aufgenommen, die den Gesellschaftsgegenstand für unvorhergesehene Fälle ausweitet. Somit hat die Geschäftsleitung in der Praxis einen sehr weiten Beurteilungsspielraum, welche Art von Geschäft noch unter den Gesellschaftsgegenstand fällt. Daher lässt sich eine Verletzung der *spécialité statutaire* selten nachweisen und ist für die Kapitalerhaltung sowie für den Gläubigerschutz im Fall einer verdeckten Vermögensverlagerung nicht weiter hilfreich. Unentgeltliche Vermögensauskehrungen dürften jedoch in der Regel der Satzung widersprechen[435].

(3) Rechtsfolgen bei Verletzung des Spezialitätsprinzips

Ist es der Gesellschaft möglich, nachzuweisen, dass eine Vermögenszuwendung mit dem Gesellschaftsinteresse nicht vereinbar ist, ist das Rechtsgeschäft unwirksam (*nul*).

b) Verbot des Abschlusses von Kredit- und Sicherungsgeschäften

Das französische Gesellschaftsrecht hat die Vergabe von Krediten und Sicherheiten, die erfahrungsgemäß den Spezialitätsgrundsatz immer wieder verletzen, gesondert gesetzlich geregelt. Für eine Kreditvergabe an Dritte ist eine Entscheidung der Geschäftsleitung nicht ausreichend. Vielmehr bedarf es einer Erlaubnis des Verwaltungsrats (*conseil d`administration*) bzw. des Aufsichtsrats (*conseil de surveillance*)[436].

Im Recht der SA ist gemäß der Artt. L. 225-43, 225-91 C.com. eine Kreditvergabe oder eine Sicherheitsbestellung zugunsten von Geschäftsleitungsmitgliedern verboten. Als Adressaten dieses Verbots sind auch den Geschäftsleitern nahestehende Dritte betroffen[437].

Das Recht der SARL geht noch einen Schritt weiter, indem es nach Art. L. 223-21 C.com. nicht nur die Kreditvergabe und die Sicherheitsbestellung zugunsten der Geschäftsleiter, sondern auch zugunsten der Gesellschafter verbietet.

---

434 S. die „*object clause*" im „*memorandum of association*"; sec. 2 subs. 1 lit. c CA 1985.
435 *Ullrich*, 47; s.u. S. 1155.
436 Verwaltungs- bzw. Aufsichtsrat: Artt. L. 225-35 al. 4, 225-68 al. 2 C.com.
437 Artt. L. 225-43 al. 3, 225-91 al. 3 C.com.

c) Rechtsfolgen bei Verstoß gegen das Verbot der Sicherungs- und Darlehensgewährung

Gemäß der Artt. L. 223-21, 225-43, 225-91 C.com. führen Verletzungen der hierin ausgesprochenen Verbote zur Unwirksamkeit (*nullité*), des Rechtsgeschäfts. Die Unwirksamkeit wird gerichtlich festgestellt[438].

Im Ergebnis ist damit das französische Recht strenger als das deutsche. Dieses verbietet lediglich im Rahmen der Regelungen der verdeckten Gewinnausschüttungen die Gewährung von Krediten und Sicherheitsbestellungen, die nicht zu banküblichen Zinsen erfolgen[439]. Jedoch muss festgestellt werden, dass das französische Recht nicht einheitlich ausgestaltet ist. Das Verbot richtet sich sowohl im SA- als auch im SARL-Recht nur gegen natürliche Personen. Darüber hinaus sind bei der SA nur die Geschäftsleitungsmitglieder und nicht auch die Aktionäre vom Verbot betroffen, es sei denn diese können als Mittelsmänner (*personne interposée*) angesehen werden[440].

d) Verhinderung verdeckter Vermögensverlagerungen durch Kontrolle der Geschäfte, die zwischen der Gesellschaft und den Gesellschaftern erfolgen

Gemäß der Artt. L. 223-19, 225-38 ff., 225-87 C.com. sind Verträge, soweit sie geeignet sind, Vermögensverlagerungen zu verdecken und dadurch das Prinzip der *spécialité légale* zu verletzen, offenlegungspflichtig. Solche Verträge zwischen der Gesellschaft und ihren Mitgliedern müssen aus Gründen der Publizität und der Transparenz dem Rechnungsprüfer (*commissaire aux comptes*) vorgelegt werden. Dieser muss einen detaillierten Bericht der Haupt- bzw. Gesellschafterversammlung vorlegen. Inhalt dieses Berichts sind alle wesentlichen Einzelheiten, wie Vertragspartner, Art und Gegenstand des Geschäfts und wesentliche Vertragsbedingungen[441]. Sinn und Zweck dieser Regelung ist, dass die Geschäfte, die zwischen der Gesellschaft und ihren Mitgliedern stattfinden, einer Kontrolle unterzogen werden. Diese Kontrolle gebietet zum einen das Gebot der Gleichbehandlung aller Gesellschafter, zum anderen der Gläubigerschutz; denn durch die Überprüfung soll die vermögensrechtliche Integrität der Gesellschaft gegenüber ihren Gesellschaftern gewahrt bleiben.

---

438 *Weill*, 393.
439 *Lutter* in KölnerKomm, AktG, § 57, 75; *Bommert*, 37 f.
440 Artt. L. 225-43 al. 3, 225-91 al. 2 C.com.
441 *Pontavice/Dupichot*, 722-5.

Nach Artt. L. 223-20, 225-39, 225-87 C.com. sind jedoch laufende Geschäftsvorgänge (*opération courantes*), die zu üblichen Bedingungen abgeschlossen wurden, von dem Kontrollverfahren ausgeschlossen.

Fraglich ist jedoch, welche Geschäfte unter die *opérations courantes* fallen und unter welchen Umständen sie als *distribution déguisée de bénéfices* klassifiziert werden können. Ob ein Rechtsgeschäft zu den laufenden Geschäften gehört, bestimmt sich danach, ob es sich im Rahmen des gewöhnlichen Geschäftsbetriebes hält und sich in einem bestimmten Rhythmus wiederholt[442]. Zusätzlich müssen die Geschäfte „*societatis causa*" erfolgt sein. Die Zuwendung muss also durch das Gesellschaftsverhältnis bedingt sein. Dies wird vor allem dann angenommen, wenn ein Geschäftsleiter diese Vermögensauskehrung auch einem Außenstehenden nicht hätte gewähren können, ohne gegen die gebotene Sorgfalt zu verstoßen. Von der Kontrolle sind also nur die so genannten Verkehrsgeschäfte ausgenommen, die zu üblichen Bedingungen abgeschlossen wurden[443]. Als Vergleichsmaßstab, ob ein Geschäft zu normalen Bedingungen abgeschlossen wurde, wird, wie auch im deutschen Recht, ein mit einem außenstehenden Dritten geschlossenes Geschäft herangezogen[444].

Ein Geschäft zu üblichen Bedingungen liegt dann vor, wenn den Gesellschaftern keine günstigeren Bedingungen eingeräumt werden als den meistbegünstigten Kunden[445]. Als objektiver Maßstab kann hier der Marktpreis herangezogen werden[446]. Entspricht das vorgenommene Geschäft zwischen Gesellschaft und Gesellschafter diesen Kriterien nicht, so wird vermutet, dass dem beteiligten Gesellschafter ein Sondervorteil verschafft wurde, der im Widerspruch zum Gesellschaftsinteresse steht[447]. Ein solches Geschäft unterfällt somit dem Kontrollverfahren. Steht in Zweifel, ob ein Rechtsgeschäft eine „*opération courante à conditions normales*" darstellt oder nicht, so entscheiden die Gerichte anhand von objektiven Maßstäben[448]. Die Gesellschafter müssen ihre Rechtsgeschäfte mit der Gesellschaft selbständig dem Kontrollverfahren unterwerfen. Ein Versäumnis geht zu Lasten des Gesellschafters. Damit soll der Gesellschafter angehalten werden, in Zweifelsfällen seine geschäftlichen Tätigkeiten offenzulegen[449].

---

442 *Hémard/Terré/Mabilat*, 1026; *Parléani*, 112. Zu der Frage wann ein unübliches Geschäft i.S.d. französischen Steuerrechts vorliegt, *Lefebvre/Pöllath/Rädler*, Rn. 1352 ff.

443 *Hémard/Terré/Mabilat*, 1025; *Parléani*, 125 ff.

444 *Guyon*, Rn. 425; *Mercadal/Janin/Charvériat/Couret*, Rn. 1383.

445 *Hémard/Terré/Mabilat*, 1026.

446 *Parléani*, 114.

447 *Contin*, 551 ff.; *Grua*, 9; *Parléani*, 228.

448 *Guyon*, Rn. 425.

449 *Germain*, Juriscl.Soc., fasc. 130-5, 68; *Hémard/Terré/Mabilat*, 1028.

(1) Das Kontrollverfahren in der SA

Das Kontrollverfahren wird in den Artt. L. 225-38, 225-86 C.com. geregelt. Danach fallen unter das Verfahren zur Offenlegung und Kontrolle, genau wie auch unter das Verbot der Kredit- und Sicherheitsbestellung, nur die Mitglieder der Geschäftsleitung sowie Mehrheitsgesellschafter, die mindestens 10% der Stimmrechte auf sich vereinigen. Alle anderen Aktionäre sind ausgenommen. Eine Haftung wird nur in dem Fall ausgeschlossen, in dem ein formal und materiell rechtmäßiger Beschluss der Hauptversammlung ergangen ist. Wird durch das kontrollierte Rechtsgeschäft gegen die *spécialité légale* verstoßen, so können auch einstimmige Beschlüsse diese nicht wirksam werden lassen. D.h. im Endeffekt, dass die Hauptversammlung zwar aufgerufen ist, über das Rechtsgeschäft ein Votum abzugeben, ein Beschluss eine effektiv eingetretene Vermögensverlagerung jedoch nicht legitimieren bzw. heilen kann. Er ist missbräuchlich und kann jederzeit für unwirksam erklärt werden.

(2) Rechtsfolgen in der SA

Gemäß Artt. L. 225-41 al. 2, 225-87 al. 2 C.com. haftet der begünstigte Geschäftsleiter bei jeder Vermögensverlagerung auf Schadensersatz. Haftbar können auch andere Mitglieder der Geschäftsleitung gemacht werden, wenn sie das durchgeführte Rechtsgeschäft pflichtwidrig erlaubt haben. Die Höhe des Schadensersatzes bemisst sich bei Austauschgeschäften, die nicht zu üblichen Bedingungen geschlossen wurden, aus der Differenz zwischen der normalen und der tatsächlich erlangten Gegenleistung[450].

Rechtsgeschäfte, die ohne Erlaubnis des *conseil* (Geschäftsleitung bzw. Aufsichtsrat) getätigt worden sind und für die Gesellschaft nachteilige Folgen haben, können annulliert werden. Diese Annullierung wird in der Regel nur dann vorgenommen, wenn der Gesellschaft ein Schaden entstanden ist und dieser Schaden nicht durch die Haftung der Gesellschafter nach Artt. L. 225-41 al. 2, 225-87 al. 2 C.com. ausgeglichen werden kann[451]. Bei Verträgen, die noch nicht durchgeführt worden sind, kann die Erfüllung verweigert werden[452].

---

450 *Guyon*, Rn. 423.

451 *Mercadal/Janin/Charvériat/Couret*, Rn. 1395.

452 *Hémard/Terré/Mabilat*, 1041; *Guyon*, Rn. 423.

(3) Das Kontrollverfahren in der SARL

Im Gegensatz zur SA wird im Recht der SARL, wie auch schon bei dem Verbot der Kredit- und Sicherheitsgewährung nach Art. L. 223-19 C.com., jegliches Geschäft, unabhängig davon, ob der Geschäftsleiter oder ein Gesellschafter Vertragspartner ist, dem Kontrollverfahren unterzogen. Der Schutzbereich des Art. L. 223-19 C.com. ist also erheblich weiter als der der Artt. L. 225-38, 225-86 C.com.

(4) Rechtsfolgen bei der SARL

Der Geschäftsführer und der Gesellschafter haften nach Art. L. 223-19 al. 3 C.com. gesamtschuldnerisch auf Schadensersatz, wenn der Gesellschaft ein Schaden entstanden ist und zwar unabhängig davon, ob sie selbst hätten erkennen können, dass der Gesellschaft durch das Geschäft ein Vermögensschaden entsteht[453].

e) Verantwortlichkeit der Geschäftsleiter bei verdeckten Vermögensauskehrungen an die Gesellschafter

(1) Der Straftatbestand des „abus des biens et du crédit"

Zum Schutze des Gesellschaftsvermögens vor verdeckten Vermögensverlagerungen und somit auch zu Gunsten der Gesellschaftsgläubiger finden sich im französischen Gesellschaftsrecht Strafvorschriften, die ungerechtfertigte Auskehrungen aus dem Gesellschaftsvermögen verhindern sollen[454]. Gemäß der Artt. L. 241-3 al. 4, 242-6 al. 3 C.com. machen sich Geschäftsleitungsmitglieder strafbar, wenn sie gegen das Gesellschaftsinteresse verstoßen und somit das Gesellschaftsvermögen entgegen den Regeln der üblichen Geschäftsführung verwaltet haben.

Ein solcher Missbrauch des Gesellschaftsvermögens ist dann gegeben, wenn ein sorgfältiger und gewissenhafter Geschäftsleiter es einem solchen Risiko nicht ausgesetzt hätte. Folglich sind damit Leistungen aus dem Gesellschaftsvermögen gemeint, die dem Gesellschaftsinteresse entgegenstehen, also das Prinzip der *spécialité* verletzen[455]. Im Ergebnis unterfallen dem objektiven Tatbestand des *abus des biens et du crédit* nur ausgeglichene Austauschgeschäfte nicht. Weiterhin verlangt der Tatbestand, dass der Geschäftsleiter die Maßnahme in seinem eigenen Interesse getroffen hat. Da-

[453] *Guyon*, Rn. 423.
[454] *Jeandidier*, Juriscl.Soc., fasc. 132-B, 16; *Sousi*, RTD com. 1972, 297, 312 f.
[455] *Contin*, 555; *Guyon*, Juriscl.Soc., fasc. 27-E-2, 32, 34; *Sousi*, RTD com. 1972, 297, 312 f.

bei genügt aber auch schon die Zuwendung an Dritte, wenn der Geschäftsleiter davon indirekt profitiert[456]. Auf der subjektiven Seite des Tatbestands ist es nach h.M. nicht nötig, dass eine Schädigungsabsicht dem Geschäftsleiter nachgewiesen wird. Ausreichend ist, dass er wusste, bzw. hätte wissen müssen, dass die Verwendung des Gesellschaftsvermögens nicht dem Gesellschaftsinteresse entspricht[457]. Darüber hinaus kann ein regulärer Gesellschafter- oder Hauptversammlungsbeschluss nicht als Entlastung des Geschäftsleiters vorgebracht werden, Artt. L. 223-22, 225-253 C.com.

(2) Rechtsfolgen eines „abus des biens et du crédit"

Bei einem *abus des biens et du crédit* kann gegen die Geschäftsführer sowohl eine Geld- als auch eine Freiheitsstrafe (€ 375.000, 5 Jahre) gemäß Artt. L. 241-3 al. 1, 242-6 al. 1 C.com. verhängt werden.

Durch die Haftung der Geschäftsleiter nach dem Straftatbestand der *abus des biens et du crédit* werden somit Sachverhalte erfasst, die weitgehend im deutschen Recht mit dem Instrument der „verdeckten Gewinnausschüttung" vergleichbar sind. Wie auch im deutschen Recht wird die Zulässigkeit einer Geschäftsführungsmaßnahme nach dem objektiven Maßstab des gewissenhaften und ordentlichen Geschäftsleiters beurteilt.

V. Die verdeckte Vermögensverlagerung in der englischen Rechtsordnung

1. Anwendbarkeit der gesetzlichen Regelungen der Kapitalerhaltung

Für das englische Recht stellt sich ebenfalls die Frage, ob verdeckte Vermögensverlagerungen unter den Wortlaut der gesetzlichen Ausschüttungsverbote fallen, also unter die secs. 263, 264 CA 1985. Nach dem Wortlaut der sec. 263 subs. 2 CA 1985 umfasst der Begriff *„distribution"* im Sinne des Gesetzes jegliche Art von Ausschüttung des Gesellschaftsvermögens an ihre Mitglieder, egal ob in bar oder auf andere Art und Weise[458]. Dem Wortlaut nach könnten also auch verdeckte Vermögensverlagerungen hierunter fallen. Denkbar wäre somit eine Haftung der Gesellschafter nach sec. 277 subs. 1 CA 1985 im Falle von verdeckten Vermögensverlagerungen. In den bisherigen Urteilen der englischen Rechtsprechung zur Problematik von verdeckten Vermögensverlagerungen wird eine solche

[456] *Hémard/Terré/Mabilat*, Bd. 2, 1274 ; *Jeandidier*, Juriscl.Soc., fasc. 132-B, 29 f.
[457] *Hémard/Terré/Mabilat*, Bd. 2, 1274 ; *Jeandidier*, Juriscl.Soc., fasc. 132-B, 48.
[458] Sec. 263 (2) CA 1985: „*..."distribution" means every description of a company's assets to its members, whether in cash or otherwise...*"

Haftung aber nicht diskutiert. In der Literatur wird dies in jüngster Zeit jedoch vermehrt angedacht[459].

Nach dem englischen Rechtsverständnis handelt es sich bei den Vorschriften in *Part VIII* des CA 1985 („*Distribution of profits and assets*": secs. 263 ff. CA 1985) im eigentlichen Sinne um Rechnungslegungsvorschriften. Die Regelungen sollen, ähnlich wie im französischen Recht, nur für Ausschüttungen gelten, die als „offene" Dividende an die Gesellschafter erfolgen und auch als solche deklariert werden. Damit der Wortlaut der gesetzlichen Regelung durch die Rechtsprechung nicht überdehnt wird, fordert die *Company Law Review Steering Group*, die Reformvorschläge für das Gesellschaftsrecht ausarbeitet, dass die Definition des Begriffs „*distribution*" in sec. 263 subs. 2 CA 1985 geändert wird. Danach sollen Ausschüttungen im Sinne des Gesetzes nur solche sein, die an die Gesellschafter in ihrer Eigenschaft als solche erfolgen[460]. Die Lösung von Fällen verdeckter Vermögensverlagerungen soll im *Common Law*[461] und nicht im *Statutory Law*[462] gefunden werden[463]. Im Folgenden sollen diese Lösungsansätze dargestellt und untersucht werden.

2. Die Grundsätze des „Common Law"

In England versteht man eine Gesellschaft grundsätzlich als eine Art Instrument zur Vermögensmehrung der Anteilseigner[464]. Sie dient in erster Linie also den Interessen der Gesellschafter[465]. Trotzdem wurde die Notwendigkeit einer *capital maintenance doctrine* aus Gründen des Gläubigerschutzes frühzeitig erkannt. Im für die Kapitalerhaltung grund-

---

459 *Davies*, 282 f.; *Fleischer*, DStR 2000, 1016.

460 *Company Law Review Steering Group, Company Formation and Capital Maintenance*, Rn. 3.66.: „*We propose to add to the definition that a distribution for the purpose of this part [sec. 263 ff.] of the legislation will be a distribution of assets to members in their capacity as members.*"

461 Richterrecht.

462 Gesetzesrecht.

463 *Company Law Review Steering Group, Company Formation and Capital Maintenance*, Rn. 3.66.

464 *Mayson/French/Ryan*, Rn. 10.1: "*…the whole purpose of putting capital into a company is that the company will use the capital to make profits to be distributed among the members.*"; *Sealy*, 179: "*It seems to have been accepted practically without question until only a decade or two ago that the sole purpose of any company was to make the greatest possible profits for its shareholders.*"

465 Hierbei handelt es sich um eine Sichtweise, die auch in anderen Nationen in den Vordergrund gerückt ist. Erwähnt sei nur die Diskussion des Shareholder -value-Gedankens in der Finanzwissenschaft.

legenden *„Flitcroft's Case"* betonte der *„Master of the Rolls"*, Sir George Jessel[466]:

"The creditor has no debtor but that impalable thing the corporation, which has no property except the assets of the business. The creditor, therefore, I may say, gives credit to that capital, gives credit to the company on faith of the representation that the capital shall be applied only for the purposes of the business, and he has therefore a right to say that the corporation shall keep its capital and not return it to the shareholders...It follows then that if directors who are quasi trustees for the company improperly pay away the assets to the shareholders, they are liable to replace them.[467]"

Die Möglichkeit einer Vermögensauskehrung durch eine verdeckte Vermögensverlagerung hat sich jedoch erst sehr langsam in der englischen Rechtswissenschaft entwickelt und ist bis heute nicht besonders ausgeprägt[468]. Der Grund liegt in der liberalen Einstellung der englischen Rechtsprechung gegenüber wirtschaftlichen Entscheidungen innerhalb der Gesellschaft[469]. In erster Linie sei das gesamte Gesellschaftsvermögen als Betriebskapital gedacht und nicht als Fonds für die Gesellschaftsgläubiger[470]. Aus dem Fehlen von Kapitalerhaltungsvorschriften im Gesetz wurde der Schluss gezogen, dass es Absicht des Gesetzgebers gewesen sei, die Zahlung von Dividenden und somit auch von Vermögensverlagerungen in das Ermessen der *directors* zu stellen.

So findet sich in der Entscheidung *Lee v. Neuchatel Asphalte Co.*[471], die die durch die *Flitcroft's* Entscheidung begründete *capital maintenance doctrine* aufweichte, folgender Standpunkt:

„That is a business matter left to businessmen. If they think their prospects of success are considerable, so long as they pay their creditors, there is no reason why they should not go on and divide profits, so far as I can see, although every shilling of the capital may be lost."

Andererseits war aber auch im englischen Recht seit jeher anerkannt, dass Eigentümer des Gesellschaftsvermögens nur die Gesellschaft ist. Sie ist

---

466 *Re Exchange Banking Co., Flitcroft's Case* (1882) 21 ChD 519,533, 534; s.o. S. 70.

467 *„Der Gesellschaftsgläubiger hat keinen anderen Schuldner als die nicht fassbare Korporation. Diese hat kein anderes Vermögen als ihr Gesellschaftsvermögen. Der Gläubiger gewährt daher Kredit in dem Glauben, dass das in der Satzung angegebene Kapital nur für Geschäftszwecke verwendet wird. Er hat deshalb das Recht zu sagen, dass das Kapital erhalten bleiben und nicht den Gesellschaftern zurückgewährt werden soll...Aus all dem folgt, dass die Directors als „Quasi-Trustees" der Gesellschaft das nicht ordnungsgemäß an die Gesellschafter ausgeschüttete Vermögen zu ersetzen haben."*; *Bödecker*, 36.

468 *Bödecker*, 59.

469 *Bödecker*, 11 f.

470 *Jones/Bellringer*, 51; *Mayson/French/Ryan*, Rn. 10.5.2. Dies gilt natürlich auch in Deutschland und in Frankreich: *Lutter*, International Encyclopedia, 150; *Guyon*, Rn. 110; *Saintourens*, 36.

471 *Richter Lindley L.J. in Lee v. Neuchatel Asphalte Co.* (1889) 41 Ch.D. 1 (22); s.o. S. 71.

eben nicht „*trustee*“ desselben[472]. So urteilte die Rechtsprechung im Fall Hutton v. W. Cork Ry im Jahre 1883, dass „*charity cannot sit at the board-room table*“ und „*there are to be no cakes and ale except for the benefit of the company*'“[473]. Dies bedeutet im Ergebnis aber auch, dass an die Gesellschafter keine *cakes* und kein *ale*[474] durch verdeckte Vermögensverlagerungen gelangen dürfen.

Es wurde erkannt, dass es, außer der Vermögensauskehrung in Form einer Dividende, viele Wege für die Gesellschaftsmitglieder gibt, Zuwendungen von der Gesellschaft gewährt zu bekommen[475]. Im Jahre 1895 führte bereits der *Court of Appeal* in einem Urteil, welches den Fall eines *directors* betraf, der £ 3.500 aus dem Gesellschaftsvermögen für die Renovierung seines Privathauses benutzte, aus[476]:

> „*The shareholders...can, if they think proper, remunerate directors for their trouble or make presents to them for their services out of assets properly divisible amongst the shareholders themselves...But to make presents out of profits is one thing and to make them out of capital or out of money borrowed by the company is a very different matter. Such money cannot be lawfully divided amongst the shareholders themselves, nor can it be given away by them for nothing to their directors so as to bind the company in its corporate capacity.*"

Aus diesem Grund betonte die Rechtsprechung im Jahre 1930 in der Entscheidung *Hill v. Permanent Trustee Co. of New South Wales Ltd.*, dass eine Gesellschaft ihren Gesellschaftern gegenüber nur Gewinne ausschütten kann. Dies sei auch dann nicht anders zu beurteilen, wenn man den Gesellschaftern verschaffte Vorteile anders benenne. So seien durch die Gesellschaft gewährte Geschenke an ihre Gesellschafter wie ausgeschüttete Gewinne zu behandeln[477].

---

472 *Belmont Finance Corpn Ltd v. Williams Furniture Ltd (No. 2)* [1980] 1 All ER 393, 405, CA.

473 *Hutton v. W. Cork Ry* (1883) 23 Ch.D. 654, 673.

474 *Kuchen und Bier*. Der Ausspruch stammt vom im englischen Recht berühmten Richter *Lord Justice Bowen* und ging als sog. „*cake and ale*“ Rechtsprechung in die Annalen ein.

475 *Sealy*, 416; *Mayson/French/Ryan*, Rn. 10.1.

476 *Re George Newman and Co.* [1895] 1 Ch 674, 686; so z.B. auch *Brady v. Brady* [1989] AC 755, [1988] 2 All ER 617: "...*the integrity of a company's assets, except to the extent allowed by its constitution, must be preserved for the benefit of all those who are interested in them, most pertinently its creditors.*"

477 *Hill v Permanent Trustee Co. of New South Wales Ltd* [1930] AC 720, 731: "...*[A payment of a company to its shareholders] can only be made by way of dividing profits. Whether the payment is called „dividend" or „bonus", or any other name, it still remains a payment on division of profits.*"

a) Die „ultra vires doctrine"

Nach dem *ultra vires* Grundsatz im englischen Gesellschaftsrecht sind Rechtsgeschäfte einer Gesellschaft, die nicht durch den Unternehmensgegenstand gedeckt sind, wie in Frankreich nach dem Prinzip der *spécialité*, unwirksam[478]. Geschäfte, die gegen diesen Grundsatz verstoßen, können ferner nicht durch einstimmigen Beschluss der Gesellschafter geheilt werden[479]. Die einzelnen Gesellschafter besitzen daher die Möglichkeit, ein Rechtsgeschäft der Gesellschaft, welches bei Durchführung gegen den Unternehmensgegenstand verstoßen würde, durch eine gerichtliche Anordnung zu unterbinden[480].

Lange Zeit wurde die *ultra vires doctrine* aus diesem Grund als schärfste Waffe gegen verdeckte Vermögensverlagerungen im englischen Recht angewendet und galt als entscheidender Lösungsansatz bei der Bewältigung zahlreicher Fälle, denen eine verdeckte Vermögensverlagerung zugrunde lag[481]. Zum besseren Verständnis sollen daher die wichtigsten in chronologischer Reihenfolge kurz dargestellt werden:

Im Jahre 1964 hatte die englische Rechtsprechung in dem Fall *Ridge Securities*[482] folgenden Fall zu entscheiden:

Vereinfacht dargestellt verkaufte eine Tochtergesellschaft, die nicht über verteilbare Gewinne verfügte, ihrer Muttergesellschaft eine Reihe von unterschiedlichen Vermögensgegenständen. Der Kaufpreis, den die Muttergesellschaft hierfür zahlte, lag weit unter dem Marktwert des Erworbenen. Zusätzlich bewilligte die Tochtergesellschaft ohne ausreichenden rechtlichen Grund Schuldverschreibungen, in denen sie sich verpflichtete, hohe Summen, angebliche Zinszahlungen, an die Mutter zu zahlen.

Das Gericht beurteilte im Ergebnis zum einen den Verkauf der Vermögensgegenstände als einen *sale at a gross under-value* und zum anderen die Zinszahlungen als so genannte *dressed up gifts*[483]. Um zu diesem Ergebnis zu gelangen, beurteilte das Gericht die einzelnen Geschäftsvorfälle anhand objektiver Kriterien. So führte es in seiner Entscheidung aus:

"*It seems to me* [Master of the Rolls Lord Denning] *that, when there is a sale at a gross under-value by one associated company to another, the commissioners are entitled to find that it is not a transaction made in the course of trade. Whoever would suppose that any trader in his right senses would enter into transactions of this kind, that he would*

---

478 *Sealy*, 147; zur Entwicklung der *ultra vires doctrine*, *Poole*, Comp.Law. 1991, 43 ff.

479 *Ashbury Rly Carriage and Iron Co. Ltd. v. Riche* (1875) LR 7 HL 653.

480 Sec. 35 subs. 2 CA 1985; *Sealy*, 150.

481 *Sealy*, 415.

482 *Ridge Securities Ltd. v. Inland Revenue Commissioners* [1964] 1 All ER 275 ff.

483 *Ridge Securities Ltd. v. Inland Revenue Commissioners* [1964] 1 All ER 275, 283.

sell at a gross under-value, were it not that he had in mind some benefit out of making a loss? It is just on a par with a case where a company gives money away[484].

No doubt where one finds an arm's length sale..., these transactions are to be treated as in the course of the trade of a dealer; but where, as here, the transactions as planned from their inception include a transaction which is not in accordance with the normal usage of the trade – i.e., a sale at much less than the market value - ...the commissioners are, I think [Lord Guest], *fully justified in treating the transactions as a whole as not being in the course of trade.*[485]"

In dem Verkauf sah man eine Verletzung der *ultra vires doctrine*. Die Transaktion wurde deshalb für unwirksam erklärt und die Muttergesellschaft hatte die empfangenen Leistungen zurückzugewähren[486].

Die Rechtsprechung folgte kurz darauf in ihrem Urteil *Re Halt Garage* der Entscheidung *Ridge Securities*[487]. Folgender Sachverhalt lag dem Urteil zugrunde:

Eine Gesellschaft zahlte einer erkrankten Direktorin, die zugleich Gesellschafterin war, weiterhin ein Geschäftsführergehalt, obwohl diese keine aktive Rolle mehr im Geschäftsbetrieb übernahm. Zu dem Zeitpunkt der Auszahlungen fehlte es der Gesellschaft an ausschüttungsfähigem Gesellschaftsvermögen. Der Liquidator forderte schließlich in der Insolvenz des Unternehmens die „ungerechtfertigten" Leistungen an die Gesellschaft zurück.

Das Gericht betonte in seinem Urteil, dass es gelte, das wahre Motiv für die Vermögensauskehrungen festzustellen[488]. Gehaltszahlungen an *directors* seien auch dann durch den Gesellschaftsgegenstand gedeckt, wenn die

---

484 *Ridge Securities Ltd. v. Inland Revenue Commissioners* [1964] 1 All ER 275, 283; „*Bei einem Verkauf zu einem Preis, der weit unterhalb des wahren Werts liegt, handelt es sich nicht um einen Geschäftsvorfall im Rahmen eines normalen Unternehmensbetriebs. Wer würde annehmen, dass ein vernünftig denkender Händler ein solches Geschäft tätigen würde, hätte er nicht das Ziel aus dem Verlust einen Gewinn für die Gesellschaft zu erzielen? Vielmehr lässt sich der Fall mit dem Umstand vergleichen, dass die Gesellschaft Geld verschenkt.*"

485 *Ridge Securities Ltd. v. Inland Revenue Commissioners* [1964] 1 All ER 275, 285 f.; „*Wo es sich um einen Kauf oder Verkauf an Dritte (at an arm's length) handelt, erfolgen diese Geschäfte zweifellos im normalen Unternehmensbetrieb. Aber wenn es sich, wie hier, nicht um ein normales Geschäft handelt, sondern um einen Verkauf weit unter Marktwert, dann kann dieses Geschäft nicht als im gewöhnlichen Unternehmensbetrieb erfolgt gelten.*"

486 *Ridge Securities Ltd. v. Inland Revenue Commissioners* [1964] 1 All ER 275, 288: "*A company can only lawfully deal with its assets in furtherance of its objects. The corporators may take assets out of the company by way of dividend or, with leave of the court, by way of reduction of capital, or in a winding up...They cannot take assets out of the company by way of voluntary disposition, however described, and, if they attempt to do so, the disposition is ultra vires the company.*"

487 *Re Halt Garage (1964) Ltd.* [1982] 3 All ER 1016 ff.

488 *Re Halt Garage (1964) Ltd.* [1982] 3 All ER 1039: „*The motive is more important than the label.*"

Gesellschaft keine verteilbaren Gewinne besitze. Somit hätte die Gesellschaft nicht *ultra vires* gehandelt als sie Gehälter an die kranke Direktorin auszahlte. Auch eine großzügige Gehaltszahlung stelle noch keine verdeckte Vermögensverlagerung dar. Zur Beantwortung der Frage, wann jedoch eine solche jedoch gegeben sei, stellte das Gericht auf objektive Kriterien ab, da eine Absicht dahingehend, dass an den Gewinnausschüttungsregelungen vorbei Vermögen verdeckt an die Gesellschafterin ausgeschüttet werden solle, in der Regel nicht nachweisbar sei[489].

Nach Ansicht des Gerichts sei eine verdeckte Vermögensverlagerung vielmehr dann gegeben, wenn die gewöhnliche Grenze für ein Geschäftsführergehalt ganz offensichtlich überschritten sei und es an einem verteilbaren Gewinn in dieser Höhe fehle[490]. Im vorliegenden Fall standen die Gehälter laut Gericht in einem so krassen Missverhältnis zu den Leistungen der kranken Direktorin, dass sie nicht als *genuine*, sondern als *dressed up dividends* zu behandeln seien[491].

Im Fall *Aveling Barford*[492] war die Frage zu beurteilen, ob im Falle einer verdeckten Vermögenslagerung die Rechtsfigur des *constructive trustee* anwendbar sei. Durch Anwendung der durch das *Common Law* entwickelten Haftungsfigur des *constructive trustee* auf verdeckte Vermögensverlagerungen sollten außenstehende Dritte herangezogen werden können, denen der Vermögensvorteil direkt zugekommen ist, während indirekt ein Gesellschafter, der mit dieser dritten Person in einem Lager steht, von diesem Vorteil profitierte.

Eine Person macht sich danach als *constructive trustee* einer Gesellschaft gegenüber schadensersatzpflichtig, wenn sie:

- Gesellschaftsvermögen erhält und weiß, dass dies eine Verletzung treuhänderischer Pflichten (*fiduciary duties*) durch den *director* darstellt (*knowing receipt*) oder
- zwar nicht unmittelbar Gesellschaftsvermögen erhält, aber mit Wissen um die Pflichtverletzung und die betrügerische Absicht (*dishonest and fraudulent design*) den *director* in seinen Handlungen unterstützt (*knowing assistance*)[493].

---

[489] *Re Halt Garage (1964) Ltd.* [1982] 3 All ER 1016, 1042, 1044.
[490] *Re Halt Garage (1964) Ltd.* [1982] 3 All ER 1016, 1039, 1041.
[491] *Re Halt Garage (1964) Ltd.* [1982] 3 All ER 1016, 1042.
[492] *Aveling Barford Ltd. v. Perion Ltd.* [1989] BCLC 626 Ch.D.
[493] Zu den Grundsätzen des „*constructive trustee*": *Belmont Finance Corpn Ltd v. Williams Furniture Ltd (No 2)* [1980] 1 All ER 393, CA.

Dem Sachverhalt der Entscheidung *Aveling Barford* lagen zwei Gesellschaften, die von dem selben Alleingesellschafter geführt wurden, zugrunde. Aveling Barford Ltd. verkaufte an Perion Ltd., obwohl sie keine auszuschüttenden Gewinne besaß, einen Sportplatz, der zu einem Wohngebiet erklärt wurde, weit unter seinem eigentlichen Marktwert. Der Kauf wurde von dem alleinigen Gesellschafter beider Gesellschaften genehmigt. Die Aveling Barford Ltd. wurde insolvent und verlangte von Perion Ltd. Schadensersatz. In Frage kam eine Haftung der Perion Ltd. als „*constructive trustee*".

Das Gericht stellte in seiner Entscheidung fest, dass der Verkauf durch den Gesellschaftsgeschäftsführer eine Verletzung seiner fiduziarischen Pflichten, insbesondere der *bona fide* Pflicht, darstelle. Hierbei handelt es sich um eine Treuepflicht aus dem *equity law*. Ein *director* muss redlich, (*honestly*), in gutem Glauben (*in good faith*) und im besten Interesse der Gesellschaft handeln[494]. Da der alleinige Gesellschafter-Geschäftsführer über alle Fakten informiert war, die zu einem Verkauf unter Marktwert führten, sie sogar selbst bestimmte, verletzte er seine fiduziarischen Pflichten gegenüber der Aveling Barford Ltd.[495].

Eine Verletzung der Pflichten des Geschäftsführers (*directors` duties*) kann im Regelfall geheilt werden. Es bestehen zwei Möglichkeiten:

- Zum einen können die Gesellschafter durch Beschluss die Pflichtverletzung heilen (*ratification of breaches of duty*), da die *fiduciary duties* gerade den Mitgliedern der Gesellschaft in ihrer Gesamtheit geschuldet werden[496].
- Zum anderen kann die Haftung der *directors* nach sec. 727 CA 1985 durch die Gerichte zum Teil oder ganz erlassen werden, wenn der Geschäftsführer *honestly and reasonable* gehandelt hat und sein Verhalten im Einzelfall entschuldigt werden kann (*ought fairly to be excused*). Bei einer solchen Heilung sind jedoch sowohl der Minderheitenschutz als auch der Gläubigerschutz zu beachten[497].

Da der alleinige Gesellschafter dem Verkauf zugestimmt hatte, könnte eine Heilung gegeben sein. Das Gericht machte die Heilung jedoch davon abhängig, ob keine weiteren gesetzlichen Bestimmungen der Heilung entgegenstehen:

---

494 *Triebel/Hodgson/Kellenter/Müller*, Rn. 726.
495 *Aveling Barford Ltd. v. Perion Ltd.* [1989] BCLC 626 Ch.D.
496 *Bamford v. Bamford* [1970] Ch 212, [1969] 1All ER 969 ff.; *Morse, Company Law*, 413; *Davies*, 644 f.
497 *Davies*, 646; *Wainman*, 275.

„But this rule [ratification of breaches of duty] is subject to exceptions created by the general law and one such exception is that a company cannot without the leave of the court or the adoption of a special procedure return its capital to its shareholders. It follows that a transaction which amounts to an unauthorised return of capital is ultra vires and cannot be validated by shareholder ratification or approval.“

Im Ergebnis urteilte das Gericht, dass, da die Gesellschaft keine verteilbaren Gewinne besaß, der Verkauf unter Marktwert *„ultra vires“* war. Dieser Verstoß konnte aus Gründen der Kapitalerhaltung auch nicht durch die Gesellschafter geheilt werden[498]. Daher musste die Perion Ltd. Schadensersatz an die Aveling Barford Ltd. leisten.

b) Der Untergang des „ultra vires" Grundsatzes und der Rückgriff auf die „directors' duties"

In der englischen Rechtsprechung wurde der Begriff *„ultra vires“* auch für Rechtsgeschäfte benutzt, die „nur“ ungesetzlich sind, nicht aber außerhalb des Unternehmensgegenstands liegen[499]. Dies geschah vor allem in Fällen, in denen die *capital maintenance doctrine* verletzt wurde[500]. In der Rechtsprechung wurde der *„ultra vires“* Begriff sehr weit gefasst und es wurden damit auch Rechtsgeschäfte der *directors* tituliert, die im eigentlichen Sinne eine Verletzung ihrer fiduziarischen Pflichten (*breach of fiduciary or directors' duties*) darstellten[501]. Dies geschah z.B. in den besprochenen Fällen *Ridge Securities* und *Aveling Barford*[502].

Problematisch ist vor allem die fortschreitende Aufweichung der *ultra vires doctrine* durch anfangs immer weiter gefasste Unternehmensgegenstandsklauseln (*objects clauses*)[503], die den Gesellschaftsgegenstand im Gesellschaftsvertrag (*memorandum of association*)[504] bezeichnen und später

---

[498] *Doran*, Comp.Law. 1991, 171 ff.; *Ferran*, Comp.Law. 1999, 322; Die Tatsache, dass Vermögen an eine dritte Gesellschaft und nicht an einen Gesellschafter der Aveling Barford Ltd. ausgekehrt wurde, wurde durch das Gericht nicht weiter problematisiert: *„The fact that the distribution was to Perion rather than to Dr Lee [Gesellschaftsgeschäftsführer] or its other entities which actually held the shares held in Aveling Barford is in my judgement irrelevant.“* Dieser Standpunkt wird in der Literatur als *„shaky“* kritisiert; *Sealy*, 416.

[499] *Bödecker*, 23.

[500] *Davies*, 203, 205; *International Sales and Agencies Ltd. v. Marcus* [1982] 3 All ER 551, [1982] 2 CMLR 46.

[501] *Davies*, 205.

[502] *Davies*, 205, Fn 18. Nicht jedoch *Re Halt Garage (1964) Ltd.* [1982] 3 All ER 1016 ff. und *Rolled Steel Products (Holdings) Ltd. v. British Steel Corp* [1986] Ch. 246, [1985] 3 All ER 52.

[503] *Sealy*, 148, 416.

[504] Sec. 2 (1) (c) CA 1985.

durch die weitgehende Abschaffung durch den CA 1989[505]. Es stellt sich die Frage wie in Zukunft die oben dargestellten Fälle entschieden werden sollen, wenn die Rechtsprechung nicht mehr auf die *ultra vires* Grundsätze zurückgreifen kann[506].

Die Grundsätze des *Aveling Barford* Falles wurden im Urteil *Barclays Bank plc. v. British & Commonwealth Holdings plc.* im Jahr 1996 bestätigt[507]. Von einer gefestigten Rechtsprechung kann aber noch nicht gesprochen werden.

Eine Antwort der englischen Rechtsprechung für den zukünftigen Umgang mit verdeckten Vermögensverlagerungen kann in dem Fall *Rolled Steel* gefunden werden[508]. In diesem Fall wurde der „lockere" Umgang mit dem „*ultra vires*"-Begriff durch das Gericht kritisiert. Danach sei zwischen Handlungen, die außerhalb der *capacity of the company* liegen und solchen, die einen *abuse of power* darstellen, wie z.B. die Verletzung fiduziarischer Pflichten, zu unterscheiden:

„Because the literal translation of the words [ultra vires] is „beyond the powers", there are many cases in which the words have been applied to transactions which, although within the capacity of the company, are carried out otherwise than through the correct exercise of the powers of the company by its officers.(...) the use of the phrase „ultra vires" should be restricted to those cases where the transaction is beyond the capacity of the company and therefore void."

Es ist also möglich, dass die englische Rechtswissenschaft in Zukunft verdeckte Vermögensverlagerungen mit den Grundsätzen des *breach of duties* bekämpfen wird, wie dies im Ansatz auch schon in der Entscheidung *Aveling Barford* geschehen ist, und nicht mehr mit der *ultra vires doctrine*[509]. Zusammenfassend lässt sich also festhalten:

Eine verdeckte Vermögensverlagerung und somit eine Haftung der *directors* liegt vor, wenn die Gesellschaft über kein verteilbares Vermögen nach den sec. 263, 264 CA 1985 verfügt und die Vermögensauskehrung eine fiduziarische Pflichtverletzung (*breach of fiduciary duties*) des „*directors*" darstellt. Diese lässt sich auch nicht durch einstimmige Zustimmung der Gesellschafter heilen. Dritte haften unter den Voraussetzungen der Rechtsfigur des „*constructive trustee*". Unter den gleichen Grundsätzen käme

---

505 S. die eingeführte sec. 35 CA 1985 durch den CA 1989. Diese Änderung wurde aufgrund von Art. 9 Publizitätsrichtlinie notwendig; *Hess*, 638 f.; *Lutter*, ZGR 2000, 3.

506 *Sealy*, 416.

507 *Barclays Bank plc v. British & Commonwealth Holdings plc* [1996] 1 BCLC 1 ff.

508 *Rolled Steel Products (Holdings) Ltd. v. British Steel Corp* [1986] Ch. 246, [1985] 3 All ER 52.

509 *Sealy*, 180, 416; *Clark*, Comp.Law. 1985, 160; *Micheler*, ZGR 2004, 328 f.

grundsätzlich auch eine Haftung der Gesellschafter in Betracht, die verdeckt Vermögen der Gesellschaft erlangt haben[510].

VI. Prinzipienbildung

In allen drei Rechtsordnungen finden sich ähnlich formulierte Gewinnausschüttungsregeln. Diese stellen die Grundlage für das System der Kapitalerhaltung dar.

Die verdeckte Vermögensverlagerung wird jedoch nur im deutschen Recht direkt unter die gesetzlichen Regeln der Kapitalerhaltung subsumiert. Dies verdeutlicht auch der Begriff „verdeckte Gewinnausschüttung".

Im englischen und französischen Recht ist der Anwendungsbereich der Kapitalerhaltungsvorschriften hingegen begrenzt. Diese erfassen nur „offene Vermögensausschüttungen". Die Kapitalerhaltungsregelungen werden, u.a. aufgrund von Auslegung und wegen ihrer systematischen Stellung im Gesetzestext, nur als Vorschriften des Rechnungswesens verstanden. Besonders deutlich wird dies in England: der Begriff „*distributions*" soll durch Gesetzesreform neu definiert werden, damit erst gar keine Zweifel in Bezug auf seine Auslegung aufkommen.

Verdeckte Vermögensverlagerungen werden in England und Frankreich aber durch andere Rechtsinstitute rechtlich geregelt.

In England und Frankreich ist die Geschäftsführungsbefugnis in der Gesellschaft beschränkt auf den Gesellschaftszweck. Aufgrund dieses Rechtsverständnisses ist es einleuchtend, dass man, ausgehend von dem Unternehmensgegenstand der Gesellschaft, versucht hat, verdeckte Vermögensverlagerungen zu begrenzen.

Zunächst versuchte man in Frankreich und England über den Gesellschaftsgegenstand und dem Prinzip der *spécialité* bzw. dem *ultra vires* Grundsatz dem Problem der verdeckten Vermögensverlagerung gerecht zu werden. Verdeckte Vermögensverlagerungen können nach dem Rechtsverständnis beider Rechtsordnungen zu keinem Zeitpunkt durch den Gesellschaftsgegenstand gedeckt sein.

Erst später verlagerte sich der Ansatzpunkt auf die Geschäftsführerpflichten. Danach stellen verdeckte Vermögensverlagerungen regelmäßig eine Pflichtverletzung der Geschäftsleiter gegenüber der Gesellschaft dar.

---

[510] Ansonsten blieben im engl. Recht nur noch die Grundsätze aus der insolvenzrechtlichen Krisenverschleppungshaftung, wie z.B. das „*fraudulent trading*" oder das „*wrongful trading*". Hierbei handelt es sich jedoch um Tatbestände, die erst dann eingreifen, wenn das Gesellschaftsvermögen verbraucht ist (sec. 213, 214 IA 1986). Sie gehören also nicht mehr zum Kapitalerhaltungsregime.

Ob eine solche gegeben ist, wird in der Regel nach objektiven Kriterien beurteilt. Als Vergleichsmaßstab wird ein Drittgeschäft eines ordentlichen Geschäftsführers herangezogen. Hierbei kommen sich die Rechtsordnungen wieder näher; denn nach den gleichen Prinzipien wird in Deutschland auch die „verdeckte Gewinnausschüttung" von einem Umsatzgeschäft abgegrenzt.

In Frankreich kommt zusätzlich ein Kontrollverfahren zum Zuge, nach dem Geschäfte mit der Gesellschaft offen zu legen sind. Der Bereich der Kreditgeschäfte ist explizit gesetzlich geregelt.

Es lassen sich daher folgende gemeinsame Prinzipien bilden:

Gesellschafter dürfen mit der Gesellschaft Umsatzgeschäfte abschließen.

Ferner beurteilen alle drei Rechtsordnungen verdeckte Vermögensverlagerungen nach den folgenden Grundsätzen:

Eine verdeckte Vermögensverlagerung ist unter folgenden Voraussetzungen gegeben:

- **Zu Lasten der Gesellschaft wird zwischen dieser und dem Gesellschafter ein unausgeglichenes Umsatzgeschäft getätigt.**
- **Die Minderung des Gesellschaftsvermögens ist durch das Gesellschaftsverhältnis veranlasst (causa societatis), d.h. es handelt sich nicht um ein ordnungsgemäßes Verkehrsgeschäft.**
- **Als objektiver Vergleichsmaßstab zur Beurteilung eines Umsatzgeschäftes dient ein Geschäft eines ordentlichen und gewissenhaften Geschäftsführers mit einem Dritten. Das Geschäft muss zu üblichen Bedingungen geschlossen worden sein. Allerdings verbleibt der Geschäftsführung ein Beurteilungsspielraum. Der Marktpreis ist hierbei nicht unbedingt ausschlaggebend.**

Ist eine verdeckte Vermögensverlagerung nach den oben genannten Kriterien gegeben, dann gilt:

Verdeckte Vermögensverlagerungen sind verboten, wenn das gebundene Gesellschaftsvermögen durch sie angegriffen wird.

Anmerkung: Verdeckte Vermögensverlagerungen sind aus Gründen des Gläubigerschutzes, der klaren Trennung des Gesellschaftsvermögens vom Privatvermögen der Gesellschafter, aber auch aus dem Gebot der Gleichbehandlung der einzelnen Gesellschafter, grundsätzlich verboten. Zur Problemlösung der verdeckten Vermögensverlagerung werden unterschiedliche Lösungsansätze in den einzelnen Rechtsordnungen vertreten, die vor allem in dem Verständnis des Umfangs der Rechtsfähigkeit der Gesellschaft begründet liegen. Im deutschen Recht ist die Kapitalgesellschaft als juristische Person in vollem Umfang rechtsfähig. Sie ist nicht auf einen bestimmten Geschäftsgegenstand begrenzt. Deshalb werden verdeckte Vermögensverlagerungen im Rahmen der Gewinnverteilungsvorschriften rechtlich gewürdigt. Nach englischem und französischem Verständnis ist eine verdeckte Vermögensverlagerung nach der ***spécialité légale*** bzw. nach der ***ultra vires doctrine*** nicht durch den Unternehmensgegenstand gedeckt. Danach sind Vermögensauskehrungen, die nicht dem Gesellschaftsinteresse entsprechen, unwirksam. Dies gilt unabhängig davon, ob der Empfänger der Leistung Gesellschafter ist oder nicht. Die Gewinnverteilungsregeln gelten hier nur für offene Vermögensverlagerungen. Verdeckte Vermögensverlagerungen können, wenn durch sie das gebundene Gesellschaftsvermögen nicht betroffen ist, rechtmäßig sein, da durch den Grundsatz der Kapitalerhaltung im allgemeinen nur das zur Erhaltung des Gesellschaftskapitals erforderliche Vermögen gesichert wird.

Verdeckte Vermögensverlagerungen an dem Gesellschafter nahestehende Dritte, fallen als Umgehungen ebenfalls unter das Verbot einer verdeckten Vermögensverlagerung.

Kommt es dennoch zu einer verdeckten Vermögensverlagerung, so gilt in allen drei Rechtsordnungen folgendes Prinzip:

(1) **Eine verdeckte Vermögensverlagerungen ist vom Gesellschafter, der diese empfangen hat, zurückzugewähren.**

(2) **Geschäftsführer sind bei einem Verstoß gegen das Verbot der verdeckten Vermögensverlagerung verpflichtet, den entstandenen Schaden zu ersetzen.**

C. Die gesetzliche Gewinnrücklage

I. Definition

Die gesetzliche Gewinnrücklage ist, wie bereits der Name verdeutlicht, keine im Gesellschaftsvertrag vereinbarte oder auf andere Art und Weise freiwillig gebildete Rücklage. Sie stellt vielmehr eine aufgrund zwingender gesetzlicher Anordnung aus dem Ergebnis der Gesellschaft zu bildende Rücklage dar und wird im deutschen Recht in der Regel als „gesetzliche Rücklage" und in Frankreich als „*réserve légale*" bezeichnet[511]. Zu beachten ist jedoch, dass darüber hinaus in allen Rechtsordnungen weitere gesetzlich vorgeschriebene Rücklagen existieren[512]. Um eine Verwechslungsgefahr im Rahmen einer funktionalen Rechtsvergleichung zu vermeiden, soll daher im Rahmen der Untersuchung von der „gesetzlichen *Gewinn*rücklage" gesprochen werden.

Die gesetzliche Gewinnrücklage ist rechtlich vom Gesellschaftskapital zu trennen. Sie bindet zwar, wie sogleich dargestellt wird, das Gesellschaftsvermögen ebenso wie das Gesellschaftskapital[513], im Gegensatz zum Gesellschaftskapital wird sie jedoch nicht durch Einlagen der Gesellschafter[514], sondern aus zurückbehaltenen Gewinnen der Gesellschaft gebildet. Die gesetzliche Gewinnrücklage kann insoweit als eine dem Gesellschaftskapital „verwandte Erscheinung" verstanden werden[515], die den Grundsatz der Kapitalerhaltung und damit den Schutz des durch das Gesellschaftskapital gebundenen Gesellschaftsvermögens erweitert[516]. Sie wird daher auch zum Eigenkapital der Gesellschaft gerechnet[517].

Daraus folgt als gemeinsames Prinzip:

---

511 Deutschland: Münch. Hdb. GesR IV-*Hoffmann-Becking*, § 43 Rn 2; *Eisenhardt*, Rn. 496; Frankreich: *Cozian/Viandier/Deboissy*, Rn. 416; *Gibirila*, Rn. 76-1 f.; *Mercadal/Janin/Charvériat/Couret*, Rn. 25103; *Merle*, Rn. 547.

512 Zu nennen sind die folgenden gesetzlichen Rücklagen, die später in den jeweiligen Kapiteln dargestellt werden sollen: Agio: Kapitalrücklage, *share premium account, compte de réserve, revaluation reserve*; Eigene Anteile: Rücklage für eigene Anteile, *capital redemption reserve, réserve spéciale*.

513 S.u. S. 1344.

514 Eine Ausnahme besteht im Bereich eines vereinnahmten Agios, welches in eine Kapitalrücklage eingestellt werden muss. Das Agio stellt eine zusätzliche Einlage der Gesellschafter dar und wird dennoch nicht auf das Kapital der Gesellschaft geleistet, s.u. S. 1433. Die Höhe dieser Kapitalrücklage wird anders als im frz. Recht bei der Ermittlung der bestehenden Auffüllungspflicht der gesetzlichen Gewinnrücklage mit in Rechnung genommen, § 150 Abs. 3 AktG.

515 „*Annexe du capital social*", *Lutter*, Kapital, 469, 476.

516 *Ripert/Roblot/Germain*, Rn. 1331.

517 Deutschland: *K. Schmidt*, Gesellschaftsrecht, § 29 IV 2d) bb); Frankreich: *Cozian/Viandier/Deboissy*, Rn. 1003.

Die gesetzliche Gewinnrücklage erhöht nicht das Nominalkapital der Gesellschaft. Der in die Gewinnrücklage eingestellte Betrag wird aber zum Eigenkapital der Gesellschaft gerechnet.

II. Passivierung der gesetzlichen Gewinnrücklage

Die gesetzliche Gewinnrücklage ist ebenso wie das Gesellschaftskapital eine bloße Rechnungsziffer auf der Passivseite der Bilanz. Sie unterwirft dadurch einen zusätzlichen rechnerischen Teil des Gesellschaftsvermögens besonderen Regelungen[518]. Bildlich gesprochen stellt das Gesellschaftskapital, wie bereits beschrieben, als Passivposten in der Bilanz eine Art „Staumauer" für zulässige Ausschüttungen aus dem Gesellschaftsvermögen dar[519]. Die gesetzliche Gewinnrücklage stockt diese „Staumauer" weiter auf und bindet dadurch zusätzliches Gesellschaftsvermögen[520].

Es lässt sich folgendes allgemeine Prinzip bilden:

Die gesetzliche Gewinnrücklage bildet einen Passivposten in der Bilanz der Gesellschaft.

III. Sinn und Zweck

Die gesetzliche Gewinnrücklage fungiert dadurch, dass sie ebenso wie das Gesellschaftskapital passiviert wird, als eine Art „Pufferzone" oberhalb des Gesellschaftskapitals. Ihre Aufgabe ist es, etwaige Verluste nicht sofort auf das Kapital durchschlagen zu lassen, sondern über den rechnerischen Fonds der gesetzlichen Gewinnrücklage aufzufangen und zu absorbieren[521]. Sie kann daher auch nicht durch einen Gesellschafterbeschluss aufgelöst werden. Bildlich spricht man aus diesem Grund auch von einer „vorgeschobenen elastischen Verteidigungslinie" des Gesellschaftskapitals[522]. Die gesetzliche Gewinnrücklage ist insoweit als ein präventiver zusätzlicher Schutz des durch das Gesellschaftskapital gebundenen Gesellschaftsvermögens zu verstehen[523].

---

518 Deutschland: *K. Schmidt*, Gesellschaftsrecht, § 29 IV 2; *Wilhelm*, ZHR 1995, 457 ff.; Frankreich: *Gibirila*, Rn. 77; *Ripert/Roblot/Germain*, Rn. 1889; England: Part I sec. B Sch 4 CA 1985.

519 S.o. S. 49.

520 *Hirte*, Rn. 645; *Würdinger*, 32.

521 Rechtsvergleichend: *Lutter*, Kapital, 469; Deutschland: *Kübler*, 210; Frankreich: *Mercadal/Janin/Charvériat/Couret*, Rn. 25108.

522 *Memento*, Gesellschaftsrecht, Rn. 3725.

523 Deutschland: Münch. Hdb. GesR IV-*Hoffmann-Becking*, § 43 Rn. 5 spricht von einem zusätzlichen gesetzlich vorgeschrieben Reservefonds der Gesellschaft. Frankreich: In der Literatur wird, wie auch beim Gesellschaftskapital von der „*gage des créanciers*", also einem Pfandrecht der

Es lässt sich folgendes allgemeine Prinzip bilden:

Die gesetzliche Rücklage dient einer über die Höhe der Kapitalziffer erweiterten Bindung des Gesellschaftsvermögens.

Die gesetzliche Gewinnrücklage kann nicht durch Gesellschafterbeschluss aufgelöst werden.

IV. Die Pflicht zur Bildung einer gesetzlichen Gewinnrücklage

1. Keine Harmonisierung auf europäischer Ebene

Die Kapitalrichtlinie schreibt die Bildung einer gesetzlichen Gewinnrücklage nicht vor, unterstellt diese, wenn sie nach nationalem Recht zu bilden ist, jedoch dem Schutz des allgemeinen Verbots der Kapitalausschüttung an die Gesellschafter[524]. Der *Vorschlag für eine Europäische Privatgesellschaft* sieht eine gesetzliche Gewinnrücklage nicht vor[525].

2. Koppelung mit einer Mindestkapitalaufbringungspflicht

Die Bildung einer Gewinnrücklage ist im englischen Recht für keine Gesellschaftsform gesetzlich vorgeschrieben[526]. Ebenso existiert in keiner der untersuchten Rechtsordnungen eine Verpflichtung zur Aufstellung einer gesetzlichen Gewinnrücklage, wenn – wie in den Personengesellschaften – von vornherein gar keine Kapitalbindung besteht[527]. Es steht den Gesellschaftern aller untersuchten Gesellschaftsformen jedoch frei, Rücklagen zur Absicherung des Gesellschaftsvermögens vertraglich zu vereinbaren[528].

Da die gesetzliche Gewinnrücklage dem englischen Recht gänzlich unbekannt ist, lässt sich auch kein gemeinsames Prinzip hinsichtlich der Existenz einer gesetzlichen Gewinnrücklage bilden. Im Folgenden sollen dennoch die Gemeinsamkeiten des deutschen und französischen Rechts dargestellt werden.

Aber auch bei Betrachtung dieser beiden Rechtsordnungen lässt sich ein gravierender Unterschied feststellen:

Gläubiger, gesprochen, *Merle*, Rn. 547, oder aber auch von einer schützenden Fettschicht: „*Les réserves constituent la »graisse« de la société*", *Cozian/Viandier/Deboissy*, Rn. 871.

524 Art. 15 Abs. 1 lit. a KapRiLi.

525 Zur EPG: *Boucourechliev/Hommelhoff*.

526 *Behrens*, GmbH, GB/NI/EI 48; *Bödecker*, 29; *Triebel/Hodgson/Kellenter/Müller*, Rn. 648.

527 Deutschland: Münch. Hdb. GesR I-*Gummert*, § 15 Rn. 28; Frankreich: *Gibirila*, Rn. 77.

528 *Bastian/Germain* in Jura Europae, 30.40·11.

So ist in Frankreich eine gesetzliche Gewinnrücklage für die SA, die SAS, die SCA und die SARL vorgeschrieben[529]. Diese gesetzliche Verpflichtung zur Bildung einer Gewinnrücklage wurde im Jahre 1925 in das französische Recht eingeführt[530] und besteht seitdem unverändert fort. De lege lata ist diese Verpflichtung in Art. L. 232-10 C.com. niedergelegt[531].

In Deutschland existiert die Pflicht zur Bildung einer Gewinnrücklage jedoch nur für die AG und die KGaA, nicht aber für die GmbH[532].

Gesetzliche Gewinnrücklagen existieren in Frankreich und in Deutschland also allenfalls bei Gesellschaften, in denen das Kapital gebunden ist. Hierbei handelt es sich jedoch nicht um eine zwingende Symbiose. Es existiert kein Kriterium, welches zwingend die Pflicht zur Bildung einer gesetzlichen Gewinnrücklage zur Folge hat. Ob eine gesetzliche Gewinnrücklage zu bilden ist, richtet sich daher allein nach dem Willen des nationalen Gesetzgebers.

So muss bei der deutschen GmbH, ebenso wie in England bei der *private* und *public company*, aber im Gegensatz zur SARL, keine gesetzliche Gewinnrücklage gebildet werden[533].

Auch eine gesetzlich vorgeschriebene Mindestkapitalaufbringungspflicht bedeutet nicht, dass von einer solchen Gesellschaft zusätzlich eine gesetzliche Gewinnrücklage gebildet werden muss. Dies wird durch die GmbH aber auch durch die englische *public limited company* belegt.

Fraglich ist hingegen, ob aber umgekehrt die Existenz einer gesetzlichen Gewinnrücklage von einer Mindestkapitalaufbringungspflicht abhängig ist. Hiergegen würde die Regelung der SARL sprechen, denn bei dieser Gesellschaftsform ist, trotz der Abschaffung der Mindestkapitalaufbringungspflicht, eine gesetzliche Gewinnrücklage zu bilden. Es handelt sich hierbei um die einzige derartige Ausnahme. Die SARL könnte jedoch als „Ausreißer" des Grundsatzes zu werten sein, dass zwingende Voraussetzung einer gesetzlichen Gewinnrücklage zumindest die Existenz einer Mindestkapitalaufbringungspflicht ist.

So fällt gerade bei der Betrachtung der SARL und auch der *private limited company* auf, dass eine gesetzliche Gewinnrücklage überhaupt nur dann den Schutz der Gläubiger einer Gesellschaft sinnvoll ergänzt, wenn die Gesellschaft ein gesetzlich vorgeschriebenes Mindestkapital aufzubringen hat.

---

529 Art. L. 232-10 C.com.; *Constantin*, 45; *Ripert/Roblot/Germain*, Rn. 1331.

530 Art. 33 L. 1925; *Ripert/Roblot/Germain*, Rn. 1331.

531 *Mercadal/Janin/Charvériat/Couret*, Rn. 25103.

532 § 150 AktG; *Memento*, Gesellschaftsrecht, Rn. 3033; *K. Schmidt*, Gesellschaftsrecht, § 29 IV 2 d) bb).

533 *Lutter/Hommelhoff*, GmbHG, § 57d Rn. 3.

In der französischen Literatur wurde bereits vor der Abschaffung des Mindestkapitals für die SARL von gewichtigen Stimmen der Sinn und Zweck der gesetzlichen Gewinnrücklage angezweifelt. So wurde vorgeschlagen, dass, wenn der Gläubigerschutz verbessert werden solle, statt der gesetzlichen Verpflichtung zur Bildung einer Gewinnrücklage das Gesellschaftskapital für die einzelnen Gesellschaftsformen angehoben werden könne[534].

Durch die Abschaffung der Mindestkapitalaufbringungspflicht für die SARL gewinnt dieses Argument der Kritiker weiteres Gewicht; denn ist eine Mindestkapitalaufbringungspflicht nicht vorgeschrieben, wird eine gesetzlich vorgeschriebene Gewinnrücklage im Ergebnis gänzlich überflüssig[535]: So können die Gesellschafter einer SARL, wie auch bei einer *private limited company*, frei entscheiden, in welcher Höhe die Gesellschaft mit einem Gesellschaftskapital ausgestattet wird. Die Gesellschafter einer SARL werden bei dieser Entscheidung die Pflicht zur Bildung einer gesetzlichen Gewinnrücklage berücksichtigen und bei Gesellschaftsgründung bereits durch Festsetzung eines geringeren Gesellschaftskapitals reagieren. Aus diesem Grund wird von der französischen Literatur die fortbestehende gesetzliche Verpflichtung zur Bildung einer Gewinnrücklage auch kritisiert.

Diese hier angestellte Überlegung, dass für einen weitergehenden Gläubigerschutz durch eine gesetzliche Gewinnrücklage notwendigerweise eine Mindestkapitalaufbringungspflicht bestehen muss, kann darüber hinaus auch erklären warum sich in England eine gesetzliche Gewinnrücklage nie entwickelt hat, denn bis zur Umsetzung der Kapitalrichtlinie war der englischen Rechtsordnung die gesetzliche Festlegung eines Mindestkapitals gänzlich fremd. Die Entscheidung über die Höhe der Eigenkapitalausstattung einer Gesellschaft sollte nach dem Dafürhalten des englischen Gesetzgebers allein den Gesellschaftern überlassen bleiben.

Aus dem vorstehend Gesagten folgt, dass eine gesetzliche Gewinnrücklage überhaupt nur dann einen Sinn ergibt, wenn es den Gesellschaftern nicht frei überlassen ist, über die Höhe des Gesellschaftskapitals zu entscheiden.

Grund für die dennoch existierende Pflicht zur Bildung einer Gewinnrücklage bei der SARL könnte sein, dass bei der erst kürzlich vorgenommenen Abschaffung der Mindestkapitalisierung schlichtweg übersehen wurde, dass durch diesen Wegfall auch die gesetzliche Gewinnrücklage hinfällig geworden ist. Die SARL ist daher als systemwidrige Ausnahme zu sehen.

Daher lässt sich folgendes Prinzip aufstellen:

---

534 *Guyon*, Rn. 415; *Ripert/Roblot/Germain*, Rn. 1886.

535 Zum Zusammenhang zwischen Mindestkapital und gesetzlicher Gewinnrücklage auch *Lutter*, Kapital, 534.

Gesetzliche Gewinnrücklagen finden sich nur bei Gesellschaften, für deren Gründung ein Mindestkapital vorgeschrieben ist.

V. Bindung der gesetzlichen Gewinnrücklage

Die gesetzliche Gewinnrücklage bindet in ihrer Höhe zusätzlich zum Gesellschaftskapital das Vermögen der Gesellschaft[536]. Diese Bindung findet sich im französischen Recht in Art. 232-12 al. 3 C.com und im deutschen Recht in § 150 Abs. 3 AktG.

Solange die gesetzliche Gewinnrücklage nicht den zehnten Teil des Gesellschaftskapitals erreicht, darf sie nur zum Verlustausgleich verwendet werden[537].

Ausschüttungen an die Gesellschafter bleiben bei nicht vollständig eingestellter gesetzlicher Gewinnrücklage, anders als im Fall der fehlenden Deckung des Gesellschaftskapitals, jedoch weiterhin möglich, da nur 5% der Gesellschaftsgewinne einbehalten werden[538]. Im Vergleich zum Gesellschaftskapital handelt es sich bei der durch die gesetzliche Gewinnrücklage erzielten Bindung des Gesellschaftsvermögens somit nur um eine relative und nicht um eine absolute Bindung, da Ausschüttungen an die Gesellschafter auch bei noch nicht vollständig eingestellter Gewinnrücklage vorgenommen werden können.

Ausschüttungen, die das Gesellschaftsvermögen unter den Betrag der Summe des Gesellschaftskapitals und der gesetzlichen Gewinnrücklage absinken lassen bzw. weiter verringern, sind unzulässig.

Die gesetzliche Gewinnrücklage darf zum Ausgleich eines Verlusts verwendet werden, der das durch die Gesellschaftskapitalziffer gebundene Gesellschaftsvermögen reduzieren würde.

VI. Höhe der gesetzlichen Gewinnrücklage

Die gesetzliche Gewinnrücklage wird sowohl nach französischem als auch nach deutschem Recht aus mindestens einem Zwanzigstel des Gewinns des Geschäftsjahres abzüglich früherer Verluste gebildet. Wenn die Gewinnrücklage ein Zehntel des Gesellschaftskapitals erreicht hat, ist diese Zu-

---

536 Deutschland: *Kübler*, 182; Frankreich: *Guyon*, Rn. 415; *Merle*, Rn 547.

537 Deutschland: *Kübler*, 210; *Memento*, Gesellschaftsrecht, Rn. 3727; Frankreich: *Mercadal/Janin/Charvériat/Couret*, Rn. 25108; *Merle*, Rn. 547.

538 *Ommeslaghe/Ryn*, 5-81; *Lutter*, Kapital, 470 f.

weisung nicht mehr zwingend[539]. Wird zu einem späteren Zeitpunkt das Gesellschaftskapital weiter erhöht, so muss auch die gesetzliche Gewinnrücklage der Gesellschaft dem neuen Gesellschaftskapital angepasst werden[540]. Ferner trifft die Gesellschaft eine erneute Auffüllungspflicht, wenn die zuvor gebildete gesetzliche Gewinnrücklage nicht mehr durch das Gesellschaftsvermögen abgedeckt wird[541].

Daher lassen sich die folgenden allgemeinen Prinzipien bilden:

Die gesetzliche Gewinnrücklage ist aus Anteilen des Jahresgewinns zu bilden bis ein gewisser Prozentsatz, des Gesellschaftskapitals, erreicht ist. Sie ist grundsätzlich nicht aus zusätzlichen Einlagen der Gesellschafter zu bilden.

Anmerkung: Dass die gesetzliche Gewinnrücklage sowohl in Frankreich als auch in Deutschland durch Entnahmen in Höhe von mindestens 5 % aus dem jeweiligen Jahresüberschuss eines jeden Geschäftsjahres zu bilden ist, bis die Gewinnrücklage insgesamt 10 % des Gesellschaftskapitals beträgt, stellt wohl eine eher zufällige Gemeinsamkeit dar.

Sinkt das Gesellschaftsvermögen unter den Betrag der Summe des Gesellschaftskapitals und der gesetzlichen Gewinnrücklage, so ist die gesetzliche Gewinnrücklage erneut durch zurückzuhaltende Gewinne mit entsprechendem Gesellschaftsvermögen zu unterlegen.

VII. Rechtsfolgen einer Ausschüttung gebundenen Gesellschaftsvermögens

Nach Art. 232-12 al. 3 C.com. handelt es sich bei Ausschüttungen zu Lasten der gesetzlichen Gewinnrücklage wie auch beim Gesellschaftskapital um so genannte *dividendes fictifs*, die nach Art. L. 232-17 C.com. von den Gesellschaftern zurückzuzahlen sind[542].

Eine Ausschüttung, die zu Lasten der gesetzlichen Gewinnrücklage erfolgen würde, wird im deutschen Aktienrecht durch die Beschränkung der Ausschüttungsmöglichkeit auf den Bilanzgewinn vermieden. Bei der Er-

---

539 Deutschland: § 150 Abs. 2 AktG; *K. Schmidt*, Gesellschaftsrecht, § 29 I 1; Frankreich: Art. L. 232-10 al. 2, 3 C.com.; *Merle*, Rn. 547; *Ripert/Roblot/Germain*, Rn. 1886.

540 Deutschland: § 150 Abs. 2 AktG; Frankreich: *Merle*, Rn. 547; *Mercadal/Janin/Charvériat/Couret*, Rn. 25106.

541 *Lutter*, Kapital, 470 f.; *Gibirila*, Rn. 77; *Mercadal/Janin/Charvériat/Couret*, Rn. 25109.

542 *Merle*, Rn. 547, 550, 297; *Ripert/Roblot/Germain*, Rn. 1887, 1911.

mittlung des Bilanzgewinns ist die gesetzliche Gewinnrücklage als Passivposten entsprechend zu berücksichtigen[543].

Sowohl in Frankreich als auch in Deutschland ist daher jegliche Ausschüttung des durch die gesetzliche Gewinnrücklage gebundenen Gesellschaftsvermögens an die Gesellschafter unzulässig. Wird dieser Grundsatz verletzt, so greifen die gleichen Rechtsfolgen wie im Recht der Kapitalerhaltung bei Verletzung des allgemeinen Ausschüttungsverbots[544].

Ausschüttungen des durch die gesetzliche Gewinnrücklage gebundenen Gesellschaftsvermögens an die Gesellschafter sind unzulässig. Bei Verletzung dieses Grundsatzes greifen dieselben Regelungen, die auch für das durch die Gesellschaftskapitalziffer gebundene Gesellschaftsvermögen gelten.

543 §§ 57 Abs. 3, 58 AktG.

544 *Ommeslaghe/Ryn*, Rn. 5-81 m.w.N.; *Lutter*, Kapital, 471.

D. Das Agio

Ein Agio kann bei Gründung der Gesellschaft oder bei der Ausgabe von Gesellschaftsanteilen zum Zwecke der Kapitalerhöhung verlangt werden. In der Praxis wird ein Agio in der Regel bei Ausgabe von weiteren Gesellschaftsanteilen, also bei der Kapitalerhöhung, von den Neugesellschaftern verlangt[545].

In Frage steht, inwieweit in den untersuchten Rechtsordnungen durch eine Ausgabe der Gesellschaftsanteile mit einem Agio das System der Kapitalerhaltung durch eine zusätzliche Bindung des Agios verstärkt wird.

I. Definition

Der Preis, der bei Ausgabe eines Gesellschaftsanteils für diesen zu zahlen ist, muss nicht notwendigerweise dem Nominalwert des Anteils entsprechen. Differenziert werden muss zwischen dem Nominalwert und dem Marktwert eines Gesellschaftsanteils. So kann der Marktwert eines Gesellschaftsanteils um ein Vielfaches höher sein als der hierin verbriefte Anteil am Gesellschaftskapital[546]. Ist dies der Fall, so wird sich die Gesellschaft bei einer Ausgabe von Anteilen an diesem Marktwert orientieren und versuchen, einen höheren Ausgabepreis als den in den Anteilen verbrieften Nominalwert zu erzielen[547]. Eine Ausgabe zu einem Preis über dem Nominalwert wird als „Überpariemission" bezeichnet[548]. Bei einer Ausgabe von Gesellschafts-

---

545 *Lutter*, Kapital, 479; *Hüffer*, AktG, § 9 Rn. 8; *Heider* in MünchKomm, AktG, § 9 Rn. 34; *Ommeslaghe/Ryn*, Rn. 5-83; *Farrar/Hannigan*, 163. Ein Agio ist häufig auch bei der Fusion von Gesellschaften zu zahlen (im frz. Recht: „*prime de fusion*"; im engl. Recht: „*merger premium*"). In der frz. Literatur wird die *prime d'émission* regelmäßig nur bei einer Kapitalerhöhung diskutiert. Dennoch ist das Verlangen eines Aufgeldes auch bei Gründung der Gesellschaft möglich, jedoch in der Praxis nicht üblich, *Dasté*, 15, 31, *Mercadal/Janin/Charvériat/Couret*, Rn. 7129; *du Pontavice*, Bull. CNCC 1976.201; *Ripert/Roblot/Germain*, Rn. 1440.

546 In diesem Fall spricht man im engl. Recht von einem „*market premium*" bzw. „*share premium*"; im frz. Recht von einer „*prime d'emmision*".

547 Eine Ausgabe von Gesellschaftsanteilen über Nominalwert erfolgt im Besonderen dann, wenn das Kapital der Gesellschaft zu einem späteren Zeitpunkt erhöht wird. Die Differenz zwischen Nominalwert und dem Ausgabepreis dient dem Ausgleich zwischen den neu ausgegebenen Gesellschaftsanteilen und dem höheren Kurswert der alten Gesellschaftsanteile. *Farrar/Hannigan*, 164; *Morse*, *Company Law*, 123; *Raiser*, 63; *Dasté*, 30. Um Kapitalanleger zur Zeichnung neuer Anteile zu bewegen, ist der Ausgabepreis i.d.R. dennoch etwas niedriger als der aktuelle Marktpreis der Gesellschaftsanteile. Ansonsten könnten potentielle Anleger auch ohne Kapitalerhöhung auf dem regulären Markt bereits bestehende Gesellschaftsanteile erwerben. Werden Gesellschaftsanteile im Rahmen eines Bezugsrechtes den bereits existierenden Anteilseignern angeboten, so kann der Ausgabepreis auch deutlich unter dem Marktwert liegen; *Pennington*, 189; *Hirte*, Rn. 646; *Dasté*, 45.

548 Im engl. Recht: „*Issue of shares at a premium*"; Im frz. Recht: „*actions à prime*".

anteilen zu einem Preis über Pari wird die Differenz zwischen Ausgabepreis und dem eigentlichen Nominalwert des Gesellschaftsanteils als „Agio" bezeichnet[549].

Das zu leistende Agio muss als solches bei der Ausgabe von Gesellschaftsanteilen als höherer Ausgabebetrag vereinbart sein. Vom Agio zu unterscheiden sind freiwillige Zuzahlungen oder Zuschüsse, die durch die Anteilseigner gezahlt werden, ohne ausdrücklich vereinbart zu sein[550].

Der verlangte Ausgabepreis besteht folglich bei einer Überpariemission aus zwei Elementen: Zum einem aus dem Nominalwert bzw. Nennbetrag des erworbenen Gesellschaftsanteils und zum anderen aus dem „Agio", welches bildlich auch als „Aufgeld" bezeichnet wird.

II. Bilanzielle Sicherung des Agios durch Rücklageneinstellung

Die Bilanzrichtlinie[551] normiert europaweit in Art. 9 Passiva A. II., dass ein Agio zu passivieren ist.

Diese bilanzielle Sicherung wird im deutschen Recht durch die Rücklagenbestimmung des § 272 Abs. 2 Ziff. 1 HGB umgesetzt[552]. Das Aufgeld ist, wie auch das Gesellschaftskapital, Eigenkapital der Gesellschaft[553], ist aber nicht als Teil des Gesellschaftskapitals in die Bilanz einzustellen, sondern im Aktienrecht als gesonderte „Kapitalrücklage" gem. § 150 Abs. 2 AktG i.V.m. §§ 272 Abs. 2 Nr. 1 HGB auszuweisen und nach § 266 Abs. 3 A II HGB zu passivieren. Dies gilt nicht nur für Bareinlagen, sondern auch für Sacheinlagen[554]. Auch bei einer GmbH ist ein Agio nach § 272 Abs. 2 Nr. 1 HGB in die Kapitalrücklage einzustellen[555].

---

549 Deutschland: *ADS*, § 272 Rn. 90; England: *Pennington*, 189; Frankreich: *Coudin*, 31; *Jeantin*, 66; *Dasté*, 13.

550 *ADS*, § 272 Rn. 90 f.

551 Vierte Richtlinie 78/660/EWG vom 25. Juli 1978 aufgrund von Artikel 54 Absatz 3 Buchstabe g) des Vertrages über den Jahresabschluss von Gesellschaften bestimmter Rechtsformen (Bilanzrichtlinie bzw. Jahresabschlussrichtlinie), abgedr. in: ABl. EG Nr. L 222 vom 14.8.1978, 11 ff.; *Habersack*, Rn. 315; *Lutter*, Europäisches Unternehmensrecht, 147 ff.; *Palmer*, I.0061 ff.; *Schwarz*, Textsammlung, 4. Zur Bilanzrichtlinie s.a.: *Behrens* in Hachenburg, GmbHG, Einl. Rn. 216 ff.; *Schwarz*, Rn. 384 ff.; *Palmer*, Rn. 16.106 ff.; *Edwards*, 117 ff. Die Bilanzrichtlinie richtet sich gemäß Art. 1 Abs. 1 an Gesellschaften folgender Rechtsformen: Deutschland: AG, KGaA & GmbH; England: *public limited company & private limited company*; Frankreich: *société anonyme, société en commandite par actions, société à responsabilité limitée.*

552 *Memento*, Gesellschaftsrecht, Rn. 3724.

553 *Hirte*, Rn. 642.

554 *Brändel* in KölnerKomm, AktG, § 9 Rn 31.

555 *Hueck* in Baumbach/Hueck, GmbHG, § 3 Rn. 9, 32 ff.; *Ulmer* in Hachenburg, GmbHG, § 3 Rn. 78; *Westermann* in Scholz, GmbHG, § 5 Rn. 34.

Dass das Agio nicht in die Gewinnrücklagen eingestellt wird, beweist, dass auch im deutschen Recht das erzielte Aufgeld nicht als Gewinn des Unternehmens gewertet wird. Vielmehr sind die Gewinnrücklagen, die erst aus späteren Gewinnen gebildet werden, rechtlich von den Kapitalrücklagen zu trennen[556].

Auch im französischen Recht muss das Agio passiviert werden[557]. Im französischen Recht wird das Agio in ein *compte de réserve* bzw. eine *réserve spéciale* eingestellt[558].

Das Agio wird in England in das so genannte *share premium account* eingestellt, sec. 130 subs. 1 CA 1985[559]. Hierbei handelt es sich, wie in Deutschland und Frankreich, um eine zu passivierende Rücklage der Gesellschaft.

Es gelten somit folgende allgemeine Prinzipien:

Das Agio ist in der Bilanz in einer Rücklage zu passivieren.

Die zusätzliche Einlage eines Agios erfolgt nicht auf das Gesellschaftskapital. Das Agio wird aber zum Eigenkapital der Gesellschaft gerechnet.

III. Eingeschränkte Harmonisierung durch die Kapitalrichtlinie

Nach Art. 26 der Kapitalrichtlinie ist ein bei einer Kapitalerhöhung zu zahlender „Mehrbetrag“ (Agio) bei Zeichnung der Gesellschaftsanteile in voller Höhe zu leisten. Darüber hinaus erwähnt die Kapitalrichtlinie das Agio nur noch in Art. 10 Abs. 2 im Rahmen des zu erstellenden Sachverständigenberichts bei Nicht-Bareinlagen[560]. Hieraus lässt sich folgern, dass es den Mitgliedsländern gestattet ist, neben dem Nominalbetrag auch die Zahlung eines Agios bei der Ausgabe von Gesellschaftsanteilen zuzulassen[561].

Ob ein eingezahltes Agio aber derselben Bindung unterliegt wie das durch die Kapitalziffer gebundene Gesellschaftsvermögen, wird durch die Kapitalrichtlinie für die mitgliedstaatlichen Aktiengesellschaften nicht geregelt und bleibt der nationalen Gesetzgebung überlassen.

---

556 *Hirte*, Rn. 642 f.

557 Co., Art. L. 524-9; Art. L. 9 al. 1 Co. De 1807; *Ripert/Roblot/Germain*, Rn. 1871; *Jeantin*, 66; s.a. die Übersicht in *Bruck* 35, 53.

558 *Guyon*, Rn. 430; *Merle*, Rn. 555; *Ripert/Roblot/Germain*, Rn. 1614.

559 *Pennington*, 190.

560 Nach Art. 10 Abs. 2 KapRiLi muss die Nicht-Bareinlage (Sacheinlage) dem rechnerischen Wert und gegebenenfalls dem Mehrbetrag der dafür auszugebenden Aktien entsprechen.

561 *Drinkuth*, 152.

IV. Nationale Regelungen

In Deutschland ist die Zahlung eines Agios bei Ausgabe von Gesellschaftsanteilen grundsätzlich zulässig. Dies ergibt sich für die AG direkt aus § 9 Abs. 2 AktG. Dieser Regelung wird jedoch nur eine deklaratorische Bedeutung zugemessen, da die Zulässigkeit einer Anteilsausgabe mit einem Agio wegen ihrer gläubiger- und gesellschaftsbegünstigenden Wirkung eine Selbstverständlichkeit sei[562]. Für die GmbH existiert keine vergleichbare Vorschrift, jedoch ist auch hier die Vereinbarung der Zahlung eines Agios allgemein anerkannt[563].

Auch das englische *company law* kennt nach sec. 130 CA 1985 die Möglichkeit der Festsetzung eines *share premiums* (Agio)[564].

Ebenso ist die Möglichkeit der Ausgabe von Gesellschaftsanteilen mit einem Agio in Frankreich niemals fraglich gewesen[565]. Gesetzlich festgelegt wurde das Agio-Recht durch das Gesetz vom 4. März 1943, welches den Anteilszeichner einer Aktiengesellschaft verpflichtete, das Aufgeld sofort und vollständig einzuzahlen. Eine gesetzliche Regelung findet sich in den Artt. L. 225-128, 225-144 C.com., wie im deutschen Recht, nur für das Aktienrecht. Die Möglichkeit einer Anteilsausgabe mit einem Agio ist darüber hinaus aber allgemein für alle Gesellschaftsformen anerkannt[566].

Somit lässt sich feststellen, dass in allen betrachteten Rechtsordnungen eine Anteilsausgabe zu einem Preis über Pari möglich und grundsätzlich zulässig ist[567]. Es kann also folgendes allgemeine Prinzip formuliert werden:

Die Ausgabe von Gesellschaftsanteilen zu einem Preis, der über dem Nominalwert des Gesellschaftsanteils liegt, ist statthaft.

V. Sinn und Zweck des Agios

Beim Agio handelt es sich um das Spiegelbild der verbotenen Unterpariemission[568], die für den Bereich der mitgliedstaatlichen Aktiengesellschaften

---

562 *Brändel* in KölnerKomm, AktG, § 9 Rn. 33; *Heider* in MünchKomm, AktG, § 9 Rn. 34.
563 *Lutter/Hommelhoff*, GmbHG, § 5 Rn. 8.
564 *Ferran*, 304.
565 *Ripert/Roblot/Germain*, Rn. 1440.
566 *Jeantin*, 65 f.; *Cozian/Viandier/Deboissy*, Rn. 1382 (für die SARL).
567 *Magnus/Estrin*, 67; *Lutter*, Kapital, 480; *Ripert/Roblot/Germain*, Rn. 1440.
568 Der Gegensatz wird durch die im engl. Recht verwendeten Begrifflichkeiten besonders deutlich: Man spricht von einem *issue at a discount* im Gegensatz zum Agio welches als *issue at a premium* bezeichnet wird.

in Art. 8 Abs. 1 der Kapitalrichtlinie normiert ist[569]. Durch das Verbot der Unterpariemission wird dem Grundsatz der realen Kapitalaufbringung Rechnung getragen. Es sorgt dafür, dass Gesellschaftsanteile nicht zu einem Preis unter ihrem Nominalwert an die Gesellschafter abgegeben werden[570]. Hierdurch werden sowohl die Gläubiger der Gesellschaft vor nicht ordnungsgemäßer *realer* Kapitalaufbringung als auch die Gesellschafter vor einer Ungleichbehandlung untereinander geschützt[571]. Durch das Verbot der Unterpariemission wird somit sichergestellt, dass der mit dem Gesellschaftsanteil ausgegebene Nominalbetrag auch wirklich in das Gesellschaftsvermögen gelangt[572].

1. Gründungskosten und zusätzliche Mittelzuführung

Bei Gründung der Gesellschaft findet die Ausgabe von Gesellschaftsanteilen mit einem Agio seine Rechtfertigung in der Deckung anfallender Gründungskosten[573]. Außerdem kann bei Gründung einer Gesellschaft ein Agio von den

---

[569] Nach Art. 8 Abs. 2 KapRiLi kann eine Ausnahme für Emissionsbanken gemacht werden. In Deutschland und Frankreich wurde diese Möglichkeit jedoch nicht wahrgenommen. Hier gilt das Verbot aus Art. 8 Abs. 1 KapRiLi absolut und somit ohne Ausnahme, *Drinkuth*, 143; *Brändel* in GroßkommAktG, § 9, Rn. 8; *Ripert/Roblot/Germain*, Rn. 1440.

[570] Das Verbot der Unterpariemission findet sich in den folgenden gesetzlichen Vorschriften: Europa: Art. 8 Abs. 1 KapRiLi (hierbei handelt es sich um eine für die Mitgliedstaaten zwingende Vorschrift, s. *Drinkuth*, 143 f.); Deutschland: § 5 GmbHG, § 9 Abs. 1 AktG; England: sec. 100 CA 1985 (Ausnahmen in den ss 97-98 CA 1985); s. zum *Common Law: Ooregum Gold Mining Co of India Ltd v Roper* [1892] AC 125 (HL); *Morse, Company Law*, 118. Die Relevanz des Verbots der Unterpariemission wird zudem durch die *Company Law Review Steering Group, Final Report*, Vol. II, Rn. 16.84 ff. hervorgehoben. Es handele sich hierbei um „*a long standing common law rule*"; Frankreich: Art. L. 223-7 C.com. (SARL); Art. L. 225-3 al. 1 C.com. (SA).

[571] *Drinkuth*, 142; *Cozian/Viandier/Deboissy*, Rn. 999 f.

[572] Bei einer Ausgabe unter dem Nominalwert ist folglich der Grundsatz der realen Kapitalaufbringung verletzt und nicht der Grundsatz der nominellen Kapitalerhaltung. Deutschland: *Brändel* in GroßkommAktG, § 9 Rn. 2, 4 f.; *Hüffer*, AktG, § 9 Rn. 1; ders., NJW 1979, 1065, 1068; *K.Schmidt*, Gesellschaftsrecht, § 29 II 1; Frankreich: *Bézard*, Rn. 600; *Cozian/Viandier/Deboissy*, Rn. 609; *Ripert/Roblot/Germain*, Rn. 1439; England: *Ferran*, 283; *Pennington*, 142; *Morse, Company Law*, 118 f.

[573] Deutschland: *Lutter*, Kapital, 479; *Lutter/Hommelhoff*, GmbHG, § 3 Rn.42; England: sec. 130 subs. 2 (a) CA 1985. Der CA führte über die vom *Cohen Committee*, Cm 6659, vorgeschlagene Ausnahme der Möglichkeit der Ausgabe von *bonus shares* weitere Möglichkeiten ein, das *share premium account* zu nutzen. Diese finden sich jetzt in sec. 130 subs. 2 CA 1985. Sie wurden durch den CA 1947 eingeführt, da es sich bei diesen Ausnahmen um etablierte *Common City Practices* (allgemein übliche Verfahren im Börsen- und Finanzzentrum von London) handelte; *Hansard* (1946-47) Vol. 146 (HL), cols 18-20, 760. Was genau aber unter dem Begriff „*preliminary expenses*" i.S.d. CA 1985 zu verstehen ist, ist von der Rechtsprechung bisher nicht ermittelt worden. Das alte *Common Law* legt diesen Begriff in seinen Urteilen sehr weit aus (*Bagnall v Carlton* (1877) 6 CH D 371, CA; *Emma Silver Mining Co v Grant* (1879) 11 Ch D 918, 941 CA; *Lydney and Wigpool Iron Ore Co v Bird* (1886) 33 Ch D 85, 95, CA); *Ferran*, 306 geht jedoch davon aus, dass

Gesellschaftern verlangt werden, um von Beginn an eine zusätzliche finanzielle Reserve zu bilden, ohne das Gesellschaftskapital hierdurch ansteigen zu lassen. In der Regel ist es nämlich im Sinne der Gesellschafter, die Gesellschaft nur begrenzt mit Gesellschaftskapital auszustatten, damit ein erweiterter Spielraum für spätere Gewinnausschüttungen verbleibt. Dennoch soll der Gesellschaft bei der Gründung genügend Gesellschaftsvermögen zugeführt werden, um angemessen wirtschaften zu können[574]. Diese Motivation kann jedoch nur zum Ziel führen, wenn das Agio das Gesellschaftsvermögen nicht in der gleichen Weise bindet wie das Gesellschaftskapital.

Unabhängig von der Motivation der Gründer, Gesellschaftsanteile über Pari auszugeben, kann auf jeden Fall folgendes allgemeine Prinzip formuliert werden:

Das Agio kann zur Deckung entstandener Gründungskosten verwendet werden.

2. Kostendeckung und Verwässerungsschutz bei Kapitalerhöhung

Wie bei der Gründung der Gesellschaft kann das Agio auch zur Deckung anfallender Kosten im Rahmen einer Kapitalerhöhung verwendet werden[575]. Darüber hinaus schützt das Agio bei einer Kapitalerhöhung aber vor allem vor einer Ungleichbehandlung der alten Gesellschafter gegenüber den neuen Gesellschaftern. Wird nämlich das Gesellschaftskapital einer florierenden Gesellschaft, in der das Gesellschaftsvermögen weit über der Summe des Gesellschaftskapitals liegt, erhöht, so werden die neuen Gesellschafter gleichermaßen Anteilsinhaber des bereits von den Altgesellschaftern geschaffenen Gesellschaftsvermögens. Daher müssen die neuen Gesellschafter ein entsprechendes Agio auf den Nominalwert ihres Anteils zahlen[576].

Es kann demzufolge folgendes allgemeine Prinzip formuliert werden:

---

dieses weite Verständnis unter der heutigen gesetzlichen Regelung nicht mehr gelten kann; Frankreich: *Dasté*, 15 f., 23 ff.; *Jeantin*, 66; *Merle*, Rn. 555.

574 *Raiser*, 63; *Heckschen*, DStR 2001, 1437; *Mercadal/Janin/Charvériat/Couret*, Rn. 7129.

575 Deutschland: *Lutter*, Kapital, 478 f.; *Lutter/Hommelhoff*, GmbHG, § 3 Rn. 42; England: sec. 130 subs. 2 (b) CA 1985. Auch zum Ausgleich eines genehmigten Disagios, welches durch eine Unterpariemission der Gesellschaft entstanden ist, kann das Agio nach dem Gesetzeswortlaut verwendet werden. Da eine solche Unterpariemission jedoch nach sec. 100 CA 1985 nun verboten ist, läuft diese Abschreibungsmöglichkeit ins Leere und ist nur noch historisch zu verstehen. Die Abschreibungsmöglichkeit gilt aber zudem für Schuldverschreibungen, die mit einem Abschlag ausgegeben worden sind. Gemäß sec. 130 subs. 2 CA 1985 kann das Agio auch zur Deckung eines zu zahlenden Aufgelds beim Rückkauf von Schuldverschreibungen genutzt werden; *Ferran*, 295, 305 f.; Frankreich: *Mercadal/Janin/Charvériat/Couret*, Rn. 11627; Art. L. 232-9 al. 2 C.com.

576 *Dasté*, 10 ff, 30 ff.; *Heckschen*, DStR 2001, 1437; *Cozian/Viandier/Deboissy*, Rn 999 f; *Mercadal/Janin/Charvériat/Couret*, Rn. 11624; *Merle*, Rn. 302, 555.

Das Agio kann zur Deckung entstandener Kosten im Rahmen einer Kapitalerhöhung verwendet werden.

Durch ein Agio soll eine „Verwässerung der Anteile der Altgesellschafter", die durch eine Kapitalerhöhung eintreten kann, verhindert werden.

3. Verwendung des Agios im Rahmen der unternehmerischen Tätigkeit

Gesellschaftsvermögen, welches eine Gesellschaft durch Ausgabe von Anteilen mit einem Agio erlangt, dient der Gesellschaft als Betriebskapital. D.h. sie kann mit dem erlangten Gesellschaftsvermögen wirtschaften, wie sie auch mit dem durch die Kapitalaufbringung eingelegten Gesellschaftsvermögen wirtschaften kann. Hieraus können sowohl Gewinne als auch Verluste der Gesellschaft resultieren[577].

Es gilt daher folgendes allgemeine Prinzip:

Das durch ein Agio erlangte Gesellschaftsvermögen kann die Gesellschaft als Betriebskapital für ihre Unternehmungen einsetzen.

VI. Bindung des Gesellschaftsvermögens durch die Agiorücklage

Der Grundsatz der Kapitalerhaltung fordert unmittelbar keine Bindung des Agios, da dieses nicht zum Gesellschaftskapital zu zählen ist. Die zusätzliche *Einlage* erfolgt nämlich gerade nicht auf das Kapital der Gesellschaft[578], sondern ist durch Rücklagenbildung gesondert zu passivieren[579].

Wenn Gesellschaftsanteile jedoch mit einem Agio ausgegeben werden, dann stellt dieser Mehrbetrag, der der Gesellschaft zusätzlich zum eingezahlten Gesellschaftskapital zufließt, keinen direkten Gewinn der Gesellschaft dar, der aus ihrem Unternehmensgegenstand resultiert[580]. Könnte die Gesellschaft das erlangte Agio später an ihre Gesellschafter ausschütten, so würde sie eine Prosperität vortäuschen, die in Wirklichkeit nicht besteht und sich nicht aus ihren Geschäften in Form eines Betriebsgewinns ergibt[581]. Ein Agio ist daher nicht als *echter betrieblicher Gewinn* zu bewerten, sondern als eine zusätzliche bloße Mittelzufuhr zu sehen und wird zum Eigenkapital der

---

577 S.o. S. 49.

578 *Lutter*, Kapital, 469.

579 S.o. S. 127.

580 *Palmer*, Rn. 4.009. *Lutter*, Kapital, 483 m.w.N.

581 *Bödecker*, 27; *Lutter*, Kapital, 469, 483; historische Fälle bei *Wilhelm*, Rn. 19, 21.

Gesellschaft gerechnet[582]. Die Bindung des Agios dient daher zum einen dem Gläubigerschutz, zum anderen jedoch auch dem Schutz der Kapitalanleger, die auf der Suche nach neuen Gesellschaftsbeteiligungen sind. Denn im Allgemeinen bemessen Kapitalanleger den Wert einer Gesellschaft an der Höhe der Ausschüttungen, die regelmäßig als Ergebnis eines real erwirtschafteten Betriebsgewinnes verstanden werden.

1. Personengesellschaften

Ein Agio wird in allen untersuchten Rechtsordnungen nur bei Kapitalgesellschaften diskutiert. Zwar findet man im englischen Recht die Erwähnung eines *premiums* auch im Personengesellschaftsrecht, doch kann dieses nicht mit dem hier dargestellten Agio-Recht verglichen werden. Diese Art von Aufgeld wird bei Eintritt eines Gesellschafters an die Altgesellschafter gezahlt und wird zu keinem Zeitpunkt dem Vermögen der Gesellschaft gutgeschrieben[583].

So findet sich im PA 1890 eine Regelung, die das Schicksal eines gezahlten *premiums* bei Auflösung der Gesellschaft behandelt[584]. Nach sec. 40 PA 1890 ist im Fall einer vorzeitigen Auflösung der *partnership* das *premium* an denjenigen Partner zurückzuzahlen, der dieses Aufgeld bei Eintritt für eine befristete Mitgliedschaft in der Gesellschaft geleistet hat[585]. Zu beachten ist, dass dieser Vorschrift allgemeines englisches Vertragsrecht zugrunde liegt. Bei einer vorzeitigen Auflösung einer *partnership*, noch bevor die befristete Mitgliedschaft eines *partners* abgelaufen ist, kann dieser sein gezahltes *premium* anteilig zurückverlangen, da er hierfür keine ausreichende Gegenleistung (*consideration*)[586] erhalten hat[587].

---

582 *Knobbe-Keuk*, § 4 V 1 b; vgl. Amtl. Begründung zu § 150 AktG 1965, abgedr. bei *Kropff* in MünchKomm, AktG 1965 zu § 150.

583 Das gezahlte *premium* wird auch als "*joining fee*" bezeichnet, *Morse, Partnership Law*, 213.

584 Nach Einschätzung von *Morse, Partnership Law*, 213 f. wird ein *premium* bei Eintritt in eine *partnership* jedoch immer seltener gezahlt und er hält dieses Rechtsinstitut deshalb für eine aussterbende Spezies: „*...premiums will be consigned to history and Dickensian England*". Hingegen macht die *Law Commission* keine Änderungsvorschläge bezüglich sec. 40 PA 1890, *Partnership Law – A Joint Consultation Paper*, 23.22.

585 Im Falle einer unbefristeten *partnership* kann keine Rückzahlung des Agios verlangt werden, da der *partner* unter diesen Umständen weiß, dass die *partnership* jederzeit aufgelöst werden kann.

586 Die *doctrine of consideration* besagt, vereinfacht ausgedrückt, dass ein wirksamer Vertrag nur durch zwei sich gegenüberstehende Leistungen zustande kommt; *McKendrick*, 79ff.

587 Die Rückzahlung des Agios erfolgt durch Gerichtsentscheidung. Hierbei entscheidet das Gericht wie hoch die Rückzahlung ausfällt. Die Rückzahlung ist ausgeschlossen, wenn der *partner*, der das Agio eingezahlt hat für die Auflösung der *partnership* verantwortlich ist, oder wenn die Auflösung durch Vertrag zwischen den *partners* beschlossen wurde und sich in dieser Vereinbarung keine Regelung in Bezug auf das Agio finden lässt.

Es besteht also ein wesentlicher Unterschied zum *company law*. Es handelt sich bei dem gezahlten Aufgeld im *partnership law* nicht um einen Zusatz zum Gesellschaftskapital, welches als *quasi-capital* zum Schutz der Gläubiger gebunden wird bzw. werden könnte[588]. Wie bereits gezeigt, ist das Vorhandensein gebundenen Gesellschaftsvermögens davon abhängig, ob die Gesellschafter für die Gesellschaftsschulden eintreten müssen[589]. Dieses Prinzip wird nochmals dadurch bestätigt, dass auch ein gezahltes Aufgeld in der englischen *partnership* nicht zu einer Bindung des Gesellschaftsvermögens führt.

Ebenso gilt im französischen Recht, dass die Gesellschafter einer SC ein Agio vereinbaren können. Dieses Agio kann in ein *compte de réserve* eingestellt werden oder aber wieder an die Gesellschafter ausgeschüttet werden[590].

Im deutschen Personengesellschaftsrecht wird ein Agio nicht weiter besprochen. Weder die KG, noch die OHG oder die GbR benötigen ein Gesellschaftskapital. Die Höhe der Einlagen der Gesellschafter kann frei vertraglich vereinbart werden[591]. Folglich stellt sich die deutsche Rechtslage nicht anders dar als in England und Frankreich.

Wie bereits für das Gesellschaftskapital dargelegt, lässt sich somit feststellen, dass allgemein eine Gesellschaftsvermögensbindung davon abhängig ist, ob die Gesellschafter für die Schulden der Gesellschaft einstehen müssen oder hierfür nur das Vermögen der Gesellschaft herangezogen werden kann[592].

Es lässt sich demzufolge folgendes allgemeine Prinzip formulieren:

Ein in einer Personengesellschaft vereinbartes Agio unterwirft das zusätzlich aufgebrachte Gesellschaftsvermögen keiner Bindung.

2. Kapitalgesellschaften

Im deutschen Recht wird eine Bindung des Agios für die GmbH nicht vorgeschrieben. Ein eingezahltes Agio kann jederzeit wieder an die Gesellschafter ausgeschüttet werden, wenn dies nicht zu Lasten des durch die Kapitalziffer gebundenen Gesellschaftsvermögens erfolgt und somit ein Ver-

588 *Morse, Partnership Law*, 213.
589 S.o. S. 899.
590 *Mémento, Sociétés Civiles*, Rn. 14522.
591 Münch. Hdb. GesR II-*v. Falkenhausen/Schneider*, § 17 Rn. 9 ff.
592 S.o. S. 899.

stoß gegen § 30 Abs. 1 GmbHG vorläge[593]. Für die Auflösung der Kapitalrücklage ist die Gesellschafterversammlung zuständig[594]. Gebundenes Gesellschaftsvermögen besteht bei der GmbH also nur in Höhe der im Gesellschaftsvertrag festgelegten Stammkapitalziffer.

Anders verhält es sich bei der deutschen Aktiengesellschaft. Von dem Einlagenrückgewährverbot, welches in § 57 Abs. 1 S.1 AktG normiert ist, ist auch das Agio umfasst. Denn unter einer „Einlage" im Sinne des § 57 AktG ist auch das Agio zu verstehen[595]. Dies bewirkt, dass nach § 57 Abs. 1 S. 1 AktG Gesellschaftsvermögen in Höhe des Agios gebunden wird und dieses daher dieselbe Bindungsfunktion wie das Gesellschaftskapital erfüllt[596].

Wenn die *company* im englischen Recht ihre Anteile über dem Nominalbetrag *at a premium* ausgibt, muss der höhere Ausgabebetrag auf ein *share premium account* übertragen werden. Dieses unterliegt nach sec. 130 CA 1985 denselben Anforderungen wie auch das Gesellschaftskapital im System der Kapitalerhaltung[597]. Daher kann hierdurch gebundenes Gesellschaftsvermögen nur in beschränkten Einzelfällen nach den Regelungen der Kapitalherabsetzung an die Gesellschafter ausgekehrt werden[598]. Ausnahmen bestehen für die Ausgabe von *bonus shares* (Gratisanteilen) bei einer Kapitalerhöhung aus Gesellschaftsmitteln[599], sowie für Gründungskosten und Pro-

---

593 *Hueck* in Baumbach/Hueck, GmbHG, § 5 Rn. 9, 37; *Lutter*, Kapital, 486; *Ulmer* in Hachenburg, GmbHG, § 3 Rn. 73, § 5 Rn. 155; *Harrer*, GmbHR 1994, 362. Dagegen spricht sich jedoch z.T. neuerdings *Herchen*, 165 ff., 394 aus, wonach aufgrund der Bedeutung des Agios für die Eigenkapitalausstattung der Gesellschaften dieses ebenso wie die Leistung auf den Nennbetrag des Gesellschaftsanteils den Kapitalaufbringungs- und –erhaltungsgrundsätzen unterliegen müsse. Zumindest sei § 30 Abs. 2 GmbHG analog auf das Agio anzuwenden, wodurch eine Rückzahlung des Agios nur dann zulässig sei, wenn unter den gegebenen Umständen auch eingezahlte Nachschüsse hätten zurückgezahlt werden können.

594 Kurzkomm GmbHG - *Schulze-Osterloh* § 42 Rn. 168.

595 *Wilhelm*, Rn. 254.

596 *Herchen*, 138 f.

597 Gemäß sec. 130 subs. 3 CA 1985 ist das Agio als *paid-up share capital* zu behandeln und folgt den Regelungen zur Kapitalherabsetzung, aber man beachte secs. 160 subs. 2 und 171 subs. 5 CA 1985; *Re Moorgate Mercantile Holdings Ltd* [1980] 1 All ER 40; *Re Ransomes plc* (unreported, December 17, 1998) [1999] 2 B.C.L.C. 591, CA.

598 *Farrar/Hannigan*, 164 f.; s.a. *Henry Head & Co Ltd v Ropner Holdings* [1952] Ch 124, 127.

599 Bei der Ausgabe von *bonus shares* handelt es sich um eine Kapitalerhöhung aus Gesellschaftsmitteln. Die an die Gesellschafter ausgegebenen Gratisaktien müssen voll einbezahlt sein, d.h. es können keine nur z.T. einbezahlten Aktien ausgegeben werden. Da es sich um eine reine Umwandlung der Agio-Rücklage in das Nennkapital der Gesellschaft handelt, werden Gläubiger der Gesellschaft nicht gefährdet; denn es wird nichts an die Gesellschafter ausgeschüttet. I.d.R. werden die *bonus shares* als Vorzugsaktien ausgegeben, die dann im Rahmen der secs. 159 ff. CA 1985 als *redeemable shares* von der Gesellschaft zurückerworben werden können; *Scott*, (1997) 8 (3) PLC 19.

visionen[600] im Zusammenhang mit der Ausgabe von Gesellschaftsanteilen. Weiterhin sehen die secs. 131 und 132 CA 1985 zur Erleichterung der Verschmelzung von Gesellschaften (*merger relief*) und der Neuorganisierung von Gesellschaftsgruppen (*relief in prospect of group reconstructions*) Ausnahmen vor[601].

Im früheren englischen Recht wurde Gesellschaftsvermögen nicht zusätzlich in Höhe des Agios gebunden, wie dies durch das *share capital* erfolgt[602]. Vielmehr konnte das gesamte Gesellschaftsvermögen, abzüglich des durch die Gesellschaftskapitalziffer gebundenen Gesellschaftsvermögens, an die Gesellschafter ausgeschüttet werden[603]. Das *Cohen Committee*[604] schlug jedoch bereits 1945 vor, die Regelungen zur Kapitalherabsetzung auf das *share premium account* anzuwenden und somit das Agio wie Gesellschaftskapital zu behandeln und es der Bindung des Gesellschaftsvermögens zu unterwerfen[605]. Einzige Ausnahme sollte die Möglichkeit der Ausgabe von Gratisanteilen sein. Dieser Vorschlag wurde durch den CA 1947 mit einigen weiteren Ausnahmen eingeführt[606]. Durch sec. 72 CA 1947 (jetzt: secs. 130 ff. CA 1985[607]) wurde dem klassisch liberalen englischen Rechtsverständnis eine S*tatutory Law* entgegengesetzt und das *share premium account* als *quasi-capital fund* behandelt. Seitdem folgt es den Regelungen des *share capital*[608].

---

600 Nach sec. 130 subs. 2 (b) CA 1985 können gezahlte Provisionen für die Übernahme einer Effektenkommission im Rahmen der secs. 97, 98 CA 1985 zu Lasten des Agios erfolgen.

601 Zu den näheren Einzelheiten s. *Pennington*, 192 ff.; *Farrar/Hannigan*, 164 f.; *Morse*, *Company Law*, 124 f.

602 Erst durch sec. 72 CA 1947 (später sec. 56 CA 1948) wurde das share premium account eingeführt. Nach dem CA 1929 konnte ein *share premium* noch als Dividende an die Gesellschafter ausgeschüttet werden; *Drown v. Gaumont-British Picture Corpn Ltd* [1937] Ch 402, [1937] 2 All ER 609; *Davies*, 243; *Trumpler*, 95.

603 *Magnus/Estrin*, 67; *Farrar/Hannigan*, 164; *Pennington*, 190 spricht davon, dass es im *Common Law* möglich war, das *share premium* auszuzahlen, wenn dadurch nicht das *share capital* aufgezehrt wurde. Dies ist vergleichbar mit der Rechtslage bei der GmbH, der SARL und der SA; *Drown v Gaumont-British Picture Corpn Ltd* [1937] Ch 402, [1937] 2 All ER 609.

604 *Cohen Committee*, Cm 6659 (1945), para 108.

605 S. die jetzige Regelung in sec. 130 subs. 3 CA 1985. S.a. die Regelungen über *redeemable shares* (rückkaufbare Anteile), secs. 160 subs. 2, 171 subs. 5 CA 1985.

606 Konsolidierte Fassung sec. 56 CA 1948. Jetzt CA 1985, sec. 130 subs. 2.

607 Secs. 130-134 CA 1985; sec. 12 Companies Consolidation (Consequential Provisions) Act 1985.

608 *Re Duff's Settlements Trusts, National Provincial Bank, Ltd. v. Gregson*, [1951] Ch. 923; [1951] 2 All E.R. 534; *Palmer*, Rn. 4.008 ff.; *Pennington*, 168; *Farrar/Hannigan*, 164, 171. Auch nach *Morse, Company Law*, 118, 123 gehört das Agio zum *paid-up share capital*. Dies schränkt er jedoch ein, indem er definiert: „*The capital in the share premium account is an anomalous form of capital because it is capital on which no dividend is paid...*"; *Magnus/Estrin*, 67 spricht von "*a new class of capital, not being share capital, but not being distributable as income any more than any other capital asset*". Ähnlich auch der engl. Gesetzgeber: so behandeln die Regelungen des

Daher ist es de lege lata nicht mehr möglich, das erlangte *share premium* in die Gewinn und Verlustrechnung mit einzubeziehen und somit auszahlungsfähig zu machen. Das *share premium account* wird wie im deutschen Recht als Rücklage in der Bilanz passiviert. Diese so genannte *„capital reserve“* ist auf der Passivseite gleich nach der Angabe des *share capital* einzustellen[609]. Es ist folglich nicht mehr möglich, Gesellschaftsvermögen, soweit es nicht die Kapitalziffer zuzüglich Agio übersteigt, an die Gesellschafter auszuschütten[610].

Im französischen Recht wird die erlangte *prime d'émission* zwar in eine *„réserve de prime“* eingestellt. Anders als im deutschen Aktienrecht und im englischen Recht kann aber die Gesellschafterversammlung frei über das Agio verfügen und es insbesondere wieder an die Gesellschafter ausschütten[611]. So entschied die *Cour de Cassation*, dass das Agio weder ein Gewinn noch eine gebundene Rücklage sei, sondern ein Zusatz zur Einlage, die zur freien Verfügung der Gesellschaft steht[612]. Eine Bindung des Gesellschaftsvermögens durch das Agio ist in Frankreich also nicht gegeben[613]. Vielmehr kann die Hauptversammlung über die Verwendung des Agios frei entscheiden[614].

Zusammenfassend lässt sich sagen, dass das Agio von keiner der untersuchten Rechtsordnungen als erwirtschafteter „Gewinn“ einer Gesellschaft verstanden wird. Dennoch lässt sich kein allgemeines Prinzip dahingehend formulieren, dass das Gesellschaftsvermögen in Höhe des Agios gebunden ist. Nur im englischen Recht wird das Agio als „Quasikapital“ verstanden und folgerichtig als Gesellschaftsvermögen entsprechend gebunden. Die französische und die deutsche Rechtsordnung verstehen das Agio hingegen nicht als eine Art zusätzliches Gesellschaftskapital. Daher kann es in diesen Rechtsordnungen auch grundsätzlich wieder an die Gesellschafter ausgeschüttet werden. Dass das Agio bei der deutschen AG dennoch zu einer Vermögensbindung führt, liegt an dem Umstand, dass im Gegensatz zum GmbH-Recht das Gesellschaftsvermögen einer AG im ganzen gebunden ist und nur festgestellte Gewinne an die Gesellschafter ausgeschüttet werden dürfen.

CA 1985 das *share premium account* in Bezug auf die Kapitalherabsetzung als Teil des *paid-up share capital* (secs. 130 subs. 3, 160 subs. 2, 171 subs. 5 CA 1985).

609 *Pennington*, 190.

610 Sec. 130 CA 1985; *Davies*, 243 f.; *Pennington*, 190.

611 *Mercadal/Janin/Charvériat/Couret*, Rn. 11627; *Guyon*, Rn. 430; *Merle*, Rn. 555; *Lutter*, Kapital, 483 f.

612 *Cass. com.* 9.7.1952, JCP 1953 II n° 7742: "*Les primes d'émission constituent par leur nature même un apport supplémentaire laissé à la libre disposition de la société*".

613 *Coudin*, 31, 33.

614 *Guyon*, Rn. 430; *Merle*, Rn. 555.

Gerade in diesem Punkt wird der Unterschied in der Kapitalerhaltung zwischen GmbH und AG besonders deutlich.

Es lässt sich daher kein gemeinsames Prinzip zu der Frage bilden, ob das Gesellschaftsvermögen in Höhe des Agios, welches eine Gesellschaft durch die Ausgabe von Gesellschaftsanteilen erhalten hat, gebunden ist. Dies ist vielmehr nach nationalem Recht unterschiedlich.

VII. Höhe des Agios

Es besteht für eine Gesellschaft grundsätzlich kein Zwang, ihre Anteile mit einem Agio auszugeben, auch wenn der Markt ein solches Aufgeld hergeben würde[615]. Eine rechtliche Schranke für die obere Höhe des Aufgeldes, mit dem Gesellschaftsanteile ausgegeben werden dürfen, findet sich in keiner der untersuchten Rechtsordnungen[616]. Die Gesellschaft ist daher theoretisch frei, einen beliebig hohen Preis zu verlangen[617]. Dennoch ist es allgemein üblich, einen Kaufanreiz zu erzeugen, indem man die Gesellschaftsanteile zu einem Preis unterhalb des Marktwertes anbietet, um sicherzugehen, dass man auch tatsächlich weiteres Kapital zum Wirtschaften erhält. Es soll also die Popularität der Anteilsausgabe gesteigert werden, damit die Emission erfolgreich platziert werden kann[618].

Die Ausgabe von Gesellschaftsanteilen mit einem Agio ist grundsätzlich fakultativ. Eine Obergrenze für den Betrag des Agios ist nicht vorgesehen.

Es bleibt aber die Frage, wie die Altgesellschafter vor einer Kapitalerhöhung zu wirtschaftlichen Bedingungen, an der sie nicht teilnehmen können oder wollen, geschützt werden können, wenn ihnen hierdurch Schaden droht[619].

Vor allem im Fall eines bestehenden Bezugsrechtsausschlusses zu Lasten einzelner Altgesellschafter ist im deutschen Recht anerkannt, dass die

---

615 Deutschland: *Harrer*, GmbHR 1994, 361; *Heckschen*, DStR 2001, 1437; *Lutter*, Kapital, 477 ff.; Frankreich: *Mercadal/Janin/Charvériat/Couret*, Rn. 11623; England: *Hilder v Dexter* [1902] AC 474, 480 (HL); *Lowry (Inspector of Taxes) v Consolidated African Selection Trust Ltd* [1940] AC 648, [1940] 2 All ER 545 (HL); *Cameron v Glenmorangie Distillery Co. Ltd.* (1896) 23 R. 1092; *Morse, Company Law*, 119, 123; *Farrar/Hannigan*, 164; *Pennington*, 169.

616 *Lutter/Hommelhoff*, GmbHG, § 5 Rn. 8; § 9 Abs. 2 AktG; *Hilder v Dexter* [1902] AC 474, 481; *Lowry (Inspector of Taxes) v Consolidated African Selection Trust Ltd* [1940] AC 648, 679, [1940] 2 All ER 545, 565; *Shearer (Inspector of Taxes) v Bercain Ltd* [1980] 3 All ER 295, 307 f. So berichtet *Jeantin*, 66, aus der frz. Praxis, dass das zu zahlende Agio für einen Gesellschaftsanteil meist wesentlich höher ist, als der Nominalwert des Gesellschaftsanteils.

617 *Palmer*, Rn. 5.872; *Wiedemann*, § 10 IV 1 b; *Morse, Company Law*, 118, 123.

618 *Pennington*, 189 Fn. 15; *Ferran*, 304, 630-633.

619 *Heckschen*, DStR 2001, 1437 ff.

Ausgabe neuer Anteile nur gegen Zahlung eines wertgleichen Agios erfolgen kann. Ansonsten würde sich der Wert der bereits bestehenden Anteile verringern, ohne dass der einzelne ausgeschlossene Gesellschafter dies durch Zeichnung neuer Anteile abwenden könnte[620]. Das zuständige Gesellschaftsorgan hat also zum Schutz der vom Bezugsrecht ausgeschlossenen Altaktionäre vor einer „Verwässerung" des Werts ihrer Gesellschaftsrechtsanteile einen möglichst hohen Ausgabepreis zu beschließen[621]. Für den Fall der Zuwiderhandlung sieht der Gesetzgeber daher im deutschen Aktienrecht ausdrücklich die Anfechtbarkeit des Kapitalerhöhungsbeschlusses nach § 255 Abs. 2 AktG vor.

Aber auch wenn kein Bezugsrechtsausschluss vorliegt, muss die Mehrheit aus Gründen der gesellschaftsrechtlichen Treuepflicht gegenüber der Minderheit gegebenenfalls ein angemessenes Agio festsetzen. Denn bei einer Ausgabe neuer Anteile, die weit unter Wert erfolgt, wird der Gesellschafter, zur Vermeidung wirtschaftlicher Nachteile, faktisch gezwungen, an der Kapitalerhöhung teilzunehmen[622]. Dies würde de facto einer dem Kapitalgesellschaftsrecht artfremden Nachschusspflicht gleichkommen.

Dasselbe gilt im englischen Recht. Es obliegt der Geschäftsführung, über Ob und Höhe des Agios zu entscheiden. Die *directors* haben eine *prima facie* Verpflichtung, den günstigsten, d.h. höchsten, Ausgabepreis für die Gesellschaft zu erzielen[623]. Die englische Rechtsprechung gestattet es den *directors* aber dennoch, bei der Anteilsausgabe einen Rabatt auf den Marktpreis zu gewähren, ohne ihre fiduziarischen Pflichten zu verletzen[624]. Dieser Rabattierung sind jedoch wie im deutschen Recht Grenzen gesetzt. Ein zu günstiger Preis kann eine Pflichtverletzung der Geschäftsführung darstellen[625]. In diesem Fall haften die *directors* auf Schadensersatz in Höhe des nicht erlangten Agios[626].

---

620 *Lutter/Hommelhoff*, GmbHG, § 55 Rn. 9.

621 *Heider* in MünchKomm, AktG, § 9 Rn. 44. Darüber hinaus ist ein Ausgabekurs, der unangemessen hoch festgesetzt wird, um hierdurch Minderheitsaktionäre an der Ausübung ihres Bezugsrechtes zu hindern, nicht statthaft. Ein solcher Kapitalerhöhungsbeschluss ist ebenso unzulässig, *Brändel* in KölnerKomm, AktG, § 9 Rn. 34.

622 *OLG Stuttgart*, Urt. v. 1.12.1999 – 20 U 38/99, DB 2000, 135; *Priester* in Scholz, GmbHG, § 55 Rn. 27; *Heckschen*, DStR 2001, 1443. Auch die Rspr. des BVerfG zu Art. 14 Abs. 1 GG verlangt eine wertgerechte Festsetzung des Agios: BVerfGE 14, 263 (276); BVerfGE 50, 290 (341).

623 *Hilder v Dexter* [1902] AC 474, 481; *Lowry (Inspector of Taxes) v Consolidated African Selection Trust Ltd* [1940] AC 648, 679, [1940] 2 All ER 545, 565; *Shearer (Inspector of Taxes) v Bercain Ltd* [1980] 3 All ER 295, 307 f.

624 *Shearer (Inspector of Taxes) v Bercain Ltd* [1980] 3 All ER 295, 307 f.

625 *Farrar/Hannigan*, 164; *Hilder v Dexter* [1902] AC 474, 481; *Lowry (Inspector of Taxes) v Consolidated African Selection Trust Ltd* [1940] AC 648, 679, [1940] 2 All ER 545, 565.

626 *Lowry (Inspector of Taxes) v Consolidated African Selection Trust Ltd* [1940] AC 648, 679 [1940] 2 All ER 545, 565 (HL).

In Frankreich wird diese Problematik mit Hilfe des Grundsatzes der *égalité financière* gelöst. Diese *égalité financière* soll zwischen Alt- und Neugesellschaftern bei einer Kapitalerhöhung grundsätzlich durch ein Agio bestehen bleiben bzw. hergestellt werden[627]. Es wird, wie auch in Deutschland und England, die Meinung vertreten, dass, wenn sich Gesellschaftsanteilszeichner durch ein zu niedrig ausfallendes Agio einen Vorteil verschaffen, ein *abus de majorité* gegeben sein und deswegen die erfolgte Kapitalerhöhung für nichtig erklärt werden kann[628].

Aus dem Ausgeführten lässt sich daher folgendes allgemeingültige Prinzip formulieren:

Im Fall einer Kapitalerhöhung, von der ein Teil der Gesellschafter ausgeschlossen ist, unterliegt die Geschäftsführung der Pflicht zur wertgerechten Festsetzung des Agios, die sich aus dem Benachteiligungsverbot der Altgesellschafter ergibt.

VIII. Aufbringung des Agios bei Zeichnung der Anteile

Die europäische Kapitalrichtlinie regelt den Zeitpunkt der Einzahlung des Agios nur teilweise. In Art. 9 Abs. 1 ordnet die Kapitalrichtlinie lediglich an, dass mindestens 25 % des Nennbetrages, nicht aber des Ausgabebetrages, im Zeitpunkt der Gründung geleistet sein müssen[629]. Ob ein Agio daher bei Gründung bereits in voller Höhe einzuzahlen ist, wird durch die Kapitalrichtlinie nicht europaweit geregelt. Art. 26 der Kapitalrichtlinie ordnet hingegen für den Fall einer Kapitalerhöhung an, dass ein Mehrbetrag (Agio) bei Zeichnung der Gesellschaftsanteile in voller Höhe einzuzahlen ist.

Im deutschen Aktienrecht bestimmt § 36 a AktG den Zeitpunkt der Leistung des Agios[630]. Nach § 36 a AktG ist bei Zeichnung der Anteile einer neu gegründeten Gesellschaft der Mehrbetrag über dem Nominalbetrag der Anteile, also das Agio, vollständig einzuzahlen. Das gleiche gilt auch bei einer Kapitalerhöhung nach § 188 Abs. 2 AktG, der auf § 36 a AktG verweist. Etwas anderes gilt hingegen für die GmbH. Es folgt aus keiner gesetzlichen Bestimmung, wann ein Agio einzuzahlen ist. Nach § 3 Abs. 2 GmbHG bedarf die Vereinbarung eines Agios jedoch der besonderen Form des Gesell-

---

627 *Cozian/Viandier/Deboissy*, Rn. 999.
628 *Cozian/Viandier/Deboissy*, Rn. 1001.
629 *Habersack*, Rn. 155.
630 *Heider* in MünchKomm, AktG, § 9 Rn. 37.

schaftsvertrags bzw. einer schuldrechtlichen Vereinbarung[631]. Für die Fälligkeit des Agios ist daher entweder der Gesellschaftsvertrag oder aber die schuldrechtliche Vereinbarung zwischen der Gesellschaft und dem (künftigen) Gesellschafter maßgebend[632].

Ebenso wie in Deutschland bestimmt im englischen Recht sec. 101 subs. 1 CA 1985 nur für die *public company*, dass ein Agio bei Zeichnung der Gesellschaftsanteile in voller Höhe einzuzahlen ist[633]. Für den Bereich der *private company* findet sich keine entsprechende gesetzliche Vorschrift[634].

Im französischen Recht bestimmt Art. L. 225-144 al. 1 C.com., dass im Rahmen einer Kapitalerhöhung ein vereinbartes Agio bei Zeichnung zu 100 % eingezahlt werden muss[635]. Dasselbe gilt nach allgemeiner Ansicht - im Unterschied zur deutschen und englischen Rechtsordnung - auch für die SARL, obwohl auch hier keine gesetzliche Regelung besteht[636]. Art. L. 225-144 al.1 C.com., der nach seinem Wortlaut nur für die SA gilt, wird auf die SARL analog angewendet[637].

Im Ergebnis lässt sich somit folgendes allgemeine Prinzip formulieren:

Ein Agio, welches von einer Gesellschaft verlangt wird, die öffentlich zur Zeichnung aufrufen darf, muss zum Zeitpunkt der Anteilszeichnung durch die künftigen Gesellschafter vollständig aufgebracht werden.

IX. Art der Leistung auf das Agio

Ob ein Agio nur durch Bar- oder aber auch durch Sacheinlage geleistet werden kann, wird durch die Kapitalrichtlinie nicht geregelt. Daraus, dass das Agio nur in Art. 10 Abs. 2 KapRiLi im Rahmen des zu erstellenden Sachver-

---

631 *Harrer*, GmbHR 1994, 361, 363; *Hueck* in Baumbach/Hueck, GmbHG, § 3 Rn. 9, 32 ff., 55 f.; *Ulmer* in Hachenburg, GmbHG, § 3 Rn. 78 *Lutter/Hommelhoff*, GmbHG, § 3 Rn. 33; *Lutter*, Kapital, 483 Fn. 51.

632 *Lutter/Hommelhoff*, GmbHG, § 5 Rn. 8.

633 Sec. 101 subs. 1 CA 1985 implementiert die Vorgaben der Art. 9 Abs. 1 und 26 KapRiLi, *Ferran*, 311 Fn. 210; *Pettet*, 282.

634 *Ferran*, 311; *Farrar/Hannigan*, 166; *Pettet*, 17.

635 *Mercadal/Janin/Charvériat/Couret*, Rn. 11626; *Ripert/Roblot/Germain*, Rn. 1933.

636 *Ripert/Roblot/Germain*, Rn. 1336.

637 *Mercadal/Janin/Charvériat/Couret*, Rn. 7129. Diese Analogie wird mit Art. 59 n° 8 Décr. 23 mars 1967 begründet. Gemäß dieser Vorschrift müssen Gesellschaften mit der Möglichkeit der Finanzierung am öffentlichen Kapitalmarkt im *Bulletin des annonces légales obligatoires* vor Zeichnung der Anteile die Anzahl der Aktien, die zur Zeichnung bereitstehen, bekannt geben sowie die Summe des sofort fälligen Agios, wenn ein solches verlangt wird. Dasselbe soll wiederum durch Analogie auch für Gesellschaften ohne Möglichkeit der Finanzierung am öffentlichen Kapitalmarkt gelten.

ständigenberichts bei Nicht-Bareinlagen (Sacheinlagen) erwähnt wird – abgesehen von der in Art. 26 der Kapitalrichtlinie festgelegten Aufbringungspflicht bei Zeichnung der Anteile im Rahmen einer Kapitalerhöhung - kann jedoch nicht geschlussfolgert werden, dass ein Agio nur durch Sacheinlage geleistet werden kann. Eine solche Auslegung würde eine Schlechterstellung des Bareinlegers gegenüber dem Sacheinleger bedeuten und eine Verletzung des Grundsatzes der Gleichbehandlung der Aktionäre (Art. 42 KapRiLi) darstellen.

Im deutschen Recht kann ein Agio sowohl bei der AG als auch bei der GmbH in Form der Bar- bzw. Sacheinlage geleistet werden[638].

Dasselbe gilt nach englischem Recht[639]. Dieses Ergebnis lässt sich direkt aus dem Wortlaut des *Statutory Law* entnehmen. Nach sec. 130 subs. 1 CA 1985 muss bei Ausgabe mit einem Agio dieses durch eine Bareinlage oder „*otherwise*“ geleistet werden. Das Agio kann also auch durch eine Sacheinlage geleistet werden[640]. Im englischem Recht war dies jedoch lange Zeit umstritten[641]. Erst im Jahre 1980 legte die Rechtsprechung dies unmissverständlich fest[642]. Seitdem ist zwingend vorgegeben, dass der Wert der Sacheinlage, der über den Nominalwert der ausgegebenen Anteile hinausgeht, in das *share premium account* einzustellen ist[643]. Hierbei ist es eine Obliegenheit der *directors*, die Sacheinlagen korrekt zu bewerten, da ansonsten die Gefahr besteht, dass es zu unerlaubten Ausschüttungen zu Lasten des Agios kommt. In einem solchen Fall sind die *directors* in Höhe des ausgezahlten Gesellschaftsvermögens, welches durch das Agio gebunden ist, persönlich haftbar. Dieser Haftung können sie nur entkommen, wenn sie ehrlich und vernünftigerweise glauben durften, dass die Sacheinlage nicht höher bewertet werden durfte[644].

---

[638] I.d.R. erfolgt eine Bareinlage; *Claussen* in KölnerKomm, AktG, § 150 Rn. 9; *Lutter/Hommelhoff*, GmbHG, § 5 Rn. 8.

[639] *Henry Head & Co Ltd v Ropner Holdings Ltd* [1952] Ch 124, [1951] 2 All ER 994 (ChD). Diesem Ergebnis folgt auch die Entscheidung *Shearer (Inspector of Taxes) v Bercain Ltd* [1980] 3 All ER 295; *Hohloch* in Hohloch, Vereinigtes Königreich, Rn. 233 f.

[640] *Palmer*, Rn. 4.009.

[641] *Henry Head & Co Ltd v Ropner Holdings Ltd* [1952] Ch 124, [1951] 2 All ER 994; *Shearer (Inspector of Taxes) v Bercain Ltd* [1980] 3 All ER 295; s. dazu jetzt sec. 130 subs. 1 CA 1985 (Ausnahmen hiervon sind in den secs. 131-134 CA 1985 geregelt).

[642] *Shearer (Inspector of Taxes) v Bercain Ltd* [1980] 3 All ER 295. Zur Entwicklung der Rechtsprechung: *Ferran*, 307 f.

[643] In der Praxis war es bis dahin üblich, eine Vereinbarung zwischen Gesellschaft und Anteilserwerber dahingehend zu treffen, dass die Sacheinlage zum Preis des erworbenen Anteils am Nennkapital an die Gesellschaft abgegeben wird; *Napier/Noke*, MLR 1991, 810. Dies wird de lege lata als Umgehungstatbestand qualifiziert und scheitert somit an sec. 130 subs. 1 CA 1985.

[644] *Pennington*, 163; *Re Kingston Cotton Mill Co (No 2)* [1896] 1 Ch 331.

Im französischen Recht wird begrifflich zwischen der *prime d`émission* und der *prime d`apport* unterschieden[645]. Die *prime d`apport* bezeichnet ein Agio, welches in einer Sachleistung besteht[646]. Sie wird genauso wie die *prime d`émission* behandelt[647].

Somit findet sich in allen untersuchten Rechtsordnungen das folgende allgemeingültige Prinzip wieder:

Ein Agio kann durch Bar- bzw. durch Sacheinlage erbracht werden.

X. Rechtsfolgen und Sanktionen bei verbotenen Ausschüttungen

Für die deutsche AG, die englische *private* sowie *public limited company* gilt, wie bereits dargelegt wurde, dass das Gesellschaftsvermögen in Höhe des vereinnahmten Agios, zusätzlich zum bereits durch das Gesellschaftskapital gebundenen Gesellschaftsvermögen, gebunden wird. Wird dieses gebundene Gesellschaftsvermögen an die Gesellschafter ausgeschüttet, so treten dieselben Rechtsfolgen und Sanktionen ein, wie wenn durch das Gesellschaftskapital gebundenes Vermögen ausgeschüttet worden wäre. Insoweit sei hier auf die Ausführungen zum „Verbot der offenen Ausschüttung zu Lasten des Gesellschaftskapitals" verwiesen[648].

Da nach französischem Recht durch das Agio kein Gesellschaftsvermögen gebunden wird und daher die Gesellschaft frei ist, zu Lasten eines gezahlten Agios Ausschüttungen an die Gesellschafter vorzunehmen, existieren konsequenterweise für diesen Fall auch keine Sanktionen. Nur für den Fall, dass das Agio im Zeitpunkt der Zeichnung der Gesellschaftsanteile nicht vollständig nach Art. L. 225-144 C.com eingezahlt wurde[649], droht den Geschäftsführern nach Art. L. 242-17 al. 2 C.com. eine Haftstrafe von bis zu einem Jahr sowie eine Geldstrafe in Höhe von 9.000,- €[650]. Hierdurch soll die *reale* Kapitalaufbringung gesichert werden.

Dasselbe gilt im Ergebnis auch für die GmbH in Deutschland. Das Gesellschaftskapital der GmbH wird nach § 30 Abs. 1 GmbHG nur in Höhe der Gesellschaftskapitalziffer gebunden. Ausschüttungen, die lediglich zu

645 *Cozian/Viandier/Deboissy*, Rn. 1002.

646 *Mercadal/Janin/Charvériat/Couret*, Rn. 11623.

647 *Ripert/Roblot/Germain*, Rn. 1933.

648 S.o. S. 533

649 *Ripert/Roblot/Germain*, Rn. 1946.

650 Nach Art. L. 242-17 al. 2 und 4 C.com. kann die Strafe nochmals verdoppelt werden, wenn es sich um eine Gesellschaft handelt, die öffentlich zur Zeichnung aufruft, *Mercadal/Janin/Charvériat/Couret*, Rn. 11626, 11844.

Lasten des Agios führen sind somit erlaubt und führen nicht zu einer Rückzahlungspflicht bzw. zu anderweitigen Rechtsfolgen und Sanktionen[651].

Für die Gesellschaften, in denen ein Agio zu einer zusätzlichen Gesellschaftsvermögensbindung führt, lässt sich feststellen, dass diese Bindung den gleichen Regelungen unterliegt, wie sie aufgrund des Grundsatzes der Kapitalerhaltung für das Gesellschaftskapital existieren. Es lässt sich somit folgendes allgemeine Prinzip formulieren:

Wird das Gesellschaftsvermögen in Höhe des Agios gebunden, so unterliegt es denselben Regelungen wie das durch die Gesellschaftskapitalziffer gebundene Gesellschaftsvermögen.

XI. Vergleich der durch die gesetzliche Gewinnrücklage bzw. durch das Agio erweiterten Bindung des Gesellschaftsvermögens

In der Zusammenschau der gefundenen Ergebnisse zur gesetzlichen Gewinnrücklage und zum Agio fällt insbesondere auf, dass im deutschen und französischen Recht im Unterschied zum englischen Recht, wie bereits dargelegt, die Bildung einer Gewinnrücklage vorgeschrieben ist. Der Schutz des Gesellschaftsvermögens durch die Bindungsfunktion der Gesellschaftskapitalziffer wird also in den kontinentaleuropäischen Rechtsordnungen nochmals verstärkt. Nun könnte man meinen, dass in England, wo eine solche Verstärkung des Gesellschaftskapitals durch Bildung einer Gewinnrücklage nicht gesetzlich vorgeschrieben ist, der Schutz des Gesellschaftsvermögens schwächer ausfällt.

Betrachtet man die Regelungen zum Agio, so zeichnet sich jedoch ein anderes Bild ab. Abgesehen von der deutschen AG bindet in den kontinentaleuropäischen Rechtsordnungen das von der Gesellschaft erlangte Agio das Gesellschaftsvermögen nicht.

Im englischen Recht jedoch ist das Gesellschaftsvermögen in Höhe des Agios gebunden. Ein Agio ist anders als die gesetzliche Gewinnrücklage jedoch fakultativ. Aber bedeutet dies auch, dass die Erweiterung der Gesellschaftsvermögensbindung durch das Agio im englischen Recht einen schwächeren Gläubigerschutz bewirkt als die gesetzliche Gewinnrücklage in Frankreich und Deutschland?

Zur Beantwortung dieser Frage muss der tatsächlich erlangbare Gläubigerschutz durch die beiden unterschiedlichen Formen der Rücklagen untersucht werden:

[651] *Lutter*, Kapital, 486.

Festzustellen ist zum einen, dass die gesetzliche Gewinnrücklage zum Teil mit der Agiorücklage verbunden ist. So gilt nach deutschem Recht, dass der fünfprozentige jährliche Gewinnbehalt zugunsten der Gewinnrücklage nur erforderlich ist, bis diese zusammen mit der Agiorücklage (Kapitalrücklage) den zehnten Teil des Gesellschaftskapitals erreicht[652]. Ferner ist für die GmbH eine gesetzliche Gewinnrücklage überhaupt nicht vorgeschrieben und für die französische SARL ist die gesetzliche Gewinnrücklage durch die Abschaffung eines erforderlichen Mindestkapitals praktisch eher bedeutungslos[653].

Auf der anderen Seite muss das Agio in seiner kompletten Höhe in eine Rücklage eingestellt werden, auch wenn diese Agiorücklage mehr als zehn Prozent des Gesellschaftskapitals erreicht. Dies geschieht in der Praxis in dieser Höhe nicht selten, so dass das Agio als Teil der Einlage der Gesellschafter häufig gegenüber der Leistung der den Nennbetrag deckenden Einlage der wirtschaftlich weitaus bedeutendere Finanzierungsbeitrag der Gesellschafter ist[654].

Zudem gilt es folgendes zu bedenken: Ist eine Gesellschaft erfolgreich und weitet sie aus diesem Grund ihre Geschäfte aus, so kann und wird sie bei einer Kapitalerhöhung ein hohes Agio erzielen und schnell eine Agiorücklage bilden, die weit mehr Gesellschaftsvermögen bindet als die zu vergleichende gesetzliche Gewinnrücklage. Bleibt der Erfolg einer Gesellschaft jedoch aus, so bleibt die gesetzliche Gewinnrücklage ebenso mager wie die Gewinne der Gesellschaft[655].

Im Ergebnis kann man also sagen, dass in der englischen Rechtsordnung im Vergleich zu den kontinentaleuropäischen Rechtsordnungen eine zumindest gleichwertige, wenn nicht sogar stärkere Erweiterung des Vermögensschutzes durch die Bindungsfunktion der Agiorücklage existiert. Rücklagen, die das Gesellschaftsvermögen binden, sind also in allen untersuchten Rechtsordnungen bekannt und in Bezug auf ihre Gläubigerschutzfunktion vergleichbar.

Es lässt sich somit folgendes allgemeine Prinzip formulieren:

In Kapitalgesellschaften wird die Bindung des Gesellschaftsvermögens grundsätzlich in Höhe bestimmter zu bildender gesetzlicher Rücklagen erweitert.

652 § 150 Abs. 2 AktG; *Lutter*, Kapital, 535.
653 S.o. S. 1333.
654 *Herchen*, 394.
655 *Bezzenberger*, Rn. 11.

Anmerkung: Nur bei der deutschen GmbH findet sich kein erweiterter Schutz des Gesellschaftsvermögens. Das Vermögen der GmbH wird also weder durch eine gesetzliche Gewinnrücklage noch durch ein Agio gebunden. Dies ist ein weiterer Beleg dafür, dass die Furcht vor der *private limited company* und ein damit angeblich einhergehender geringerer Gläubigerschutzstandard, v.a. im Vergleich zur GmbH, unbegründet ist.

E. Der Erwerb eigener Gesellschaftsanteile

I. Gefährdung des Gesellschaftsvermögens und potentielle Verletzung des Grundsatzes der Kapitalerhaltung durch den Erwerb eigener Anteile

Durch einen derivativen entgeltlichen Erwerb[656] eigener Gesellschaftsanteile kann der Grundsatz der Kapitalerhaltung verletzt werden. Dies liegt darin begründet, dass die Gesellschaft beim Anteilsrückkauf als Gegenleistung für den gezahlten Kaufpreis für sie wertlose Gesellschaftsanteile erhält. Wertlos sind diese Gesellschaftsanteile, weil sie der Gesellschaft lediglich Vermögen zuweisen, welches sie ohnehin schon besitzt. Materiell handelt es sich bei einem derivativen entgeltlichen Erwerb eigener Gesellschaftsanteile um eine Einlagenrückgewähr der Gesellschaft an den veräußernden Gesellschafter.

Die Gefahr einer Verletzung des Grundsatzes der Kapitalerhaltung ist gegeben, da zur Zahlung des Erwerbspreises gebundenes Vermögen herangezogen werden kann. Wird jedoch der Erwerb eigener Anteile mit ausschüttungsfähigen Mitteln der Gesellschaft finanziert, liegt hierin keine Verletzung des Grundsatzes der Kapitalerhaltung. So hätte die Gesellschaft, statt zur Finanzierung des Erwerbs der Anteile, dieses Vermögen in Form einer Gewinnausschüttung auch an ihre Gesellschafter auszahlen können. Festhalten lässt sich daher, dass durch den Erwerb eigener Gesellschaftsanteile das Vermögen einer Gesellschaft immer verringert wird, der Grundsatz der Kapitalerhaltung jedoch nicht zwingend verletzt sein muss[657].

---

[656] Behandelt wird nur der derivative Erwerb, d.h. der Rückerwerb eigener Gesellschaftsanteile. Die entsprechenden Regelungen finden sich in den Artt. 19-24a, 39 der Kapitalrichtlinie, in den §§ 71- 71e AktG, § 33 Abs. 2 GmbHG, Artt. L. 225-206 – 225-217 C.com. (SA), Art. L. 223-34 al. 4 C.com. (SARL) und secs. 143- 181 CA 1985. Die Zeichnung eigener Gesellschaftsanteile, also der originäre Erwerb eigener Anteile, wird im Folgenden nicht untersucht. In diesem Fall ist nicht der Grundsatz der Kapitalerhaltung tangiert, sondern der Grundsatz der realen Kapitalaufbringung, s. statt aller *Habersack*, Rn. 180. Anzumerken ist aber, dass durch die Kapitalrichtlinie die Zeichnung eigener Aktien ausdrücklich verboten wird, Art. 18 Abs. 1 KapRiLi, und dies dem Gebot der *realen* Kapitalaufbringung dient, *Habersack/Mayer*, CFILR 2000, 330. Dieses Verbot galt als allgemeines Rechtsprinzip bereits vor Erlass der Kapitalrichtlinie in den einzelnen Mitgliedstaaten, England: *Edwards*, 70; Frankreich: *Denecker*, Rev.soc. 1977, 671; Deutschland: *Niessen*, AG 1970, 290; *Hüffer*, NJW 1979, 1068; *Ganske*, DB 1978, 2463.

[657] Deutschland: *Habersack*, Rn. 178; *Kindl*, ZEuP 1994, 77 f.; *Lutter*, Kapital, 431; *Lutter* in KölnerKomm, AktG, §71, Rn. 10; *Lutter/Hommelhoff*, GmbHG, § 33 Rn. 1; *Hefermehl/Bungeroth* in Geßler/Hefermehl/Eckhardt/Kropff, AktG, § 71 Rn. 3, 4; *Hüffer*, AktG, § 71 Rn. 1; *Niessen*, AG 1970, 290; *K. Schmidt*, Gesellschaftsrecht, § 29 II c; *Schwark*, FS f. Raiser, 269, 275; *Spickhoff*, BB 1997, 2595; *Wiedemann*, § 10 IV 2 b; *Bezzenberger*, Rn. 3, 5 definiert den Erwerb eigener Anteile als eine Abfindungsvereinbarung und Kapitalausschüttung. Dass es sich beim Erwerb eigener Anteile nicht um ein Austauschgeschäft am Gütermarkt handelt, zeige das Gegenstück des Anteilrückkaufs, die Wiederausgabe von vormals zurückerworbenen Anteilen. Wer hier als neuer Gesellschafter einen Anteil von der Gesellschaft erwirbt, kauft kein Gut aus dem Gesell-

Im Übrigen besteht die Gefahr, dass der Erwerb eigener Anteile als Alternative zur Kapitalherabsetzung genutzt wird[658]. Dadurch könnten gläubigerschützende Regelungen, die im Rahmen einer Kapitalherabsetzung beachtet werden müssen, auf einfachem Wege durch den Erwerb eigener Gesellschaftsanteile umgangen werden.

II. Zusätzliche Gefahren eines Erwerbs eigener Anteile

Durch den Ankauf eigener Gesellschaftsanteile werden die Mehrheitsverhältnisse innerhalb der Gesellschaft verschoben. Der Erwerb eigener Anteile stellt sich somit als Eingriff in die verbandsrechtliche Gesellschaftsstruktur dar[659]. Um einer Ungleichbehandlung vorzubeugen, sind daher die Rechte der Gesellschafter, vor allem der Minderheitsgesellschafter, zu berücksichtigen[660].

Zudem kann durch einen Anteilsrückkauf, insbesondere bei börsennotierten Gesellschaften, eine das Vertrauen erweckende Nachfrage vorgetäuscht werden, die nicht mit der wirtschaftlichen Realität einhergeht[661]. Um Anleger vor Fehlinvestitionen als Folge der Annahme falscher Tatsachen zu bewahren, muss bei einem Erwerb eigener Anteile für den Schutz der Anleger Sorge getragen werden[662].

III. Motive einer Gesellschaft für den Erwerb eigener Anteile

Gründe und Zielvorstellungen für den Erwerb eigener Anteile durch eine Gesellschaft gibt es zahlreiche. Sie finden sich in der Literatur zum Erwerb eigener Gesellschaftsanteile in allen untersuchten Rechtsordnungen und sollen hier nur kurz erwähnt werden. So sind die Möglichkeit der Kapitalanlage, der Kapitalberichtigung, der Kursintervention, der Ausgabe von

---

schaftsvermögen, sondern leistet einen Finanzierungsbeitrag, um an der Gesellschaft beteiligt zu werden; England: *Trevor v. Whitworth* (1887) 12 App.Cas. 409, 414 f. (HL); *Behrens*, GmbH, Rn. GB/NI/EI 45; *Bowen*, 156; *Farrar/Hannigan*, 183; *Jones*, NLJ 1983, 157; *Palmer*, Rn. 6.402, 6.407.1; *Pettet*, 305 f.; *Rajak*, 762 ff.; *Sealy*, 366; Frankreich: *Moreau*, Rn. 24; *Poulnais*, RTD com. 1969, 17 ff.; *Ripert/Roblot/Germain*, Rn. 1513; *Veaux-Fournerie*, Rn. 71 ff.

658 Zur Kapitalherabsetzung s.u. S. 22121 ff.

659 Deutschland: *Wiedemann*, § 10 IV 2 b; England: *Ferran*, 434 f.; Frankreich: *Torck*, Joly Bourse 2002, 509.

660 Deutschland: *Bezzenberger*, Rn. 6; England: *Ferran*, 453 f.; Frankreich: *Poulnais*, RTD com. 1969, 21 ff.

661 Hiervor warnt aktuell *Meilicke*, GmbHR 2003, 808.

662 Deutschland: *Wiedemann*, § 10 IV 2 b; *von Rosen/Helm*, AG 1996, 439; England: *Ferran*, 435; *Jones*, NLJ 1983, 157; *Palmer*, Rn. 6.402; Frankreich: *Poulnais*, RTD com. 1969, 17.

Belegschaftsaktien, der Abwehr von feindlichen Übernahmen sowie die kontinuierliche Gestaltung der Dividendenausschüttung zu nennen[663].

IV. Möglichkeit des Erwerbs eigener Anteile

1. Vorgaben der europäischen Kapitalrichtlinie

Die Problematik des Erwerbs eigener Aktien wird in den Artt. 19-24a, 39 der Kapitalrichtlinie europaweit geregelt[664]. Danach bleibt es den einzelnen Mitgliedstaaten vorbehalten, ob sie den Erwerb eigener Aktien durch die Gesellschaft gänzlich untersagen oder im Rahmen der Vorgaben, welche durch die Kapitalrichtlinie gesetzt werden, zulassen[665].

Vorbild für die Regelung des Erwerbs eigener Aktien durch die Kapitalrichtlinie war zum einen das im englischen Recht geltende Verbot des Erwerbs eigener Aktien[666]. Das englische *Common Law* war in dieser Frage traditionsgemäß streng und legte lange Zeit ein absolutes Verbot des Erwerbs eigener Gesellschaftsanteile fest[667]. Zum anderen wurde die Kapitalrichtlinie aber auch durch die im deutschen Aktienrecht bestehenden Regelungen zum Erwerb eigener Aktien geprägt[668]. Zu nennen ist hier insbesondere der Erlaubnistatbestand des Art. 19 Abs. 2 der Kapitalrichtlinie, der einen Erwerb eigener Aktien bei einem bevorstehenden schweren unmittelbaren Schaden der Gesellschaft zulässt. Das durch die Kapitalrichtlinie umgesetzte Sanktionssystem ist wiederum nach dem Vorbild des romanischen Rechts entstanden[669]. Die Kapitalrichtlinie kann somit in Bezug auf die Regelung des

---

663 Deutschland: *Bezzenberger*, Rn. 4; *Kalss*, AG 1996, 551; *von Rosen/Helm*, AG 1996, 437 f.; England: *DTI, Share buybacks*, Rn. 3.1 ff.; *Gower* (Hrsg.: *DTI*), *The Purchase by a Company of its own Shares*, Cm. 7944, S. 9; *Ferran*, 430 ff; *Keenan*, 140; *Pettet*, 309; Frankreich: *Poulnais*, RTD com. 1969, 17 f.

664 *Kindl*, ZEuP 1994, 77; *Edwards*, 68 f.

665 Art. 19 Abs. 1 KapRiLi; *Drinkuth*, 199 ff., 208 ff.; *Ferran*, 436 f; *Habersack/Mayer*, CFILR 2000, 330 f.; *Palmer*, Rn. 6.402.

666 *Habersack*, Rn. 178; *Trevor v. Whitworth* (1887) 12 App.Cas. 409 (HL); *Birds/Ferran/Villiers/Boyle*, Rn. 7.16; *Davies*, 248 f.; *Palmer*, Rn. 6.402; *Pennington*, 190 ff.; *Schmitthoff*, CMLR 1978, 49; *Ziebe*, AG 1982, 175, 187 f.

667 Das *Common Law* der USA und Kanadas kannte ein solches absolutes Erwerbsverbot nicht. So sahen dies auch die meisten Rechtsordnungen der *Civil Law* Nationen, *Davies*, 248 f. Darüber hinaus wurde das Verbot der finanziellen Hilfestellung beim Erwerb eigener Aktien aus dem engl. Recht übernommen, vgl. Art. 23 der KapRiLi, und die Möglichkeit, rückerwerbbare Gesellschaftsanteile auszugeben, vgl. Art 39 der KapRiLi.

668 *Ziebe*, AG 1982, 176.

669 *Ganske*, DB 1978, 2464.

Erwerbs eigener Aktien als Cocktail bereits existierender nationaler Vorschriften verstanden werden[670].

Ein striktes Verbot des Erwerbs eigener Anteile, wie es zum damaligen Zeitpunkt in England existierte, wurde durch die Kapitalrichtlinie nicht europaweit implementiert[671]. Vielmehr können Aktiengesellschaften bis zu zehn Prozent ihrer eigenen Aktien zurück erwerben[672], soweit es sich um voll eingezahlte Aktien handelt[673]. Voraussetzung hierfür ist eine Ermächtigung der Hauptversammlung[674]. Darüber hinaus darf der Nennbetrag der erworbenen Aktien einschließlich der Aktien, welche die Gesellschaft bereits in Besitz hält, nicht mehr als 10 % des gezeichneten Gesellschaftskapitals ausmachen[675]. Mit diesem Erlaubnistatbestand schuf die Kapitalrichtlinie eine Regelung, die zum damaligen Zeitpunkt in keinem Mitgliedstaat der Europäischen Gemeinschaft existierte. Lediglich die Niederlande kannten die Möglichkeit eines unbegrenzt zulässigen Erwerbs eigener und voll eingezahlter Aktien auf Grund autonomer Entscheidung des Vorstands der Gesellschaft[676].

Die wohl wichtigste Regelung ist jedoch, dass die Gesellschaft den Erwerbspreis der Aktien, um dem Grundsatz der Kapitalerhaltung gerecht zu werden, aus Mitteln finanzieren muss, die sie ebenso gut als Dividenden an die Aktionäre hätte ausschütten können. D.h., der Erwerb eigener Aktien darf nicht zu Lasten des Gesellschaftskapitals und der gebundenen Rücklagen erfolgen[677]. Außerdem muss die Aktiengesellschaft eine nicht ausschüttungsfähige Sonderrücklage schaffen, die das Gesellschaftsvermögen in Höhe des Erwerbspreises bindet, solange sich die erworbenen Aktien im Besitz der Gesellschaft befinden und als solche in der Bilanz aktiviert sind[678].

---

670 *Hüffer*, NJW 1979, 1068 Fn. 51 spricht davon, dass der Umfang und die Kompliziertheit der Vorschriften in der KapRiLi die Einigungsschwierigkeiten innerhalb der EG-Organe widerspiegeln.

671 *Habersack*, Rn. 182; *Edwards*, 70 ff.

672 Art. 19 Abs. 1 lit. b KapRiLi. Dieser Erlaubnistatbestand lehnt sich an die damals bereits existierende frz. Ausnahmeregelung des Art. 217 L. 24.3.1966 an, nach der an der Börse zugelassene Gesellschaften bis zu 10 % ihrer Aktien zur Kursunterstützung erwerben durften, *Schmitthoff*, CMLR 1978, 49 f. Die Begrenzung des Gesamtnennbetrages der erworbenen eigenen Aktien auf 10 % fand sich auch im deutschen Recht beim Erlaubnistatbestand des drohenden schweren Schadens. Der durch Art. 19 Abs. 1 lit. b KapRiLi geschaffene Erwerbstatbestand wird seit langem von vielen europäischen Mitgliedstaaten rechtlich ausgeschöpft, *Bezzenberger*, Rn. 1.

673 Art. 19 Abs. 1 lit. d KapRiLi.

674 Art. 19 Abs. 1 lit. a KapRiLi. Die Ermächtigung durch die Hauptversammlung darf höchstens 18 Monate Bestand haben.

675 Art. 19 Abs. 1 lit. b KapRiLi.

676 *Ganske*, DB 1978, 2463; *Lutter*, Kapital, 437 ff.

677 Art. 19 Abs. 1 lit. c i.V.m. Art. 15 Absatz 1 lit. a) KapRiLi.

678 Art. 22 Abs. 1 lit. b KapRiLi.

Zusammenfassend lässt sich feststellen, dass die Kapitalrichtlinie den Erwerb eigener Aktien eingeschränkt ermöglicht. Die Kapitalrichtlinie räumt den einzelnen Mitgliedstaaten das Recht ein, einen Erwerb eigener Aktien dann zuzulassen, wenn dieser unter Einhaltung bestimmter weiterer gläubigerschützender Regelungen, welche sich aus der Kapitalrichtlinie ergeben, erfolgt. Die zulässigen Ausnahmen orientieren sich nicht allein an besonderen Erwerbszwecken, wie sie bisher in den einzelnen nationalen Rechtsordnungen bekannt waren[679], sondern der Erwerb wird grundsätzlich nur kapitalsummenmäßig und verfahrensrechtlich beschränkt[680]. Hierbei handelt es sich um eine Neuerung, wie sie bisher in den restriktiven einzelstaatlichen Regelungen der Mitgliedstaaten zum Erwerb eigener Aktien nicht vorgesehen war[681].

Da es sich in dem in der Kapitalrichtlinie ausgesprochenen generellen Verbot des Erwerbs eigener Aktien somit nicht um ein absolutes Verbot handelt, sondern zahlreiche Ausnahmetatbestände geschaffen wurden, häufig aus Rücksichtnahme vor den nationalen Rechtsordnungen, sind eine Vielzahl unterschiedlicher Regelungen in den einzelnen Mitgliedstaaten bestehen geblieben bzw. aufgrund der gegebenen Wahlmöglichkeiten, die durch den Spielraum der Kapitalrichtlinie gegeben sind, entstanden[682]. Eine umfassende Harmonisierung des Erwerbs eigener Aktien hat auf Grundlage der Kapitalrichtlinie, die lediglich einen Mindeststandard festlegt, daher nicht stattgefunden[683].

Dennoch wird bei allen durch die Kapitalrichtlinie geschaffenen Erwerbsmöglichkeiten dem Gläubigerschutz und dem Gesellschafterschutz durch enge rechtliche Rahmenbedingungen Rechnung getragen[684].

2. Entwicklung des Verbots des Erwerbs eigener Anteile

Bis zur Verabschiedung der bestehenden Regelungen zum Erwerb eigener Anteile im deutschen Aktienrecht war es ein langer und ein nicht immer in dieselbe Richtung verlaufender Weg[685].

In der Mitte des 19. Jahrhunderts war der Erwerb eigener Aktien, wenn er durch ausschüttungsfähiges Vermögen der Gesellschaft finanziert wurde,

---

679 *Edwards*, 71.
680 *Bezzenberger*, Rn. 27.
681 *Ganske*, DB 1978, 2463 Fn. 22; *Skog*, ZGR 1997, 307.
682 *Habersack/Mayer*, CFILR 2000, 330.
683 *Habersack/Mayer*, CFILR 2000, 331.
684 *Edwards*, 70 f.
685 *Habersack/Mayer*, CFILR 2000, 333; vgl. *Lutter* in KölnerKomm, AktG, § 71 Rn. 5-9; *Peltzer*, WM 1998, 322 ff.; *S. Schön*, 2 ff.

d.h. nicht zu Lasten des Kapitals erfolgte, grundsätzlich möglich[686]. Es wird sich zeigen, dass die heutige gesetzliche Regelung sich diesem Zustand wieder weitgehend angenähert hat und sich in den detaillierten Vorschriften der §§ 71 ff. AktG wiederfindet.

Im Jahre 1870 wurde in Deutschland durch Art. 215 Abs. 3 ADHGB der Erwerb eigener Aktien gänzlich verboten[687]. Dieses absolute Verbot wurde jedoch bereits 1884 durch eine flexibler formulierte Sollbestimmung abgelöst[688], welche sich im Laufe der Zeit als weitgehende Aufhebung des Verbots des Erwerbs eigener Aktien erwies[689].

Im Jahre 1931 wurde, aufgrund der Börsenkrise und zahlreicher Unternehmenszusammenbrüche, die vor allem auf Rückkäufe eigener Aktien in erheblichem Umfang zurückgeführt wurden[690], der Erwerb eigener Anteile durch eine Notverordnung erneut verboten[691]. Es wurden aber vereinzelte Ausnahmetatbestände geschaffen, die einen Erwerb eigener Anteile möglich machen sollten. So durften eigene Aktien im Wege der Einkaufskommission, zur endgültigen Einziehung und zur Abwendung eines schweren Schadens erworben werden. Insbesondere konnte ein solcher Erwerb auch zu Lasten des Gesellschaftskapitals erfolgen. Der Gesamtnennbetrag der erworbenen Aktien durfte jedoch 10 % des Grundkapitals der AG nicht übersteigen[692]. Diese Regelungen wurden durch das Aktiengesetz im Jahre 1965 unverändert übernommen[693].

Erst durch die im Jahr 1976 erlassene Kapitalrichtlinie wurde die „Schwachstelle" des deutschen Aktienrechts, dass eine AG zu Lasten des Kapitals Aktien erwerben konnte, beseitigt[694]. Darüber hinaus führte die Kapitalrichtlinie zu keinen wesentlichen Änderungen der gesetzlichen

---

686 *Bezzenberger*, Rn. 23 m.w.N.

687 *Butzke*, WM 1995, 1389; *Lutter* in KölnerKomm, AktG, § 71 Rn. 5; *Peltzer*, WM 1998, 324. Als Begründung wurde angeführt, dass eine Gesellschaft nicht ihr eigenes Mitglied sein könne. Zudem sei der Erwerb, der nicht aus Gewinnen der Gesellschaft finanziert werde, eine verbotene Einlagenrückgewähr an die Aktionäre der Gesellschaft, *Gesetzesentwurf für die Aktienrechtsnovelle 1870*, S. 645, 658. Die letztere Begründung rechtfertigt jedoch nicht das neu geschaffene absolute Verbot des Erwerbs eigener Aktien, s. hierzu *Bezzenberger*, Rn. 23.

688 Art. 215d ADHGB i. d. F. von 1884: Danach sollte die AG eigene Aktien nicht „im geschäftlichen Betriebe" erwerben. Außerhalb des geschäftlichen Betriebes konnten Aktien aber auch zu Lasten des Kapitals erworben werden.

689 *Bezzenberger*, Rn. 25.

690 Die Unternehmen kauften aufgrund der Schwäche des Aktienmarktes zur Kursunterstützung ihre eigenen Aktien, *Butzke*, WM 1995, 1389; *von Rosen/Helm*, AG 1996, 434; *Spickhoff*, BB 1995, 2597 m.w.N.

691 §§ 226, 227 der Verordnung des Reichspräsidenten über das Aktienrecht, die Bankenaufsicht und Steueramnestie vom 19. September 1931.

692 *Bezzenberger*, Rn. 26 m.w.N.

693 *von Rosen/Helm*, AG 1996, 435.

694 *Lutter*, Europäisches Unternehmensrecht, 110.

Regelungen über den Erwerb eigener Aktien in Deutschland[695]. So musste im Rahmen der Umsetzung der Richtlinie[696] nur die von der Kapitalrichtlinie geforderte Pflicht zur Bildung einer Sonderrücklage für eigene Anteile in das deutsche Aktienrecht übernommen werden[697]. Die durch die Kapitalrichtlinie geschaffene Möglichkeit[698] eines Aktienerwerbes auf Grundlage einer allgemeinen Ermächtigung durch einen Hauptversammlungsbeschluss wurde jedoch durch den deutschen Gesetzgeber nicht eingeführt, da sie als systemwidrig betrachtet wurde[699]. Das deutsche Recht ging weiterhin von einem grundsätzlichen Verbot des Erwerbs eigener Aktien aus, wie es 1931 in Anlehnung an die Rechtslage von 1870 formuliert worden war.

Erst im Jahre 1998 hat der deutsche Gesetzgeber die durch die Kapitalrichtlinie eröffneten Möglichkeiten des Erwerbs eigener Aktien durch das Gesetz zur Kontrolle und Transparenz im Unternehmensbereich (KonTraG) voll ausgeschöpft[700]. So wurde durch das KonTraG der weitgehende Erlaubnistatbestand des § 71 Abs. 1 Nr. 8 AktG eingeführt, der auf Art. 19 Abs. 1 KapRiLi basiert und die Möglichkeit des Erwerbs eigener Anteile mit allgemeiner Ermächtigung der Hauptversammlung zulässt[701]. Grund für die Einführung waren Forderungen der Wirtschaft und von Teilen der rechtwissenschaftlichen Literatur, die freizügigere Regelungen hinsichtlich des Erwerbs eigener Aktien verlangten, wie sie bereits in anderen Mitgliedstaaten[702] und vor allem in den USA existierten[703].

---

[695] Auch nach der Umsetzung der KapRiLi in dt. Recht im Jahr 1978 war der Erwerb eigener Aktien grundsätzlich unzulässig, wenn nicht Ausnahmetatbestände vorlagen. Der dt. Gesetzgeber machte somit keinen Gebrauch von der durch die KapRiLi geschaffenen Möglichkeit, den Erwerb eigener Aktien auch ohne Vorliegen eines besonderen Grundes zu erlauben, *Peltzer*, WM 1998, 326. Dies entspricht dennoch einer ordnungsgemäßen Umsetzung der KapRiLi, da es sich hierbei um sog. Mindestvorschriften handelt, die den einzelstaatlichen Gesetzgebern strengere Regelungen zugestehen, *Drinkuth*, 199 ff.

[696] 2. gesellschaftsrechtliches Koordinierungsgesetz vom 13.12.1978.

[697] *Bezzenberger*, Rn. 29; *Ganske*, DB 1978, 2463.

[698] Art. 19 Abs. 1 a der KapRiLi.

[699] *Schriftlicher Bericht des Rechtsausschusses*, BT-Drucks. VI/3070, 3; *Butzke*, WM 1995, 1389; *Ganske*, DB 1978, 2463; *Ziebe*, AG 1982, 176.

[700] § 71 Abs. 1 Nr. 8 AktG, eingefügt durch Art. 1 Nr. 5 KonTraG, *Bezzenberger*, Rn. 32; *Kessler/Suchan*, BB 2000, 2529 ff.; *Peltzer*, WM 1998, 322 f.

[701] *Claussen*, DB 1998, 179; *J. Geßler*, § 71 Rn. 2; *Hüffer*, AktG, § 71 Rn. 1.

[702] *Butzke*, WM 1995, 1391.

[703] *Bezzenberger*, Rn. 31 f.; *Benkendorff*, 36 ff.; *Claussen*, AG 1991, 10 ff.; *ders.*, AG 1996, 481 ff.; *Kübler*, Aktie, Unternehmensfinanzierung und Kapitalmarkt, 62 ff.; *von Rosen/Helm*, AG 1996, 436 f.; *Martens*, AG 1996, 337 ff.; *Skog*, ZGR 1997, 314 ff.; *Ziebe*, AG 1982, 181 ff.

Trotz der Einführung des neuen und weitgehenden Erlaubnistatbestandes des § 71 Abs. 1 Nr. 8 AktG wird in der Literatur weiterhin von einem grundsätzlichen Verbot des Erwerbs eigener Aktien gesprochen[704].

Kontinuierlicher stellt sich der Werdegang der Regelungen zum Erwerb eigener Gesellschaftsanteile im deutschen GmbH-Recht dar. Seit Schaffung des GmbH-Gesetzes im Jahre 1892 ist der Gesellschaft der Erwerb eigener Gesellschaftsanteile nach § 33 GmbHG[705] gestattet, sofern der Erwerb aus dem über den Betrag des Stammkapitals hinaus vorhandenen Vermögen finanziert werden kann[706]. Das deutsche GmbHG beschränkte also, anders als das AktG, den Erwerb eigener Anteile zu keinem Zeitpunkt auf bestimmte Erlaubnistatbestände[707].

Anders stellt sich die Geschichte der englischen Regelungen hinsichtlich des Erwerbs eigener Gesellschaftsanteile dar. Im Gegensatz zum deutschen Recht zeichnet es sich durch ein von je her existierendes absolutes Verbot[708] des Erwerbs eigener Anteile aus, welches erst in den letzten zwei Jahrzehnten des letzten Jahrhunderts nach und nach liberalisiert wurde[709]. Das Verbot des Erwerbs eigener Anteile galt sowohl für die *private* als auch für die *public limited company*. Es wurde bereits 1887 in dem für den Grundsatz der Kapitalerhaltung bekannt gewordenen Urteil *Trevor v. Whitworth* gerichtlich fixiert[710]. Danach war der Erwerb eigener Anteile durch die Gesellschaft unzulässig, da auf diese Weise entgegen der *capital maintenance doctrine*

---

704 *Spickhoff*, BB 1997, 2593. Regelungsgegenstand des Erwerbsverbots ist der Kapitalschutz der Gesellschaft, *Hüffer*, AktG, § 71 Rn. 1. Das Verbot dient somit der Vermögensbindung und gehört zum Komplex des Grundsatzes der Kapitalerhaltung, *Lutter* in KölnerKomm, AktG, § 71 Rn. 10. Nach a.A. muss unter der jetzigen Rechtslage jedoch von einer grundsätzlichen Erlaubnis gesprochen werden, wenn hierbei auch Grenzen und Auflagen bestehen, *Bezzenberger*, Rn. 32.

705 § 33 GmbHG wurde im Rahmen der kleinen GmbH-Novelle 1980 reformiert, s. hierzu: *Ziebe*, 186 ff. § 33 Abs. 3 wurde mit Wirkung ab 1.1.1995 eingefügt durch Art. 4 Nr. 1 UmwBerG.

706 *Bezzenberger*, Rn. 24.

707 *Ziebe*, 190.

708 Jedoch bestand im *Common Law* bei einem unentgeltlichen Erwerb („*otherwise than for valuable consideration*“) die Möglichkeit zur Umgehung des Verbots durch die Errichtung eines *trusts*, der die Anteile *for the beneficial interest* der Gesellschaft hielt, *Schmitthoff*, CMLR 1978, 50. Nähere Einzelheiten s.u. S. 175.

709 *Habersack/Mayer*, CFILR 2000, 332 f.

710 *Trevor v. Whitworth* (1887) 12 App.Cas. 409 (HL). Danach ist der Erwerb eigener Anteile durch die Gesellschaft nicht *ultra vires* und liegt somit außerhalb der gesellschaftsvertraglichen Befugnisse der Gesellschaft, sondern der Erwerb ist in jedem Fall ungesetzlich und damit nichtig, *Bowen*, 156; *Davies*, 248; *Ferran*, 434; *Farrar/Hannigan*, 182 bezeichnet dieses Urteil als: "*one of the landmark cases in company law*"; *Höfling*, 156 f.; *Keenan*, 139 f.; *Palmer*, Rn. 6.402, 6.407; *Pettet*, 306; *Sealy*, 367 f.; *Skog*, ZGR 1997, 318; *Triebel/Hodgson/Kellenter/Müller*, Rn. 643. Dieses allgemeine Verbot des Erwerbs eigener Anteile findet sich nun in sec. 143 subs. 1 CA 1985.

Gesellschaftskapital zu Lasten der Gesellschaftsgläubiger herabgesetzt werde. Dieser Grundsatz wurde lange Zeit ohne Ausnahme angewendet[711].

Zu erwähnen ist hier aber, dass das englische Gesellschaftsrecht, angeregt durch das *Greene Committee*[712], bereits im CA 1928 in sec. 18 die Ausgabe von rückkaufbaren Gesellschaftsanteilen (*redeemable shares*) zuließ[713]. Die Zulässigkeit der Ausgabe von rückkaufbaren Anteilen findet sich in Art. 39 KapRiLi wieder und wurde dem englischen Recht entnommen. Die entsprechenden Regelungen finden sich im englischen Recht zusammen mit denen zum Erwerb eigener Anteile in den secs. 159 – 181 CA 1985[714]. Der Rückerwerb von *redeemable shares* folgt nach sec. 162 subs. 2 CA 1985 den Vorschriften des Erwerbs eigener Anteile. Dies bedeutet, dass *redeemable shares* ebenso nach sec. 160 CA 1985 nur durch ungebundenes Gesellschaftsvermögen zurückerworben werden können. Die Besonderheit der rückkaufbaren Anteile soll daher nicht weiter untersucht werden.

Im Jahr 1962 verglich das *Jenkins Committee* das englische Verbot des Erwerbs eigener Aktien mit dem diesbezüglich liberaleren US-amerikanischen Recht und den dortigen guten Erfahrungen. Aber auch durch diese Überprüfung des englischen Gesellschaftsrechts wurde der Grundsatz des absoluten Verbots des Erwerbs eigener Anteile nicht aufgehoben[715]. Erst durch die Umsetzung der Kapitalrichtlinie 1981 und aufgrund eines *Consultative Documents*[716] des DTI unter der Leitung von Professor Gower

711 *Farrar/Hannigan*, 184.

712 *Greene Committee*, Cm 2657 (1926), para 28.

713 Hierbei handelte es sich bis zum CA 1981 um die einzige Möglichkeit des Erwerbs eigener Anteile durch die Gesellschaft ohne die Notwendigkeit eines vorhergehenden positiven Gerichtsbeschlusses (*court order*), welcher im Rahmen einer Kapitalherabsetzung notwendig ist, *Davies*, 251; *Sealy*, 366 Fn. 1, vgl. Art. 39 der KapRiLi.

714 Weder im französischen noch im deutschen Aktienrecht besteht die Möglichkeit einer Ausgabe rückkaufbarer Aktien. Jedoch wird die Einführung einer solchen Möglichkeit zuweilen in der Literatur gefordert, *von Rosen/Helm*, AG 1996, 437.

715 *Company Law Committee Report (chairman Lord Jenkins)*, Cm 1749 (1962), para 28.

716 *Gower* (Hrsg.: *DTI*), Cm 7944, para 67; *Bowen*, 156 f.; *Davies*, 253; *Pettet*, 306 f. Hintergrund für den Wunsch, Erwerbstatbestände für eigene Anteile im engl. Recht einzuführen, war es, eine Möglichkeit zu finden, kleine Familiengesellschaften am Kapitalmarkt teilhaben lassen zu können. Dazu bereits *Bolton Committee*, Cm 4811 (1971); *Wilson Committee*, Cm 7503 (1979). Anteile solcher Gesellschaften sind im Allgemeinen schwer handelbar. Investoren werden i.d.R. durch das Risiko abgeschreckt, die Anteile an einer solchen Gesellschaft nicht wieder verkaufen zu können. Auf der anderen Seite möchten Familengesellschafter häufig nur ungern die Kontrolle über ihr Unternehmen durch eine Platzierung der Anteile am Kapitalmarkt verlieren. Durch die Möglichkeit des Erwerbs eigener Anteile durch die Gesellschaft kann beiden Parteiwillen entsprochen werden. Der Investor kann seine Anteile zu einem späteren Zeitpunkt an die Gesellschaft veräußern und die Familiengesellschafter beschränken somit ihren Einfluss auf die Gesellschaft nur für einen befristeten Zeitraum. Zusätzlich werden durch die Möglichkeit des Erwerbs eigener Aktien durch die Gesellschaft Umstrukturierungen in Familiengesellschaften erleichtert und des

wurde der Erwerb eigener Aktien in gewissen begrenzten Ausnahmetatbeständen, fast 100 Jahre nach der Entscheidung *Trevor v. Whitworth*, gesetzlich zugelassen[717]. Seitdem geht das englische Recht, ebenso wie das deutsche Recht, de lege lata von einem Regel-Ausnahme-Prinzip aus. Die zulässigen Ausnahmen eines Erwerbs eigener Anteile werden als Ausnahmen vom grundsätzlichen Verbot der sec. 143 subs. 1 CA 1985 geregelt[718]. Man kann also, wie im deutschen Recht, von einem Verbot mit Erlaubnisvorbehalt sprechen.

Dennoch stellt sich das englische Recht hinsichtlich des Erwerbs eigener Anteile anders dar als in Deutschland. So wird im englischen Recht der Erwerb eigener Anteile wie eine Kapitalherabsetzung ausgestaltet, da die erworbenen Anteile grundsätzlich nicht als so genannte „*treasury shares*" von der Gesellschaft gehalten werden dürfen[719]. Die durch die Gesellschaft erworbenen Anteile werden nach sec. 162 CA 1985 vielmehr eingezogen und für nichtig erklärt (*cancellation*)[720] und können daher nicht erneut durch die Gesellschaft veräußert werden. In Folge dessen sinkt das ausgegebene Gesellschaftskapital (*issued capital*)[721] nicht aber das im Gesellschaftsvertrag ausgewiesene Gesellschaftskapital (*authorised capital*)[722]. Aus Gründen des Gläubigerschutzes ist jedoch in Höhe des reduzierten Gesellschaftskapitals eine so genannte „*capital redemption reserve*" zu bilden, die ebenso wie das Kapital das Vermögen der Gesellschaft bindet[723]. Durch die Einziehung der Anteile, die aufgrund des Erwerbs stattfindet, wird also, anders als bei einer

---

Weiteren wird die Ausgabe von Belegschaftsaktien erleichtert, die die Gesellschaften bei Beendigung des Arbeitsverhältnisses zurückerwerben können.

[717] *Ferran*, 432, 436; *Halsbury's* , Rn. 222; *Farrar/Hannigan*, 183 ff.; *Sealy*, 366; *Triebel/Hodgson/Kellenter/Müller*, Rn. 643. Die Regelungen zum Erwerb eigener Anteile finden sich in secs. 159-181 CA 1985. Diese relativ neuen Möglichkeiten des Erwerbs eigener Anteile werden seit den 90er Jahren durch engl. Unternehmen sehr stark genutzt und zwar hauptsächlich durch börsennotierte *public companies*, *Davies*, 253 f.

[718] *Levedag*, IWB 2002, 588.

[719] *Davies*, 254. Zur neu geschaffenen Möglichkeit des Haltens eigener Aktien börsennotierter Gesellschaften s.u. S. 1888.

[720] Für andere Erwerbsarten, wie z.B. den unentgeltlichen Erwerb oder im Rahmen eines *trusts* durch eine *public company* gelten secs. 146-149 CA 1985 i.V.m. Sch 2. Danach muss die *public company* ihre eigenen Aktien innerhalb von drei Jahren weiterveräußern oder für nichtig erklären. Die Stimmrechte dieser Anteile ruhen jedoch in dieser Zeit, sec. 146 (4) CA 1985. Dieses zeitliche Limit und die Aufhebung des Stimmrechts gelten nicht für die *private company*, *Bowen*, 149; *Davies*, 250 f.; *Keenan*, 138; *Palmer*, Rn. 6.406; *Pennington*, 234; *Sealy*, 369, der jedoch die Frage aufwirft, warum dies nicht auch für die *private company* gelten soll.

[721] Das *issued capital* bezeichnet das gezeichnete Kapital einer Gesellschaft. Das *uncalled share capital* steht für all bisher nicht eingeforderten Einlagen der Gesellschaft.

[722] Das *authorised share capital* stellt das im *memorandum of association* in der so genannten *capital clause* festgeschriebene Gesellschaftskapital dar, sec. 2 subs. 5 (a) CA 1985; *Farrar/Hannigan*, 161; *Griffin*, 160.

[723] Sec. 160 (4) CA 1985; *Ferran*, 443 f.; *Farrar/Hannigan*, 186; *Palmer*, Rn. 6.405, 6.407.1.

„echten" Kapitalherabsetzung, die Höhe des gebundenen Gesellschaftsvermögens nicht herabgesetzt[724].

Sinn und Zweck dieser Regelung in England ist es, das Spekulieren mit eigenen Anteilen zu unterbinden[725] und einem Eingriff in die verbandsrechtliche Gesellschaftsstruktur vorzubeugen[726]. Damit geht das englische Recht zur Zeit weiter als es von der Kapitalrichtlinie vorgeschrieben wird[727]; denn diese fordert nicht die Nichtigerklärung der erworbenen Anteile.

Im Unterschied zur *public limited company* besteht für die *private limited company* nach secs. 171 ff. CA 1985 die Möglichkeit eines Erwerbs eigener Anteile zu Lasten des Gesellschaftskapitals. Auch muss keine *capital redemption reserve* in Höhe der erworbenen Anteile gebildet werden[728]. Auf den ersten Blick handelt es sich hierbei also um eine gravierende Ausnahme vom bisher dargestellten grundsätzlichen Verbot des Erwerbs eigener Anteile zu Lasten des gebundenen Gesellschaftsvermögens. Der kontinentaleuropäische Jurist vermag daher schnell auf diesen gravierenden Unterschied verweisen und hierin den Beweis für einen nicht existierenden vergleichbaren Schutz des Gesellschaftsvermögens bei der *private limited company* erkennen. Fraglich ist aber, ob der Grundsatz der Kapitalerhaltung im Recht der *private limited company* tatsächlich so einfach umgangen werden kann.

Zur Beantwortung dieser Frage muss wiederum auf den bestehenden elementaren Unterschied zwischen dem deutschen und dem englischen Recht zum Erwerb eigener Anteile verwiesen werden. Aufgrund des in England bestehenden Verbots des Haltens eigener Anteile und der daher bestehenden Pflicht zur Einziehung der erworbenen Anteile, handelt es sich bei dem *purchase of own shares out of capital* in Wahrheit um eine Form der Kapitalherabsetzung. Daher soll diese Möglichkeit des Erwerbs eigener Anteile auch erst weiter unten im Abschnitt zur Kapitalherabsetzung untersucht und mit dem deutschen und französischen Recht verglichen werden[729]. Bereits hier soll jedoch angemerkt werden, dass die für den *purchase of own shares out of capital* bestehenden gläubigerschützenden Regelungen vergleichbar sind mit denen, die zur Kapitalherabsetzung in den kontinentaleuropäischen Rechtsordnungen bestehen.

---

724 *Davies*, 251 ff.; *Ferran*, 444; *Halsbury's*, Rn. 231; *Farrar/Hannigan*, 189 f.; *Jones*, NLJ 1983, 158; *Palmer*, Rn. 6.409. Zur näheren Erläuterung der *capital redemption reserve* s.u. S. 1855.

725 *DTI, Share buybacks*, Rn. 3.9, 3.14; *Palmer*, Rn. 6.415; *Pettet*, 308.

726 Etwa dass die Geschäftsführer die Stimmrechte der erworbenen Anteile in ihrem Sinne z.B. zur eigenen Entlastung ausüben können, *Farrar/Hannigan*, 190.

727 Art. 22 KapRiLi; *DTI, Share buybacks*, Rn. 4.1.

728 Zur näheren Erläuterung der *capital redemption reserve* s.u. S. 1855.

729 S.u. S. 237 ff.

Im französischen Recht war der Erwerb eigener Anteile[730] lange Zeit überhaupt nicht gesetzlich geregelt[731]. Erst durch das Gesetz über die Handelsgesellschaften vom 24.7.1966 wurde dieser Problemkreis durch den Art. 63 al. 3 für die SARL und die Artt. 217 ff. für die SA geregelt[732].

Doch bereits vor der gesetzlichen Regelung galt ein Erwerbsverbot eigener Gesellschaftsanteile, vergleichbar mit der anfänglichen Regelung im deutschen Aktienrecht und der noch heute geltenden Regelung im GmbHG. So war im französischen Recht vor 1966 ein Erwerb zu Lasten des Gesellschaftskapitals unzulässig[733]. Zur Begründung wurde, wie auch in Deutschland und England, der Grundsatz der *intangibilité du capital social* herangezogen[734]. Konsequenterweise durfte eine Gesellschaft nach der französischen Rechtsprechung dann eigene Gesellschaftsanteile erwerben, wenn sie hierdurch nicht gegen den Grundsatz der Kapitalerhaltung verstieß. Ein Anteilsrückkauf konnte daher nur zulässig sein, soweit er aus Gewinnen oder aus freien Rücklagen finanziert wurde[735].

In Frankreich galt aber, wie auch heute noch in England, das Prinzip, dass eine Gesellschaft grundsätzlich keine eigenen Anteile halten kann. Daher gestattete der Gesetzgeber konsequenterweise lange Zeit nur die Möglichkeit des Erwerbs zur Kapitalherabsetzung mit entsprechender Vernichtung der Anteile im Wege der Einziehung (*annulation*)[736] bzw. den

---

730 Dieser Sachverhalt wird in Frankreich als „*rachat des actions*", also als Wiederkauf eigener Aktien bezeichnet. Zu diesem missverständlichen Begriff: *Lutter*, Kapital, 432 Fn. 4; *Ripert/Roblot/Germain*, Rn. 1513; *Veaux-Fournerie*, Rn. 30 ff.

731 So findet der Erwerb eigener Aktien im Gesetz von 1867 noch keine Erwähnung, *Poulnais*, RTD com. 1969, 17; *Houpin/Bosvieux*, Rn. 478; *Bastian/Germain* in Jura Europae, 30.10.20; *Lutter*, Kapital, 432; *Ommeslaghe/Ryn*, Rn. 5-58; *Ripert/Roblot/Germain*, Rn. 1513; *Veaux-Fournerie*, Rn. 66.

732 Artt. 217 ff. L. 24 juill. 1966 wurden durch das L. 30 déc.1981 aufgrund der Umsetzung der KapRiLi erweitert, *Ripert/Roblot/Germain*, Rn. 1513. Durch die gesetzliche Normierung hat sich jedoch nichts Wesentliches verändert, *Ziebe*, AG 1982, 181.

733 Durch den Erwerb durfte außerdem das Recht der Gleichbehandlung der Gesellschafter nicht verletzt werden. *Escarra/Rault*, Rn. 1239, 1308 f., 1325; *Lyon-Caen/Renault/Amiaud*, Rn. 882; *Houpin/Bosvieux*, Rn. 487, 1342; *Poulnais*, RTD com. 1969, 17; *Ripert/Roblot/Germain*, Rn. 1513; *Veaux-Fournerie*, Rn. 75; *Cass. civ.* 13 mai 1896 (*Comptoir d'Escompte de Versailles*), D.P. 1896, I. 382 bzw. S. 1896, I. 441; *Cass. Req.* 3 févr. 1913 (*Soc. Moussy et Cie*), J.Soc. 1913, 415; *Cass. civ.* 15 mars 1927 (*Soc. française des fonderies et aciéries électriques de Saint-Chamond*), S. 1927, I. 209, Anm. *Lagarde* bzw. D.H. 1927, 255 bzw. J.Soc. 1928, 155, Anm. *Houpin*; *Cass. com.* 6 janv. 1958, D. 1958 Somm.39, App. *Rouen*; *Cass. civ.* 29 juill. 1931, Rev.soc. 1931, 368; *Lutter*, Kapital, 432 ff. m.w.N. zur Literatur betreffend die Rechtslage vor 1966.

734 *Houpin/Bosvieux*, Rn. 479 m.w.N. zur Rechtsprechung.

735 *Cass. civ.*, 15 mars 1927 (*Soc. française des fonderies et aciéries électriques de Saint-Chamond*), S. 1927, I. 209, Anm. *Lagarde*, J.Soc. 1928, 155, Anm. *Houpin*; *Houpin/Bosvieux*, Rn. 487; *Lutter*, Kapital, 432 ff. m.w.N.; *Herms*, 68; *Ripert/Roblot/Germain*, Rn. 1513; *Poulnais*, RTD com. 1969, 26.

736 *Andrieux*, Rn. 117.

Durchgangserwerb eigener Aktien zum Zwecke einer baldigen Ausgabe der Aktien an die Arbeitnehmer einer SA.

Dieses grundsätzliche Verbot des Erwerbs eigener Aktien durch die SA findet sich in Art. L. 225-206 II. al. 1 C.com wieder. Danach ist der Erwerb eigener Aktien grundsätzlich unzulässig, es sei denn es handelt sich um eine Kapitalherabsetzung, die nicht aufgrund von Verlusten beschlossen wurde, Art. L. 225-207 C.com.[737].

Für eine solche Kapitalherabsetzung durch Erwerb eigener Anteile bedarf es eines Beschlusses der Hauptversammlung, welcher die Geschäftsführung ermächtigt, eine bestimmte Anzahl von Anteilen zur Einziehung (*annulation*) zu erwerben[738]. Hierdurch darf das Gesellschaftskapital nicht unter das gesetzlich vorgeschriebene Mindestkapital sinken[739]. Der Erwerb eigener Anteile zur Einziehung im Rahmen einer Kapitalherabsetzung soll in diesem Kapitel jedoch nicht näher untersucht werden und wird, da er nicht als „echter" Erwerbstatbestand, sondern vielmehr als eine Form der Kapitalherabsetzung zu erachten ist, hier ausgeklammert[740].

In jüngster Zeit wurde das Verbot des Haltens eigener Aktien im französischen Recht jedoch gelockert und ist jetzt bei besonderen Erwerbstatbeständen im Aktienrecht für die SA zulässig[741].

Es setzte sich, wie auch in Deutschland, eine Bewegung für eine liberale Herangehensweise in Bezug auf den Erwerb eigener Aktien in den 90er Jahren durch[742]. Ausgelöst wurde diese durch Betrachtungen der amerikanischen Regelung des Erwerbs eigener Anteile[743]. Im Jahre 1996 wurde im *Marini-Rapport*, der im Zusammenhang mit der Modernisierung des Gesellschaftsrechts erstellt wurde, gefordert, dass der Erwerb eigener Aktien im Rahmen der Bedingungen der Kapitalrichtlinie zuzulassen sei[744].

---

[737] Art. 217 al. 2 L. 24 juill. 1966 a.F., jetzt: Art. L. 225-207 C.com., s.a. die Durchführungsbestimmungen in Art. 181 ff. Décr. 23 mars 1967; *Cozian/Viandier,Deboissy*, Rn. 1012, 1017, 1020.

[738] *Mercadal/Janin/Charvériat/Couret*, Rn. 12165, 12190, 18580. Die einzelnen Modalitäten eines solchen Erwerbs sind in den Artt. 181-185 Décr. 23 mars 1967 normiert.

[739] Art. 225-210 al. 2 C.com.

[740] Zur Kapitalherabsetzung s.u. S. 22121 ff.

[741] *Mercadal/Janin/Charvériat/Couret*, Rn. 18580.

[742] An dessen Anfang stand ein Bericht von *Esambert, Le rachat par les sociétés de leurs propres actions*, janv. 1998; *Ripert/Roblot/Germain*, Rn. 1513; *Cozian/Viandier,Deboissy*, Rn. 1018.

[743] Die amerikanische Regelung des Erwerbs eigener Anteile bewies sich als optimale Lösung, da sich in Folge eines Erwerbs eigener Gesellschaftsanteile durch eine Gesellschaft zeigte, dass sich automatisch der Wert der übrigen Anteile und die Liquidität im Markt erhöhten und eine bessere Unterbringung von Barliquidität in einer Niedrigzinsphase sichergestellt wurde, so: *Ripert/Roblot/Germain*, Rn. 1513; *Merle*, Rn. 279; *Poitrinal*, Rev. Banque 1991, 732. Zum US-Recht *von Rosen/Helm*, AG 1996, 437 m.w.N.

[744] *Marini-Rapport, La modernisation du droit des sociétés.*

So weit ist der französische Gesetzgeber jedoch nicht gegangen. Durch Art. L. 41 des Gesetzes vom 2.7.1998[745], wurde die Regelung des Erwerbs eigener Anteile aber folgendermaßen reformiert[746]:

Nach Art. L. 225-209 C.com. können börsennotierte Gesellschaften (*sociétés cotées*) nun grundsätzlich Aktien mit einem Nennwert von bis zu 10 % ihres Gesellschaftskapitals erwerben[747]. Die erworbenen Aktien können durch einen außerordentlichen Beschluss der *assemblée générale* für nichtig erklärt werden[748]. Alternativ kann die Gesellschaft die Aktien jedoch, anders als zuvor, halten und zu einem späteren Zeitpunkt wieder weiter veräußern[749].

Wie bereits erwähnt, wurde erst durch Art. 63 al. 3 L. n° 66-537 24 juill. 1966 eine gesetzliche Regelung zum Erwerb eigener Gesellschaftsanteile im Recht der SARL geschaffen[750]. Der wortgleiche aktuelle Art. L. 223-34 al. 4 C.com. untersagt der SARL den Erwerb eigener Gesellschaftsanteile explizit. Nur im Falle einer Kapitalherabsetzung, die nicht aufgrund von Verlusten der Gesellschaft erfolgt, kann der Geschäftsführer einer SARL durch die Gesellschafterversammlung ermächtigt werden, eine bestimmte Anzahl eigener Gesellschaftsanteile zum Zwecke der Einziehung zu erwerben[751]. Im Gegensatz zur SA wird durch diese Regelung der Sachverhalt des Erwerbs eigener Anteile abschließend geregelt. Ausnahmetatbestände, die einen Erwerb zulassen, wie im Recht der SA, sind für die SARL nicht vorgesehen. Somit ist für die SARL der Erwerb eigener Gesellschaftsanteile, die sie im Anschluss im Besitz behält, verboten.

Das absolute Verbot des Erwerbs eigener Anteile für die SARL und das Verbot mit Erlaubnisvorbehalt für die SA wurde durch den Gesetzgeber mit der Begründung eingeführt, dass es eine Anormalität sei, wenn eine Gesellschaft zugleich ihr eigener Gesellschafter sei; denn eine Gesellschaft könne nicht zur gleichen Zeit Schuldner und Gläubiger in einer Person sein. Man sah hierin einen Fall einer nach Art. 1300 C.civ. unzulässigen Konfusion[752].

---

745 L. du 2 juillet 1998.

746 *Viandier*, RJDA 1998, 590.

747 Art. 225-209 C.com.; *Cozian/Viandier,Deboissy*, Rn. 1019; *Mercadal/Janin/Charvériat/Couret*, Rn. 18604; *Merle*, Rn. 280.

748 Art. 225-209 al. 2 C.com. Innerhalb eines Zeitraums von 24 Monaten können Anteile mit einem Nennwert, der höchstens dem Wert von 10 % des Gesellschaftskapitals entspricht, eingezogen (*annulation*) werden, *Guyon*, Rn. 439-2. Zur Zeit wird in der frz. Rechtswissenschaft die Frage diskutiert, ob in diesem Fall die Rechte der Gesellschaftsgläubiger, die sie im Rahmen einer Kapitalherabsetzung haben, mit beachtet werden müssen. Dies bejaht die wohl h.M., s. *Ripert/Roblot/Germain*, Rn 1514-1; *A.N.S.A.*, avril-juin 1999, n° 2998; dagegen: *Viandier*, R.J.D.A. 1998, 596.

749 *Cozian/Viandier,Deboissy*, Rn. 1026; *Mercadal/Janin/Charvériat/Couret*, 18604.

750 *Behrens*, GmbH, Rn. F 37; *Schertz*, 86.

751 *Ernaelsteen*, 54; *Maier*, GmbHR 1990, 381; *Ripert/Roblot/Germain*, Rn. 1337.

752 *Merle*, Rn. 279; *Poulnais*, RTD com. 1969, 26.

3. *Grundsätzliches Verbot des Erwerbs eigener Aktien und Begrenzung des Erwerbs eigener Anteile durch den Grundsatz der Kapitalerhaltung*

Bei Betrachtung der nationalen Regelungen lässt sich feststellen, dass bereits vor der Harmonisierung durch die Kapitalrichtlinie der Erwerb eigener Aktien in den einzelnen Rechtsordnungen grundsätzlich verboten war[753]. Der Erwerb eigener Aktien wurde daher durch Übernahme der bereits geltenden nationalen Regelungen in die Kapitalrichtlinie in Art. 19 Abs. 1 konsequenterweise generell verboten[754].

Anders verhält es sich bei den Gesellschaften, die nicht öffentlich zur Zeichnung ihrer Anteile aufrufen können. Zu nennen ist die seit 1892 bestehende Regelung für die deutsche GmbH und die Regelung für die englische *private limited company*, wonach diese Gesellschaften solange eigene Anteile erwerben können, wie hierdurch nicht gebundenes Gesellschaftsvermögen zur Finanzierung des Erwerbs herangezogen wird. Es handelt sich hierbei um eine Umkehrung des im Aktienrecht geltenden Verbots mit Erlaubnisvorbehalt. Trotzdem kann auch bei diesen beiden Gesellschaften von einem Verbot des Erwerbs eigener Anteile gesprochen werden, wenn dieser zu Lasten des gebundenen Gesellschaftsvermögens erfolgt.

Dies gilt so auch für die französische SARL. Jedoch ist der Gesetzgeber hier noch weiter gegangen und hat den Erwerb eigener Anteile unter ein absolutes Verbot gestellt[755]. Der kleinste gemeinsame Nenner lautet also, dass der Erwerb eigener Anteile zumindest immer dann verboten ist, wenn hierdurch gebundenes Gesellschaftsvermögen angegriffen wird.

Angemerkt werden soll, dass auch nach Art. 27 Abs. 1 des Verordnungsentwurfs zur Europäischen Privatgesellschaft die EPG gemäß den gesellschaftsvertraglich vorgesehenen Bestimmungen und Verfahrensvorschriften eigene Anteile erwerben kann.

Es lässt sich daher folgendes allgemeine Prinzip bilden:

---

[753] So auch schon *Niessen*, AG 1970, 289.

[754] Deutschland: *Drinkuth*, 198; *Kindl*, ZEuP 1994, 79; *Lutter*, Europäisches Unternehmensrecht, 50. Frankreich: *Dennecker*, Rev.soc. 1977, 671; *Houin*, RTDE 1978, 733.

[755] Die einzige Ausnahme ist der Erwerb im Rahmen einer Kapitalherabsetzung, die nicht aufgrund von Verlusten der Gesellschaft erfolgt.

Der derivative Erwerb eigener Anteile durch Kapitalgesellschaften, die öffentlich zur Zeichnung ihrer Anteile aufrufen dürfen, ist im Grundsatz verboten. Ein zulässiger Erwerb kann nur aufgrund eines bestehenden Erlaubnistatbestandes erfolgen.

Kapitalgesellschaften, die nicht öffentlich zur Zeichnung ihrer Anteile aufrufen dürfen, können den Erwerb eigener Anteile, soweit dieser durch das nationale Recht gestattet ist, nur durchführen, wenn ein solcher Erwerb nicht durch gebundenes Gesellschaftsvermögen finanziert wird.

Anmerkung: Der Erwerb eigener Anteile ist der SARL außer im Fall einer Kapitalherabsetzung nicht gestattet. Ferner ist bei diesem Prinzip die Möglichkeit der *private limited company*, eigene Anteile zu Lasten des Gesellschaftskapitals zu erwerben, ausgeklammert, da es sich hierbei um eine Form der Kapitalherabsetzung handelt.

a) Umgehungsverbote

Um das Verbot des Erwerbs eigener Anteile abzusichern, bildeten sich in allen untersuchten Rechtsordnungen Umgehungsverbote heraus, die für den Bereich der Aktiengesellschaften durch die Kapitalrichtlinie harmonisiert wurden[756].

(1) Erwerb durch eine im eigenen Namen aber für Rechnung der Gesellschaft handelnde Person („Strohmanngeschäfte")

Die Möglichkeit einer Umgehung des Erwerbsverbots eigener Anteile durch die Zuhilfenahme einer dritten Person, die zwar im eigenen Namen aber für Rechnung der Gesellschaft handelt, ist durch Art. 19 Abs. 1 der Kapitalrichtlinie als Umgehungsverbot aufgenommen worden[757]. Zulässig ist jedoch der Erwerb einer dritten Person, wenn auch die Gesellschaft in zulässiger Weise Anteile hätte erwerben können.

Im deutschen Aktienrecht findet sich dieses Umgehungsverbot in §§ 71a Abs. 2, 71d AktG wieder[758] und gilt im gleichen Umfang auch für die

[756] *Ganske*, DB 1978, 2464; *Niessen*, AG 1970, 289.
[757] *Niessen*, AG 1970, 290.
[758] *Ganske*, DB 1978, 2464.

GmbH[759]. Die entsprechende französische Regelung ist in Art. L. 225-206 II. al. 2 C.com. niedergelegt[760].

Das Umgehungsverbot findet sich auch im englischen Recht wieder. Jedoch wird es aufgrund der Besonderheit des englischen Rechtsinstituts des *trusts* weiter gefasst, um auch hier eine Umgehung zu verhindern[761]. Dies ist deshalb so wichtig, weil in England durch das Rechtsinstitut des *trusts* die Möglichkeit der Aufteilung der Eigentümerstellung besteht, d.h. ein Dritter (*nominee*) kann die Gesellschaftsanteile als rechtlicher Eigentümer *for the beneficial interest* der Gesellschaft halten, die damit wirtschaftlicher Eigentümer der Anteile wird[762]. So war es zu Zeiten des absoluten Verbots des Erwerbs eigener Gesellschaftsanteile üblich, einen solchen *trust* zu gründen, der die Anteile zugunsten der Gesellschaft hielt[763]. Jedoch durfte ein solcher *trust* nicht durch die Gesellschaft finanziert werden[764].

Aus diesem Grund tragen die Regelungen der secs. 144-149 CA 1985 dafür Sorge, dass das Erwerbsverbot nicht durch einen Strohmann (*nominee*) umgangen wird. Dieses Verbot gilt sowohl für die *private* als auch für die *public limited company*[765].

Um das grundsätzliche Verbot des Erwerbs eigener Anteile nicht leer laufen zu lassen, findet sich also, wie dargestellt, in allen untersuchten Rechtsordnungen das Verbot einer Umgehung des Erwerbes eigener Anteile der Gesellschaft durch Strohmanngeschäfte wieder. Aus diesem Grund ist es auch im Verordnungsentwurf zur Europäischen Privatgesellschaft in Art. 27 Abs. 2 aufgenommen worden[766].

Somit gilt folgendes Prinzip:

Der Erwerb eigener Anteile durch eine im eigenen Namen aber für Rechnung der Gesellschaft handelnde Person ist verboten, wenn der Erwerb unter den gegebenen Umständen auch der Gesellschaft selbst nicht gestattet wäre.

---

759 *Lutter/Hommelhoff*, GmbHG, § 33 Rn. 10.

760 *Mercadal/Janin/Charvériat/Couret*, Rn. 18583; *Reinhard*, RTD com. 1993, 533; *Ripert/Roblot/Germain*, Rn. 1513.

761 *Birds/Ferran/Villiers/Boyle*, Rn. 7.16.

762 *Schmitthoff*, CMLR 1978, 50; *Sealy*, 369.

763 *Re Castiglinone's Will Trust* [1958] Ch 549; *Kirby v. Wilkens* [1929] 2 Ch 444.

764 *Birds/Ferran/Villiers/Boyle*, Rn. 7.16.

765 *Palmer*, Rn. 6.419.

766 Nach Art. 27 Abs. 2 des Verordnungsentwurfs zur EPG der *Chambre de Commerce et d'Industrie de Paris* kann diese über einen auf ihre Rechnung handelnden Dritten nicht mehr als 25% ihrer eigenen Anteile halten.

(2) Konzernrechtliche Absicherung des Verbots des Erwerbs eigener Anteile.

Es wäre ein leichtes für eine Gesellschaft, die Vorschriften in Bezug auf den Erwerb eigener Gesellschaftsanteile zu umgehen, wenn es einer Tochtergesellschaft gestattet wäre, Anteile der Muttergesellschaft zu erwerben[767].

Daher findet sich in der Kapitalrichtlinie in Art. 24a die Regelung, dass eine abhängige oder eine im Mehrheitsbesitz der Muttergesellschaft stehende Tochtergesellschaft Anteile dieser nur erwerben kann, wenn dies auch der Muttergesellschaft gestattet wäre.

Als Vorbild für diese Regelung der Kapitalrichtlinie[768] diente die englische und deutsche konzernrechtliche Absicherung des Verbots des Erwerbs eigener Anteile[769].

In England befindet sich diese im heutigen Recht in sec. 23 CA 1985 für die *public* und *private limited company*. Eine Tochtergesellschaft (*subsidiary*) kann aufgrund dieser Regelung grundsätzlich keine Anteile ihrer Muttergesellschaft (*holding*) halten. Eine wechselseitige Beteiligung im Verhältnis Tochter- zur Muttergesellschaft ist damit also ausgeschlossen[770].

Entsprechende Regelungen finden sich im deutschen Aktienrecht in den §§ 56 Abs. 2, 71d AktG[771]. Auch für die GmbH ist anerkannt, dass das Verbot mittelbarer Selbstbeteiligung dem Schutzgedanken des § 33 GmbHG entspricht und auf die GmbH angewendet werden muss. Der Tochtergesellschaft ist der Erwerb von volleingezahlten[772] Gesellschaftsanteilen der Mutter nur soweit gestattet, wie dies entsprechend § 33 Abs. 2 GmbHG aus frei verfügbaren Mitteln finanziert und eine Sonderrücklage[773] nach § 272 Abs. 4 HGB gebildet werden kann[774].

Im französischen Recht findet sich die konzernrechtliche Absicherung des Verbotes in Art. L. 225-206 II. al. 2 C.com. sowie in den Artt. 233-29 ff. C.com.[775]. Jedoch wird in der französischen Literatur insbesondere auf die Problematik der Abgrenzung des verbotenen abhängigen Erwerbes zugunsten

---

767 *DTI*, *Share buybacks*, Rn. 5.18.

768 Art. 24a der KapRiLi wurde eingefügt durch Art. 1 der Richtlinie 92/101/EWG vom 23.11.1992 zur Änderung der Richtlinie 77/91/EWG über die Gründung der Aktiengesellschaft sowie die Erhaltung und Änderung ihres Kapitals, ABl. EG Nr. L 347 v. 28.11.1992, 64-66. Grund für die erst später erfolgte Aufnahme ist, dass die Regelung durch die in Planung begriffene (9.) Konzernrechtsrichtlinie aufgenommen werden sollte. Nachdem diese vorerst gescheitert ist, wurde Art. 24a in die Kapitalrichtlinie eingeführt. Die Umsetzungsfrist ist am 1.1.1994 abgelaufen.

769 Sec. 27 CA 1948; *Jones*, NLJ 1983, 157 Fn. 14.

770 *Behrens*, GmbH, Rn. GB/NI/EI 45; *Triebel/Hodgson/Kellenter/Müller*, Rn. 643.

771 *Spickhoff*, BB 1997, 2593 ff. Die in § 71d getroffene Regelung existiert bereits seit 1937.

772 Zum Gebot der Volleinzahlung s.u. S. 18181.

773 Zur Sonderrücklage s.u. S. 183 f.

774 *Emmerich*, NZG 1998, 622; *Lutter/Hommelhoff*, GmbHG, § 33 Rn. 25.

775 *Merle*, Rn. 280.

der Mutter von dem zulässigen nicht fremdbestimmten selbständigen Eigenerwerb der Tochter hingewiesen[776].

Eine abhängige Tochtergesellschaft darf grundsätzlich keine Anteile der Muttergesellschaft halten.

(3) Inpfandnahme eigener Anteile

Nach Art. 24 der Kapitalrichtlinie ist die Inpfandnahme eigener Aktien durch die Gesellschaft oder durch eine im eigenen Namen, aber für Rechnung der Gesellschaft handelnde Person dem Erwerb gleichgestellt. Die Inpfandnahme eigener Aktien ist daher ebenso wie der Erwerb im Grundsatz verboten ist. Hierdurch soll eine Umgehung des Erwerbsverbotes verhindert werden, denn wäre eine Inpfandnahme gestattet, so könnte die Gesellschaft die gepfändeten Gesellschaftsanteile bei Nichtauslösung verwerten und dabei würden die Anteile an die Gesellschaft fallen. Somit stellt die Inpfandnahme die gleiche Gefahr für das Gesellschaftskapital dar, wie ein Erwerb eigener Gesellschaftsanteile[777].

Inspiriert zu dieser Regelung wurde die Kapitalrichtlinie durch die deutsche Rechtsordnung[778]. Nach § 71e AktG ist die Inpfandnahme eigener Aktien nur unter den gleichen Voraussetzungen wie der Erwerb eigener Aktien möglich[779].

Eine inhaltsgleiche Regelung findet sich für die GmbH in § 33 GmbHG[780]. Danach kann eine GmbH nach § 33 Abs. 2 S. 2 GmbHG nur Gesellschaftsanteile als Pfand nehmen,

- soweit der Gesamtbetrag der durch Inpfandnahme eigener Gesellschaftsanteile gesicherten Forderungen nicht höher ist als das über das Gesellschaftskapital hinaus vorhandene Vermögen, oder
- wenn der Wert der als Pfand genommenen Gesellschaftsanteile nicht höher ist als das über das Gesellschaftskapital hinaus vorhandene Vermögen.

Im französischen Recht bestand keine entsprechende Regelung vor Harmonisierung des Aktienrechts durch Art. 23 der Kapitalrichtlinie[781]. Nach Art.

[776] *Mercadal/Janin/Charvériat/Couret*, Rn. 18584; *Ripert/Roblot/Germain*, Rn. 1514.
[777] *Ziebe*, 127, 192.
[778] *Hüffer*, NJW 1979, 1069; *Edwards*, 73.
[779] *Ganske*, DB 1978, 2464.
[780] *Lutter/Hommelhoff*, GmbHG, § 33 Rn. 11; *K. Schmidt*, Gesellschaftsrecht, § 37 III 5.
[781] *Denecker*, Rev.soc. 1977, 674.

L. 225-215 al. 1 C.com. wird nun die Inpfandnahme eigener Aktien durch die SA gänzlich verboten[782]. Insofern ist die durch die Kapitalrichtlinie im französischen Recht geschaffene Regelung strenger als vorgegeben. Eine Ausnahme wird jedoch im Bereich der laufenden Geschäfte von Kreditinstituten zugelassen, wie sie im Rahmen des Art. 24 Abs. 2 der Kapitalrichtlinie gestattet ist[783].

Das Verbot der Inpfandnahme bestand vor Umsetzung der Kapitalrichtlinie ebenso im englischen Recht nicht[784]. De lege lata ist nach sec. 150 CA 1985[785] der *public limited company* nunmehr die Inpfandnahme eigener Anteile grundsätzlich untersagt[786].

Die *private limited company* wird durch sec. 150 CA 1985 nicht erfasst. Sie kann im Gegensatz zur *public limited company* ihre Anteile nicht nur aufgrund nicht vollständig geleisteter Einlageverpflichtungen, sondern auch aufgrund sonstiger Schulden des Gesellschafters pfänden[787]. Ob hier eine Begrenzung durch die *capital maintenance doctrine* geschaffen wird, wie im deutschen GmbH-Recht, wird in der englischen Literatur nicht weiter behandelt. Dass sich hierdurch eine Umgehungsmöglichkeit des Erwerbsverbotes auftun könnte, bleibt unerwähnt und ob es in der Realität überhaupt zu Pfändungen von Gesellschaftsanteilen kommt, kann hier nicht beantwortet werden. Nach meiner Ansicht ist das Fehlen einer diesbezüglichen englischen Regelung und die fehlende Problematisierung und kaum stattfindende Thematisierung in der rechtswissenschaftlichen Literatur darauf zurückzuführen, dass in diesem Bereich bisher keine Probleme aufgetreten sind. Das Fehlen einer englischen Regelung für die *private limited company* kann daher nicht als bewusste Aussparung durch den Gesetzgeber verstanden werden, sondern muss wohl als nicht bedachter „Ausreißer" im System des Grundsatzes der Kapitalerhaltung gesehen werden; denn ist schon der Erwerb zu Lasten des Gesellschaftsvermögens der *private limited company* verboten, so muss zur Vermeidung einer Umgehung auch eine solche Inpfandnahme verboten sein.

Das grundsätzliche Verbot der Inpfandnahme eigener Anteile findet sich zudem in Art. 27 Abs. 4 des Verordnungsentwurfes zur Europäischen Privatgesellschaft.

---

[782] *Merle*, Rn. 281. Unzulässig in Pfand genommene Aktien müssen innerhalb eines Jahres an den Gesellschafter zurückgegeben werden. Ansonsten ist die Inpfandnahme als nichtig anzusehen, Art. 225-215 al. 2 C.com.

[783] Art. L. 225-215 al. 3 C.com.

[784] *Schmitthoff*, CMLR 1978, 51.

[785] S.a. Art. 8 Table A CA 1985.

[786] Jedoch ist es der *public limited company* gestattet, ihre Anteile zum Schutz ausstehender Einlageverpflichtungen zu pfänden, *Keenan*, 139.

[787] *Bowen*, 152.

Als allgemeines Prinzip lässt sich daher formulieren:

Die Inpfandnahme eigener Gesellschaftsanteile ist grundsätzlich verboten. Sie kann nur unter den gleichen Voraussetzungen wie ein zulässiger Erwerb eigener Anteile erfolgen.

Anmerkung: Einziger „Ausreißer" dieses Prinzips ist die *private limited company*.

b) Zulässige Erwerbstatbestände

In allen untersuchten Rechtsordnungen lassen sich vom Erwerbsverbot eigener Gesellschaftsanteile, wie bereits angedeutet, Ausnahmetatbestände finden, die einen Erwerb unter bestimmten Voraussetzungen zulassen.

In Deutschland finden sich die erlaubten Erwerbstatbestande in § 71 Abs. 1 Nr. 1-8 AktG und § 33 GmbHG, in England in den secs. 159 bis 181 CA 1985[788] und in Frankreich in den Artt. L. 225-207 bis 225-217 C.com.[789].

Allen Erwerbstatbeständen gemeinsam sind bestimmte allgemeine Voraussetzungen für einen solchen zulässigen Erwerb eigener Gesellschaftsanteile. Diese sollen hier vorweg dargestellt werden, bevor die einzelnen Erlaubnistatbestände untersucht werden. Es handelt sich hierbei um die folgenden Voraussetzungen:

(1) Allgemeine Voraussetzungen für einen zulässigen Erwerb eigener Gesellschaftsanteile

(a) Gesellschafterbeschluss

Bei den Beratungen zur Kapitalrichtlinie standen sich zwei verschiedene Systeme im Hinblick auf die Entscheidungskompetenz über den Erwerb eigener Aktien in den europäischen Mitgliedstaaten gegenüber.

So wurde in den meisten Ländern für einen zulässigen Erwerb eigener Aktien ein Beschluss der Gesellschafterversammlung verlangt[790]. Nach deutschem Recht bestand aber auch die Möglichkeit, dass nur aufgrund einer Ent-

---

[788] CA 1985, *Part V*: *Share capital, its increase, maintenance and reduction, Chapter VII*: *Redeemable shares; Purchase by a company of its own shares*.

[789] Art. L. 225-206 II. al. 1 C.com verweist auf diese Ausnahmetatbestände in den Artt. L. 225-207 bis 225-217 C.com.

[790] *Niessen*, AG 1970, 290; *Schmitthoff*, CMLR 1978, 50.

scheidung des Geschäftsführungsorgans der Erwerb eigener Aktien durchgeführt werden konnte[791].

Die Kapitalrichtlinie folgte dem weiter verbreiteten Vorbild[792]. Jedoch wurde nach Art. 19 Abs. 2 KapRiLi auch die deutsche Besonderheit des Erwerbs durch den Vorstand bei einem schweren unmittelbar bevorstehenden Schaden der Gesellschaft berücksichtigt[793]. Es bedarf hierfür ausnahmsweise nicht der nach Art. 19 Abs. 1 lit. a der Kapitalrichtlinie geforderten Genehmigung durch die Hauptversammlung. In diesem Fall muss jedoch im Rahmen der folgenden Gesellschafterversammlung diese durch das Geschäftsführungsorgan über die Gründe und den Zweck der getätigten Ankäufe, über die Zahl und den Nennbetrag der erworbenen Aktien, über deren Anteil am gezeichneten Kapital sowie über den Gegenwert der Aktien unterrichtet werden, Art. 19 Abs. 2 S. 2 KapRiLi.

Diese Vorgaben der Kapitalrichtlinie wurden im deutschen Recht in § 71 Abs. 3 AktG umgesetzt[794]. Für die GmbH findet sich keine gesetzliche Regelung. Da durch den Erwerb eigener Anteile auch in den Bestand der Gesellschafterstruktur eingegriffen wird, soll es aber auch hier nicht Sache der Geschäftsführung sein, über einen Erwerb endgültig zu entscheiden. Zwar ist eine Vorweg-Zustimmung der Gesellschafter für einen Erwerb durch die Geschäftsführung nicht notwendig, die Geschäftsführung hat jedoch die Gesellschafter über einen geplanten Erwerb eigener Anteile so zeitig zu unterrichten, dass diese gegebenenfalls von ihrem Einberufungsrecht nach § 50 GmbHG Gebrauch machen können. In der hierauf einberufenen Gesellschafterversammlung können die Gesellschafter mit einfacher Mehrheit die Geschäftsführer nach ihren Willen anweisen und einen Erwerb untersagen[795]. So liegt die endgültige Entscheidungskompetenz über den Erwerb eigener Gesellschaftsanteile auch bei der GmbH letztlich bei der Gesellschafterversammlung.

Ebenso benötigt im französischen Recht der *conseil d`administration* bzw. das *directoire* für einen Erwerb eigener Anteile nach Art. 225-209 C.com. eine Genehmigung des *assemblée générale*[796].

In England kann eine Gesellschaft nur dann eigene Anteile erwerben, wenn sie dazu in den *articles* ermächtigt ist[797]. Zusätzlich muss jeder Erwerb durch einen Gesellschafterbeschluss genehmigt werden[798].

---

791 So konnte der Vorstand nach § 71 AktG a.F. für die Gesellschaft eigene Aktien erwerben, um einen schweren Schaden von der Gesellschaft abzuwenden.

792 *Denecker*, Rev.soc. 1977, 671.

793 *Edwards*, 71.

794 *Ganske*, DB 1978, 2463.

795 *Lutter/Hommelhoff*, GmbHG, § 33 Rn. 15; *Westermann* in Scholz, GmbHG, § 33 Rn. 27.

796 Die Hauptversammlung bestimmt den Zweck, die Modalitäten und den Höchstbetrag des Erwerbs eigener Anteile, Art. 225-209 C.com.

Die Entscheidungskompetenz über einen Erwerb eigener Gesellschaftsanteile obliegt der Gesellschafterversammlung.

(b) Gebot der Volleinzahlung

Um dem Gebot der realen Kapitalaufbringung gerecht zu werden, kann eine Gesellschaft nur dann Anteile entgeltlich erwerben, wenn hierauf der Ausgabebetrag voll geleistet worden ist[799]. Aus diesem Grund wurde durch die Kapitalrichtlinie das Gebot der Vollzeichnung für den Erwerb eigener Aktien europaweit vorgeschrieben[800].

Es findet sich im englischen Recht in sec. 159 subs. 3 i.V.m. sec. 162 subs. 2 CA 1985 für die *public* und *private limited company*, in Frankreich für die SA in Art. L. 225-210 al. 1 C.com.[801] und in Deutschland in § 71 Abs. 2 S. 3 AktG und § 33 Abs. 2 GmbHG[802].

Es gilt daher überall das allgemeine Prinzip, welches besagt:

Der entgeltliche Erwerb eigener Gesellschaftsanteile ist nur zulässig, wenn auf die Anteile der Ausgabebetrag voll geleistet wurde.

(c) Finanzierung des Erwerbs eigener Anteile aus freiem Gesellschaftsvermögen

Wie bereits einleitend erwähnt, kann ein zulässiger Erwerb eigener Anteile nur aus ausschüttungsfähigen Mitteln, d.h. aus den erwirtschafteten Ge-

---

797 Secs. 159 subs. 1, 162 subs. 1 CA 1985. In Artt. 3, 35 Table A sind die entsprechenden *standard provisions* enthalten.

798 Sec. 164 CA 1985 (für sog. *off-market purchases* bedarf es eines Gesellschafterbeschlusses für jeden individuellen Erwerb in der Form einer *special resolution*, d.h. es bedarf einer Mehrheit von 75 % der abgegebenen Stimmen auf der Gesellschafterversammlung, sec. 378 subs. 1 CA 1985); sec. 166 CA 1985 (für einen sog. *market purchase* kann die Gesellschafterversammlung auch eine allgemeine Genehmigung für den Erwerb eigener Anteile beschließen. Es bedarf für einen wirksamen Beschluss einer *ordinary resolution*, d.h. es bedarf nur einer einfachen Mehrheit). Für eine Unterscheidung zwischen diesen beiden Erwerbsarten s. die Definitionen in sec. 163 CA 1985 und *Davies*, 254 ff.; *Ferran*, 438 ff.; *Halsbury's*, Rn. 223 ff.; *Farrar/Hannigan*, 187 ff.; *Keenan*, 140 ff.; *Palmer*, Rn. 6.407.1 ff.; *Pennington*, 225 ff. Vereinfachend gesagt handelt es sich bei einem *on-market purchase* um einen Erwerb von börsennotierten Gesellschaftsanteilen. Bei einem *off-market purchase* gibt es für die erworbenen Anteile keinen regulierten Markt. S.u. S. 192.

799 *Ferran*, 442; *Farrar/Hannigan*, 187; *Merle*, Rn. 280.

800 Art. 19 Abs. 1 lit. d KapRiLi.

801 Erwirbt die SA dennoch eigene Aktien, die noch nicht vollständig eingezahlt sind, so haften die Geschäftsführer nach Art. L. 225-210 al. 1 C.com. auf die noch ausstehenden Beträge, *Mercadal/Janin/Charvériat/Couret*, Rn. 18591.

802 *K. Schmidt*, Gesellschaftsrecht, § 37 III 5; *Memento*, Gesellschaftsrecht, Rn. 2285; *Eisenhardt*, Rn. 749.

winnen und nicht aus gebundenem Vermögen der Gesellschaft finanziert werden. Dies wurde für die Aktiengesellschaften durch die Kapitalrichtlinie festgelegt, gilt aber auch für die GmbH und die *private limited company*[803]. Durch diese Begrenzung der Erwerbsfinanzierung wird der Grundsatz der Kapitalerhaltung nicht verletzt. Bei dem Verbot des Erwerbs eigener Anteile zu Lasten des Kapitals handelt es sich insoweit um ein europaweites Prinzip, welches bereits vor Errichtung der Kapitalrichtlinie galt[804].

In Frankreich trägt Art. L. 225-210 al. 2 C.com. diesem Grundsatz Rechnung[805]. Die deutschen Regelungen finden sich in § 71 Abs. 2 S. 2 AktG und § 33 Abs. 2 S. 1 GmbHG[806]. Ebenso gilt im englischen Recht als Voraussetzung für einen zulässigen Erwerb voll gezeichneter eigener Anteile nach sec. 160 subs. 1 und sec. 162 subs. 2 CA 1985 sowohl für die *public* als auch für die *private limited company*, dass dieser entweder durch ausschüttungsfähige Gewinne[807] oder aus dem Erlös, der aus einer Ausgabe neuer Anteile erzielt wurde[808], finanziert wird[809].

Im Übrigen darf auch nach dem Verordnungsentwurf zur Europäischen Privatgesellschaft der Erwerb eigener Anteile nicht zu Lasten des Kapitals erfolgen[810].

Der entgeltliche Erwerb eigener Gesellschaftsanteile ist nur zulässig, sofern dieser aus dem über den Betrag des Gesellschaftskapitals zuzüglich der Rücklagen, deren Ausschüttung nicht gestattet ist, hinaus vorhandenen Vermögen finanziert werden kann.

---

[803] Art. 19 Abs. 1 lit. c KapRiLi; *Denecker*, Rev.soc. 1977, 672.

[804] *Niessen*, AG 1970, 290 Fn. 90 für die Länder Deutschland, Frankreich, Italien, Belgien, Luxemburg und die Niederlande. *Lutter*, Kapital, 430 ff.

[805] *Geißler*, 21; *Lutter*, Kapital, 446 f.; *Pic/Baratin*, Rn. 265; *Rousseau*, Rn. 277 ; *Mercadal/Janin/Charvériat/Couret*, Rn. 18587; *Merle*, Rn. 280; *Ommeslaghe/Ryn*, Rn. 5-58.

[806] *Eisenhardt*, Rn. 749; *Lutter/Hommelhoff*, GmbHG, § 33 Rn. 1, 7; *Schultze-Petzold*, 7 f.; *Ziebe*, 188.

[807] Sec. 181 lit. a i.V.m. sec. 263 subs. 2 CA 1985; *Palmer*, Rn. 6.408 f. Darüber hinaus werden durch sec. 168 CA 1985 andere Kosten, die im Rahmen eines Erwerbs eigener Anteile durch die Gesellschaft entstehen können, wie z.B. Kosten die aus einer Vertragsänderung entstehen, dem Erwerbspreis gleichgesetzt und müssen somit auch aus nicht gebundenem Gesellschaftsvermögen finanziert werden, *Davies*, 257 f.

[808] Die Ausgabe neuer Anteile muss zu dem Zweck des Rückerwerbs erfolgt sein, secs. 160 subs. 1 (a), 162 subs. 2 CA 1985. Hierzu jüngst *BDG Roof-Bond Ltd. v. Douglas*, Urteil v. 6.10.1999 High Court (Ch), zit. bei *Vorpeil*, RIW 2001, 449: Der Erwerb eigener Aktien einer Gesellschaft wurde in dem zu entscheidenden Fall als unwirksam angesehen, da nicht genügend verfügbare Vermögenswerte („*distributable profits*") dafür zur Verfügung standen.

[809] *Behrens*, GmbH, Rn. GB/NI/EI 45; *Ferran*, 442 f.; *Farrar/Hannigan*, 189; *Palmer*, Rn. 6.407; *Pennington*, 224.

[810] Art. 27 Abs. 4 des Verordnungsentwurfs zur EPG der *Chambre de Commerce et d'Industrie de Paris*.

(d) Bildung einer Sonderrücklage

Das soeben erörterte Prinzip, dass eine Gesellschaft nur aus freiem Vermögen eigene Anteile erwerben kann, reicht für einen effektiven Schutz des Gesellschaftsvermögens nicht aus. Dies soll durch folgendes Beispiel verdeutlicht werden:

Vor dem Erwerb eigener Anteile stellt sich die Vermögenssituation einer Gesellschaft in einer vereinfachten Bilanz wie folgt dar:

Aktiva	T€		Passiva
Bank	120,-	Kapital	100,-
		Jahresüberschuss	20,-
	120,-		120,-

Die Gesellschaft besitzt also in Höhe von T€ 20,- ausschüttungsfähiges Vermögen. Dieses setzt sie für einen zulässigen Erwerb eigener Anteile ein. Diese Anteile sollen nicht eingezogen werden, sondern im Vermögen der Gesellschaft gehalten werden. Nach dem Erwerb der Anteile stellt sich die Bilanz der Gesellschaft daher folgendermaßen dar:

Aktiva	T€		Passiva
Bank	100,-	Kapital	100,-
Eigene Anteile	20,-	Jahresüberschuss	20,-
	120,-		120,-

Vergleicht man die Bilanzen, so stellt man fest, dass die Passivseite unverändert geblieben ist. Auf der Aktivseite ist es jedoch zu einem Aktivtausch gekommen[811]. T€ 20,- des Bankguthabens wurden für eigene Anteile verwendet. Würde die Bilanz so stehen bleiben, könnte die Gesellschaft erneut eigene Anteile für T€ 20,- erwerben, denn sie besitzt auch nach dieser Bilanz freies Vermögen in Höhe von T€ 20,-. Dieses Spiel könnte die Gesellschaft solange fortführen bis sie gänzlich vermögenslos wäre und ihr Nettoaktivvermögen nur noch aus für sie wertlosen eigenen Anteilen bestehen würde.

Daher muss eine Sonderrücklage in Höhe des Wertes der von der Gesellschaft gehaltenen und in der Bilanz aktivierten eigenen Anteile gebildet werden. Es handelt sich hierbei um eine zusätzliche Ausschüttungssperre im Hinblick auf das Gesellschaftsvermögen, damit die neu erworbenen eigenen Gesellschaftsanteile bilanziell neutralisiert werden[812]. Die Bilanz muss daher wie folgt aufgestellt werden:

---

[811] S. hierzu *Hüffer*, NJW 1979, 1069.

[812] Art. 22 Abs. 1 lit. b) KapRiLi; *Bezzenberger*, Rn. 28; *Ganske*, DB 1978, 2463.

Aktiva	T€		Passiva
Bank	100,-	Kapital	100,-
Eigene Anteile	20,-	Sonderrücklage	20,-
	120,-		120,-

Nach dieser Bilanz verbleibt der Gesellschaft kein ausschüttungsfähiges Gesellschaftsvermögen und sie kann daher auch keinen weiteren Erwerb eigener Anteile finanzieren, der nicht zu Lasten des gebundenen Gesellschaftsvermögens ginge.

Für einen effektiven Schutz des Grundsatzes der Kapitalerhaltung wurde daher europaweit durch Art. 22 Abs. 1 lit. b der Kapitalrichtlinie die Bildung einer entsprechenden Rücklage beim Erwerb eigener Aktien vorgeschrieben[813].

In Frankreich findet sich für die SA diese Rücklagenbildungspflicht, um die von ihr gehaltenen und aktivierten eigenen Aktien bilanziell zu neutralisieren, in Art. L. 225-210 al. 3 C.com.[814]. Eine entsprechende Vorschrift existiert nicht für die SARL, da diese, wie bereits erwähnt, keine eigenen Gesellschaftsanteile im Besitz halten darf, sondern Anteile einzig und allein im Rahmen einer Kapitalherabsetzung zur Einziehung erwerben kann. Die SARL kann daher auch nicht eigene Anteile in ihrer Bilanz aktivieren. Aus diesem Grund besteht keine Notwendigkeit für die Bildung einer entsprechenden Sonderrücklage.

Im deutschen Recht findet sich die Pflicht zur Rücklagenbildung für die AG in § 71 Abs. 2 S. 2 AktG[815]. Obwohl nach deutschem Recht eine Aktivierung eigener Aktien vorgeschrieben ist[816], wurde die Pflicht zur Rücklagenbildung erst durch Umsetzung der Kapitalrichtlinie ins deutsche Recht für die AG eingeführt[817]. Auch die GmbH muss nach § 33 Abs. 2 S. 1 GmbHG aus freien Mitteln eine besondere Rücklage in Höhe des Betrags, mit dem der Gesellschaftsanteil in der Aktivseite der Bilanz auszuweisen ist[818], bilden[819].

---

813 *Ganske*, DB 1978, 2463.

814 Art. 225-210 al. 3 C.com.; *Mercadal/Janin/Charvériat/Couret*, Rn. 18588; *Merle*, Rn. 280. Keine entsprechende Vorschrift bestand im frz. Recht vor Umsetzung der Kapitalrichtlinie, *Denecker*, Rev.soc. 1977, 674.

815 *Ganske*, DB 1978, 2463.

816 Eigene Gesellschaftsanteile sind im Umlaufvermögen auf der Aktivseite der Bilanz auszuweisen, § 266 Abs. 2 B. III HGB. Aktiviert wird der Gesellschaftsanteil höchstens mit dem Kaufpreis oder gegebenenfalls mit einem geringeren Verkehrswert; *Breuninger*, DStZ, 1991, 422; *Hüffer*, NJW 1979, 1069.

817 *Hüffer*, NJW 1979, 1068 f.

818 *Lutter/Hommelhoff*, GmbHG, § 33 Rn. 8.

Art. 22 Abs. 1 b) der KapRiLi wurde im englischen Recht durch sec. 148 subs. 4 CA 1985 umgesetzt[820]. Anders als bei der französischen SA und im deutschen Recht werden in England die erworbenen Gesellschaftsanteile aber grundsätzlich eingezogen. Die Anteile können nicht aktiviert werden und es bedarf daher in diesem Fall auch nicht der durch die Kapitalrichtlinie vorgesehenen Sonderrücklage, denn bilanziell erfolgt die Abbildung des Anteilsrückkaufs durch Verrechnung mit dem Gesellschaftskapital wie bei einer Kapitalherabsetzung[821]. In Deutschland und bei der französischen SA stellt der Anteilsrückkauf, wie gezeigt, einen Aktivtausch dar (Vermögen gegen eigene (wertlose) Aktien), in England aber eine Bilanzverkürzung. Auf der Aktivseite geht der Gesellschaft Vermögen und auf der Passivseite gezeichnetes Gesellschaftskapital verloren. Damit sich aber der Erwerb eigener Gesellschaftsanteile nicht auf den Bestand des hierdurch herabgesetzten Kapitals zu Lasten des Gesellschaftsvermögens auswirkt, muss die Gesellschaft nach sec. 170 subs. 1 CA 1985 eine so genannte „*capital redemption reserve*" in Höhe des durch den Anteilskauf vernichteten Gesellschaftskapitals bilden[822]. Es handelt sich hierbei bilanziell betrachtet um eine Umbuchung des Gesellschaftskapitals in eine Kapitalrücklage. Diese bindet nach sec. 170 subs. 4 CA 1985 genau wie das Gesellschaftskapital das Vermögen der Gesellschaft[823]. Ansonsten käme es zu einer Benachteiligung der Gläubiger der Gesellschaft, denn anders als bei der SARL, bei der für den Erwerb eigener Anteile die gläubigerschützenden Vorschriften einer Kapitalherabsetzung beachtet werden müssen, ist in England der Erwerb eigener Anteile nicht das Ergebnis einer Kapitalherabsetzung, sondern der Erwerb als solches führt zu einer Kapitalherabsetzung. Würde das englische Recht hier stehen bleiben, so könnten der auch in England bestehende enge rechtliche

---

819 § 272 IV HGB. Diese Rücklage wird bei einer Veräußerung des Gesellschaftsanteils durch die GmbH wieder aufgelöst und kann somit entsprechend den Regelungen des § 29 GmbHG verwendet werden.

820 Sec. 148 subs. 4 CA 1985 findet nur in dem Zeitraum Anwendung, bevor die Anteile durch die Gesellschaft gelöscht werden.

821 *Levedag*, IWB 2000, 588.

822 Sec. 170 CA 1985. Für den Fall, dass die Gesellschaft den Erwerb der Anteile ganz oder z.T. durch die Ausgabe neuer Anteile finanziert und die Summe der Ausgabeerlöse geringer als die Summe des Nennkapitals der erworbenen Anteile ist, muss die Differenz dieser beiden Summen in die *capital redemption reserve* eingestellt werden, sec. 170 (2) CA 1985. Dies gilt jedoch nicht in dem Ausnahmefall, in dem eine *private company* den Erwerb eigener Anteile aus dem Gesellschaftskapital finanziert, sec. 170 (3) CA 1985 (s.u. S. 24242 ff.). *Davies*, 251 ff.; *Ferran*, 444; *Halsbury's*, Rn. 231; *Farrar/Hannigan*, 189 f.; *Palmer*, Rn. 6.409.

823 *Jones*, NLJ 1983, 158. Das gebundene Vermögen in der *capital redemption reserve* kann genau wie beim *share premium account* zur Ausgabe von voll eingezahlten *bonus shares* benutzt werden. Dadurch wird dieses in der Sonderrücklage gebundene Vermögen wieder zu echtem Gesellschaftskapital. Aus diesem Grund wird der Grundsatz der Kapitalerhaltung durch diesen Vorgang auch nicht verletzt, *Keenan*, 143.

Rahmen einer Kapitalherabsetzung auf einfache Art und Weise umgangen werden.

Die *public* und *private limited company* müssen also für einen zulässigen Erwerb eigener Gesellschaftsanteile den doppelten Betrag an ausschüttbaren Gewinnen bereithalten. Einmal um den Kaufpreis zu zahlen und ein zweites Mal zur Bildung der *capital redemption reserve*. Durch die gesetzliche Regelung wird im Ergebnis dafür Sorge getragen, dass durch den Rückerwerb eigener Aktien die Höhe des gebundenen Gesellschaftsvermögens nicht verringert und dadurch dem Grundsatz der *capital maintenance doctrine* Genüge getan wird[824].

Durch entsprechende Rücklagenbildung ist bei einem Erwerb eigener Anteile dafür Sorge zu tragen, dass das gebundene Gesellschaftsvermögen nicht durch hierfür erworbene eigene Anteile entwertet wird. Eine solche Rücklage ist mit freiem Gesellschaftsvermögen zu unterlegen.

(e) 10 % Schwelle

Aktiengesellschaften dürfen nicht unbegrenzt eigene Anteile in ihrem Vermögen halten, selbst wenn sie einen solchen Erwerb aus ausschüttungsfähigen Mitteln finanzieren könnten. Art. 19 Abs. 1 lit. b der Kapitalrichtlinie schreibt einer Aktiengesellschaft vor, dass der Nennbetrag der erworbenen und von ihr gehaltenen eigenen Aktien, sowie der Aktien, die eine Person im eigenen Namen, jedoch für Rechnung der Gesellschaft erworben hat, nicht mehr als 10 % des gezeichneten Gesellschaftskapitals ausmachen darf[825].

Die französische Regelung verschärft die durch die Kapitalrichtlinie als Mindeststandard vorgeschriebene Deckelung in Höhe von 10 % dahingehend, dass zwar der Nennbetrag der von der SA im Gesellschaftsvermögen gehaltenen eigenen Aktien bis zu 10 % des Gesellschaftskapitals ausmachen darf, aber die Gesellschaft von jeder existierenden ausgegebenen Aktienkategorie höchstens 10 % halten darf[826].

Eine solche Verschärfung findet sich im deutschen Aktienrecht nicht. § 71 Abs. 2 S. 1 AktG entspricht der durch die Kapitalrichtlinie vorgeschriebenen Regelung, dass der Gesamtbestand eigener Aktien 10 % des

---

824 *Pettet*, 308.

825 *Denecker*, Rev.soc. 1977, 672.

826 *Mercadal/Janin/Charvériat/Couret*, Rn. 18586; *Ripert/Roblot/Germain*, Rn. 1514; *Bastian/Germain* in Jura Europae, 30.10.20.

Gesellschaftskapitals nicht übersteigen darf und galt bereits vor Umsetzung der Kapitalrichtlinie ins deutsche Recht[827].

Für die deutsche GmbH ist der Erwerb eigener Gesellschaftsanteile kapitalsummenmäßig nicht begrenzt. Wie bereits dargestellt, kann sie eigene Anteile erwerben, soweit sie hierfür nicht gebundenes Vermögen zur Finanzierung heranzieht[828].

Art. 19 Abs. 1 der Kapitalrichtlinie wurde durch den englischen Gesetzgeber nicht umgesetzt, da in sec. 160 subs. 4 CA 1985 ein absolutes Verbot des Haltens eigener Gesellschaftsanteile normiert ist. Eigene Anteile werden im englischen Recht daher unter Herabsetzung des gezeichneten Gesellschaftskapitals gelöscht[829]. Anders ausgedrückt: Bei einer *public* bzw. *private limited company* liegt die Grenze der Anteile, die eine Gesellschaft halten darf, nicht bei 10%, sondern bei 0 %.

Die Einführung so genannter *treasury shares*, Anteile die von der Gesellschaft gehalten werden können, befindet sich jedoch in England zur Zeit im Rahmen der Reformierung des Gesellschaftsrechts in der Diskussion[830]. Dadurch soll den Gesellschaften das Halten eigener Anteile erlaubt werden.

Als Argument für die Einführung solcher *treasury shares* wird dabei angeführt, dass im Gegensatz zur Möglichkeit der Wiederveräußerung (*resale*) bereits die Möglichkeit der „Wiederausgabe" (*reissue*) nach secs. 160 (4), 162 CA 1985 bestehe, da durch den Erwerb eigener Aktien nur das *issued capital* und nicht das *authorised capital* absinke. Insofern könne die Gesellschaft jederzeit zumindest in der Höhe des Nennkapitalwertes der erworbenen Gesellschaftsanteile wieder Anteile ausgeben. Die zusätzliche Möglichkeit, erworbene Anteile wieder veräußern zu können, erlaube den Gesellschaften mehr Flexibilität, die Höhe des ausgegebenen Gesellschaftskapitals zu bestimmen, vor allem da eine Neuausgabe von Gesellschaftsanteilen mit höheren Kosten verbunden sei. Zu beachten sei auch, dass bei der Neuausgabe von Gesellschaftsanteilen üblicherweise ein Rabatt im Vergleich zum aktuellen Marktpreisniveau gewährt werde. Durch die Wiederveräußerung erworbener eigener Anteile könne die Gesellschaft jedoch, dadurch dass sie sich durch mehrere kleinere Veräußerungsvorgänge von ihren Anteilen trennt, den aktuellen Marktpreis für die Anteile erhalten. Des

827 *Hüffer*, NJW 1979, 1068.

828 *Eisenhardt*, Rn. 749.

829 Die Unterscheidung zwischen Erwerb und Halten eigener Aktien wird von *Edwards*, 71 Fn. 122 nicht vorgenommen, daher ist sie verwundert, dass die 10 % Regelung nicht ins englische Recht übernommen wurde.

830 Diese wurde im Jahr 1998 angeregt durch ein Consultation Document des DTI über die Änderungsvorschläge zur Möglichkeit des Erwerbs eigener Anteile durch eine Gesellschaft, *DTI, Share Buybacks*.

Weiteren habe die Gesellschaft die Möglichkeit, in ihr eigenes Unternehmen zu investieren wie jeder andere Gesellschafter. Außerdem sei es möglich, die Vorschriften, die eine Ausgabe von Gesellschaftsanteilen regulieren, zu umgehen: So könnten die Gesellschaftsanteile zu einem Preis unter Nennwert, also unter Pari, verkauft werden oder die bei einer Ausgabe bestehenden Vorkaufsrechte der Altaktionäre müssten nicht beachtet werden[831].

Hauptargument gegen eine solche Reform im englischen Recht war die schon oben erwähnte Gefahr der Kursmanipulation durch die Gesellschaft, die zur Begründung der jetzigen Regelung, dass die erworbenen Anteile für nichtig erklärt werden müssen, herangezogen wurde. Auch eine Umgehung des Vorkaufsrechts der Altaktionäre wird gegen eine Reform des geltenden Rechts angeführt[832]. Diese Bedenken sind nach Meinung des DTI bereits durch verstärkte Offenlegungspflichten im Rahmen der Gesetzgebung gegen Kursmanipulationen[833] und durch die effektive Überwachung der Preisentwicklungen durch die *Stock Exchange* weitestgehend ausgeräumt oder können durch weitere Pflichten ergänzt werden[834]. Die jetzigen Schutzinstrumente für Gesellschafter und Gesellschaftsgläubiger im Rahmen des Erwerbs eigener Anteile durch die Gesellschaft hält man für ausreichend[835]. Aus diesen Gründen wurde allgemein die Einführung von *treasury shares* empfohlen[836] und bereits für börsennotierte Gesellschaften umgesetzt[837].

Im Übrigen soll nach einem Vorschlag der Arbeitsgruppe SLIM die bisherige Begrenzung auf 10 % aufgehoben werden. Nach Ansicht der Arbeitsgruppe sollen die einzelnen Mitgliedstaaten eine Begrenzung der Möglichkeit des Anteilsrückkaufs selber festlegen können. Beibehalten werden soll aber die Regelung, dass ein solcher Erwerb nicht zu Lasten des Gesellschaftskapitals erfolgen darf, darüber hinaus bedarf es laut dieses Vorschlags keines zusätzlichen Gläubigerschutzes[838]. So handelt es sich bei einem Anteilsrückkauf, der nicht zu Lasten des Gesellschaftskapitals erfolgt, nicht um eine verbotene Einlagenrückgewähr, sondern vielmehr um eine normale Gewinn-

---

831 *DTI, Share buybacks*, Rn. 2.5, 3.1 ff.

832 *DTI, Share buybacks*, Rn. 3.9 ff.

833 *Legislation on unfair price manipulation.*

834 *DTI, Share buybacks*, Rn. 2.13 ff, 3.9, 3.14 f., 5.5 ff. Diese Argumente gelten natürlich nur für die Rechtsform der *public* company. Dennoch möchte das Reformvorhaben sowohl der *public* als auch der *private company* gestatten, eigene Gesellschaftsanteile zu halten, Rn. 5.2.

835 *DTI, Share buybacks*, Rn. 5.4.

836 *DTI, Share buybacks*, Rn. 3.15; *Sealy*, 377.

837 Am 1.12.2003 wurde durch das Inkrafttreten der *Companies (Acquisition of Own shares) (Treasury shares) Regulations 2003*, SI 2003/1116 die Möglichkeit geschaffen, dass Gesellschaften, die an der London Stock Exchange, am Alternative Investment Market oder anderswo in der European Economic Area notiert sind, bis zu 10% ihrer eigenen Aktien als *treasury shares* halten; vgl. die Änderungen in den Artt. 428, 429, 430A CA 1985; *Vorpeil*, RIW 2004, 697

838 Vorschläge der *SLIM-Arbeitsgruppe*, ZIP 1999, 1947 f.; *Baldamus*, 189 f.; *Menjucq*, 149.

ausschüttung an die Gesellschafter[839]. Der Vorschlag der SLIM-Arbeitsgruppe lehnt sich insofern an die bestehende Rechtslage der deutschen GmbH an. Für diese Gesellschaftsform findet sich keine gesetzliche Begrenzung, wie viele eigene Anteile von ihr gehalten werden dürfen[840].

Interessant ist, dass im Rahmen des Verordnungsentwurfs zur Europäischen Privatgesellschaft nach Art. 27 Abs. 2 eine EPG nicht mehr als 25% ihrer eigenen Anteile halten kann. Wie bereits dargelegt, darf die *private limited company* keine eigenen Anteile halten, da diese nach Erwerb gelöscht werden müssen. Dasselbe gilt aufgrund des absoluten Verbots des Erwerbs eigener Anteile für die SARL. Daher kann für diese Gesellschaften in diesem Bereich kein einheitliches Prinzip formuliert werden. Die Tatsache, dass jedoch die EPG in begrenztem Umfang eigene Anteile halten kann und auch in England im Wege der Reformbestrebungen so genannte *treasury shares* angedacht sind, spricht für die Tendenz, dass auch bei der Gesellschaft mit beschränkter Haftung, die nicht öffentlich zur Zeichnung aufrufen kann, die Gesellschaft eigene Anteile halten kann.

Aufgrund der bisherigen Rechtslage in den untersuchten Rechtsordnungen lässt sich jedoch nur folgendes allgemeine Prinzip formulieren, welches sich aufgrund der europaweiten Harmonisierung durch die Kapitalrichtlinie bilden lässt:

Der Gesamtnennbetrag der durch eine Gesellschaft, die öffentlich zur Zeichnung ihrer Anteile aufrufen kann, gehaltenen eigenen Anteile darf nicht mehr als 10 % des Gesellschaftskapitals betragen.

---

839 *Escher-Weingart/Kübler*, ZHR 1999, 537 ff.; *von Rosen/Helm*, AG 1996, 439; *Martens*, AG 1996, 341; *Armour*, MLR 2000, 364 ff.; *Ferran*, 431 f.

840 In der Diskussion steht sogar die Frage, ob die GmbH sämtliche Gesellschaftsanteile erwerben kann. Man spricht in diesem Fall von einer Keinmann-GmbH, vgl.: *Hueck* in Baumbach/Hueck, GmbHG, § 33 Rn. 14 m.w.N. Nach h.M. ist die Keinmann-GmbH zu verneinen, da die GmbH im Gegensatz zur Stiftung nicht als rechtsfähiges Sondervermögen angelegt ist, sondern mitgliedschaftlich organisiert ist, *K. Schmidt*, Gesellschaftsrecht, § 37 III 5; *Memento*, Gesellschaftsrecht, Rn. 3301. In der Praxis spielt die Keinmann-GmbH keine große Rolle; *Eisenhardt*, Rn. 749. Für die AG: *Spickhoff*, BB 1997, 2595. Diesbezüglich sei ferner auf das englische Recht verwiesen, welches in sec. 162 subs. 3 CA 1985 einen Erwerb eigener Anteile durch eine *private-* bzw. *public limited company* dann nicht gestattet, wenn hierdurch der Gesellschaft keine Gesellschafter bzw. nur Gesellschafter verbleiben, die aufgrund von *redeemable shares*, also rückkaufbaren Anteilen, an dieser beteiligt sind. Mit dieser Regelung soll eine „Keinmann-Gesellschaft" und damit eine Existenzgefährdung der Gesellschaft verhindert werden, *Behrens*, GmbH, Rn. GB/NI/EI 45; *Ferran*, 441 f.; *Palmer*, Rn. 6.407.

(f) Offenlegungsvorschriften

Eine Gesellschaft, die ihre eigenen Anteile erwirbt, muss in allen untersuchten Rechtsordnungen einer Reihe von Offenlegungsvorschriften nachkommen.

Nach Art. 22 Abs. 2 der Kapitalrichtlinie muss der Lagebericht der Gesellschaft bei einem Erwerb eigener Aktien mindestens die folgenden Angaben enthalten[841]:

- die Gründe für die während des Geschäftsjahres getätigten Ankäufe;
- die Zahl und der Nennbetrag der während des Geschäftsjahres erworbenen und gehaltenen Aktien sowie deren Anteil am gezeichneten Kapital;
- bei entgeltlichem Erwerb oder entgeltlicher Veräußerung den Gegenwert der Aktien;
- die Zahl und den Nennbetrag aller erworbenen und gehaltenen Aktien sowie deren Anteil am gezeichneten Kapital.

Art. 22 Abs. 2 der Kapitalrichtlinie wird in Deutschland durch § 160 Abs. 1 Nr. 2 AktG umgesetzt[842].

Im französischen Recht findet sich in Art. L. 225-211 al. 2 C.com. die Pflicht der Geschäftsführung zur entsprechenden Veröffentlichung im Geschäftsbericht. Nach Art. L. 225-211 al. 1 C.com. muss der Erwerb und der Verkauf eigener Aktien im Gesellschaftsregister eingetragen werden[843]. Zudem müssen börsennotierte Gesellschaften nach Art. L. 225-209 al. 2 C.com eine Reihe von Offenlegungspflichten gegenüber der *Autorité des marchés financiers* (AMF) nachkommen[844].

Ebenso muss in England innerhalb von 28 Tagen nach dem Erwerb der eigenen Anteile durch eine *company* dem Gesellschaftsregister Mitteilung über die Anzahl, das Nennkapital und das Datum des Erwerbs geleistet werden[845]. Eine Kopie des Vertrags über den Erwerb muss für 10 Jahre bei der Gesellschaft verbleiben. Diese kann von jedem Gesellschafter und im Fall einer *public limited company* zusätzlich von jedem Dritten eingesehen

---

841 *Lutter*, Europäisches Unternehmensrecht, 110 f.

842 *Ganske*, DB 1978, 2464.

843 *Mercadal/Janin/Charvériat/Couret*, Rn. 18613.

844 *Mercadal/Janin/Charvériat/Couret*, Rn. 18606.

845 Sec. 169 (1), (2) CA 1985; *Halsbury's*, Rn. 229; *Keenan*, 142; *Palmer*, Rn. 6.416. Börsennotierte *public companies* treffen im Rahmen des *chapter* 15 der *Stock Exchange's Listing Rules* verschärfte Offenlegungspflichten. So muss der Aufsichtsbehörde jeder Erwerbsvorgang gemeldet werden, *rule* 15.9. Darüber hinaus werden durch *rule* 37 des *Takeover Panel City Code* weitere Offenlegungspflichten im Rahmen eines Übernahmeangebots vorgeschrieben.

werden[846]. Angaben über den Erwerb müssen auch im Geschäftsführungsbericht getätigt werden[847].

Es kann also folgendes allgemeine Prinzip gebildet werden:

Der Erwerb eigener Anteile ist publizitätspflichtig.

(2) Allgemeiner Erwerbstatbestand mit der Voraussetzung einer entsprechenden Ermächtigung durch die Gesellschafterversammlung

Nach Art. 19 Abs. 1 lit. a der Kapitalrichtlinie ist es zulässig, dass eine Gesellschaft eigene Aktien erwirbt, wenn sie hierfür eine Genehmigung von der Gesellschafterversammlung erteilt bekommt, welche die Einzelheiten des vorgesehenen Erwerbs und insbesondere die Höchstzahl der zu erwerbenden Aktien und bei einem entgeltlichen Erwerb den niedrigsten und höchsten Gegenwert festlegt. Eine solche Ermächtigung durch die Gesellschafterversammlung darf nicht länger als 18 Monate Bestand haben.

Von diesem weitgehenden Erlaubnistatbestand hat der deutsche Gesetzgeber erst im Jahre 1998 durch das KonTraG Gebrauch gemacht[848]. Die entsprechende Regelung findet sich in § 71 Abs. 1 Nr. 8 AktG. Danach kann eine AG eigene Aktien aufgrund einer höchstens 18 Monate geltenden Ermächtigung der Hauptversammlung erwerben, die den niedrigsten und höchsten Gegenwert sowie den Anteil am Grundkapital, der zehn vom Hundert nicht übersteigen darf, festlegt. Jedoch wird in § 71 Abs. 1 Nr. 8 S. 2 AktG eine Ausnahme dahingehend gemacht, dass der Anteilserwerb nicht zum Zwecke des Handels mit eigenen Aktien erfolgen darf.

Mit diesem Erlaubnistatbestand ist der AG, vergleichbar mit der GmbH, der Erwerb ohne besondere Voraussetzungen gestattet, soweit hierdurch der Gesamtnennbetrag der gehaltenen Anteile nicht mehr als 10 % des Gesellschaftskapitals beträgt.

Eine ähnliche Rechtslage findet sich im französischen Recht. Nach Art. L. 225-209 C.com. können börsennotierte Gesellschaften (*sociétés cotées*) Aktien mit einem Nennwert von bis zu 10 % ihres Gesellschaftskapitals erwerben[849]. Für einen Erwerb nach Art. 225-209 C.com. benötigt der *conseil d'administration* bzw. das *directoire* eine Genehmigung der

---

[846] Sec. 169 (4), (5) CA 1985; *Davies*, 258; *Pennington*, 227 f.

[847] Sch 7, Part II. CA 1985 (Umsetzung des Art. 22 (2) KapRiLi).

[848] S.o. S. 1655.

[849] Art. 225-209 C.com.; *Cozian/Viandier,Deboissy*, Rn. 1019; *Mercadal/Janin/Charvériat/Couret*, Rn. 18604; *Merle*, Rn. 280.

assemblée générale[850]. Dieser Gesellschafterbeschluss muss gemäß 179-1 Décr. 23.3.1967 die Preisspanne und die Anzahl der zu erwerbenden Aktien festlegen. Diese Ermächtigung zum Erwerb eigener Aktien kann für nicht mehr als 18 Monate im Voraus erteilt werden[851]. Zudem sind die Gesellschaften verpflichtet, einige zusätzliche Anforderungen der *Commission des opérations de bourse* (C.O.B.) zu erfüllen[852]. So muss beim Erwerb eigener Aktien durch die SA dieser dem *Conseil des marchés financiers* mitgeteilt und hierüber Rechenschaft abgelegt werden[853].

Eigene Aktien einer SA können erworben werden, um einen Überschuss an Barliquidität in der Gesellschaft abzubauen oder aber zur Kursunterstützung bei einer Baisse am Aktienmarkt. Weiterhin kann durch den Erwerb eigener Aktien auch eine Blockade, die aus sich entgegenstehenden Anteilsbeteiligungen resultiert, aufgelöst werden[854].

Im englischen Recht unterscheidet man zwischen zwei verschiedenen Formen des Anteilserwerbs. Dem so genannten „*off-market purchase*", bei dem die Gesellschaft ihre Anteile im Wege eines Privaterwerbes ersteht[855] und dem „*market purchase*", welcher an einer anerkannten Aktienbörse getätigt wird[856]. Beide Erwerbsformen unterscheiden sich vor allem in dem hierfür notwendigen Gesellschafterbeschluss.

So bedarf es für einen *off-market purchase* nach sec. 164 CA 1985 eines qualifizierten Gesellschafterbeschlusses von mindestens drei Vierteln der stimmberechtigten Mitglieder, die dem Kaufvertrag zustimmen müssen. Bei Genehmigung des Vertrages durch die Gesellschafterversammlung muss dieser innerhalb von 18 Monaten durchgeführt werden[857].

Für einen *market purchase* eigener Gesellschaftsanteile genügt nach sec. 166 subs. 1 CA 1985 ein allgemeiner Gesellschafterbeschluss. Auch hier beträgt die Frist, innerhalb derer die Gesellschaft die Anteile erwerben muss, 18 Monate[858]. Der Gesellschafterbeschluss muss die Höchstzahl der zu erwerbenden Anteile sowie die Tiefst- und Höchstpreise festlegen[859].

Es kann folgendes allgemeine Prinzip gebildet werden:

---

850 Die Hauptversammlung bestimmt den Zweck, die Modalitäten und den Höchstbetrag des Erwerbs eigener Anteile, Art. 225-209 C.com.

851 *Ripert/Roblot/Germain*, Rn. 1514-1.

852 Règl. C.O.B. 90-04; Règl. C.O.B. 98-02; Règl. C.O.B. 2000-06.

853 Art. 225-209 al. 2 C.com.

854 *Cozian/Viandier,Deboissy*, Rn. 1024.

855 Sec. 163 subs. 1, 2 CA 1985.

856 Sec. 163 subs. 3 CA 1985.

857 Sec. 164 subs. 4 CA 1985.

858 Sec. 166 subs. 4 CA 1985.

859 Sec. 166 subs. 3 CA 1985.

Der Erwerb eigener Gesellschaftsanteile ist zulässig, wenn die Gesellschaft hierzu von der Gesellschafterversammlung ermächtigt wurde. Ein solcher Gesellschafterbeschluss muss die Konditionen des Erwerbs sowie die Höchstzahl der zu erwerbenden Aktien festlegen.

(3) Besondere Erwerbstatbestände

(a) Erwerb eigener Aktien zur Ausgabe von Belegschaftsaktien

Nach der Kapitalrichtlinie kommt als Erlaubnistatbestand der Erwerb eigener Aktien zur Ausgabe von Belegschaftsaktien in Betracht[860].

Die AG kann eigene Aktien erwerben zum Zwecke der Ausgabe von Belegschaftsaktien an ihre Arbeitnehmer oder an Arbeitnehmer verbundener Unternehmen[861]. Die erworbenen Aktien müssen voll eingezahlt sein, die Gesellschaft muss eine Sonderrücklage bilden und auch in diesem Fall gilt die 10 % Schwelle[862]. Die Aktien sind innerhalb eines Jahres an die Belegschaft auszugeben[863].

In Frankreich kann die SA gemäß Art. L. 225-208 C.com. zum Zwecke der Unternehmensbeteiligung ihrer Arbeitnehmer eigene Aktien erwerben, um diese innerhalb eines Jahres als Belegschaftsaktien auszugeben[864].

Im englischen Recht kann die *public limited company*, wie bereits dargestellt, keine eigenen Anteile halten, um sie z.B. zu einem späteren Zeitpunkt auszugeben. Daher kann sie, anders als in Frankreich und Deutschland, keine Anteile zum Zwecke der Ausgabe an Arbeitnehmer erwerben[865]. Dennoch trägt das englische Recht dafür Sorge, dass die Arbeitnehmer in den Genuss von Gesellschaftsanteilen kommen können. Dies geschieht mit Hilfe des Rechtsinstituts des *trusts*. Dieser erwirbt als eigenständiger Rechtsträger Anteile der Gesellschaft für die Arbeitnehmer mit Mitteln des Gesellschaftsvermögens[866].

---

860 Art. 19 Abs. 3 KapRiLi.

861 § 71 Abs. 1 Nr. 2 AktG (eingeführt 1959 durch § 19 Nr. 1 KapErhG). *J. Geßler*, § 71 Rn. 11; *Hüffer*, AktG, § 71, Rn. 12; *Lutter* in KölnerKomm, AktG, § 71 Rn. 34.

862 § 71 Abs. 2, *J. Geßler*, § 71 Rn. 11 f.

863 § 71 Abs. 3 S. 2 AktG. Sinn und Zweck dieser ebenfalls durch die Kapitalrichtlinie vorgeschriebenen Jahresfrist (Art. 19 Abs. 3 S. 2 KapRiLi) ist es, dass hierdurch eine unerwünschte Kurspflege der Gesellschaften unter dem Deckmantel der Arbeitnehmeraktien zu verhindern, *Ganske*, DB 1978, 2463.

864 *Mercadal/Janin/Charvériat/Couret*, Rn. 18598 ff.; *Cozian/Viandier,Deboissy*, Rn. 1017, 931.

865 *Edwards*, 71 Fn. 124.

866 *Birds/Ferran/Villiers/Boyle*, Rn. 7.16; *DTI, Share buybacks*, Rn. 3.8.

Regelungszweck in allen Rechtsordnungen ist die sozialpolitische Erwägung, die Arbeitnehmer an der Gesellschaft und somit am Produktivvermögen zu beteiligen[867].

Im Ergebnis lässt sich somit feststellen, dass alle untersuchten Rechtsordnungen, von der durch Art. 19 Abs. 3 Kapitalrichtlinie geregelten Ausnahme vom Erwerbsverbot bei Ausgabe von Belegschaftsaktien, Gebrauch machen. Die einheitliche Jahresfrist zur Ausgabe solcher Belegschaftsaktien an die Arbeitnehmer beruht auf Art. 19 Abs. 3 S. 2 KapRiLi.

Es lässt sich somit folgendes allgemeine Prinzip formulieren:

Der Erwerb eigener Aktien zur Ausgabe von Belegschaftsaktien ist zulässig. Die Ausgabe der Belegschaftsaktien muss, wenn sie zuvor von der Gesellschaft gehalten werden, innerhalb von 12 Monaten, vom Erwerb dieser Aktien an gerechnet, erfolgen.

(b) Unentgeltlicher Erwerb eigener Anteile und Erwerb im Wege der Gesamtrechtsnachfolge

Art. 20 Abs. 1 lit. c) KapRiLi bestimmt, dass der unentgeltliche Erwerb voll eingezahlter eigener Aktien von den einzelnen Mitgliedstaaten keinen weiteren Bedingungen unterworfen werden muss. Dasselbe gilt nach Art. 20 Abs. 1 lit. b) KapRiLi für den Erwerb im Wege der Gesamtrechtsnachfolge.

Ausgangspunkt dieses Erlaubnistatbestandes ist der allgemein anerkannte Grundsatz, dass ein unentgeltlicher Erwerb jederzeit zulässig sein sollte, da eine solche Transaktion das Gesellschaftsvermögen bzw. das Gesellschaftskapital nicht belastet, solange es sich um voll eingezahlte Aktien handelt[868].

Die Zulässigkeit des unentgeltlichen Erwerbs und des Erwerbs im Wege der Gesamtrechtsnachfolge ist konsequent, da es sich bei diesen Erwerbstatbeständen niemals um eine Einlagenrückgewähr handeln kann, weil von Seiten der Gesellschaft keine Zahlungen erfolgen und demzufolge das Gesellschaftsvermögen auch nicht vermindert wird. Angemerkt werden soll jedoch, dass die Voraussetzung der Volleinzahlung sich aus dem Gebot der realen Kapitalaufbringung ergibt. Würde die Gesellschaft Anteile erwerben, die zum Teil noch nicht eingezahlt sind, so würde die Gesellschaft den Gesellschafter von der Einlageverpflichtung befreien.

---

[867] Deutschland: *Lutter* in KölnerKomm, AktG, § 71 Rn. 34; *Geßler* in Geßler/Hefermehl/Eckhardt/Kroppf, AktG, § 71 Rn. 62; *Niessen*, AG 1970, 290; England: *Edwards*, 72; Frankreich: *Bézard*, Rn. 1609.

[868] *Niessen*, AG 1970, 290; *von Rosen/Helm*, AG 1996, 435.

Diese Erlaubnistatbestände finden sich im deutschen Recht in § 71 Abs. 1 Nr. 4 und 5 AktG wieder. Der unentgeltliche Erwerb und der Erwerb im Wege der Gesamtrechtsnachfolge ist auch bei eigenen Gesellschaftsanteilen einer GmbH, auf welche die Einlagen vollständig geleistet wurden, zulässig[869].

Sec. 143 subs. 3 CA 1985 erlaubt ausdrücklich den Erwerb eigener Anteile durch die Gesellschaft, wenn diese im Gegenzug keine *valuable consideration* erbringen muss, d.h. das englische Recht kennt wie das deutsche Recht die Möglichkeit des unentgeltlichen Erwerbs eigener Gesellschaftsanteile[870]. Diese Rechtslage bestand schon vor der Kapitalrichtlinie im *Common Law*[871].

Auch das französische Recht kennt den unentgeltlichen Erwerb[872] und den Erwerb eigener Anteile, auf welche die Einlagen vollständig geleistet wurden, durch Gesamtrechtsnachfolge[873].

Ebenso findet sich dieser Grundsatz in dem Verordnungsentwurf zur Europäischen Privatgesellschaft. Nach Art. 27 Abs. 3 des Verordnungsentwurfs ist der Fall des Erwerbs eigener Anteile im Wege der Gesamtrechtsnachfolge nicht den Vorschriften über den Erwerb eigener Anteile unterworfen.

In allen untersuchten Rechtsordnungen gilt daher folgendes allgemeine Prinzip:

Der unentgeltliche Erwerb eigener Anteile als auch der Erwerb im Wege der Gesamtrechtsnachfolge ist zulässig.

(c) Erwerb eigener Aktien zum Schutz der Gesellschaft

Die AG kann eigene Aktien erwerben, wenn ein schwerer Schaden für die AG unmittelbar bevorsteht und der Erwerb zu dessen Abwehr notwendig ist. Diese Ausnahmeregelung findet sich in Art. 19 Abs. 2 KapRiLi. Dieser Aus-

---

[869] *Wiedemann*, § 10 IV 2 b.

[870] *Vision Express (U.K.) Ltd v. Wilson* [1995] 2 BCLC 419; *Bowen*, 149; *Jones*, NLJ 1983, 158; *Keenan*, 138, 156 f.; *Palmer*, Rn. 6.403; *Pettet*, 307 Fn. 79.

[871] So schon *Lord Herschell* in *Trevor v Whitworth* (1887) 12 App Cas 409; *Davies*, 249 f.; *Rajak*, 761; *Sealy*, 369; *Re Castiglione's Will Trusts* [1958] Ch 549, [1958] 1 All ER 480; *Ziebe*, AG 1982, 189. Zusätzlich gibt es im engl. Recht die Möglichkeit, dass die von der Gesellschaft unentgeltlich erworbenen eigenen Anteile für diese durch einen *trustee* im Rahmen eines *trusts* gehalten werden, *Kirby v. Wilkins* [1929] 2 Ch 444.

[872] *Poulnais*, RTD com. 1969, 27.

[873] Art. L. 225-213 C.com.; *Mercadal/Janin/Charvériat/Couret*, Rn. 18620 ff.

nahmetatbestand ist aufgrund des deutschen Aktienrechts mit in die Kapitalrichtlinie aufgenommen worden[874].

Diese durch Art. 19 Abs. 2 Kapitalrichtlinie vorgesehene Möglichkeit des Erwerbs eigener Aktien ist im Rahmen der Umsetzung der Kapitalrichtlinie nicht in das englische Recht eingeführt worden[875]. Ebenso wenig findet sich dieser Erlaubnistatbestand im französischen Recht. Vielmehr sah man die französischen Regelungen für ausreichend an[876].

Daher kann kein allgemeines Prinzip gebildet werden, dass der Erwerb eigener Anteile zum Schutze der Gesellschaft gestattet ist.

(d) Erwerb eigener Anteile zur Kapitalherabsetzung bzw. in Ausführung einer Zwangseinziehung

Ebenso wie beim unentgeltlichen Erwerb eigener Anteile oder beim Erwerb im Wege der Gesamtrechtsnachfolge kann der Erwerb zur Kapitalherabsetzung oder in Ausführung einer Zwangseinziehung nicht zu einer Verletzung des Grundsatzes der Kapitalerhaltung führen, sofern dieser aufgrund einer ordnungsgemäßen Kapitalherabsetzung bzw. Zwangseinziehung erfolgt[877]. Die Regelungen zur Kapitalherabsetzung sollen jedoch nicht hier, sondern in einem eigenen Abschnitt gesondert behandelt werden[878].

4. Rechtsfolgen bei einem unzulässigen Erwerb eigener Anteile

a) Zivilrechtliche Sanktionen

Das durch die Kapitalrichtlinie geschaffene Sanktionssystem findet sein Vorbild in der romanischen Rechtstradition[879]. Es sieht zwei Sanktionsstufen vor. So müssen nach Art. 21 der Kapitalrichtlinie unzulässig erworbene eigene Aktien innerhalb eines Jahres von der Gesellschaft veräußert werden. Sind die Aktien zulässig erworben worden, aber übersteigt der Gesamtnennbetrag der von der Gesellschaft gehaltenen Aktien 10 % des Gesellschaftskapitals, so muss der Überschuss innerhalb von drei Jahren nach dem Erwerb veräußert werden. Veräußert die Gesellschaft ihre Aktien nicht entsprechend, so

---

874 *Edwards*, 71. Durch die Kapitalrichtlinie wurde jedoch der Erwerbstatbestand dahingehend verschärft, dass der schwere Schaden unmittelbar bevorstehen muss, *Ganske*, DB 1978, 2463; *Hüffer*, NJW 1979, 1068.

875 *Edwards*, 71 Fn. 123.

876 *Denecker*, Rev.soc. 1977, 672.

877 *Niessen*, AG 1970, 290.

878 S.u. S. 221 ff.

879 *Denecker*, Rev.soc. 1977, 673; *Ganske*, DB 1978, 2464.

sind diese nach Ablauf der genannten Fristen von der Gesellschaft einzuziehen, Art. 20 Abs. 3 KapRiLi.

Erwirbt die SA unzulässigerweise eigene Aktien, so sind diese nach Art. L. 225-214 C.com. innerhalb eines Jahres weiterzuveräußern[880]. Falls dies nicht geschieht, werden die Aktien für nichtig erklärt. Im Fall eines Erwerbes durch Gesamtrechtsnachfolge, der zu einem Besitz von mehr als 10 % der eigenen Aktien führt, muss die Gesellschaft nach Art. L. 225-213 al. 2 C.com. die überschüssigen Anteile bereits innerhalb von zwei Jahren weiterveräußern. Eine Haftung der Mitglieder des *conseil d`administration* oder des *directoire* kann sich nach Artt. 225-210 al.1 i.V.m. 225-251, 225-256 al. 1 C.com. ergeben.

Die Rechtsfolge der Nichtigkeit ist im französischen Recht zwar nicht ausdrücklich vorgesehen, ergab sich aber bereits vor der Schaffung der gesetzlichen Regelung des Erwerbs eigener Anteile durch das Gesetz über die Handelsgesellschaften im Jahr 1966 aus dem darin liegenden Verstoß gegen den Grundsatz der Kapitalerhaltung[881]. Die Beteiligten eines solchen nichtigen Geschäfts waren zu umgehender Rückabwicklung verpflichtet[882].

Die deutsche Regelung zur Veräußerung und Einziehung unzulässig erworbener Aktien findet sich in § 71c AktG und setzt die Vorgaben der Kapitalrichtlinie um.

Durch die Kapitalrichtlinie wurde das deutsche Aktienrecht dahingehend geändert, dass nach § 71 Abs. 4 AktG der dingliche Erwerb unzulässig erworbener Aktien wirksam ist, aber das entsprechende schuldrechtliche Geschäft nichtig ist[883]. Dies entspricht der Rechtslage bei der GmbH[884]. Werden die Voraussetzungen des § 33 Abs. 2 GmbHG beim Erwerb von eigenen Gesellschaftsanteilen nicht eingehalten, so ist nur das schuldrechtliche Erwerbsgeschäft unwirksam[885]. Rechtsfolge ist, dass die Gesellschaft den Kaufpreis nicht zahlen darf. Dies würde im Übrigen auch einen Verstoß gegen § 30 Abs. 1 GmbHG darstellen. Gesetzt den Fall die GmbH hat bereits geleistet, so muss sie das Gezahlte vom Empfänger zurückfordern. Die Rückzahlung erfolgt gemäß § 31 GmbHG[886]. Wie schon bei § 33 Abs. 1 GmbHG haften für einen Ausfall die Geschäftsführer nach § 43 GmbHG gegenüber

---

880 *Mercadal/Janin/Charvériat/Couret*, Rn. 18592; *Ripert/Roblot/Germain*, Rn. 1514.

881 *Cass. civ.* 15 mars 1927 (*Soc. française des fonderies et aciéries électriques de Saint-Chamond*), S. 1927. I. 209, Anm. *Lagarde* bzw. D.H. 1927, 255 bzw. J.Soc. 1928, 155, Anm. *Houpin*.

882 *Lutter*, Kapital, 433 f. m.w.N.

883 Wegen des neu eingeführten Sanktionssystems, welches einen Zwang zur Veräußerung und zur Einziehung der Aktien vorschrieb, war diese Änderung erforderlich, *Ganske*, DB 1978, 2463.

884 *Lutter/Hommelhoff*, GmbHG, § 33 Rn. 9.

885 *K. Schmidt*, Gesellschaftsrecht, § 37 III 5.

886 Darüber hinaus sind die §§ 812 ff. zusätzlich anwendbar, *Lutter/Hommelhoff*, GmbHG, § 33 Rn. 9.

der Gesellschaft[887]. Eine Haftung gegenüber den Gesellschaftern kann sich aus § 31 Abs. 6 GmbHG ergeben.

Im englischen Recht ergibt sich die Nichtigkeit des Erwerbsgeschäftes bei einem unzulässigen Erwerbsvorgang aus sec. 143 subs. 2 CA 1985[888]. Für den Erwerb eigener Anteile müssen die gesetzlichen Vorschriften diesbezüglich strikt eingehalten werden. Ein Abweichen hiervon wird nicht als bloßer formaler Fehler mit der Möglichkeit der Heilung, z.B. durch einen einstimmigen Gesellschafterbeschluss, angesehen, sondern stellt eine Verletzung des allgemeinen Verbots des Erwerbs eigener Anteile durch eine Gesellschaft dar[889].

Das Erwerbsgeschäft eines verbotswidrigen Rückerwerbs eigener Anteile ist nichtig.

b) Strafrechtliche Sanktionen

Im deutschen Aktienrecht wird das zivilrechtliche Sanktionensystem durch die Vorschrift des § 405 Abs. 1 Nr. 4 AktG ergänzt[890]. Danach begeht ein Mitglied des Vorstands oder des Aufsichtsrats eine Ordnungswidrigkeit, wenn dieses entgegen den Vorschriften über den Erwerb eigener Aktien solche erwirbt bzw. als Pfand nimmt[891]. Die Ordnungswidrigkeit kann mit einer Geldbuße von bis zu € 25.000 geahndet werden[892]. Zusätzlich kann gemäß § 407 Abs. 1 AktG vom Registergericht die Einhaltung der nach § 71 c AktG bestehenden Veräußerungs- bzw. Einziehungspflicht bei einem unzulässigen Erwerb eigener Aktien erzwungen werden[893].

---

887 *Ziebe*, 192, 195.

888 Sec. 143 subs. 2 CA 1985; *Vision Express (U.K.) Ltd v Wilson* [1995] 2 BCLC 419; *Re R.W.Peak (King's Lynn) Ltd.* [1998] 1 BCLC 193; *Davies*, 249; *Farrar/Hannigan*, 183, 186; *Palmer*, Rn. 6.402, 6.404.

889 *Acatos & Hutcheson plc v Watson* [1995] 1 BCLC 218; *Precision Dippings Ltd v Precision Dippings Marketing Ltd* [1986] Ch 447, 456 f., [1985] 3 WLR 812, 816 f. Ausnahmsweise stellt eine sehr unbedeutende Nichtbeachtung der gesetzlichen Regularien, die später korrigiert wird und zu keiner Benachteiligung von Personen mit einem rechtlichen Interesse führt, keine Verletzung des Erwerbsverbots nach sec. 143 subs. 1 CA 1985 dar, *Re Willaire Systems plc* [1987] BCLC 67; *Halsbury's*, Rn. 219; *Farrar/Hannigan*, 186.

890 Die §§ 405, 407 AktG wurden im Rahmen der Umsetzung der Kapitalrichtlinie ins deutsche Recht eingeführt, *Ganske*, DB 1978, 2464; *Spickhoff*, BB 1997, 2598. Eine Kriminalstrafe erschien dem deutschen Gesetzgeber nicht angebracht, *RegE, BT-Drucks.* 8/1678, 19.

891 *Hüffer*, NJW 1979, 1069.

892 § 405 Abs. 4 AktG.

893 § 407 Abs. 1 AktG.

Nach Art. L. 242-24 C.com. wird die Verletzung der gesetzlichen Vorschriften zum Erwerb eigener Aktien durch die Geschäftsführung der Gesellschaft mit einer Geldstrafe in Höhe von € 9.000 geahndet[894].

Als Folge eines Verstoßes gegen die Vorschriften über den Erwerb eigener Anteile ist die Gesellschaft nach englischen Recht gemäß sec. 143 subs. 2 CA 1985 mit einer Geldstrafe zu belegen. Ferner machen sich die dafür verantwortlichen Geschäftsführer der Gesellschaft strafbar und werden mit Geldstrafe und Haft bedroht.

Ein Verstoß gegen die Vorschriften über den Erwerb eigener Gesellschaftsanteile wird mit einer Geldstrafe geahndet.

Anmerkung: Bei der deutschen GmbH findet sich keine entsprechende Strafvorschrift.

5. Rechte aus eigenen Anteilen

Art. 22 Abs. 1 lit. a der Kapitalrichtlinie schreibt vor, dass das an eigene Aktien gebundene Stimmrecht aufgehoben ist[895].

Entsprechend stehen im deutschen Recht nach § 71b AktG der AG aus eigenen Aktien keine Rechte zu. Dieselbe Rechtslage gilt für die GmbH. Zwar findet sich hierzu keine gesetzliche Regelung[896], wurden durch eine GmbH jedoch wirksam eigene Gesellschaftsanteile erworben, so ruhen nach h.M. die Rechte und Pflichten[897], die diesem Anteil anhaften[898]. Die mitgliedschaftlichen Rechte leben erst bei einer Veräußerung an einen Dritten wieder auf.

Art. L. 225-210 al. 4 C.com. setzt Art. 22 Abs. 1 lit. a KapRiLi um. Danach kann eine SA weder das mit den Aktien verbundene Stimmrecht ausüben noch besitzt sie einen Anspruch auf anteilige Beteiligung bei einer Dividendenausschüttung[899].

Im englischen Recht wird dies durch sec. 146 subs. 4 CA 1985 gesetzlich festgeschrieben. Danach stehen einer *public limited company* keine Stimmrechte an eigenen Anteilen zu, solange die Anteile noch nicht durch

---

894 *Mercadal/Janin/Charvériat/Couret*, Rn. 18592; *Ripert/Roblot/Germain*, Rn. 1514.
895 *Denecker*, Rev.soc. 1977, 673.
896 *Eisenhardt*, Rn. 749.
897 V.a. Stimmrecht, Gewinnanteil, Bezugsrecht.
898 *BGH*, Urt. v. 30.1.1995 – II ZR 45/94, NJW 1995, 1027 = GmbHR 1995, 291; *Eisenhardt*, Rn. 749; *Hueck* in Baumbach/Hueck, GmbHG, § 33 Rn. 19; *Rowedder*, § 33 Rn. 29; *K. Schmidt*, Gesellschaftsrecht, § 37 III 5; *Westermann* in Scholz, GmbHG, § 33 Rn. 37.
899 *Mercadal/Janin/Charvériat/Couret*, Rn. 18593 f.; *Ommeslaghe/Ryn*, Rn. 5-58.

die Gesellschaft gelöscht worden sind[900]. Strittig ist, ob dies auch für die *private limited company* gelten soll. Nach einer Ansicht besteht hierfür nach dem *Common Law* keine Notwendigkeit[901]. Dies wird jedoch kritisiert, da hierdurch die Geschäftsführung einer *private limited company* sich selbst entlasten könnte. Daher soll sec. 146 subs. 4 CA 1985 auch auf die *private limited company* anwendbar sein[902].

Derselbe Rechtsgedanke findet sich in dem Verordnungsentwurf zur Europäischen Privatgesellschaft in Art. 27 Abs. 2. Danach berechtigen auch die von der EPG gehaltenen Anteile nicht zur Teilnahme an der Gewinnausschüttung und sind stimmrechtslos.

Aus eigenen Anteilen stehen der Gesellschaft keine Rechte zu.

---

900 *Davies*, 250 f.; *Keenan*, 138; *Palmer*, Rn. 6.406; *Pennington*, 234; *Ziebe*, AG 1982, 189.
901 *Bowen*, 149.
902 *Sealy*, 369.

F. Schwerer Verlust gebundenen Gesellschaftsvermögens

I. Pflicht zur Einberufung einer Gesellschafterversammlung bei schweren Verlusten des gebundenen Gesellschaftsvermögens – aktienrechtliche Harmonisierung durch Art. 17 der Kapitalrichtlinie

Alle drei untersuchten Rechtsordnungen treffen im Bereich der Aktiengesellschaft Regelungen für den Fall, dass der Betrag des Nettoaktivvermögens der Gesellschaft unter den hälftigen Betrag des Gesellschaftskapitals absinkt[903].

Die heute bestehenden nationalen aktiengesetzlichen Regelungen bestehen in ihrer jetzigen Ausgestaltung zum Teil aufgrund der Umsetzung des Art. 17 der Kapitalrichtlinie[904]. In dieser Vorschrift ist die Pflicht zur Einberufung einer Hauptversammlung festgelegt, die bei *„schweren Verlusten des gezeichneten Kapitals“*[905] prüfen soll, *„ob die Gesellschaft aufzulösen ist oder andere Maßnahmen zu ergreifen sind“*.

Art. 17 KapRiLi hat sowohl den Gläubigerschutz als auch den Anlegerschutz im Sinn[906]; denn die Pflicht zur Einberufung einer Hauptversammlung bei schweren Verlusten der Gesellschaft besitzt eine Warnfunktion, d.h. Gläubiger und Gesellschafter sollen davor geschützt werden, dass eine Gesellschaft, die erhebliche Verluste macht, uneingeschränkt fortgeführt wird und dadurch womöglich die Verluste weiter vergrößert, bzw. die Gesellschaft

---

903 Deutschland: §§ 92 Abs. 1 AktG; England: sec. 142 CA 1985; Frankreich: Art. L. 225-248 C.com.

904 Deutschland: § 92 Abs. 1 AktG basiert auf § 83 Abs. 1 AktG 1937 und sieht bereits seit seiner Einführung im Jahre 1965 eine entsprechende Einberufungs- und Verlustanzeigepflicht vor, *Mertens* in KölnerKomm, AktG, § 92 Rn. 1; *Habersack* in GroßkommAktG, § 92 Rn. 4. Insofern konnte der dt. Gesetzgeber auf eine förmliche Umsetzung des Art. 17 der KapRiLi verzichten. Dennoch sind bei der Auslegung des § 92 Abs. 1 AktG die Vorgaben des Europäischen Rechts zu beachten, *Habersack* in GroßkommAktG, § 92 Rn. 9. England: Aufgrund der Regelung des Art. 17 KapRiLi wurde im engl. Recht sec. 142 CA 1985 eingeführt, *Dine*, Sweet & Maxwell's, Rn. 6-034; *Ferran*, 313 Fn. 216, *Sealy*, 221; *Palmer*, Rn. 4.104. Frankreich: Artt. 68 (für die SARL), 241 (für die SA) L. 24 juill. 1966, die Vorgängervorschriften der Artt. L. 223-42 (SARL) und 225-248 (SA) C.com. basierten ihrerseits bereits auf Art. 36 L. 1925, *Ripert/Roblot/Germain*, Rn. 1342, 1992. Die Vorgängervorschriften waren anfangs weniger streng: bis zur Änderung der Fassung durch L. 30 déc. 1981, welche die Vorschriften der KapRiLi in das frz. Recht einführte, musste eine Gesellschafterversammlung erst bei einem Verlust des Gesellschaftsvermögens in Höhe von drei Vierteln des Gesellschaftskapitals einberufen werden, *Denecker*, Rev.soc. 1977, 670 f. Die Einberufungspflicht ist aber genau wie auch im dt. Gesellschaftsrecht seit langem bekannt. Die erste Bestimmung findet sich bereits in Art. 20 L. 23 mai 1863. Danach musste eine Gesellschaft bei einem Verlust in Höhe von dreiviertel des Gesellschaftskapitals aufgelöst werden; *Blanc*, 2 f.

905 Was unter *„schweren Verlusten des gezeichneten* Kapitals“ zu verstehen ist s.u. S. 2033.

906 *Ankele*, 991; *Habersack*, Rn. 173; *Ullrich*, 6 f.

insolvent wird[907]. Aus diesem Grund wird Art. 17 der KapRiLi auch als *„Notbremse“* bezeichnet[908]. Die rechtzeitige Information der Hauptversammlung über die *„Schieflage“* der Gesellschaft soll es den Gesellschaftern ermöglichen, gegebenenfalls durch Kapitalmaßnahmen oder aber – als ultima ratio – durch Auflösung der Gesellschaft tätig zu werden, damit weitere Verluste vermieden werden können[909].

Die Regelung des Art. 17 KapRiLi zur Einberufung einer Hauptversammlung bleibt dennoch unvollständig und stellt keine umfassende Regelung dar[910]. Es handelt sich vielmehr um eine nicht abschließende Mindestbestimmung[911]. Denn sowohl auf der Tatbestandsseite als auch auf der Rechtsfolgenseite besteht für die einzelnen Mitgliedstaaten ein gewisser Spielraum zur Umsetzung des Art. 17 KapRiLi in das jeweilige nationale Recht[912].

So überlässt die Kapitalrichtlinie den Mitgliedstaaten zum einen die Fristbestimmung, innerhalb derer eine Hauptversammlung einberufen werden muss[913]. Darüber hinaus kann das nationale Recht selbst regeln wie hoch ein *„schwerer Verlust des gezeichneten Kapitals“* im Sinne des Art. 17 KapRiLi sein muss, damit die Pflicht zu einer Einberufung der Gesellschafterversammlung ausgelöst wird. Begrenzt sind die Gesetzgeber hierbei nur durch Art. 17 Abs. 2 KapRiLi, wonach der Verlust *„nicht auf mehr als die Hälfte des gezeichneten Kapitals“* festgesetzt werden darf.

Des Weiteren wird in Art. 17 KapRiLi im Einzelnen nicht geregelt, was im Rahmen der einzuberufenden Gesellschafterversammlung zu geschehen hat. Laut Art. 17 Abs. 1 KapRiLi soll geprüft werden, ob die Gesellschaft aufzulösen ist oder andere Maßnahmen zu ergreifen sind. Welche Maßnahmen zu erfolgen haben, in welcher zeitlichen Reihenfolge sie anzuwenden

---

907 Deutschland: *BGH*, Urt. v. 9.7.1979 – II ZR 211/76, NJW 1979, 1831; *Martens*, ZGR 1972, 261; *Mertens*, AG 1983, 175 f.; *W. Müller*, ZGR 1985, 191 ff.; *Nowotny*, 236 f.; England: *Mayson/French/Ryan*, Rn. 10.2.6; *Ferran*, 313, mit kritischer Anmerkung zur negativen Publicity der Warnfunktion (s. hierzu ebenso aus der dt. Literatur: *Mertens*, AG 1983, 176); Frankreich: *Guyon*, Rn. 468; *Merle*, Rn. 587.

908 *Drinkuth*, 192.

909 Deutschland: *Habersack* in GroßkommAktG, § 92 Rn. 2; England: *Ferran*, 313; Frankreich: *Cozian/Viandier/Deboissy*, Rn. 1014 f.; *Guyon*, Rn. 468; *Mercadal/Janin/Charvériat/Couret*, Rn. 25273

910 Zudem unterstehen dem Art. 17 der KapRiLi nur die Aktiengesellschaften: AG, SA und die *public company*.

911 *Drinkuth*, 195.

912 *Drinkuth*, 192; *Keenan*, 136.

913 Jedoch dürfen die nationalen Gesetzgeber nicht den Sinn und Zweck der KapRiLi durch eine zulange Einberufungsfrist unterlaufen und somit die Warnfunktion des Art. 17 KapRiLi außer Kraft setzen. Siehe hierzu auch das allgemeine Prinzip zur Einberufungs- und Durchführungsfrist einer Gesellschafterversammlung auf S. 213.

sind und ob die Gesellschaft aufzulösen ist, wenn die ergriffenen Maßnahmen nicht zum Ziel gelangen, bleibt offen. Es bleibt somit zu untersuchen, inwieweit die einzelnen Vorschriften in den untersuchten Rechtsordnungen übereinstimmen und sich hieraus Prinzipien bilden lassen, die allgemeine Gültigkeit bei einem *„schweren Verlust des gezeichneten Kapitals"* besitzen. Neben der Aktiengesellschaft sollen auch die anderen Gesellschaftsformen diesbezüglich untersucht werden.

II. Bedeutung eines *„schweren bzw. hälftigen Verlusts des Gesellschaftskapitals"*

Die Formulierung des Art. 17 KapRiLi ist sprachlich ungenau. So bleibt offen, was überhaupt unter *„schweren Verlusten des gezeichneten Kapitals"* zu verstehen ist. Diese mangelnde Präzision findet sich ebenso bei der Umschreibung des Tatbestands in § 49 Abs. 3 GmbHG. Auch hier spricht der Gesetzgeber, ohne dies weiter zu definieren, von einem Verlust der *„Hälfte des Stammkapitals"*. Dasselbe Phänomen hat zudem Eingang in die Überschrift der sec. 142 CA 1985 und in die englische Literatur gefunden. So wird hier häufig fälschlicherweise von einem *„serious loss of capital"* gesprochen[914].

Ein wahrer „Verlust des Gesellschaftskapitals" kann jedoch nicht von den normierten Tatbeständen gemeint bzw. verlangt werden, denn beim Gesellschaftskapital handelt es sich, wie bereits oben erläutert, um eine unveränderliche feste Größe auf der Passivseite der Gesellschaftsbilanz. Diese bloße Gesellschaftskapitalziffer kann nur durch einen Kapitalherabsetzungsbeschluss reduziert werden und vermindert sich weder durch tatsächliche Verluste der Gesellschaft noch kann sie auf andere Art und Weise verloren gehen[915].

Vielmehr wird nach dem Willen aller nationaler Gesetzgeber im jeweiligen gesetzlichen Tatbestand verlangt, dass ein Vermögensverlust der Gesellschaft dazu geführt hat, dass der Betrag des Nettoaktivvermögens der Gesellschaft unter den hälftigen Betrag des Gesellschaftskapitals fällt[916]. Anders ausgedrückt: Bei einer bestehenden Unterbilanz in Höhe der Hälfte des Gesellschaftskapitals kann von einem *„hälftigen Verlust des Gesellschaftskapitals"* gesprochen werden[917].

---

914 Stellvertretend für viele: *Morse*, *Company Law*, 136 f.; *Dine*, Sweet & Maxwell's, Rn. 6-034; *Farrar/Hannigan*, 162; *Davies*, 248; *Keenan*, 136; *Mayson/French/Ryan*, Rn 10.2.6.

915 Zum Kapitalkonzept s. *Manning/Hanks*, 39 f.

916 Dieser Tatbestand ist in diesem Sinne deutlich in § 92 Abs. 1 AktG erfasst, wenn hier von einem Verlust der Gesellschaft *in Höhe* der Hälfte des Grundkapitals gesprochen wird.

917 § 92 Abs. 1 AktG, Artt. L. 223-42 al. 1, 225-248 al. 1 C.com. und sec. 142 (1) CA 1985 sind in diesem Sinne durch die nationalen Gesetzgeber sprachlich neu gefasst worden. Ebenso wird

III. Pflicht zur Einberufung einer Gesellschafterversammlung bei einem Verlust in Höhe der Hälfte des Gesellschaftskapitals

1. Grundsatz

Im deutschen Aktienrecht dient § 92 Abs. 1 AktG der Umsetzung des Art. 17 KapRiLi. Jedoch existierte diese Vorschrift bereits vor Erlass der Richtlinie und wurde vom Gesetzgeber daher nicht verändert[918]. Nach § 92 Abs. 1 AktG ist der Vorstand einer AG bei einem Verlust in Höhe der Hälfte des Grundkapitals verpflichtet, unverzüglich die Hauptversammlung einzuberufen und ihr den Verlust anzuzeigen. Hierbei handelt es sich um zwingendes Recht, d.h. die Einberufungspflicht kann nicht durch eine Satzungsbestimmung im Gesellschaftsvertrag abbedungen werden[919]. Der Vorstand einer AG kann jedoch nicht durch eine Ordnungsstrafe, wie z.B. durch ein Zwangsgeld nach § 407 AktG, zur Erfüllung der Einberufungspflicht gezwungen werden[920]. Dennoch muss der Vorstand in diesem Fall mit straf- und zivilrechtlichen Konsequenzen rechnen[921].

In Deutschland findet sich aber nicht nur für die AG eine Regelung zur Einberufung einer Gesellschafterversammlung bei einem schweren Verlust des gebundenen Gesellschaftsvermögens, sondern ebenso für die KGaA[922] und die GmbH[923].

Nach § 49 Abs. 3 GmbHG muss unverzüglich eine Gesellschafterversammlung einberufen werden, wenn das Nettoaktivvermögen der Gesellschaft in seinem Wert nicht mehr die Hälfte des statutarischen Stammkapitals abdeckt[924]. Die Vorschrift dient ebenso wie § 92 AktG dem Gläubigerschutz und ist daher nicht dispositiv. Jedoch kann im Gesellschaftsvertrag vereinbart werden, dass die Einberufungspflicht vorzuverlagern ist, d.h., dass die Gesellschafterversammlung bereits bei einem geringeren Verlust einberufen werden muss[925]. Darüber hinaus haben die Geschäftsführer einer GmbH im

---

Art. 17 der KapRiLi so verstanden. Zur Richtigstellung der sprachlichen Ungenauigkeiten in England s. *Goldenberg*, Rn. 702; *Pennington*, 751; *Sealy*, 395

918 *Mertens* in KölnerKomm, AktG, § 92 Rn. 1; *Habersack* in GroßkommAktG, § 92 Rn. 9.

919 *Mertens* in KölnerKomm, AktG, § 92 Rn 2.

920 *Mertens* in KölnerKomm, AktG, § 92 Rn. 2.

921 S.u. S. 2188 ff.

922 Bei der KGaA sind nach § 278 Abs. 3 AktG die entsprechenden Regelungen, welche für die AG gelten, anzuwenden

923 § 49 Abs. 3 GmbHG. Diese Vorschrift gilt zudem für die GmbH in der GmbH & Co. KG. Auch im Recht der Genossenschaft muss nach § 33 Abs. 3 GenG eine Generalversammlung bei einem Verlust, der durch die Hälfte des Gesamtbetrages der Geschäftsguthaben und der Rücklagen nicht gedeckt ist, einberufen werden.

924 *Lutter/Hommelhoff*, GmbHG, § 49 Rn. 13.

925 *Lutter/Hommelhoff*, GmbHG, § 49 Rn. 2.

Rahmen des § 49 Abs. 2 GmbHG die Pflicht bei dramatischen Verlusten eine Gesellschafterversammlung einzuberufen, wenn es das Gesellschaftsinteresse erfordert. Dies muss nicht immer erst der Fall sein, wenn die Hälfte des Stammkapitals aufgezehrt ist[926].

Ebenso kann sich bei den deutschen Personengesellschaften aufgrund der allgemeinen Treuepflicht eine Pflicht zur Einberufung einer Gesellschafterversammlung ergeben, wenn dies im Interesse der Gesellschaft erforderlich ist[927]. Es ist jedoch für die GbR, OHG und KG keine gesetzliche Pflicht zur Einberufung einer Gesellschafterversammlung bei einem schweren Verlust von Gesellschaftsvermögen normiert.

Im französischen Recht ist bei einem Verlust[928] in Höhe der Hälfte des Gesellschaftskapitals ebenfalls der Verwaltungsrat (*conseil d`administration*) bzw. die Geschäftsführung (*directoire*) einer SA nach Art. L. 225-248 C.com. gehalten, innerhalb von vier Monaten nach Billigung des Jahresabschlusses, der diesen Verlust ausweist, eine außerordentliche Gesellschafterversammlung (*assemblée générale extraordinaire*) einzuberufen, die zu beschließen hat, ob die Gesellschaft vorzeitig aufzulösen oder aber fortzuführen ist[929]. Ebenso wie in Deutschland handelt es sich hierbei um zwingendes Recht, das nicht zur Disposition der Gesellschafter steht[930]. Gleichzeitig wird die SCA[931] und auch die SAS[932], bei deren gesetzlicher Ausgestaltung auf die Regelungen im Aktienrecht verwiesen wird, mit in die Verpflichtung des Art. L. 225-248 einbezogen.

Dieselbe Verpflichtung existiert auch im Recht der SARL und ist somit, wie in Deutschland, nicht auf die Aktiengesellschaft beschränkt. Nach Art. L. 223-42 C.com. muss die Gesellschafterversammlung dann zusammen-

---

926 *K. Schmidt* in Scholz, GmbHG, § 49 Rn. 21.

927 *K. Schmidt*, Gesellschaftsrecht, § 59 III 1b; *K. Schmidt* in Scholz, GmbHG, § 49 Rn. 38.

928 Das frz. Recht spricht davon, dass das *total des capitaux propres* (Eigenkapital) in seiner betragsmäßigen Höhe nicht mehr der Hälfte des Gesellschaftskapitals entspricht. Die Gesamtsumme des *capitaux propres* ist jedoch nichts anderes als das Nettoaktivvermögen der Gesellschaft, *Cozian/Viandier/Deboissy*, Rn. 309; *Gibirila*, Rn. 525, 719; *Ripert/Roblot/Germain*, Rn. 1871; *Reinhard, L`actif net des sociétés (les capitaux propres)*, 297. So findet man in der deutschen Literatur teilweise den Verweis, dass die „Feststellung des hälftigen Kapitalverlustes" durch einen Vergleich des offen ausgewiesenen Eigenkapitals mit dem Gesellschaftskapital erfolgt, *Memento*, Gesellschaftsrecht, Rn. 6132.

929 *Dana-Démaret*, Rn. 274; *Cozian/Viandier/Deboissy*, Rn. 1014 f.; *Guyon*, Rn. 468; *Mercadal/Janin/Charvériat/Couret*, Rn. 25273.

930 *Gibirila*, Rn. 719 ; *Ripert/Roblot/Germain*, Rn. 1922 ; Paris, 5. juillet 1934, J.Soc., 1937, 162; Lyon, 21 mars 1935, D.H., 1935, 366, S. 1936 2.7.

931 Art. L. 226-1 al. 2 C.com.

932 Art. L. 227-1 al. 3 C.com. bzw. über die Artt. L. 242-29, 244-1 al. 1 C.com.

treten, wenn die Höhe des Nettoaktivvermögens die Hälfte des Gesellschaftskapitals unterschreitet[933].

Wird das Kapital einer SC, SNC oder auch einer SCS durch Verluste angegriffen, gibt es, trotz der gesetzlichen Verpflichtung im Gesellschaftsvertrag, ein Gesellschaftskapital auszuweisen, keine gesetzliche Verpflichtung, eine Gesellschafterversammlung einzuberufen[934].

Im englischen Recht basiert sec. 142 CA 1985 direkt auf Art. 17 KapRiLi und wurde erstmals zu deren Umsetzung durch den CA 1980 eingeführt[935]. Bis zu diesem Zeitpunkt gab es in England keine gesetzliche Verpflichtung zur Einberufung einer außerordentlichen Gesellschafterversammlung (*extraordinary general meeting*) bei einem schweren Verlust gebundenen Gesellschaftsvermögens.

Sec. 142 subs. 1 CA 1985 schreibt für die *public limited company* de lege lata eine ähnliche Regelung wie auch das deutsche und französische Recht vor. Für den Fall, dass das Gesellschaftsvermögen (*net assets*) nur noch die Hälfte oder weniger des Betrages des *called-up share capital* darstellt, ist der *director* der Gesellschaft verpflichtet, eine außerordentliche[936] Gesellschafterversammlung einzuberufen, damit entschieden werden kann, ob und welche Schritte von der Gesellschaft unternommen werden sollen[937].

Sec. 142 CA 1985 ist jedoch nur auf die *public limited company* anwendbar. Eine entsprechende Regelung für den Bereich der *private limited company* ist im englischen Recht nicht, wie in Deutschland für die GmbH und in Frankreich für die SARL, vorhanden[938]. Vielmehr wird die Verpflichtung zur Einberufung einer Gesellschafterversammlung aus sec. 142 CA 1985 als ein wesentlicher Unterschied zwischen *private* und *public limited company* gesehen[939]. Bei Einführung der sec. 142 CA 1985 durch die Kapitalrichtlinie wurde einer Ausweitung auf das Recht der *private limited company* zudem ausdrücklich widersprochen. Als Argument wurde und wird hierbei vorgebracht, dass sich die meisten englischen *private limited com-*

---

933 *Merle*, Rn. 227. Die französischen Vorschriften Artt. L. 223-42 al. 5, 225-248 al. 5 C.com. nehmen explizit die *sociétés en redressement judicaire* (Gesellschaften die sich im handelsgerichtlichen Betriebsanierungsverfahren befinden) aus dem Anwendungsbereich heraus, *Mercadal/Janin/Charvériat/Couret*, Rn. 25274, 28667. Gibt es in diesen Gesellschaften einen Unternehmensweiterführungsplan, so muss das Nennkapital mindestens bis zur Hälfte wieder aufgefüllt werden, Art. 22 al. 2 L. 25 janv. 1985. Scheitert das Sanierungsverfahren, so wird die Gesellschaft aufgelöst.

934 *Mercadal/Janin/Charvériat/Couret*, Rn. 25273.

935 *Sealy*, 221; *Palmer*, Rn. 4.104.

936 *Pennington*, 751.

937 *Farrar/Hannigan*, 162 f.; *Griffin*, 163.

938 *Bowen*, 143; *Morse, Company Law*, 34; *Farrar/Hannigan*, 43; *Ferran*, 72 Fn. 111; *Moellering/Koepsell*, RIW 1981, 520 f.; *Pennington*, 944.

939 *Farrar/Hannigan*, 43; *Ferran*, 72 Fn. 111; *Pennington*, 944.

panies über Kredite finanzieren und somit eine außerordentliche Gesellschafterversammlung häufig bereits nach Gründung dieser Gesellschaften erfolgen müsste[940]. Auch die *Steering Group* der *company law review* will im Rahmen der Reform des englischen Gesellschaftsrechts sec. 142 CA 1985 mit dem jetzigen Wortlaut beibehalten und nicht auf *private limited companies* ausdehnen[941].

Es lassen sich also in allen drei Rechtsordnungen, zumindest im Bereich der Aktiengesellschaften, dieselben gesetzlichen Vorschriften zur Einberufung einer Gesellschafterversammlung finden, wenn das Nettoaktivvermögen der Gesellschaft in seinem Betrag nicht mehr die Hälfte des Gesellschaftskapitals abdeckt. Dies ist aufgrund der diesbezüglichen aktienrechtlichen Harmonisierung durch Art. 17 KapRiLi auch nicht weiter verwunderlich. Festzustellen ist aber, dass in allen drei Rechtsordnungen Art. 17 KapRiLi bloß im Rahmen seiner Mindestanforderungen umgesetzt wurde. So definiert kein Gesetzgeber einen „schweren Verlust des Gesellschaftskapitals“ enger als durch Art. 17 Abs. 2 KapRiLi vorgegeben[942].

Im Bereich der Gesellschaften mit beschränkter Haftung fällt nur die englische *private limited company* aus der Reihe. Sowohl bei der GmbH als auch bei der SARL finden sich dieselben Regelungen wie im Aktienrecht. Ein allgemeingültiges Prinzip zu formulieren, fällt daher wegen der englischen Sonderrolle schwer.

So ist der Sinn und Zweck der Einberufung einer Gesellschafterversammlung im englischen Recht nicht unumstritten. In allen Rechtsordnungen wird für die Einberufung einer solchen jedoch das Argument der Warn- und Schutzfunktion gegenüber den Gesellschaftern und den Gläubigern der Gesellschaft angeführt. Die Gegenmeinung, die vor allem in der englischen Literatur besteht, sieht in der außerordentlichen Gesellschafterversammlung eine kostenintensive Maßnahme, welche die Geschäftsführung in der wirtschaftlichen Krise der Gesellschaft mit der Organisation einer Gesellschafterversammlung belastet, obwohl sie zu diesem Zeitpunkt vielmehr die Sanierung der Gesellschaft vorantreiben sollte. Auch wird angeführt, dass die

---

940 *DAVIES*, 248 Fn. 95.

941 *Company law reform – Company Formation and Capital Maintenance*, 137; *Company Law Reform – Completing the Structure*, 151.

942 Nach Auffassung der *Group of German Experts on Corporate Law* gilt es dies zu überdenken, ZIP 2002, 1318. Das finanzielle Frühwarnsystem bei Verlust des hälftigen Garantiekapitals könnte durch eine zeitliche Vorverlegung, d.h. die Verpflichtung zu einer Einberufung der Gesellschafterversammlung schon bei einem niedrigeren Verlust, verstärkt werden. Auf der anderen Seite wird durch das *Company Law Comittee* der *Law Society of England and Wales* aktuell gefordert, dass die Verpflichtung zur Einberufung der Gesellschafterversammlung erst bei einem permanenten, d.h. sich verfestigenden Verlust, entstehen soll bzw. gänzlich abgeschafft werden sollte, *Memoranda* No. 346, 5 sowie *Memoranda* No. 440-Appendix, 5.

Einberufung der Gesellschafterversammlung kontraproduktiv sei, da hierdurch eine womöglich letzte Kreditwürdigkeit der Gesellschaft durch negative Publicity zerstört werden könne. Diese Meinung erkennt jedoch die Notwendigkeit der Information der Gesellschafter über den schweren Verlust des Gesellschaftskapitals allgemein an[943].

Jedoch wird auch in der englischen Rechtswissenschaft anerkannt, dass die Einberufungspflicht zumindest die Geschäftsführer dazu zwingt, sich mit den Interessen der Gesellschafter auseinanderzusetzen[944]. So kannten vor der gesetzlichen Regelung der sec. 142 CA 1985 die Gesellschafter und auch die Gesellschaftsgläubiger häufig nicht die wahre finanzielle Situation einer Gesellschaft. Dies ist immer noch ein Problem. Jedoch werden die Gesellschafter einer *public limited company* durch die Einberufungspflicht jetzt frühzeitig über die finanzielle „Schieflage" der Gesellschaft informiert[945]. Darüber hinaus besteht im englischen Recht zudem bereits für die *partnership* der allgemeine Grundsatz der *duty of honesty and full disclosure*, die sowohl die *partner* als auch die Geschäftsführung trifft[946]. Aus diesem Grundsatz könnte sich auch eine allgemeine Informationspflicht bei schweren Verlusten des Gesellschaftsvermögens ergeben[947].

Bemerkenswert ist zudem, dass für die EPG nach Art. 28 Abs. 2 des Verordnungsentwurfes zur Europäischen Privatgesellschaft festgelegt wurde, dass die Gesellschafter innerhalb eines Monats entscheiden müssen, ob Anlass besteht, die Gesellschaft aufzulösen, wenn sich das Eigenkapital der EPG auf weniger als die Hälfte des Stammkapitals verringert hat. Zusätzlich wurde durch Art. 28 Abs. 1 des Verordnungsentwurfs eine zweite neuartige Warnstufe vorgesehen. So ist auch dann eine Gesellschafterversammlung einzuberufen, wenn das Eigenkapital unter die Summe des Mindestkapitals gesunken ist. Auch hier müssen die Gesellschafter entscheiden, ob die Gesellschaft aufgelöst wird oder ob sie ihre Geschäftstätigkeit fortsetzen soll.

Der Umstand jedoch, dass im Vorschlag für eine Europäische Privatgesellschaft die oben beschriebene Pflicht zur Einberufung einer Gesellschafterversammlung Aufnahme gefunden hat, ohne dass die englische Rechtswissenschaft bisher hiergegen erkennbar opponiert hat, könnte eine Trendwende zu einer allgemeinen Anerkennung der Verpflichtung zur Einbe-

---

943 *Ferran*, 313 m.w.N.

944 *Keenan*, 137.

945 *Jones*, NLJ 1983, 156.

946 Sec. 28 PA 1890

947 *Morse, Partnership Law*, 143, 151: "*A partnership agreement is one of uberrimae fidei (utmost trust) and it is quite clear that each partner must deal with his fellow partners honestly and disclose any relevant fact when dealing with them. A failure to disclose will suffice for a breach of the duty – there need be no proof of common law fraud or negligence.*"

rufung einer außerordentlichen Gesellschafterversammlung bei schweren Verlusten beweisen.

Hierfür spricht auch der Umstand, dass im französischen Recht trotz Aufgabe des Mindestkapitalerfordernisses für die Gründung einer SARL die Pflicht zur Einberufung einer Gesellschafterversammlung beibehalten wurde[948]. Dies beweist auch, dass die Pflicht zur Einberufung einer Gesellschafterversammlung nicht allein aufgrund eines Mindestkapitalerfordernisses existiert, sondern aus dem Umstand resultiert, dass zur Tilgung der Gesellschaftsschulden allein das Vermögen der Gesellschaft herangezogen werden kann. Denn um das Gesellschaftsvermögen zu schützen, müssen in einer wirtschaftlichen Notlage Vorkehrungen getroffen werden, die die finanzielle Lage der Gesellschaft unter Umständen noch retten können. Daher bedarf es für einen effektiven Gläubigerschutz des oben dargestellten Frühwarnsystems.

Daher soll trotz der Ausnahme der *private limited company* ein womöglich derzeit zwar noch junges, aber sich verfestigendes allgemeine Prinzip formuliert werden:

Für den Fall, dass das Nettoaktivvermögen nicht mehr die Hälfte des Gesellschaftskapitals abdeckt, muss in Kapitalgesellschaften eine außerordentliche Gesellschafterversammlung einberufen werden.

Anmerkung: Die englische *private limited company* stellt eine Ausnahme zu diesem Prinzip dar.

Die einberufene außerordentliche Gesellschafterversammlung dient der innergesellschaftlichen Information, um eine Basis für rechtzeitige Lösungs- und Entscheidungsmöglichkeiten zur Beseitigung der wirtschaftlichen Krise der Gesellschaft zu schaffen.

Für die Personengesellschaften existiert in keiner der untersuchten Rechtsordnungen eine Pflicht zur Einberufung einer Gesellschafterversammlung bei schweren Verlusten des Gesellschaftsvermögens, weil die Gesellschafter mit ihrem Privatvermögen den Gesellschaftsgläubigern haften. Auch besteht keine allgemeine Informationspflicht aus ungeschriebenem Recht, wie z.B. aus der Treuepflicht der Gesellschafter, die in dem für diese Gesellschaften besonders stark ausgeprägten *intuitus personae* begründet liegt.

---

[948] Art. L. 223-42 C.com. wurde durch die *loi pour l'initiative économique du 1er août 2003* nur dahingehend angepasst, dass für die zusätzliche Pflicht zur Wiederherstellung des Gesellschaftskapitals nicht mehr auf das alte Mindestkapitalerfordernis (s.o. S. 577.) des Art. L. 223-2 C.com. verwiesen wird, *Gibirila*, Rn 525.

Bei Personengesellschaften besteht keine Verpflichtung zur Einberufung einer Gesellschafterversammlung, wenn das Nettoaktivvermögen der Gesellschaft unter das Gesellschaftskapital absinkt.

2. Verpflichtung zur Einberufung und Adressaten der Einberufung

Die Pflicht zur Einberufung der Gesellschafterversammlung trifft in Frankreich die Geschäftsführung (*gerant, directoire*) bzw. den Verwaltungsrat einer SA (*conseil d`administration*), Art. L. 225-248 al. 1 C.com. (SA) und Artt. L. 223-42 i.V.m. 223-27 al. 2 (SARL) C.com. Den Verwaltungsrat einer SA trifft die Pflicht zur Einberufung einer außerordentlichen Gesellschafterversammlung jedoch nur deshalb, weil ihm auch Aufgaben der Geschäftsführung zugewiesen sind. Nach Artt. L. 225-113 (SA), 223-28 al. 1 (SARL) C.com. hat jeder Gesellschafter das Recht, an einer solchen Versammlung teilzunehmen und an Beschlüssen mitzuwirken[949]. Adressaten der Einberufung sind somit letztendlich die Gesellschafter.

Erfüllt eine *public company* den Tatbestand der sec. 142 subs. 1 CA 1985, so sind die Gesellschafter ebenso durch die Geschäftsführung einzuberufen[950]. Dasselbe gilt für die GmbH[951] und die AG[952] im deutschen Recht.

In keiner der untersuchten Rechtsordnungen sind die Gesellschaftsgläubiger über den schweren Verlust zu informieren. Dies spricht jedoch nicht gegen den gläubigerschützenden Charakter der einzelnen Regelungen. Es sei nochmals angeführt, dass es sich bei der Pflicht zur Einberufung einer Gesellschafterversammlung in allen untersuchten Rechtsordnungen um zwingendes Recht handelt und somit nicht zur Disposition der Gesellschafter steht. Dass als Reflex der Pflicht zur Einberufung einer Gesellschafterversammlung und der damit einhergehenden Information der Gesellschafter über die bestehende bedrohliche wirtschaftliche Lage der Gesellschaft auch die Interessen der Gläubiger gewahrt werden, ist unbestritten.

Somit lässt sich das folgende allgemeine Prinzip bilden:

---

949 *Ripert/Roblot/Germain*, Rn. 1992.

950 *Davies*, 248; *Ferran*, 313.

951 § 49 Abs. 1, 3 GmbHG; *Lutter/Hommelhoff*, GmbHG § 49 Rn. 13, 15; *Memento*, Gesellschaftsrecht, Rn. 2721, 6132; *K. Schmidt*, Gesellschaftsrecht, § 36 III 3.

952 § 92 Abs. 1 AktG; *Memento*, Gesellschaftsrecht, Rn. 4047; *K. Schmidt*, Gesellschaftsrecht, § 28 II 4b, § 29 II 3.

Die Einberufungspflicht trifft die Geschäftsführung der Gesellschaft. Adressaten der Einberufung sind deren Gesellschafter. Gläubiger werden über den Verlust des Gesellschaftsvermögens nicht direkt informiert.

3. Zeitpunkt der Entstehung der Einberufungspflicht

Für die Entstehung der Pflicht zur Einberufung einer außerordentlichen Gesellschafterversammlung sind drei verschiedene Zeitpunkte denkbar. Der erste Zeitpunkt ist der Moment, in dem der Betrag des Nettoaktivvermögens der Gesellschaft tatsächlich und daher objektiv unter den hälftigen Betrag des Gesellschaftskapitals absinkt. Der zweite Zeitpunkt könnte vorliegen, wenn ein Geschäftsführer der Gesellschaft Kenntnis von der entsprechenden finanziellen Lage der Gesellschaft hat oder hätte haben müssen. Als spätester Zeitpunkt käme für die Entstehung der Einberufungspflicht letztlich die Ausweisung des Verlusts des Gesellschaftsvermögens in der Bilanz, unabhängig von einer vorherigen Kenntnis eines Geschäftsführers, in Betracht.

Das deutsche Recht stellt in § 92 Abs. 1 AktG seinem Wortlaut nach nicht auf die Kenntnis des Vorstands oder der einzelnen Vorstandsmitglieder ab. Vielmehr ist der Tatbestand des § 92 Abs. 1 AktG bereits erfüllt, wenn ein pflichtgemäß handelnder Vorstand vernünftigerweise keine Zweifel mehr hätte haben können, dass das Gesellschaftsvermögen nicht mehr in Höhe der Hälfte des Grundkapitals besteht[953].

Dasselbe gilt auch im Recht der GmbH. Die Pflicht zur Einberufung besteht, wenn ein Geschäftsführer einer GmbH von einem entsprechenden Verlust des Nettoaktivvermögens, auch ohne Aufstellung einer Zwischenbilanz, Kenntnis hat[954] oder bei pflichtgemäßer Beobachtung der Lage der Gesellschaft und ihrer Entwicklung einen solchen Verlust hätte annehmen müssen[955].

Nach sec. 142 subs. 1 CA 1985 besteht die Pflicht zur Einberufung einer außerordentlichen Gesellschafterversammlung im englischen Recht von dem Zeitpunkt der Kenntnisnahme der entsprechenden Umstände durch einen *director* der Gesellschaft an[956]. Nicht präzise geregelt ist jedoch, wann ein *director* eine für die Rechtsfolge der sec. 142 subs. 1 CA 1985 ausreichende Kenntnis über die finanzielle Lage der Gesellschaft besitzt. Allgemein wird

---

[953] *Mertens* in KölnerKomm, AktG, § 92 Rn. 16.
[954] Kurzkomm GmbHG - *Zöllner*, § 49 Rn.16.
[955] *BGH*, Urt. v. 13.2.1995 – II ZR 225/93, GmbHR 1995, 298; *BGH*, Urt. 20.2.1995 – II ZR 9/94, BB 1995, 975 = ZIP 1995, 561; *Lutter/Homelhoff*, § 49 Rn. 14; *Memento*, Gesellschaftsrecht, Rn. 6132.
[956] *Dine*, Sweet & Maxwell`s, Rn. 6-034.

für die Kenntnis eines *director* verlangt, dass er von der prekären finanziellen Lage der Gesellschaft wusste. Ausreichend ist aber auch bereits das Bewusstsein, dass die Gesellschaft sich in einer sehr schlechten finanziellen Situation befindet[957]. Daher wird ein *director* bei einem bewussten Wegsehen hinsichtlich der wirtschaftlichen Situation der Gesellschaft nicht von seiner Verpflichtung nach sec. 142 subs. 1 CA 1985, eine außerordentliche Gesellschafterversammlung einzuberufen, befreit[958].

Im französischen Recht wird nicht auf die Kenntnis der Geschäftsführung abgestellt. Es findet sich weder in der Literatur noch in der Rechtsprechung eine entsprechende Diskussion, wie in England und Deutschland, ab welchem Zeitpunkt einem Geschäftsführer eine ausreichende Kenntnis über die finanzielle Lage der Gesellschaft bei pflichtgemäßen Handeln zu unterstellen ist und somit die Pflicht zur Einberufung einer Gesellschafterversammlung entsteht[959].

Nach französischen Recht muss bei einem schweren Verlust des gebundenen Gesellschaftsvermögens durch den Verwaltungsrat (*conseil d`administration*) bzw. durch die Geschäftsführung (*gerant, directoire*) nach Artt. L. 225-248 (SA), 223-42 (SARL) C.com. erst innerhalb von vier Monaten nach Billigung des Jahresabschlusses, der diesen Verlust ausweist, eine außerordentliche Gesellschafterversammlung einberufen werden. Auf eine persönliche Kenntnis der finanziellen Lage wird hierbei nicht abgestellt. Für die Entstehung der Einberufungspflicht ist allein der bilanzielle Verlustausweis maßgebend[960].

Daher kann nur folgender Mindeststandard als allgemein gültiges Prinzip formuliert werden:

Die Einberufungspflicht entsteht spätestens, wenn ein bestehender Verlust in Höhe der Hälfte des Gesellschaftskapitals bilanziell ausgewiesen wird.

957 *Palmer*, Rn. 4.106.

958 *Palmer*, Rn. 4.106.

959 Dies ist in England und Deutschland v.a. wichtig für Fragen der zivil- und strafrechtlichen Haftung der Geschäftsführer der betroffenen Gesellschaft, s.u. S. 2188 ff.

960 *Dana-Démaret*, Rn. 274; *Cozian/Viandier/Deboissy*, Rn. 1014 f.; *Guyon*, Rn. 468; *Mercadal/Janin/Charvériat/Couret*, Rn. 25273; *Ripert/Roblot/Germain*, Rn. 1342, 1992.

Anmerkung: In England und Deutschland entsteht die Einberufungspflicht bereits ab Kenntnis oder Kennenmüssen der finanziellen Lage der Gesellschaft durch einen Geschäftsführer. Das französische Recht stellt für die Entstehung der Einberufungspflicht erst auf den späteren Zeitpunkt der bilanziellen Ausweisung des Verlustes ab und verzichtet auf die Notwendigkeit eines subjektiven Elements.

4. Einberufungs- und Durchführungsfrist der Gesellschafterversammlung

Im deutschen Recht hat die Geschäftsführung der vom Verlust betroffenen Gesellschaft die Gesellschafter „unverzüglich" einzuberufen. Dies gilt sowohl nach § 92 Abs. 1 AktG[961] als auch nach § 49 Abs. 3 GmbHG[962]. Unverzüglich, d.h. ohne schuldhaftes Zögern (§ 121 BGB), muss die Gesellschafterversammlung sowohl einberufen als auch angesetzt werden[963].

Nach dem *Companies Act* ist der *director* einer englischen *public limited company* verpflichtet, innerhalb von 28 Tagen eine außerordentliche Gesellschafterversammlung einzuberufen, damit entschieden werden kann, ob und welche Schritte von der Gesellschaft unternommen werden sollen[964]. Diese Pflicht besteht, wie bereits dargestellt, von dem Zeitpunkt der Kenntnisnahme bzw. dem Kennenmüssen der entsprechenden Umstände durch einen *director* an[965]. Die Gesellschafterversammlung darf nicht später als 56 Tage nach der Kenntnisnahme des Verlustes durch den *director* stattfinden. Diese Regelung soll im Rahmen der *company law review* nicht wesentlich geändert werden. Abgeschafft werden soll jedoch die 28-Tage-Regel für die Einberufung. Die 56-Tage-Regel für die Abhaltung der Gesellschafterversammlung soll hingegen bestehen bleiben[966].

Nach der Regelung der Artt. L. 223-42 al. 1 (SARL), 225-248 al. 1 (SA) C.com. ist die außerordentliche Gesellschafterversammlung nach französischem Recht innerhalb von vier Monaten nach Billigung des Jahresabschlusses, der diesen Verlust ausweist, einzuberufen und abzuhalten[967].

---

961 *Memento*, Gesellschaftsrecht, Rn. 4047.

962 *Mertens* in KölnerKomm, AktG, § 92 Rn. 15; *K. Schmidt* in Scholz, GmbHG, § 49 Rn. 26; das Erfordernis der Unverzüglichkeit findet sich i.Ü. auch im Recht der dt. Genossenschaft, § 33 Abs. 3 GenG.

963 Kurzkomm GmbHG – *Zöllner*, § 49 Rn. 17; *K. Schmidt* in Scholz, GmbHG, § 49 Rn. 26.

964 Sec. 142 (1) CA 1985.

965 *Keenan*, 136; *Palmer*, Rn. 4.106: Ausreichend ist bereits das Bewusstsein, dass die Gesellschaft sich in einer sehr schlechten finanziellen Situation befindet.

966 *White Paper – Modernising Company Law*, Cm 5553-I (2002), S. 77; *White Paper – Modernising Company Law* (*Draft Clauses*), Cm 5553-II (2002), clause 70.

967 *Ripert/Roblot/Germain*, Rn. 1342; Paris co., 30. März 1984, *Gaz. Pal.*, 1984. 2. 434, note *A.P.S.*

Allen Rechtsordnungen ist somit gemeinsam, dass zwischen dem eingetretenen Verlust und der Information der Gesellschafter keine zu große Zeitspanne liegen soll. Ansonsten würde der Pflicht zur Einberufung einer Gesellschafterversammlung auch jegliche Warnfunktion abhanden kommen. Aus diesem Grund wurde auch im Rahmen des Verordnungsentwurfs für eine Europäische Privatgesellschaft die Einberufungs- und Durchführungsfrist der Gesellschafterversammlung auf einen Monat festgelegt[968]. Es lässt sich somit folgendes allgemeine Prinzip formulieren:

Die Gesellschafterversammlung ist innerhalb kürzester Zeit nach Kenntniserlangung des schweren Verlusts durch die Geschäftsführung einzuberufen und abzuhalten.

5. Maßnahmen der Gesellschafterversammlung

Der Vorstand einer deutschen AG muss bereits bei Einberufung der Hauptversammlung die Verlustanzeige in der Tagesordnung bekannt geben. Ansonsten wäre die Hauptversammlung an einer Beschlussfassung gehindert, § 121 Abs. 5 AktG. Darüber hinaus können weitere Tagesordnungspunkte vorgesehen werden. Ob die Hauptversammlung tätig wird, liegt ganz allein bei ihr, d.h. sie muss nicht zwingend zur Abwendung der wirtschaftlichen Krise der Gesellschaft entsprechende Beschlüsse fassen[969].

Gegenstand der Gesellschafterversammlung im deutschen GmbH-Recht ist - dem Gesetze nach - zumindest die Mitteilung an die Gesellschafter über die bestehenden Vermögensverluste[970]. Hierbei bleibt es jedoch nicht, da ansonsten eine bloße Anzeigepflicht der Geschäftsführer ausreichen würde. Vielmehr will das GmbHG durch die Einberufungspflicht, ebenso wie bei der AG, sicherstellen, dass zeitnah über zu ergreifende Maßnahmen durch die Gesellschafter entschieden wird[971].

Im englischen Recht ist die Gesellschafterversammlung einzuberufen, um zu entscheiden, ob und wenn ja welche Maßnahmen zur Regelung der Lage getroffen werden sollen[972]. Nach dem Wortlaut der sec. 142 subs. 1 CA 1985 ergibt sich daher für die Gesellschafter eine weitreichende Möglichkeit zur Beschlussfassung. Eine gesetzliche Pflicht, über

---

968 Art. 28 Abs.1, 2 des Verordnungsentwurfes zur EPG der *Chambre de Commerce et d'Industrie de Paris.*

969 *Mertens* in KölnerKomm, AktG, § 92 Rn. 20.

970 *Martens*, ZGR 1972, 259; *Lutter/Hommelhoff*, GmbHG, § 49 Rn. 8.

971 *K. Schmidt* in Scholz, GmbHG, § 49 Rn. 27.

972 Sec. 142 (1) CA 1985: *„convene an extraordinary general meeting...for the purpose of considering whether any, and if so what, measures should be taken to deal with the situation"*.

eine Fortführung bzw. eine Auflösung der Gesellschaft zu entscheiden, existiert jedoch auch hier nicht[973].

In der englischen Rechtswissenschaft gibt es dennoch einige Zweifel was zum Inhalt der Gesellschafterversammlung gemacht werden kann[974]. Nach sec. 142 CA 1985 ist die Gesellschafterversammlung nicht verpflichtet, überhaupt tätig zu werden, d.h. sie muss keine bestimmten Beschlüsse fassen. So sollen die Gesellschafter aber auch nicht berechtigt sein, Beschlüsse zu fassen, die sie auch nicht auf einer ordentlich einberufenen Gesellschafterversammlung hätten treffen können[975]. Es darf in der außerordentlichen Gesellschafterversammlung im Ergebnis nur das besprochen und beschlossen werden, was auch zu deren Einberufung nach sec. 142 CA 1985 führte. Im Rahmen dieser Abgrenzungsproblematik bleiben jedoch in der englischen Rechtswissenschaft immer noch einige Fragen ungeklärt. So ist es z.B. fraglich, ob auf der Gesellschafterversammlung beschlossen werden kann, dass den für die Krise der Gesellschaft verantwortlichen *directors* das Gehalt gekürzt wird[976].

Jedoch können die Gesellschafter über eine Kapitalherabsetzung nach sec. 135 CA 1985 bzw. über eine Auflösung der Gesellschaft beschließen[977].

Das französische Gesetz schreibt der Gesellschafterversammlung nach Art. L. 223-42 al. 1 C.com. (SARL) und Art. L. 225-248 al.1 C.com. (SA) vor, über die vorzeitige Auflösung zu beschließen. Für den Fall, dass die Gesellschafterversammlung beschließt, die Gesellschaft fortzuführen, ist das Vermögen der Gesellschaft in Höhe der Kapitalziffer wiederherzustellen[978].

Darüber hinaus kann jeder, der ein berechtigtes Interesse vorweisen kann, die gerichtliche Auflösung der Gesellschaft nach Art. L. 223-42 al. 4 C.com. (SARL) und Art. L. 225-248 al. 4 C.com. (SA) beantragen, wenn der Geschäftsführer oder der Rechnungsprüfer keine Entscheidung herbeigeführt hat, oder wenn die Gesellschafter keinen wirksamen Beschluss fassen konnten. Dasselbe gilt, wenn die Gesellschaft ihrer Verpflichtung nach Artt. L. 223-42 al. 2, 225-248 al. 2 C.com. nicht nachkommt. Danach hat die Gesellschaft, wenn ihre Auflösung nicht mit der für Satzungsänderungen erforderlichen Mehrheit beschlossen wird, spätestens am Schluss des zweiten Geschäftsjahres, das demjenigen folgt, in dem diese Verluste festgestellt worden sind, ihr Kapital um einen Betrag herabzusetzen, der mindestens den

---

973 Art. 67 CA 1856 bestimmte vielmehr bei einem Verlust in Höhe von dreiviertel des Gesellschaftskapitals die Auflösung der Gesellschaft; *Blanc*, 6 f.

974 *Palmer*, Rn. 4.108; *Morse*, *Company Law*, 136; *Pennington*, 751 f.

975 Sec. 142 subs. 3 CA 1985; *Davies*, 248 sieht das Instrumentarium welches durch sec. 142 CA 1985 geschaffen wurde aus diesem Grund auch als weitgehend wirkungslos („*fatuous*") an.

976 Für eine Entlassung des *directors* bedarf es einer *special notice* gemäß sec. 303 (2) CA 1985.

977 *Palmer*, Rn. 4.108; *Pennington*, 752.

978 S.u. S. 2177.

Verlusten entspricht, die nicht durch Rücklagen gedeckt sind, sofern nicht während dieser Frist die Eigenmittel mindestens den Wert der Hälfte des Gesellschaftskapitals wieder erreicht haben. Das Gericht, welches über die Auflösung der Gesellschaft entscheidet, kann der Gesellschaft eine Frist von höchstens sechs Monaten einräumen, um diesen Zustand zu beheben. Die gerichtliche Auflösung kann nicht ausgesprochen werden, wenn im Zeitpunkt der Sachentscheidung der Zustand behoben wurde[979].

Anzumerken ist, dass auch der Verordnungsentwurf für eine Europäische Privatgesellschaft diesem französischen Modell folgt[980]. Auch hier ist nach Art. 28 ein Beschluss über die Fortführung bzw. Auflösung der Gesellschaft zu treffen. Wie in Frankreich muss das Gesellschaftsvermögen wieder die Höhe der Gesellschaftskapitalziffer erreichen oder aber das Gesellschaftskapital muss reduziert werden.

Dennoch lässt sich im Vergleich aller Rechtsordnungen feststellen, dass kein Gesetzgeber den Gesellschaftern vorschreibt, welche genauen Maßnahmen zur Abwendung der Krise zu treffen sind. Sie bleiben frei in der Entscheidung, ob und wie sie die Gesellschaft weiterführen möchten. Dies gilt im Prinzip auch für das französische Recht. Jedoch verlangen die gesetzlichen Vorschriften für eine weitere Existenzberechtigung eine Wiederherstellung des Gesellschaftsvermögens in Höhe des Gesellschaftskapitals. Wie dies aber zu erreichen ist bleibt der Gestaltungsfreiheit der Gesellschafter überlassen. Somit lässt sich folgendes allgemeine Prinzip bilden:

Die Gesellschafter sind inhaltlich frei, über Art und Möglichkeit der Abwendung der wirtschaftlichen Krise der Gesellschaft Beschlüsse zu fassen.

Anmerkung: Im französischen Recht muss aber ein Beschluss über die Frage der vorzeitigen Auflösung der Gesellschaft gefasst werden. Jedoch müssen von der Gesellschafterversammlung, wie auch in den anderen Rechtsordnungen, keine konkreten Maßnahmen beschlossen werden, wie der Verlust der Gesellschaft wieder aufgefangen werden kann.

---

979 Zuständig für die gerichtliche Auflösung der Gesellschaft ist gem. der Artt. 51, 198 Décr. 23 mars 1967 das *tribunal de commerce* (eigenständiges Erstinstanzgericht in Handelssachen, bestehend aus ehrenamtlichen Richtern, d.h. Kaufleuten; *Guyon*, Rn. 785).

980 Verordnungsentwurf zur Europäischen Privatgesellschaft der *Chambre de Commerce et d'Industrie de Paris*.

6. Pflicht zur Wiederherstellung des Gesellschaftsvermögens in Höhe der Kapitalziffer

Im englischen und deutschen Recht gibt es keine Pflicht, den entstandenen Verlust des Gesellschaftsvermögens zu bereinigen[981]. Die Gesellschafter sind in ihrer Entscheidung frei, die Gesellschaft trotz der wirtschaftlichen Krise fortzuführen oder aber, um weitere Verluste zu vermeiden, diese aufzulösen[982].

Das französische Recht jedoch bestimmt für den Fall, dass die Gesellschafterversammlung keine Auflösung der Gesellschaft beschließt, eine Pflicht zur Wiederherstellung des Gesellschaftsvermögens in Höhe des Kapitals. Nach Artt. L. 225-248 al. 2, 223-42 al. 2 C.com. muss das Gesellschaftskapital der SA bzw. SARL innerhalb von zwei Jahren - unter Beachtung der gesetzlich festgelegten Höhe des Mindestkapitals - herabgesetzt[983] bzw. das Gesellschaftsvermögen in Höhe der Kapitalziffer wieder hergestellt sein.

Trotz der französischen Sonderregelung lässt sich in diesem Bereich daher folgendes allgemeine Prinzip formulieren:

Deckt das Gesellschaftsvermögen nicht mehr die Hälfte des Gesellschaftskapitals ab, entscheiden die Gesellschafter, ob sie die Gesellschaft fortführen möchten oder nicht.

Anmerkung: In Frankreich haben die Gesellschafter jedoch über die vorzeitige Auflösung der Gesellschaft zu beschließen. Möchten sie die Geschäfte weiterführen, muss das Kapital innerhalb von zwei Jahren wiederhergestellt werden. Ansonsten kommt es zu einer gerichtlichen Auflösung der Gesellschaft.

7. Veröffentlichung des schweren Verlustes und der gefassten Beschlüsse

Artt. L. 223-42 al. 3 und 225-248 al. 3 C.com. schreiben im französischen Recht die Veröffentlichung der von der Gesellschafterversammlung getroffenen Beschlüsse vor. Diese sind nach Artt. L. 50, 197 Décr. 23 mars 1967 in dem *Departement*, in dem die Gesellschaft ihren Sitz hat, in einer für gesetzliche Anzeigen zugelassenen Zeitung anzuzeigen, beim Urkunds-

---

981 *Dine*, Sweet & Maxwell's, Rn. 6-034; *dies.*, Palgrave, Rn. 9.19; *Keenan*, 136 f.

982 S.o. S. 2144.

983 Durch die *loi pour l'initiative économique du 1er août 2003* gilt dies seit dem 1. August 2003 nicht mehr für die SARL. Der entsprechende Verweis in Art. L. 223-42 C.com. auf Art. L. 223-1 C.com. (ehemalige Regelung des Mindestkapitals) wurde daher gestrichen.

beamten des am Sitz der Gesellschaft zuständigen Handelsgerichts zu hinterlegen und in das Handelsregister einzutragen[984].

Derartige Veröffentlichungspflichten sind dem deutschen und dem englischen Recht nicht bekannt. In diesen Rechtsordnungen besteht keine generelle Pflicht zur Veröffentlichung des schweren Verlusts und der auf der einberufenen außerordentlichen Gesellschafterversammlung gefassten Beschlüsse.

Daher lässt sich zur Publizierungspflicht kein gemeinsames allgemeines Prinzip finden.

IV. Rechtsfolgen bei Nichteinberufung der Gesellschafterversammlung

Die KapRiLi normiert keine Rechtsfolgen bzw. Sanktionen für den Fall, dass die gem. Art. 17 KapRiLi notwendige Einberufung der Hauptversammlung durch den Vorstand der Gesellschaft unterbleibt[985].

1. Zivilrechtliche Folgen

Nach h.M. löst eine Verletzung des § 92 Abs. 1 AktG einen Schadensersatzanspruch zumindest der Gesellschaft gegen den Vorstand aus[986]. Ob in den Schutzbereich des § 92 Abs. 1 AktG zusätzlich auch die Gesellschafter einbezogen sind, ist umstritten[987]. § 92 Abs. 1 AktG ist jedoch nach Ansicht des BGH kein Schutzgesetz zugunsten der Gesellschaftsgläubiger[988].

Die Einberufungspflicht im GmbHG ergibt sich für die Geschäftsführer aus ihrer Organstellung, § 49 Abs. 1 GmbHG[989]. Bei Verletzung dieser Einberufungspflicht macht sich der Geschäftsführer gegenüber der Gesellschaft nach § 43 Abs. 2 GmbHG schadensersatzpflichtig; denn § 49 Abs. 3 GmbHG stellt nur eine Konkretisierung des § 43 Abs. 1 GmbHG dar, wonach der ordentliche Geschäftsführer eine Versammlung einberuft, wenn es im Interesse der Gesellschaft geboten erscheint[990]. Voraussetzung für eine Haftung ist jedoch ein schuldhaftes Verhalten des Geschäftsführers[991]. Eine Haftung

984 *Guyon*, Rn. 468.

985 *Lutter*, EuR 1975, 44, 57 f.

986 § 92 Abs. 1 AktG ist Schutzgesetz im Sinne des § 823 Abs. 2 BGB.

987 Befürwortend: *Habersack* in Großkomm AktG, § 92 Rn. 26; Münch. Hdb. GesR IV-*Wiesner*, § 25 Rn. 44 m.w.N. Ablehnend: *Mertens* in KölnerKomm, AktG, § 92 Rn. 24; *Hüffer*, AktG, § 92 Rn. 15.

988 *BGH*, Urt. v. 9.7.1979 – II ZR 211/76, NJW 1979, 1829.

989 Kurzkomm GmbHG – *Zöllner*, § 49 Rn. 19.

990 *K. Schmidt* in Scholz, GmbHG, § 49 Rn. 3.

991 *K. Schmidt* in Scholz, GmbHG, § 49 Rn. 31.

des Geschäftsführers gegenüber den Gläubigern der Gesellschaft existiert, wie auch im Aktienrecht, hingegen nicht[992].

Eine gesetzliche zivilrechtliche Haftung der Geschäftsführer besteht im englischen Recht bei Verletzung der sec. 142 CA 1985 nicht[993].

In Frankreich kann jeder, der ein berechtigtes Interesse vorweisen kann, die gerichtliche Auflösung der Gesellschaft nach Art. L. 223-42 al. 4 C.com. (SARL) und Art. L. 225-248 al. 4 C.com. (SA) beantragen, wenn der Geschäftsführer oder der Rechnungsprüfer es unterlassen haben, eine Gesellschafterversammlung einzuberufen. Auf eine zudem bestehende Schadensersatzpflicht wird in der französischen Literatur nicht weiter eingegangen[994].

In Bezug auf die zivilrechtlichen Folgen kann aufgrund der starken bestehenden Differenzen in den einzelnen Rechtsordnungen daher kein gemeinsames Prinzip formuliert werden.

2. Strafrechtliche Folgen

Gem. § 401 Abs. 1 Nr. 1 AktG macht sich ein Vorstandsmitglied einer AG strafbar, wenn es entgegen § 92 Abs. 1 AktG bei einem Verlust in Höhe der Hälfte des Grundkapitals die Hauptversammlung nicht einberuft, um ihr den Verlust anzuzeigen. Wer es als Geschäftsführer einer GmbH unterlässt, den Gesellschaftern einen Verlust in Höhe der Hälfte des Stammkapitals anzuzeigen, macht sich entsprechend nach § 84 Abs. 1 Nr. 1 GmbHG strafbar. Nach beiden Vorschriften kann eine Freiheitsstrafe von bis zu drei Jahren oder eine Geldstrafe verhängt werden.

Der *director*, der trotz seiner Verpflichtung nach sec. 142 subs. 1 CA 1985 vorsätzlich (*knowingly and wilfully*) keine außerordentliche Hauptversammlung einberuft, macht sich nach sec. 142 (2) CA 1985 i.V.m. Sch. 24 einer strafbaren Handlung (*criminal offence*) schuldig, die mit Geldstrafe bedroht ist (*liable to a fine*)[995].

Auch im französischen Recht lassen sich entsprechende Strafvorschriften finden. Danach sind gem. Art. L. 241-6 C.com. die Geschäftsführer einer SARL einer sechsmonatigen Haftstrafe und einer Geldstrafe in Höhe von € 4.500 ausgesetzt für den Fall, dass sie die Gesellschafter nicht innerhalb der viermonatigen Frist zu einer Gesellschafterversammlung einberufen, die über die vorzeitige Auflösung der Gesellschaft zu beschließen hat, oder

---

992 Vgl. für die AG *BGH*, Urt. v. 9.7.1979 – II ZR 211/76, NJW 1979, 1831; für die GmbH *Meyer-Landrut*, Rn. 15; *Ulmer*, GmbHR 1984, 260.

993 *Birds/Ferran/Villiers/Boyle*, Rn. 7.20; *Dine*, Sweet & Maxwell's, Rn. 6-034; *dies.*, Palgrave, Rn. 9.19.

994 *Mercadal/Janin/Charvériat/Couret*, Rn. 25279.

995 *Morse*, *Company Law*, 136; *Goulding*, 203; *Keenan*, 136; *Mayson/French/Ryan*, Rn. 10.2.6; *Palmer*, Rn. 4.109.

wenn sie es versäumt haben, die getroffenen Beschlüsse ordnungsgemäß zu veröffentlichen[996]. Das gleiche gilt nach Art. L. 242-29 C.com. für den *président* oder die *administrateurs* einer SA.

Es lässt sich daher folgendes allgemeine Prinzip formulieren:

Beruft die Geschäftsführung in dem Fall, dass das Gesellschaftsvermögen nicht mehr die Hälfte des Gesellschaftskapitals abdeckt, keine außerordentliche Gesellschafterversammlung ein, so werden die Geschäftsführer zumindest mit einer Geldstrafe bestraft.

Anmerkung: Diese Geldstrafe ist in Frankreich festgelegt und wird kumulativ zur Freiheitsstrafe verhängt. Sie beträgt € 4.500. Mit Freiheitsstrafe ist die Einberufungspflicht hingegen nur in der deutschen und französischen Rechtsordnung bewehrt, nicht hingegen in England. Die Freiheitsstrafe beträgt in Frankreich sechs Monate und kann in Deutschland in Höhe von bis zu drei Jahren verhängt werden.

---

996 *Mercadal/Janin/Charvériat/Couret*, Rn. 25278. Geschäftsführer einer *société en redressement judicaire* machen sich nicht strafbar, da sie gem. Artt. L. 223-42 al. 5, 225-248 al. 5 C.com. aus dem Anwendungsbereich herausfallen; *Cass. crim.* 27 avril 1987, Rev.soc. 1987, 427, Anm. *Bouloc.*

G. Kapitalherabsetzung

I. Allgemeines

Der Schutz der Gläubiger vor Vermögensabflüssen aus der Gesellschaft an die Gesellschafter mit Hilfe des bisher dargestellten Systems der Kapitalerhaltung lässt sich nur dann verwirklichen, wenn es nicht im Belieben der Gesellschafter steht, die Kapitalziffer und damit die Höhe des gebundenen Vermögens beliebig zu verändern.

Eine Kapitalherabsetzung gefährdet die Gesellschaftsgläubiger, da die durch das Gesellschaftskapital geschaffene „Staumauer" abgesenkt wird und somit mehr Mittel aus der Gesellschaft abfließen können[997]. Der Schutz der Gesellschaftsgläubiger vor einem Ausfall ihrer Forderungen wird somit gesenkt[998]. Könnten die Gesellschafter das Gesellschaftskapital daher herabsetzen, ohne die Belange der Gläubiger zu berücksichtigen, wären sämtliche Kapitalerhaltungsregelungen einfach zu umgehen[999]. Denn ist das Gesellschaftskapital herabgesenkt, so sinkt auch der Umfang des gebundenen und damit geschützten Gesellschaftsvermögens und Ausschüttungen an die Gesellschafter sind in einem zusätzlichen Umfang möglich[1000]. Daneben sei erwähnt, dass durch eine Kapitalherabsetzung auch die Mitgliedschaftsrechte der Gesellschafter betroffen sind, da diese ebenso wie das Kapital reduziert werden. Zu beachten ist neben dem Grundsatz der Kapitalerhaltung daher wiederum der Grundsatz der Gleichbehandlung der Gesellschafter[1001].

---

[997] Deutschland: So bildlich *Würdinger*, 32; *Wiedemann*, § 10 IV 1 b; England: *Dine*, Palgrave, Rn. 9.9 f.; Frankreich: *Dana-Démaret*, 295.

[998] *Ommeslaghe/Ryn*, Rn. 5-65.

[999] *Mülbert/Birke*, EBOR 2002, 707.

[1000] Deutschland: *Bärmann*, 248; *BFH*, Urt. v. 25.10.1979 – VIII R 46/76, AG 1980, 312; *Drinkuth*, 253; *Geßler* in Geßler/Hefermehl/Eckhardt/Kropff, AktG, § 57 Rn. 56, § 222 Rn. 1; *Ulmer* in Hachenburg, GmbHG § 58 Rn. 4; *Hirte*, Die vereinfachte Kapitalherabsetzung, 15; *Lutter* in KölnerKomm, AktG, § 57 Rn. 34; *Kübler*, 220; *Barz* in GroßkommAktG, Bd. 1, § 57 Rn. 9; *K. Schmidt*, Gesellschaftsrecht, § 37 V 3; *Priester* in Scholz, GmbHG, § 58 Rn. 4 f.; *Meyer-Landrut*, GmbHG, § 58 Rn. 3; *Wirth*, DB 1996, 867; Frankreich: *Gibirila*, Rn. 165; *Cozian/Viandier/Deboissy*, Rn. 1012; *Ripert/Roblot/Germain*, Rn. 1961; England: sec. 263 subs. 2 lit. c CA 1985.

[1001] Durch eine Kapitalherabsetzung können auch die Rechte unterschiedlicher Gruppen von Anteilsinhabern tangiert werden. Es muss also dafür gesorgt sein, dass keine Gesellschaftergruppe gegenüber anderen durch eine Kapitalherabsetzung diskriminiert wird, z.B. durch eine hieraus resultierende Reduzierung bzw. Vernichtung gewisser Anteilsgruppen und einer damit einhergehenden Umgewichtung aller Anteile (Stichwort: Verwässerung der Gesellschaftsanteile - *stock watering*). Deutschland: *Hirte*, Die vereinfachte Kapitalherabsetzung, 15; Frankreich: *Gibirila*, Rn. 155, 164; *Cozian/Viandier/Deboissy*, Rn. 1008, 1012; *Merle*, Rn. 227, 569 f.; *Ripert/Robot/Germain*, Rn. 1966; England: Eine weitere, jedoch in der Minderheit begriffene engl. Meinung besagt, dass eine Kapitalherabsetzung auch nicht gegen das öffentliche Interesse ver-

Zu unterscheiden sind im Wesentlichen zwei verschiedene Formen der Kapitalherabsetzung. Zum einen die effektive (ordentliche, reale) und zum anderen die nominelle (formelle, vereinfachte) Kapitalherabsetzung.

Bei der effektiven Kapitalherabsetzung wird Gesellschaftsvermögen an die Gesellschafter ausgeschüttet. Man spricht daher auch von einer Kapitalherabsetzung mit Einlagenrückgewähr[1002]. Bei der nominellen Kapitalherabsetzung werden keine Ausschüttungen an die Gesellschafter vorgenommen. Vielmehr erfolgt zum Zwecke der finanziellen Sanierung der Gesellschaft eine bloße Reduzierung der Kapitalziffer zum Ausgleich eingetretener Verluste. So soll das Gesellschaftskapital an das durch Verluste geschrumpfte Gesellschaftsvermögen angepasst werden[1003].

Dass die Gesellschaftsgläubiger vor willkürlichen Kapitalherabsetzungen zu schützen sind, gilt vor allem bei einer Kapitalherabsetzung, bei der bisher gebundenes Gesellschaftsvermögen an die Gesellschafter ausgeschüttet wird. Dies soll durch folgendes Beispiel verdeutlicht werden:

Die effektive Kapitalherabsetzung:

Vor einer Kapitalherabsetzung stellt sich die Vermögenssituation einer Gesellschaft in einer vereinfachten Bilanz wie folgt dar:

Aktiva	T€		Passiva
Anlagevermögen	100,-	Kapital	400,-
Umlaufvermögen	100,-	Verbindlichkeiten	200,-
Bank	500,-	Gewinn	100,-
	700,-		700,-

Die Gesellschaft besitzt laut Bilanz ein Aktivvermögen von T€ 700,-. Angenommen es wird aber nur das Anlage- und Umlaufvermögen in Höhe von T€ 200,- für eine wirtschaftlich sinnvolle Unternehmens(fort)führung durch die Gesellschaft benötigt und man sieht keine zusätzliche Möglichkeit einer gewinnbringenden Anlage des Bankvermögens, wie z.B. eine Ausweitung des Geschäftsbetriebes, so wäre es in diesem Fall verständlich, wenn die Gesellschafter die auf dem Bankkonto befindlichen T€ 500,- ausschütten wollten. Jedoch ist der Gesellschaft, aufgrund der Höhe ihres Gesellschaftskapitals und der bestehenden Verbindlichkeiten, nur eine Ausschüttung in Höhe von T€ 100,- an ihre Gesellschafter gestattet.

stoßen darf, *Ex Parte Westburn Sugar Refiners Ltd* [1951] AC 625; dagegen: *Re Jupiter House Investments (Cambridge) Ltd* [1985] BCLC 222.

1002 *Lutter*, Kapital, 386; *Constantin*, 216; *Couret*, 85 f.

1003 *Kübler*, 219; *Maser/Sommer*, GmbHR 1996, 23 f.; *Ommeslaghe/Ryn*, Rn. 5-65.

Könnten die Gesellschafter nun, ohne Rücksichtnahme auf die Gläubiger, das Gesellschaftskapital durch eine Kapitalherabsetzung z.B. auf T€ 100,- absinken lassen, so könnten sie sich insgesamt T€ 400,- ausschütten lassen. Die Bilanz würde sich dann nach der Ausschüttung folgendermaßen darstellen:

Aktiva	T€		Passiva
Anlagevermögen	100,-	Kapital	100,-
Umlaufvermögen	100,-	Verbindlichkeiten	200,-
Bank	100,-		
	300,-		300,-

Die Gläubiger der Gesellschaft stehen nun schlechter da. Ihre Forderungen könnte die Gesellschaft nunmehr nur begleichen, wenn sie den Geschäftsbetrieb einstellen würde und ihr Anlage- bzw. Umlaufvermögen versilbern würde, denn die Gesellschaft kann die bestehenden Verbindlichkeiten nicht mehr allein durch bestehendes liquides Vermögen tilgen.

Wie gezeigt handelt es sich daher bei einer Herabsetzung des Gesellschaftskapitals um einen Eingriff in das Regime der Kapitalerhaltung. Denn eine Kapitalherabsetzung bewirkt eine Verminderung der als Haftungsgrundlage zugunsten der Gläubiger gebundenen Aktiva der Gesellschaft[1004]. Aus diesem Grund könnte man auf die Idee kommen, eine Kapitalherabsetzung überhaupt zu verbieten[1005]. Diesen Weg geht jedoch keine nationale Rechtsordnung. Vielmehr lassen sich in allen betrachteten Rechtsordnungen Regelungen finden, die den Gesellschaftern die Möglichkeit eröffnen, das Gesellschaftskapital herabzusetzen[1006]. Es handelt sich hierbei in allen Rechtsordnungen jeweils um die einzige Ausnahme des allgemein geltenden Verbots der Ausschüttung gebundenen Gesellschaftsvermögens[1007].

Es lässt sich daher folgendes allgemeine Prinzip formulieren:

Das Kapital einer Gesellschaft darf herabgesetzt werden.

1004 *Maser/Sommer*, GmbHR 1996, 24.
1005 *Drinkuth*, 254.
1006 *Drinkuth*, 253 Fn. 1; *Lutter*, Kapital, 385 f.; KapRiLi: Artt. 30-38; Deutschland: GmbH: §§ 58-58f GmbHG, AG: §§ 222-240 AktG; Frankreich: SARL: Art. L. 223-34 C.com., SA: Artt. L. 225-204 – 225-205 C.com.; England: *private* und *public limited company*: secs. 135-141 CA 1985.
1007 *Lutter*, Kapital, 384 ff., *ders.*, Europäisches Unternehmensrecht, 53; *Merle*, Rn. 569.

Damit der Grundsatz der Kapitalerhaltung aber nicht auf einfache Art und Weise umgangen werden kann, müssen überall besondere formale Regelungen zur Änderung der Höhe des Gesellschaftskapitals beachtet werden[1008].

Anders als soeben gezeigt, stellt sich jedoch die Situation dar, wenn die Gesellschaft Verluste erwirtschaftet hat und so bereits gebundenes Vermögen der Gesellschaft verloren gegangen ist. Wie bereits anfangs erläutert, dient der Gesellschaft ihr durch Einlagen aufgebrachtes Kapital auch als „Betriebskapital", d.h., das durch die Kapitalziffer gebundene Vermögen kann durch die Gesellschaft zum Wirtschaften benutzt werden. Sind der Gesellschaft dabei im Rahmen getätigter Geschäfte Verluste entstanden und ist als Resultat dessen ihr Nettoaktivvermögen unter die Kapitalziffer abgesunken, so liegt dies auch im Risikobereich der Gläubiger der Gesellschaft. Ist das gebundene Vermögen der Gesellschaft bereits durch Verluste angegriffen bzw. aufgezehrt, so sind die Gläubiger durch die Regelungen der Kapitalerhaltung nur vor weiteren Vermögensentnahmen durch die Gesellschafter geschützt. Die eingetretenen Verluste treffen die Gläubiger, da ihre Forderungen nicht mehr dieselbe Sicherung durch existierendes Gesellschaftsvermögen erfahren. Für eine solche Situation trifft der Grundsatz der Kapitalerhaltung jedoch keine Vorkehrungen, denn Sinn und Zweck der Kapitalaufbringungs- und Kapitalerhaltungsvorschriften ist es nicht, eine „verschlossene Kriegskasse", in der ein Teil des Vermögens der Gesellschaft zurückgehalten wird, zu bilden.

Ziel einer nominellen Kapitalherabsetzung, die dem Verlustausgleich dienen soll, ist es, die Kapitalziffer der Gesellschaft herabzusenken, um sie hierdurch wieder in die Lage zu versetzen, zukünftig überhaupt oder höhere Dividenden auszuschütten[1009].

Hierzu folgendes Beispiel:

[1008] Europa: *Drinkuth*, 253 ff. stellt fest, dass es den nationalen Gesetzgebern durch die KapRiLi (im „Aktienrecht") nicht mehr erlaubt ist, ein generelles Verbot der Kapitalherabsetzung zu formulieren: „Vor allem, weil die Herabsetzung des Grundkapitals oft eine unverzichtbare Maßnahme zur gesellschaftsinternen Sanierung ist, dürfen die Mitgliedstaaten auf entsprechende Bestimmungen nicht verzichten."; ebenso *Natterer*, ZIP 1995, 1485: „Die Richtlinie verbietet also die Abschaffung zum Beispiel der Kapitalherabsetzung, weil sie sie regelt."; a.A. *Lutter*, Europäisches Unternehmensrecht, 25; Deutschland: *Geßler* in Geßler/Hefermehl/Eckhardt/Kropff, AktG, § 57 Rn. 56; Frankreich: *Ripert/Roblot/Germain*, Rn. 1961; England: sec. 2 subs. 7 CA 1985; *Farrar/Hannigan*, 212.

[1009] Deutschland: *Eisenhardt*, Rn. 520; *Kübler*, 219; *K. Schmidt*, Gesellschaftsrecht, § 29 III 1; England: *Goulding*, 180 f.; Frankreich: *Merle*, Rn. 227, 569; *Ripert/Roblot/Germain*, Rn. 1962.

Die nominelle Kapitalherabsetzung:

Aktiva	T€		Passiva
Anlagevermögen	100,-	Kapital	400,-
Umlaufvermögen	100,-	Verbindlichkeiten	100,-
Verluste	300,-		
	500,-		500,-

Die Gesellschaft besitzt ausweislich ihrer Bilanz kein ausschüttungsfähiges Gesellschaftsvermögen. Vielmehr besteht eine Unterbilanz in Höhe von T€ 300,-. Bilanzen stehen den Gesellschaftsgläubigern jedoch nur ausnahmsweise zur Verfügung. Das gemachte Beispiel zeigt nochmals, welch folgenschwerer Irrtum es ist, eine Gesellschaft nur aufgrund der Höhe ihres publizierten Gesellschaftskapitals zu bewerten.

Eine nun stattfindende Kapitalherabsetzung auf T€ 100,- würde zu folgender Bilanz führen:

Aktiva	T€		Passiva
Anlagevermögen	100,-	Kapital	100,-
Umlaufvermögen	100,-	Verbindlichkeiten	100,-
	200,-		200,-

Ausschüttungen an die Gesellschafter haben im Rahmen dieser nominellen Kapitalherabsetzung nicht stattgefunden. Zu Lasten der Gläubiger wurde der Gesellschaft also kein weiteres Vermögen entzogen. Durch die Kapitalherabsetzung wurde lediglich die Kapitalziffer der Gesellschaft bilanziell (nominell) zum Ausgleich der Verluste verringert. Durch die Herabsetzung des Gesellschaftskapitals wird jetzt die aktuell real existierende finanzielle Lage der Gesellschaft widergespiegelt. Dem Laien wird somit auch nicht mehr vorgegaukelt, die Gesellschaft verfüge über ein Vermögen in Höhe der ursprünglichen Kapitalziffer (T€ 400,-). Vielmehr entspricht die neue Kapitalziffer in Höhe von T€ 100,- dem Nettoaktivvermögen der Gesellschaft. Erwirtschaftet die Gesellschaft im nun folgenden Geschäftsjahr Gewinne, so können diese alsgleich an die Gesellschafter ausgeschüttet werden. Hätte die Kapitalherabsetzung nicht stattgefunden, dann hätte die Gesellschaft erst ihren „Vermögensspeicher" bis zur ursprünglichen Kapitalziffer in Höhe von T€ 400,- auffüllen müssen bevor sie Gewinne an die Gesellschafter hätte abführen können.

Kommt es daher zu einer nominellen Kapitalherabsetzung aufgrund eingetretener Verluste, werden die Altgläubiger einer Gesellschaft nicht, wie bei einer effektiven Kapitalherabsetzung, durch einen Abzug von Gesellschaftsvermögen benachteiligt[1010]. Jedoch können durch die Herabsetzung der Kapitalziffer zukünftige Gewinne der Gesellschaft frühzeitiger an die Gesellschafter ausgeschüttet werden. Denn die Gesellschaft muss ihr Vermögen nicht mehr wie zuvor bis zur ursprünglichen Kapitalziffer anwachsen lassen bis sie wieder Gewinne ausschütten kann, sondern kann bereits bei Erreichen der neuen Kapitalziffer Ausschüttungen vornehmen[1011].

Die Anforderungen an eine Kapitalherabsetzung unterscheiden sich in den einzelnen Gesellschaftsformen. Es lassen sich hierbei drei Gruppen bilden. Zum einen die Gesellschaften, in denen nur das Gesellschaftsvermögen zur Gläubigerbefriedigung herangezogen werden kann[1012]. Zum zweiten die Mischgesellschaften[1013] und zum anderen die Gesellschaftsformen, in denen dem Gläubiger zusätzlich zum Gesellschaftsvermögen noch das Vermögen der Gesellschafter zur Befriedigung bereitsteht[1014].

II. Kapitalherabsetzung bei Personengesellschaften

In den untersuchten Rechtsordnungen lassen sich für Personengesellschaften, in denen die Gesellschafter persönlich und unbeschränkt für die Schulden der Gesellschaft einstehen müssen, nur wenige Vorschriften über eine Herabsetzung des Gesellschaftskapitals finden. Explizite und detaillierte Regelungen existieren nur im Bereich der Gesellschaften, in denen für die Schulden der Gesellschaft nur eine Vermögensmasse, nämlich die der Gesellschaft, herangezogen werden kann[1015].

Zwingende Voraussetzung für eine Kapitalherabsetzung ist aber, dass die Gesellschaft überhaupt ein rechtlich definiertes Gesellschaftskapital besitzt, welches reduziert werden kann. Wie bereits gezeigt, ist Gründungsvoraussetzung aller französischen Gesellschaften, im Gegensatz zu den deutschen und englischen Gesellschaften, in denen die Gesellschafter persönlich und unbeschränkt für die Schulden der Gesellschaft haften, dass diese ein Gesellschaftskapital im Gesellschaftsvertrag ausweisen[1016]. Aber auch in Eng-

---

1010 *Cozian/Viandier/Deboissy*, Rn. 1008.

1011 *Hirte*, Die vereinfachte Kapitalherabsetzung, 23 f.; *Ommeslaghe/Ryn*, Rn. 5-65; *Wirth*, DB 1996, 867.

1012 Deutschland: AG; GmbH; Frankreich: SA; SARL; England: *public* und *private limited company*.

1013 Deutschland: KG; KGaA; Frankreich: SCS; SCA; England: *limited partnership*.

1014 Deutschland: GbR; OHG; Frankreich: SC; SNC; England: *unlimited company*; *partnership*.

1015 Deutschland: AG: §§ 222-240 AktG; GmbH: §§ 58-58f GmbHG; Frankreich: SA: Artt. L. 225-204 – 225-205 C.com.; SARL: Art. L. 223-34 C.com.; England: *private* und *public limited company*: secs. 135-141 CA 1985.

1016 S.o. S. 622.

land und in Deutschland kann für jegliche Gesellschaft im Rahmen der Vertragsfreiheit ein Gesellschaftskapital vereinbart werden.

Das Kapital kann als Regelungsgegenstand des Gesellschaftsvertrags nur durch Vereinbarung zwischen allen Gesellschaftern, d.h. durch eine Einigung über eine „neu" festzuschreibende Kapitalziffer im Gesellschaftsvertrag, herabgesenkt werden[1017]. Durch eine solche Vereinbarung kann der Anteil eines, mehrerer oder aller Gesellschafter am Gesellschaftskapital herabgesetzt werden. Dabei kommen zwei Möglichkeiten in Betracht. Entweder kann eine entsprechende Rückzahlung an den oder die entsprechenden Gesellschafter erfolgen oder die Gesellschafter vereinbaren, für den Fall, dass die Gesellschaft Verluste gemacht hat, eine Bilanz zu akzeptieren, in deren Rahmen eine Herabsetzung der Anteile der Gesellschafter am Gesellschaftskapital erfolgt[1018]. Eine Herabsetzung des Gesellschaftskapitals kommt jedoch aufgrund der mangelnden Bindungswirkung des Kapitals von Personengesellschaften nur ausnahmsweise vor[1019].

Dass bei einer Herabsetzung des Gesellschaftskapitals keine Interessen der Gläubiger der Gesellschaft beachtet werden müssen, erklärt sich vor dem Hintergrund, dass neben dem Vermögen der Gesellschaft das Privatvermögen der Gesellschafter zur Befriedigung der Forderungen der Gläubiger herangezogen werden kann. Ausschüttungen, die aufgrund einer Herabsetzung an die Gesellschafter erfolgen, gehen den Gläubigern daher grundsätzlich nicht verloren, denn das ausgeschüttete Gesellschaftsvermögen wechselt nicht in eine Vermögensmasse, die den Gläubigern nicht zur Verfügung steht[1020]. Nochmals sei erwähnt, dass das Gesellschaftskapital in diesen Gesellschaften nicht so sehr dem Gläubigerschutz dient, sondern die Beteiligungen der Gesellschafter gegeneinander abgrenzen soll[1021].

Exemplarisch soll hier zusätzlich die *unlimited company* aus dem englischen Recht angeführt werden. Hier haften die Gesellschafter für die Schulden der Gesellschaft persönlich. Aus diesem Grund sind für die *unlimited*

1017 Deutschland: GbR: § 705 BGB; *Sprau* in Palandt, BGB, § 705 Rn. 15; OHG: § 122 Abs. 2 HGB; *Baumbach/Hopt*, HGB, § 122 Rn. 14; Frankreich: SNC: Art. L. 221-6 C.com.; *Merle*, Rn. 147, 159; *Ripert/Roblot/Germain*, Rn. 1334; SC: Art. 1852 C. civ.; *Guyon*, Rn. 234; England: *partnership*: secs. 19, 24 PA 1890; *Morse*, *Partnership Law*, 41 f., 152, 157; *Banks*, Rn. 17-10; *Heslin v. Hay* (1884) 15 LR Ir 431; *Bouch v. Sproule* (1887) 12 App Cas 385, 405. Der Grundsatz, dass das Kapital einer *partnership* nur durch einen einstimmigen Beschluss aller Gesellschafter herabgesetzt werden kann, soll aufgrund eines Vorschlags der *Law Commission* ausdrücklich in den Gesetzestext aufgenommen werden, siehe clause 13 subs. 2 *Draft Partnerships Bill*. Siehe hierzu auch *Report on Partnership Law*, Cm. 6015, Rn. 10.2, 10.28, 10.30 und die *Explanatory Notes* zu clause 13 subs. 2 *Draft Partnerships Bill*.

1018 Für die *partnership*: *Pennington* in Jura Europae, 90.30·8.

1019 Für die SNC und die SCS: *Bastian/Germain* in Jura Europae, 30.30 Rn. 36.

1020 *Cozian/Viandier/Deboissy*, Rn. 303, 308, 1451.

1021 *Cozian/Viandier/Deboissy*, Rn. 1451.

company auch nicht die Bestimmungen des CA 1985, betreffend der Änderung des Kapitals einer Gesellschaft, anwendbar[1022]. Vielmehr können sie das Gesellschaftskapital durch einen Sonderbeschluss[1023] zur Änderung der in den *articles* festgelegten Kapitalstruktur ändern[1024]. Als Grundlage für diese gesellschaftsrechtliche Lösung der Kapitalherabsetzung wird wieder der Gedanke herangezogen, dass die Gesellschafter der *unlimited company* persönlich haften. Eine Herabsetzung des Kapitals bewirkt somit nur eine „Erhöhung" dieser persönlichen Haftung. Die den Gesellschaftsgläubigern zur Verfügung stehende Vermögensmasse bei Abwicklung der Gesellschaft sollte daher zumindest theoretisch nicht vermindert sein[1025].

III. Kapitalherabsetzung bei Kommanditgesellschaften

Im Bereich der KG, KGaA, *limited partnership*, SCS und der SCA muss zwischen den Gesellschafterformen des Kommanditisten (*commanditaires, limited partner*) und des Komplementärs (*commandités, general partner*) differenziert werden.

1. Komplementär

Der unbeschränkt haftende Komplementär kann, wie auch alle anderen unbeschränkt haftenden Gesellschafter anderer Gesellschaftsformen, seinen Kapitalanteil und damit das Gesellschaftskapital aufgrund entsprechender einstimmiger Vereinbarung der Gesellschafter herabsetzen[1026].

1022 Secs. 135 ff. CA 1985 sind nur auf *companies limited by shares* und *companies limited by guarantee and having a share capital* anwendbar.

1023 Sec. 9 subs. 1 CA 1985. Es bedarf nach sec. 378 subs. 2 i.V.m. subs. 1 CA 1985 zur Änderung der *articles* einer ¾ Mehrheit der bei der Gesellschafterversammlung anwesenden Gesellschafter.

1024 *Pennington* in Jura Europae, 90.20·16, auch eine gerichtliche Genehmigung ist nicht erforderlich, secs. 136 f. CA 1985. Ist das Gesellschaftskapital sowohl in den *articles* als auch im *memorandum* festgelegt, kann durch den die *articles* ändernden Sonderbeschluss auch das *memorandum* geändert werden. Dabei ist aber sec. 17 CA 1985 zu beachten, der die Möglichkeit der Anrufung der Gerichte zur Verhinderung der geplanten Herabsetzung eröffnet. Notwendig für die Anrufung des Gerichts ist die Unterstützung durch Inhaber von 15 % des Nennwertes der gezeichneten Anteile, gleichgültig welcher Klasse von Anteilen, sec. 17 subs. 1, 3 CA 1985.

1025 *Pennington* in Jura Europae, 90.20·16.

1026 Deutschland: KG: § 161 Abs. 2 i.V.m. § 122 Abs. 2 HGB; *K. Schmidt*, Gesellschaftsrecht, § 18 II 2d; KGaA: §§ 278 Abs. 2, 288 AktG i.V.m. §§ 161 Abs. 2, 122 Abs. 2 HGB; England: *limited partnership*: *Heslin v. Hay* (1884) 15 LR Ir 431; *Bouch v. Sproule* (1887) 12 App Cas 385, 405; *Banks*, Rn. 17-10; *Morse*, *Partnership Law*, 157; *Pennington* in Jura Europae, 90.30·8; clause 13 subs. 2 *Draft Partnerships Bill*. Siehe hierzu auch *Report on Partnership Law*, Cm. 6015, Rn. 10.2, 10.28, 10.30 und die *Explanatory Notes* zu clause 13 subs. 2 *Draft Partnerships Bill*. Frankreich: SCS: Art. L. 222-9 al. 2 C.com.; SCA: Art. L. 226-11 C.com.; *Ripert/Robot/Germain*, Rn. 1334.

Daher gilt folgendes allgemeine Prinzip:

Der Kapitalanteil eines persönlich und unbeschränkt haftenden Gesellschafters darf durch Vereinbarung zwischen den Gesellschaftern herabgesetzt werden.

2. Kommanditist

Anders sieht die Lage jedoch für den Kommanditisten aus, der bloß seine Einlagepflicht zu erfüllen braucht, um nicht in Höhe der vereinbarten „Haftsumme" durch die Gesellschaftsgläubiger in Anspruch genommen zu werden[1027]:

Die auf die vom Kommanditaktionär übernommenen Aktien geleisteten Einlagen unterliegen den allgemeinen aktienrechtlichen Regelungen[1028]. Der Kommanditaktionär einer KGaA kann daher nach § 278 Abs. 3 AktG seine Einlage nur im Rahmen der aktienrechtlichen Kapitalherabsetzungsvorschriften reduzieren[1029]. Darüber hinaus bedarf es, da es sich bei der Kapitalherabsetzung um ein Grundlagengeschäft der Gesellschaft handelt, nach § 285 Abs. 2 S. 1 AktG der Zustimmung aller persönlich haftenden Gesellschafter[1030].

Bei der SCA müssen, ebenso wie auch im deutschen Recht, die aktienrechtlichen Kapitalherabsetzungsvorschriften beachtet werden[1031].

Es lässt sich daher folgendes allgemeine Prinzip bilden:

Handelt es sich um eine Kommanditgesellschaft auf Aktien, die öffentlich zur Zeichnung aufrufen darf, so richtet sich die Kapitalherabsetzung nach den aktienrechtlichen Vorschriften.

Der Kommanditist einer KG kann nach § 174 HGB seine Einlage herabsetzen. Eine solche Herabsetzung muss durch sämtliche Gesellschafter zur Eintragung in das Handelsregister angemeldet werden[1032]. Wirksam wird die Herabsetzung nach § 174 S. 1 HGB mit Eintragung. Folge der Herabsetzung der Kommanditisteneinlage ist, dass für Neugläubiger der Gesellschaft die

[1027] Deutschland: KG: § 171 Abs. 1 HGB; KGaA: § 278 Abs. 1, 2 i.V.m. § 171 Abs. 1 AktG; England: *limited partnership*: sec. 4 subs. 2 LPA 1907; Frankreich: SCS: Art. L. 222-1 C.com.; SCA: Art. L. 226-1 al. 2 i.V.m. Art. L. 222-1 C.com.

[1028] *K. Schmidt*, Gesellschaftsrecht, § 32 III 1.

[1029] § 278 Abs. 3 i.V.m. § 222 ff. AktG; s.u. S. 232 ff.

[1030] *K. Schmidt*, Gesellschaftsrecht, § 32 III 3.

[1031] Art. L. 226-1 al. 2 i.V.m. Artt. L. 225-204 f. C.com.; *Ripert/Roblot/Germain*, Rn. 2022; *Mercadal/Janin/Charvériat/Couret*, Rn. 14420.

[1032] § 175 S. 1 HGB; *Baumbach/Hopt*, HGB, § 175 Rn. 1.

neu eingetragene Haftsumme maßgeblich ist. Die Haftung des Kommanditisten für zuvor begründete Verbindlichkeiten der Gesellschaft richtet sich gemäß § 174 S. 2 HGB nach der zu diesem Zeitpunkt eingetragenen Einlage[1033].

Im französischen Recht lässt sich im Wege eines argumentum e contrario aus Art. L. 222-9 al. 2 (SCS) und Art. L. 226-11 al. 1 (SCA) C.com. schließen, dass eine Herabsetzung der Kommanditisteneinlage grundsätzlich zulässig ist. Da es sich hierbei um eine Änderung des Gesellschaftsvertrages handelt, muss ein solcher Beschluss mit den Stimmen aller Komplementäre und der Mehrheit der Kommanditisten gefasst werden[1034].

Auch in Frankreich besitzt die SCS bei Auszahlung einer *dividende fictif* gegen den *commanditaire* einen Rückzahlungsanspruch. Anders als nach Art. L. 232-17 C.com. kann in diesem Fall der *commanditaire* der Gesellschaft nicht entgegenhalten, dass er in Bezug auf die Zulässigkeit der Gewinnausschüttung in gutem Glauben war[1035]. Was aber die Herabsetzung der Einlage für die Haftung des *commanditaire* bedeutet, kann dem Gesetzestext nicht entnommen werden.

Jedoch hat im französischen Recht im Rahmen der so genannten „*action directe*" der einzelne Gesellschaftsgläubiger die Möglichkeit, gegen jeden einzelnen Gesellschafter bei Gefährdung seiner Forderung vorzugehen. So kann der Gesellschaftsgläubiger, wenn er nachweisen kann, dass er im Hinblick auf die alte Kapitalziffer, die vor Herabsetzung ausgewiesen war, seine Forderung erworben hat, einen Anspruch gegen den Gesellschafter in Höhe der Rückzahlung, die dieser erlangt hat, geltend machen[1036].

Im Ergebnis muss also, wie auch in Deutschland, zumindest ein Altgläubiger der Gesellschaft eine Herabsetzung nicht gegen sich gelten lassen.

Diese Folge ergibt Sinn, da der Kommanditist dem Gesellschafter einer Kapitalgesellschaft ähnelt und nicht dem unbeschränkt haftenden Personengesellschafter.

Im englischen Recht kann, wie auch in Frankreich, aus einem Umkehrschluss aus sec. 9 subs. 1 LPA 1907, der eine Eintragung einer geänderten Einlageverpflichtung der *limited partner* ins Register vorschreibt, ent-

---

[1033] *Baumbach/Hopt*, HGB, § 174 Rn. 2; *Stuhlfelner* in HeidelbergerKomm, HGB, § 174 Rn. 3.

[1034] *Merle*, Rn. 169; *Ripert/Roblot/Germain*, Rn. 1221.

[1035] Civ. 1er juillet 1896, D. 1898. 1. 335; 15. novembre 1910, D. 1912. 1. 97, Anm. *Percerou*; *Ripert/Roblot/Germain*, Rn. 1236. So soll der Rückzahlungsanspruch der Gesellschaft zudem erst nach 30 Jahren verjähren, Req., 22 juin 1880, D. 1981. 1. 18.

[1036] *Lutter*, Kapital, 391 f. m.w.N.

nommen werden, dass auch hier die Einlage des *limited partners* herabgesenkt werden kann[1037].

Jedoch lässt sich in der englischen Literatur und Rechtsprechung kein Hinweis darauf finden, ob, wie in Deutschland und Frankreich, die Herabsetzung der Einlage zu einer geteilten Haftung des *limited partners* bzw. des *commanditaire* einer SCS, getrennt nach Neu- und Altgläubigern, führt oder sich die Altgläubiger gegenüber einer Kapitalherabsetzung schutzlos ausgesetzt sehen.

So wird in der englischen Literatur zwar immer wieder betont, dass ein *limited partner* bei einer direkten oder indirekten Einlagenrückgewähr die Einlage erneut zu erbringen hat[1038]. Ob jedoch auch „Altgläubiger" eine Kapitalherabsetzung gegen sich gelten lassen müssen, darauf lässt sich keine eindeutige Antwort in der englischen Literatur finden. Vielmehr sieht man die Gläubiger hinreichend durch die unbeschränkte Haftung der *general partner* geschützt[1039], denn es handele sich bei der zwischen den *limited* und *general partners* vereinbarten Kapitalhöhe um eine rein interne Vereinbarung zwischen den Gesellschaftern. Daher sieht man auch in der gesellschaftsrechtlichen Lösung des amerikanischen Bundesstaates Delaware, die eine Einlage des *limited partners* schon gar nicht zwingend vorschreibt, eine vorzugswürdige Lösung[1040]. So soll nach clause 56 subs. 2 i.V.m. clause 13 subs. 2 des *Draft Partnerships Bill* eine *capital contribution* des *limited partners* in Zukunft nicht mehr zwingend erforderlich sein[1041]. Ausreichend ist insoweit wohl, dass die Gläubiger sich durch die im *register* eingetragene Höhe der *capital contribution* über die bestehende Haftsumme des *limited partners* informieren können. Mit dieser Haftsumme müssen sie sich dann begnügen, auch wenn diese zwischenzeitlich herabgesetzt worden ist. Das Verbot der Einlagenrückgewähr scheint allein auf die vereinbarte und eingetragene Haftsumme anwendbar[1042].

1037 *Law Commision, Consultation Paper No. 161 – Limited Partnership Act 1907*, Rn. 2.10. Siehe hierzu auch *Report on Partnership Law*, Cm 6015, Rn. 17.30 sowie clause 68 subs. 1, Sch. 7, para 5 der *Draft Partnerships Bill*.

1038 Sec. 4 subs. 3 LPA 1907: „*A limited partner shall not during the continuance of the partnership, either directly or indirectly, draw out or receive back any part of his contribution, and if he does so draw out or receive back any such part shall be liable fort the debts and obligations of the firm up to the amount so drawn out or received back.*"; *Morse, Partnership Law*, 65; *Blackett-Ord/McDonnell*, 512 f.; *Pennington* in Jura Europae, 90.30.26; *Report on Partnership Law*, Cm 6015, Rn. 17.24 ff. sowie clause 56 subs. 2, 3 *Draft Partnerships Bill*.

1039 *Report on Partnership Law*, Cm 6015, Rn. 17.27, 17.29.

1040 Sec. 17-301 (d) *Delaware Revised Uniform Limited Partnership Act*; *Report on Partnership Law*, Cm 6015, Rn. 17.29, 17.34.

1041 *Report on Partnership Law*, Cm 6015, Rn. 17.34 ff.

1042 In diesem Sinn auch *Law Commision, Consultation Paper No. 161 – Limited Partnership Act 1907*, Rn. 3.27 ff.

Da dem englischen Recht jedoch keine eindeutige Aussage entnommen werden kann, soll diese Ausnahme einer Prinzipienbildung nicht entgegenstehen.

Es lassen sich daher folgende allgemeine Prinzipien bilden:

Der Anteil eines Kommanditisten am Gesellschaftskapital kann in einer Kommanditgesellschaft, die nicht öffentlich zur Zeichnung ihrer Anteile aufrufen darf, herabgesetzt werden.

Die Herabsetzung des Kommanditistenanteils in einer Kommanditgesellschaft, die nicht öffentlich zur Zeichnung ihrer Anteile aufrufen darf, hat nur Wirkung für die Neugläubiger der Gesellschaft.

Anmerkung: Die Rechtslage im englischen Recht konnte hierbei nicht zweifelsfrei ermittelt werden.

IV. Kapitalherabsetzung bei Gesellschaften, deren Gläubiger nur auf das Gesellschaftsvermögen zurückgreifen können

1. Vorgaben der Kapitalrichtlinie

Art. 15 Abs. 1 lit. a KapRiLi bestimmt ausdrücklich, dass außer in den Fällen einer Kapitalherabsetzung keine Ausschüttung an die Aktionäre erfolgen darf, wenn bei Abschluss des letzten Geschäftsjahres das im Jahresabschluss ausgewiesene Nettoaktivvermögen, den Betrag des gezeichneten Kapitals zuzüglich der Rücklagen, deren Ausschüttung das Gesetz oder die Satzung nicht gestattet, durch eine solche Ausschüttung unterschreitet oder unterschreiten würde. Die Kapitalherabsetzung ist somit die einzige Ausnahme vom allgemeinen Verbot der Kapitalrückzahlung[1043].

Die formalen Anforderungen an eine Kapitalherabsetzung sind in den Artt. 30-38 KapRiLi geregelt[1044]. Gemäß Art. 30 Abs. 1 KapRiLi ist zur Kapitalherabsetzung, mit Ausnahme der gerichtlich angeordneten, ein Beschluss der Hauptversammlung notwendig[1045]. Dieser Beschluss bedarf gemäß Art. 40 KapRiLi einer qualifizierten Mehrheit von nicht weniger als zwei

[1043] *Lutter*, Europäisches Unternehmensrecht, 53; *Schwarz*, Rn. 626.

[1044] *Schwarz*, Rn. 626 ff.; *Denecker*, Rev.soc. 1977, 676 f.; *Houin*, RTDE 1978, 734.

[1045] Art. 30 Abs. 1 KapRiLi. Eine Kapitalherabsetzung ist formal gesehen eine Satzungsänderung. Durch Art. 30 KapRiLi wird zum Schutz der Aktionäre das Prinzip der Hauptversammlungszuständigkeit bei einer Satzungsänderung gemeinschaftsweit festgesetzt; *Drinkuth*, 253; *Niessen*, AG 1970, 281, 294; *Hefermehl* in Geßler/Hefermehl/Eckhardt/Kroppf, AktG, § 222 Rn. 1; *Ripert/Roblot/Germain*, Rn. 1578.

Dritteln der Stimmen der vertretenen Wertpapiere oder des vertretenen gezeichneten Kapitals. In der Mitteilung über die Einberufung der Hauptversammlung müssen zumindest der Zweck der Herabsetzung und das Verfahren für ihre Durchführung angegeben werden[1046]. Der Kapitalherabsetzungsbeschluss ist gemäß Art. 30 Abs. 1 KapRiLi i.V.m. Art. 3 Publizitätsrichtlinie[1047] offenzulegen. Im Rahmen des Gläubigerschutzes schreibt Art. 32 KapRiLi vor, dass das einzelstaatliche Recht den so genannten „Altgläubigern" der Gesellschaft zumindest ein Recht auf Sicherheitsleistung einräumen muss[1048]. Ausnahmen von diesem Prinzip sind für Kapitalherabsetzungen zum Zwecke der Rücklagenbildung oder des Verlustausgleiches nach Art. 33 KapRiLi zulässig. Gemäß Art. 34 S. 1 KapRiLi darf das gezeichnete Kapital der Gesellschaft nicht unter das in Art. 6 KapRiLi festgelegte Mindestkapital herabgesetzt werden. Eine Ausnahme wird nach Art. 34 S. 2 KapRiLi jedoch für einen so genannten „Kapitalschnitt" zugelassen[1049].

Die Regelungen der Kapitalrichtlinie stellen auch für den Bereich der Kapitalherabsetzung nur Mindestregeln dar, d.h. die einzelnen Mitgliedstaaten dürfen strengere Vorschriften, die z.B. höhere Mehrheitserfordernisse an den Hauptversammlungsbeschluss vorschreiben oder den Schutz der Gläubiger und der Aktionäre erweitern, vorsehen[1050]. So unterscheiden sich die einzelnen Instrumentarien des Gläubigerschutzes trotz Harmonisierung durch die Kapitalrichtlinie erheblich[1051].

Es bleibt also zu untersuchen, inwieweit über den Mindeststandard der Kapitalrichtlinie weitere Gemeinsamkeiten in den untersuchten Rechtsordnungen existieren und ob sich darüber hinaus ebenso gemeinsame Prinzipien außerhalb des „Aktienrechts" finden lassen.

[1046] Art. 30 Abs. 2 KapRiLi.

[1047] Erste Richtlinie 68/151/EWG vom 9. März 1968 zur Koordinierung der Schutzbestimmungen, die in den Mitgliedstaaten den Gesellschaften im Sinne des Artikels 58 Absatz 2 des Vertrages im Interesse der Gesellschafter sowie Dritter vorgeschrieben sind, um diese Bestimmungen gleichwertig zu gestalten (Publizitätsrichtlinie), abgedr. in: ABl. EG Nr. L 65 vom 14.3.1968, 8 ff.; *Habersack*, Rn. 133; *Lutter*, Europäisches Unternehmensrecht, 104 ff.; *Palmer*, I.0001 ff.; *Schwarz*, Textsammlung, 1. Zur Publizitätsrichtlinie s. auch: *Behrens* in Hachenburg, GmbHG, Einl. Rn. 207 ff.; *Schwarz*, Rn. 294 ff.; *Palmer*, Rn. 16.102.; *Edwards*, 15 ff.

[1048] *Denecker*, Rev.soc. 1977, 676; *Lutter*, Europäisches Unternehmensrecht, 53; *Lutter*, Kapital, 384 ff.: „Dies entspricht seit eh und je dem Standard der kontinentalen Rechte"; *Mülbert/Birke*, EBOR 2002, 707.

[1049] Bei einem Kapitalschnitt handelt es sich um eine Kapitalherabsetzung mit anschließender Kapitalerhöhung, s.u. S. 236.

[1050] *Drinkuth*, 255 f.; *Lutter*, Europäisches Unternehmensrecht, 25; *Natterer*, ZIP 1995, 1485.

[1051] *Ommeslaghe/Ryn*, Rn. 5-65. Zu erwähnen sei hier beispielsweise die Verpflichtung zur Solvenzüberprüfung der Gesellschaft durch einen Rechnungsprüfer; die gerichtliche Überprüfung bis hin zur gerichtlichen Genehmigungsbedürftigkeit der Kapitalherabsetzung; das Widerspruchsrecht bis hin zum notwendigen Einverständnis der Gesellschaftsgläubiger.

2. *Gemeinsame Voraussetzungen für eine Kapitalherabsetzung*

Für alle Arten der Kapitalherabsetzung bestehen neben den jeweils besonders zu beachtenden Vorschriften gemeinsame Voraussetzungen. Es handelt sich hierbei um die Folgenden:

a) Beschlussfassung durch Gesellschafterversammlung

Da die Kapitalziffer ein obligatorischer Bestandteil des Gesellschaftsvertrags[1052] aller untersuchter Gesellschaften ist, bedarf es für eine Kapitalherabsetzung, wie für jede andere Änderung des Gesellschaftsvertrags, eines entsprechenden Beschlusses der Gesellschafterversammlung[1053]. Die Notwendigkeit eines Beschlusses der Gesellschafterversammlung ergibt sich, neben der Tatsache, dass es sich hierbei um ein Grundlagengeschäft der Gesellschaft handelt, aus dem Gesichtspunkt des Grundsatzes der Gleichbehandlung der Gesellschafter. Daher kommt bei einer Kapitalherabsetzung zwingend das Prinzip der Gesellschafterversammlungszuständigkeit zum tragen[1054]. Dieses Prinzip ist durch Art. 30, 31 der Kapitalrichtlinie für die AG, SA und *public limited company* europaweit umgesetzt worden[1055].

Nach deutschen Aktienrecht kann sowohl die effektive als auch die nominelle Herabsetzung des Grundkapitals einer AG nur mit einer Mehrheit beschlossen werden, die mindestens drei Viertel des bei der Beschlussfassung vertretenen Grundkapitals umfasst, §§ 222 Abs. 1, 229 Abs. 3 AktG. Dasselbe gilt nach §§ 53, 58 Abs. 1 Nr. 1, 58a Abs. 5 GmbHG für die GmbH[1056].

[1052] Deutschland: GmbH: § 3 Abs. 1 Nr. 3 GmbHG; AG: § 23 Abs. 1 Nr. 3 AktG; Frankreich: SARL: Art. L. 210-2, 223-2 C.com.; SA: Art. L. 224-1 C.com.; England: *private* und *public limited company*: sec. 2 subs. 5 lit. a CA 1985.

[1053] *Lutter*, Kapital, 386; *Ommeslaghe/Ryn*, Rn. 5-66; Deutschland: *Hirte*, Die vereinfachte Kapitalherabsetzung, 30 f.; *Kübler*, 213 f.; *Memento*, Gesellschaftsrecht, Rn. 2450; Frankreich: *Merle*, Rn. 569 f.; *Ripert/Roblot/Germain*, Rn. 1963; England: sec. 135 subs. 1 CA 1985.

[1054] *Drinkuth*, 253; *Niessen*, AG 1970, 294; *Gibirila*, Rn. 162; *Ripert/Roblot/Germain*, Rn. 1966.

[1055] Danach ist jede Herabsetzung des gezeichneten Kapitals, mit Ausnahme der durch eine gerichtliche Entscheidung angeordneten, von der Hauptversammlung zu beschließen. Erforderlich ist für eine solche Änderung der Satzung nach Art. 40 KapRiLi zumindest eine Mehrheit von nicht weniger als zwei Dritteln der Stimmen der vertretenen Wertpapiere oder des vertretenen gezeichneten Kapitals. Sind mehrere Gattungen von Aktien vorhanden, so ist der Beschluss der Hauptversammlung über die Herabsetzung des gezeichneten Kapitals von einer gesonderten Abstimmung zumindest jeder Gattung derjenigen Aktionäre abhängig, deren Rechte durch die Maßnahme berührt werden, Art. 31 KapRiLi (siehe hierzu auch den durch Art. 42 KapRiLi vorgeschriebenen Grundsatz der Gleichbehandlung der Aktionäre, die sich in denselben Verhältnissen befinden). Nach Art. 30 Abs. 2 KapRiLi muss in der Mitteilung über die Einberufung der Hauptversammlung zumindest der Zweck der Herabsetzung und das Verfahren für ihre Durchführung angegeben werden.

[1056] *Eisenhardt*, Rn. 520; *Hirte*, Die vereinfachte Kapitalherabsetzung, 30 f.

Im französischen Recht ist nach Artt. L. 225-204 al. 1 i.V.m. 225-96 C.com. bei einer Herabsetzung des Kapitals einer SA eine qualifizierte Mehrheit von zwei Dritteln des Gesellschaftskapitals erforderlich[1057]. Bei der SARL bedarf es nach Artt. L. 223-34 al. 1 i.V.m. 223-30 al. 2 C.com. einer qualifizierten Mehrheit von drei Vierteln des Gesellschaftskapitals. Für die SA ist ferner zwingend vorgeschrieben, dass den Aktionären mindestens 15 Tage vor der außerordentlichen Hauptversammlung, in der die Kapitalherabsetzung beschlossen werden soll, ein Bericht eines Abschlussprüfers (*commissaires aux comptes*), vorgelegt werden muss, in dem die Konsequenzen und die Tragweite der Kapitalherabsetzung dargelegt werden soll[1058].

Für die Kapitalherabsetzung bedarf es nach englischem Recht dreier Voraussetzungen. Erste Bedingung ist eine entsprechende Erlaubnis in den *articles of association* der Gesellschaft[1059]. Eine Autorisierung im *memorandum of association*, der Gründungsurkunde der Gesellschaft, ist für eine Kapitalherabsetzung nicht ausreichend[1060]. Zusätzlich bedarf es nach sec. 135 subs. 1 CA 1985 einer *special resolution* der Gesellschafter. Erforderlich ist eine qualifizierte Mehrheit von drei Vierteln der Gesellschafter[1061].

Voraussetzung für eine Herabsetzung des Kapitals einer Kapitalgesellschaft ist ein entsprechender Gesellschafterbeschluss. Dieser bedarf einer satzungsändernden Mehrheit in Höhe von mindestens zwei Dritteln bzw. drei Vierteln des vertretenen Kapitals.

1057 *Cozian/Viandier/Deboissy*, Rn. 1008, 1012; *Ripert/Roblot/Germain*, Rn. 1963; *Michalsky*, DStR 1991, 1568. Erforderlich ist, dass die Hälfte bzw. bei der zweiten Einberufung ¼ der Aktionäre der SA anwesend sind, damit die Versammlung beschlussfähig ist, Art. L. 225-96 al. 2 C.com.

1058 Art. L. 225-204 al. 2 C.com. i.V.m. Artt. 138, 139, 179 Décr. 67-236, *Constantin*, 217; *Gibirila*, Rn. 162; *Ripert/Roblot/Germain*, Rn. 1963. Eine solche zwingende Regelung existiert nicht für das Recht der SARL, jedoch besteht nach Art. L. 223-34 al. 2 C.com. i.V.m. Art. 47 Décr. 67-236 die Pflicht einer Stellungnahme des *commissaires aux comptes*, wenn die Gesellschaft einen solchen besitzt.

1059 Table A CA 1985 enthält eine solche Erlaubnis in Art. 34. Wenn in den *articles of authorisation* eine solche Klausel nicht enthalten ist, so kann diese ebenfalls durch eine *special resolution* in den *articles* der Gesellschaft aufgenommen werden. Dies kann in der gleichen Gesellschafterversammlung vor der Beschlussfassung zur Kapitalherabsetzung geschehen, *Goulding*, 180 Fn. 15.

1060 *Re Dexine Patent Packing and Rubber Co* (1903) 88 LT 791.

1061 Sec. 378 subs. 1, 2 CA 1985.

b) Registereintragung der Kapitalherabsetzung

In allen untersuchten Rechtsordnungen ist die Kapitalherabsetzung in den entsprechenden Registern zur Veröffentlichung einzutragen[1062].

Die Kapitalherabsetzung einer Kapitalgesellschaft ist durch Registereintragung zu veröffentlichen.

c) Mindestkapital als Schranke bei der Kapitalherabsetzung

Die Kapitalrichtlinie schreibt in Art. 34 S. 1 vor, dass das gezeichnete Kapital nicht unter das in Art. 6 festgelegte Mindestkapital herabgesetzt werden darf[1063]. Dies wurde in den Aktienrechten der einzelnen Rechtsordnungen umgesetzt, gilt aber auch für die GmbH in Deutschland. Eine Ausnahme wird für eine Kapitalherabsetzung gemacht, die mit einer anschließenden Kapitalerhöhung verbunden ist, welche das gezeichnete Kapital auf einen Betrag erhöht, der zumindest dem vorgeschriebenen Mindestkapital entspricht („Kapitalschnitt“)[1064].

Somit stellt das vorgeschriebene Mindestkapital bei einer durchzuführenden Kapitalherabsetzung eine Schranke dar[1065]. Wenn das Kapital unter das Mindestkapital herabgesetzt wird, dann muss die Gesellschaft in eine andere Gesellschaftsform umgewandelt werden[1066]. Wird die Gesellschaft nicht entsprechend umgewandelt, dann hat im französischen Recht jeder, der ein rechtliches Interesse an der Erhaltung des Gesellschaftskapitals hat, das Recht, die Auflösung der Gesellschaft bei Gericht zu beantragen[1067].

1062 *Lutter*, Kapital, 386; Deutschland: AG: §§ 223, 224, 229 Abs. 3 AktG, GmbH: §§ 58 Abs. 1, 58a Abs. 5, 54 GmbHG; *Lutter/Hommelhoff*, GmbhG § 58 Rn. 24 ff.; Frankreich: *Gibirila*, Rn. 162; *Merle*, Rn. 571; *Ripert/Roblot/Germain*, Rn. 1334, 1919, 1963. In Frankreich ist darüber hinaus der Kapitalherabsetzungsbeschluss publizitätspflichtig, Artt. 281 ff. Décr. 67-238. England: sec. 122 CA 1985; *Farrar/Hannigan*, 213.

1063 *Mülbert/Birke*, EBOR 2002, 707.

1064 Frankreich: *coup d`accordéon*; England: *capital write down*. KapRiLi: Art. 34 S. 1, 2; *Dennecker*, Rev.soc. 1977, 676; Deutschland: AG: §228 AktG; GmbH: § 58 Abs. 2 i.V.m. § 5 Abs. 1 GmbHG; Frankreich: SA: Art. L. 224-2 C.com.; *Ripert/Roblot/Germain*, Rn. 1965, 1993; *Cass. com.* 17. mai 1994: Rev.soc., 1994, 485, Anm. *Dana-Démaret*; zur besonderen Problematik des Kapitalschnitts in dem Fall, dass die Verluste der Gesellschaft eine Kapitalherabsetzung in Höhe des gesamten Gesellschaftskapitals (also quasi eine „Kapitallöschung“) voraussetzen s.: *Besançon* 2. déc. 1998: Rev.soc., 1999, 362, Anm. *Le Bars*; *Boizard*, Rev.soc., 1999, 735 ff.; England: Public company: sec. 139 CA 1985.

1065 *Guyon*, Rn. 467; *Ripert/Roblot/Germain*, Rn. 1337, 1965, 1993.

1066 Deutschland: §§ 226 ff. UmwG; England: Nach sec. 139 subs. 2-5 CA 1985 muss eine *public* in eine *private limited company* umgewandelt werden. Frankreich: SA: Art. L. 224-2 C. com.; *Ripert/Roblot/Germain*, Rn. 1993.

1067 SARL: Art. L. 223-2 C.com., SA: Art. L. 224-2 C. com.; *Ripert/Roblot/Germain*, Rn. 1993.

Ist für eine Kapitalgesellschaft ein Mindestkapital vorgeschrieben, so darf das gezeichnete Kapital durch einen Kapitalherabsetzungsbeschluss grundsätzlich nicht unter diesen Betrag herabgesetzt werden.

Wird das Kapital dennoch unter das vorgeschriebene Mindestkapital herabgesetzt, so muss die Gesellschaft in eine Gesellschaftsform, die ein niedrigeres bzw. kein Mindestkapitalerfordernis besitzt, umgewandelt werden.

Eine Ausnahme vom Verbot der Kapitalherabsetzung unter das vorgeschriebene Mindestkapital der betroffenen Gesellschaftsform wird bei einem zur Sanierung nötigen „Kapitalschnitt" zugelassen. Dabei ist es zulässig, das Gesellschaftskapital unter das gesetzlich vorgeschriebene Mindestkapital abzusenken, wenn durch eine anschließende Kapitalerhöhung die Höhe des Mindestkapitals wieder erreicht wird.

3. Besondere Voraussetzungen der einzelnen Arten der Kapitalherabsetzung

a) Die effektive Kapitalherabsetzung

Eine effektive Kapitalherabsetzung kommt bei Gesellschaften aller untersuchten Rechtsordnungen nur äußerst selten vor[1068], denn in der Regel wird eine Kapitalherabsetzung nur zum Zwecke des Verlustausgleichs durchgeführt. Jedoch handelt es sich bei den Regelungen zur effektiven Kapitalherabsetzung um einen wesentlichen Baustein im System der Kapitalerhaltung. Diese Regelungen sollen verhindern, dass an die Gesellschafter verbotene Ausschüttungen durch den Umweg der Kapitalherabsetzung vorgenommen werden[1069].

(1) Gläubigerschutzmechanismen der effektiven Kapitalherabsetzung

Wie bereits angedeutet, existieren in den einzelnen Rechtsordnungen recht unterschiedliche Mechanismen des Gläubigerschutzes[1070]. Es wird sich allerdings zeigen, dass überall die Interessen der Gläubiger ausreichend gewahrt werden.

1068 *Lutter*, Kapital, 386 Fn. 8; Deutschland: AG: *Wirth*, DB 1996, 867; GmbH: *Maser/Sommer*, GmbHR 1996, 25; Frankreich: *Constantin*, 216; *Merle*, Rn. 227, 569; *Ripert/Roblot/Germain*, Rn. 1962.

1069 *Ommeslaghe/Ryn*, Rn. 5-65.

1070 *Ommeslaghe/Ryn*, Rn. 5-67.

(a) Widerspruchsrecht der Gesellschaftsgläubiger

Sowohl nach deutschem als auch nach französischem Recht kann eine Kapitalherabsetzung erst nach einer gewissen „Sperrfrist“ durchgeführt werden. Während dieser Zeit sind die Gläubiger über die geplante Kapitalherabsetzung zu benachrichtigen. Die Gläubiger können darüber hinaus Sicherstellung bzw. Befriedigung ihrer Forderungen durch die Gesellschaft verlangen. Sollte dies nicht geschehen, so können die Gläubiger der Herabsetzung des Gesellschaftskapitals widersprechen. Im Einzelnen gilt folgendes:

Nach deutschem Aktienrecht dürfen erst sechs Monate nach der Eintragung des Kapitalherabsetzungsbeschlusses („Sperrfrist“) und erst dann, wenn für Befriedigung oder Sicherstellung gesorgt ist, Ausschüttungen an die Aktionäre vorgenommen werden[1071].

Ähnlich ist die Rechtslage bei der effektiven Kapitalherabsetzung einer GmbH[1072]. Nach § 58 Abs. 1 Nr. 3 GmbHG beträgt die Sperrfrist bei der GmbH jedoch ein Jahr. Zuvor muss der Kapitalherabsetzungsbeschluss dreimal bekannt gegeben werden und zwar mit der Aufforderung an die Gläubiger sich zu melden. Die der Gesellschaft bekannten Gläubiger sind durch besondere Mitteilung zu benachrichtigen[1073]. Die Ansprüche aller Gläubiger, die sich melden und der Kapitalherabsetzung nicht zustimmen, müssen von der GmbH befriedigt oder sichergestellt werden[1074]. Erst dann kann die Kapitalherabsetzung zur Eintragung ins Handelsregister angemeldet werden. Der Anmeldung sind die Bekanntmachungen und die Versicherung, dass die Gläubiger befriedigt oder sichergestellt sind, beizufügen.

Gläubiger einer französischen SA oder SARL[1075] besitzen erst seit Inkraft-Treten des Gesetzes über die Handelsgesellschaften aus dem Jahr 1966 das Recht, einer effektiven Kapitalherabsetzung zu widersprechen[1076]. Zuvor galt aufgrund von Lehre und Rechtsprechung, dass jede ordnungsgemäß beschlossene Kapitalherabsetzung sofort wirksam war. Sie konnte durch die Gläubiger nicht angegriffen und ohne Wahrung von Fristen und An-

---

[1071] § 225 Abs. 1 AktG; *K. Schmidt*, Gesellschaftsrecht, § 29 III 4.

[1072] Die Vorschrift des § 58 GmbHG gilt seit 1892 unverändert.

[1073] Die erforderlichen Feststellungen sind durch die Geschäftsführer aus den Geschäftsbüchern und den sonstigen Unterlagen der Gesellschaft mit aller Sorgfalt zu treffen. Es droht ihnen ansonsten eine Schadensersatzpflicht nach § 823 Abs. 2 BGB i.V.m. § 58 Abs. 1 Nr. 2 GmbHG, *Memento*, Gesellschaftsrecht, Rn. 2458.

[1074] Bei umstrittenen Forderungen kann das Registergericht die Eintragung der Kapitalherabsetzung in das Handelsregister bis zur Entscheidung des Prozessgerichts aussetzen, § 127 FGG; *Memento*, Gesellschaftsrecht, Rn. 2460.

[1075] Zur Kapitalherabsetzung bei einer *société à capital variable* s.u. S. 2466 ff.

[1076] SA: Art. 216 L. 24 juill. 1966; SARL: Art. 63 L. 24 juill.1966.

kündigungen durchgeführt werden. Jedoch stand einem Gesellschaftsgläubiger die *„action directe“* gegen jeden einzelnen Gesellschafter bei Gefährdung seiner Forderung gegen die Gesellschaft zur Verfügung. In Höhe der durch die Kapitalherabsetzung empfangenen Rückzahlung gebundenen Gesellschaftsvermögens konnte ein Gesellschafter folglich gegenüber dem Gesellschaftsgläubiger verpflichtet sein[1077]. Im Jahr 1966 wurde das System des Widerspruchsrechts des Gläubigers, ähnlich wie es bereits in Deutschland existierte, neu ins französische Recht eingeführt[1078].

Im Vergleich zum deutschen Recht fällt auf, dass die Widerspruchsfristen nach französischem Recht wesentlich kürzer bemessen sind. So müssen nach Art. 180 Décr. 67-236 die Gläubiger einer SA ihr Widerspruchsrecht nach Art. L. 225-205 al. 1 C.com. innerhalb von 20 Tagen nach Hinterlegung des Protokolls über die Beschlussfassung zur Kapitalherabsetzung beim Handelsgericht geltend machen[1079]. Ein einfacher Widerspruch gegenüber der Gesellschaft, wie in Deutschland, ist nicht ausreichend, d.h. der einzelne Gläubiger muss zur Wahrung seiner Rechte innerhalb der Sperrfrist das Handelsgericht anrufen und beantragen, dass seine Forderungen befriedigt oder sichergestellt werden. Das Gericht kann den Widerspruch des Gläubigers zurückweisen oder die Begleichung seiner Forderungen oder die Stellung von Sicherheiten durch die Gesellschaft, sofern dies durch die SA angeboten wird, anordnen[1080]. Ferner darf mit der Herabsetzung des Kapitals nicht während der Widerspruchsfrist begonnen werden[1081].

Die Sperrfrist zur Herabsetzung des Gesellschaftskapitals ist bei der SARL nur unwesentlich länger. So müssen die Gläubiger nach Art. 49 Décr. 67-236 ihr Widerspruchsrecht, welches ihnen nach Art. L. 223-34 al. 3 C.com. bei einer effektiven Kapitalherabsetzung eingeräumt wird, innerhalb eines Monats nach Niederlegung des Kapitalherabsetzungsbeschlusses beim Handelsgericht wahrnehmen[1082].

[1077] *Cass. civ.*, 27.6.1899 in S. 1899.1.345 oder D. 1902.1.225. Zu dieser Rspr. s. *Ripert/Roblot/Germain*, Rn. 1967 sowie *Lutter*, Kapital, 391 f. Ausnahmsweise musste nach der Rspr. die Durchführung einer Kapitalherabsetzung untersagt werden, wenn hierdurch eine fällige und unstreitige Forderung eines Gläubigers der Gesellschaft aufs äußerste gefährdet wird, *App. Lyon*, 15.1.1945 in J.Soc. 1951, 292.

[1078] Die heutigen Regelungen finden sich im neugefassten C.com.: SA: Art. L. 225-205 C.com.; SARL: Art. L. 223-34 C.com.

[1079] *Constantin*, 217; *Merle*, Rn. 570. Im französischen Recht wird die Nichtveröffentlichung des Kapitalherabsetzungsbeschlusses einer SA unter Strafe gestellt, Art. L. 242-23 n° 2 C.com.; *Merle*, Rn. 571; *Ripert/Roblot/Germain*, Rn. 1963.

[1080] Art. L. 225-205 al. 2 C.com.

[1081] Art. L. 225-205 al. 3 C.com.

[1082] Ansonsten entspricht die Regelung der aktienrechtlichen Regelung des Art. L. 225-205 C.com.; *Merle*, Rn. 227; *Ripert/Roblot/Germain*, Rn. 1337.

Dieselbe Regelung, wie sie für die SARL besteht, findet sich zudem im Verordnungsentwurf zur Europäischen Privatgesellschaft in Art. 25 Abs. 3.

(b) Gerichtliche Überprüfung der Kapitalherabsetzung kombiniert mit Widerspruchsrecht der Gesellschaftsgläubiger

Im englischen Recht findet sich ein andersartiger Gläubigerschutzmechanismus. So bedarf es für die *private* und *public limited company* zusätzlich zum Gesellschafterbeschluss einer gerichtlichen Genehmigung[1083], die für jede Kapitalherabsetzung[1084] obligatorisch ist[1085].

Bei seiner Entscheidung hat das Gericht vor allem zu beachten, dass die Gesellschaft auch noch nach der Kapitalherabsetzung ihre Schulden begleichen kann[1086]. Dabei prüft das Gericht nicht, ob eine Kapitalherabsetzung wirtschaftlich sinnvoll ist. Vielmehr ist es Aufgabe des Gerichts, dafür zu sorgen, dass durch die Kapitalherabsetzung keine berechtigten Gruppen benachteiligt werden[1087]. Die Kapitalherabsetzung wird auf Vorlage der gerichtlichen Genehmigung erst durch Eintragung ins *register* wirksam[1088].

1083 *Application to court for order of confirmation.*

1084 Das Kapital kann nach sec. 135 subs. 1 CA 1985 „*in any way*" herabgesetzt werden. Im englischen Recht ist zwischen der Herabsetzung (*reduction*) und der Löschung (*cancellation* bzw. *diminution*) von Gesellschaftskapital zu unterscheiden, *Goulding*, 180. Unter *diminution of capital* versteht man die Löschung von *authorised unissued capital* unter sec. 121 subs. 2 lit. e CA 1985. Hierbei handelt es sich um die Löschung von Anteilen, die von der Gesellschaft nicht ausgegeben worden sind. Eine Löschung von Gesellschaftsanteilen nach sec. 121 CA 1985 kommt in der Praxis sehr selten vor. Für die Löschung bedarf es einer Erlaubnis in den *articles of association.* Eine entsprechende Vorschrift findet sich in Art. 32 Table A CA 1985. Die Löschung wird im Rahmen eines *general meeting* durch *ordinary resolution* vorgenommen, sec. 121 subs. 4 CA 1985. Die Löschung ist dem *registrar of companies* innerhalb eines Monats zu melden, sec. 122 subs. 1 lit. e CA 1985 und ist gem. sec. 122 subs. 2 CA 1985 mit einer Geldstrafe bewehrt. Diese Löschung von Gesellschaftsanteilen stellt keine Kapitalherabsetzung i.S.d. CA 1985 dar, sec. 21 subs. 5 CA 1985; *Farrar/Hannigan*, 214 f.
Wird also von einer Kapitalherabsetzung gesprochen, sind immer nur die bereits ausgegebenen Kapitalanteile betroffen, *Farrar/Hannigan*, 215. Sec. 135 subs. 2 CA 1985 gibt einen nicht abschließenden Beispielskatalog von Möglichkeiten der Kapitalherabsetzung. Danach kann eine Gesellschaft ihr Kapital reduzieren, indem sie entweder die noch ausstehenden Einlageverpflichtungen der Gesellschafter aufhebt bzw. reduziert, oder bereits eingezahltes Kapital durch Streichung oder Rückzahlung an die Gesellschafter herabsetzt.

1085 Sec. 135 subs. 1 CA 1985; *Dine*, Palgrave, Rn. 9.9 f.; *Höfling*, 155 f.

1086 Sec. 136 CA 1985; *Poole v National Bank of China* [1907] AC 229.

1087 *British and American Trustee and Finance Corporation Ltd v Couper* [1894] AC 229; *Dine*, Palgrave, Rn. 9.9.

1088 Die Eintragung hat konstitutive Wirkung, sec. 138 subs. 4 lit. b CA 1985. Die Nichteintragung der Kapitalherabsetzung im Register ist durch sec. 122 subs. 2 CA 1985 mit einer Geldstrafe bedroht, *Farrar/Hannigan*, 213.

Darüber hinaus haben die Gesellschaftsgläubiger nach sec. 136 subs. 3 CA 1985 im Rahmen einer so genannten *special procedure* ein Widerspruchsrecht gegen eine Kapitalherabsetzung[1089]. Im Rahmen dieser *special procedure* stellt das Gericht eine Liste der berechtigten Gesellschaftsgläubiger auf[1090]. Auf diese Liste müssen alle Gläubiger gesetzt werden, die an einem vom Gericht festgelegten Datum im Falle der Liquidation der Gesellschaft einen Anspruch gegen diese hätten[1091]. Jeder Gläubiger, der in die Liste aufgenommen wurde, besitzt einen Anspruch auf Anhörung vor Gericht.

Das Gericht erteilt eine Erlaubnis zur Kapitalherabsetzung, wenn es überzeugt ist, dass entweder die Forderungen der auf der Liste erwähnten Gläubiger befriedigt bzw. gesichert wurden oder sie der Kapitalherabsetzung zugestimmt haben[1092]. Bei streitigen Forderungen muss das Gericht davon überzeugt sein, dass adäquate Vorkehrungen zur Sicherung eines möglichen Anspruches seitens der Gesellschaft getroffen wurden[1093].

Nach sec. 137 subs. 2, 3 CA 1985 kann das Gericht zudem verfügen, dass die Gesellschaft für eine gewisse Zeitspanne ihrem Namen den Zusatz „*and reduced*" anhängen muss. Damit wird die erfolgte Kapitalherabsetzung für jeden, der mit der Gesellschaft handelt, erkennbar gemacht. In der Praxis erscheint dieser Namenszusatz jedoch nur selten[1094].

(i) Kapitalherabsetzung im Rahmen des Erwerbs eigener Anteile durch eine private limited company zu Lasten des Gesellschaftskapitals

Wie bereits im Kapitel über den Erwerb eigener Anteile angedeutet[1095], besitzt die *private limited company* nach secs. 171-177 CA 1985 die Möglichkeit, eigene Anteile zur Kapitalherabsetzung zu Lasten des Gesellschaftskapitals

---

[1089] Nach sec. 136 subs. 2 CA 1985 besitzen die Gesellschaftsgläubiger nur dann das Recht, einer Kapitalherabsetzung zu widersprechen, wenn durch die Kapitalherabsetzung die Einlageverpflichtung der Gesellschafter, im Hinblick auf das noch nicht eingezahlte Nennkapital, gesenkt werden soll oder wenn das bereits eingezahlte Kapital an die Gesellschafter zurückbezahlt werden soll. Das Gericht kann den Gesellschaftsgläubigern nach seinem Ermessen aber auch in anderen Fällen ein Widerspruchsrecht einräumen.

[1090] Sec. 141 CA 1985 stellt das Verheimlichen von Gesellschaftsgläubigern sowie die Täuschung über die Art und Höhe der Gesellschaftsschulden unter Strafe.

[1091] Sec. 136 subs. 3 CA 1985.

[1092] Sec. 137 subs. 1 CA 1985.

[1093] Sec. 136 subs. 5 CA 1985.

[1094] *Goulding*, 182.

[1095] S.o. S. 1699.

zu erwerben[1096]. Eine entsprechende Regelung findet sich weder im deutschen noch im französischen Recht.

Sinn und Zweck dieser Regelung ist es, der *private limited company* eine Alternative zur formalen Kapitalherabsetzung zu bieten[1097]. Gäbe es die Möglichkeit nicht, müsste die *private limited company* den teuren und aufwendigen Weg der Kapitalherabsetzung, der einen gerichtlichen Beschluss erfordert, gehen. Um dies zu vermeiden, wurden die secs. 171-177 CA 1985 eingeführt[1098].

Wie bereits dargelegt, tangiert ein Anteilsrückkauf zu Lasten des Gesellschaftskapitals nachhaltig die Interessen der Gesellschaftsgläubiger. Der Grundsatz der Kapitalerhaltung wird jedoch, wie sich zeigen wird, durch diese Regelung nur sehr begrenzt eingeschränkt, denn die Vorschriften zum Schutz der Gesellschaftsgläubiger und der Gesellschafter der *private limited company* sind sehr detailliert und setzen einen engen Rahmen für den Erwerb von Gesellschaftsanteilen, welches durch gebundenes Gesellschaftsvermögen finanziert wird[1099].

Voraussetzung für einen Anteilsrückkauf zu Lasten des Gesellschaftskapitals ist eine entsprechende Ermächtigung in den *articles* der *private limited company*[1100].

Auf das durch das Gesellschaftskapital gebundene Gesellschaftsvermögen kann ferner nur dann zurückgegriffen werden, wenn keine ausschüttbaren Mittel der Gesellschaft zur Verfügung stehen und die Erlöse, die durch eine mögliche Ausgabe neuer Aktien erlangt werden könnten, unzureichend sind[1101]. Die Summe des gebundenen Gesellschaftsvermögens, auf welche die Gesellschaft zurückgreifen kann, wird als „*permissible capital payment*" bezeichnet[1102].

1096 *Behrens*, GmbH, Rn. GB/NI/EI 45; *Bowen*, 161 ff.; *Davies*, 258 ff.; *Halsbury's*, Rn. 232 ff.; *Keenan*, 143 ff.; *Palmer*, Rn. 6.410; *Pennington*, 229 ff.

1097 *Ferran*, 446; *Talbot/Grant*, Comp.Law. 2000, 214.

1098 *Davies*, 258.

1099 *Farrar/Hannigan*, 191; *Pennington*, 232, der jedoch trotzdem davon ausgeht, dass von der durch die ss 171-177 CA 1985 geschaffenen Möglichkeit des Erwerbs eigener Gesellschaftsanteile durch die *private company* großer Gebrauch gemacht werden wird, da ein solcher Erwerb einfach und relativ kostengünstig durchzuführen ist. Auf der anderen Seite steht jedoch die verschärfte Haftung der Geschäftsführung (s.u. S. 2433), die den Gläubigerschutz verstärken soll. *Pettet*, 308.

1100 Sec. 171 subs. 1 CA 1985. Eine „einfache" Ermächtigung des Erwerbs eigener Anteile ist nicht ausreichend. Die erforderliche Ermächtigung ist in Art. 35 Table A CA 1985 enthalten.

1101 Secs. 171 subs. 3, 172 CA 1985; *Farrar/Hannigan*, 191; *Pennington*, 229.

1102 Secs. 171 subs. 3, 181 lit. b CA 1985; *Davies*, 258 f. Wenn die Höhe des zur Finanzierung genutzten *permissible capital payment* niedriger als das Gesamtnennkapital der erworbenen Anteile ist, also wenn zusätzlich ungebundenes Vermögen der Gesellschaft zur Finanzierung des Erwerbs mit herangezogen wurde, so muss in Höhe der Differenz eine *capital redemption reserve* gebildet bzw. zusätzlich eingestellt werden, sec. 171 subs. 4-6 CA 1985; *Pennington*, 229; s. hierzu S. 185.

Zusätzlich müssen die Geschäftsführer der Gesellschaft eine gesetzlich vorgeschriebene Solvenz-Erklärung (*solvency declaration*) dahingehend abgeben, dass die *private limited company* für den Zeitraum von einem Jahr nach dem Erwerb der Anteile weiterhin ihre Gesellschaftsschulden begleichen kann[1103]. Diese Erklärung muss die Höhe des *permissible capital payment* angeben und zusammen mit einem Prüfungsbericht (*auditors' report*)[1104] beim Gesellschaftsregister (*registrar of companies*) eingereicht werden, damit jeder Gesellschaftsgläubiger und jeder Gesellschafter diese einsehen kann[1105]. Ziel dieser gesetzlich vorgeschriebenen Solvenz-Erklärung ist es, die Geschäftsführer der *private limited company* von einem gläubigerbenachteiligenden Fehlverhalten abzuhalten[1106]. Eine Solvenz-Erklärung, die von einem Geschäftsführer ohne nachvollziehbare Gründe abgegeben wurde, ist aus diesem Grund auch mit Geldstrafe und/oder Haft strafbewehrt[1107]. Darüber hinaus haftet ein Geschäftsführer gegenüber der Gesellschaft auf Schadenersatz, wenn er nicht die nötige Sorgfalt (*reasonable care*) bei Abgabe der Solvenz-Erklärung oder der Durchführung des Erwerbs hat walten lassen und der Gesellschaft durch die Finanzierung mit Mitteln des Gesellschaftskapitals ein Schaden entstanden ist[1108]. Zusätzlich haften *auditor* und Geschäftsführung auf Schadenersatz, wenn sie bei der Erstellung des Prüfungsberichts nicht die nötige Sorgfalt beachtet haben[1109].

Weiterhin bedarf es eines außerordentlichen Gesellschafterbeschlusses über den Anteilsrückkauf zu Lasten des Gesellschaftskapitals, der zeitnah, spätestens innerhalb von einer Woche nach der Solvenz-Erklärung der Geschäftsführer, erfolgen muss. Dieser Gesellschafterbeschluss muss in der *London Gazette* veröffentlicht werden und zusätzlich in einer nationalen Zeitung bekannt gegeben werden, wenn nicht alle Gesellschaftsgläubiger durch die Gesellschaft direkt informiert werden[1110].

Innerhalb von fünf Wochen nach der Beschlussfassung durch die Gesellschafterversammlung kann jeder Gesellschaftsgläubiger oder Gesellschafter, der nicht im Sinne der Beschlussfassung gestimmt hat, vor Gericht Widerspruch einlegen[1111]. Das angerufene Gericht entscheidet daraufhin über die Zulässigkeit des Erwerbs eigener Anteile aus dem Gesellschaftskapital und

---

[1103] Für den genauen Wortlaut s. sec. 173 subs. 3 CA 1985.
[1104] Sec. 173 subs. 5 CA 1985.
[1105] Sec. 175 subs. 5 CA 1985.
[1106] *Farrar/Hannigan*, 192; *Pennington*, 232.
[1107] Secs. 173 subs. 6, 730 subs. 1, Sch 24 CA 1985.
[1108] *Pennington*, 232, 731.
[1109] *Re Thomas Gerrard & Son Ltd* [1968] Ch 455, [1967] 2 All ER 525.
[1110] Sec. 175 subs. 1, 2 CA 1985; *Farrar/Hannigan*, 192.
[1111] *Farrar/Hannigan*, 193 f.

kann den Gesellschafterbeschluss aufheben, fortbestehen lassen oder sonstige zweckmäßige Verfügungen treffen[1112].

Im Rahmen der sec. 76 IA 1986 sind die Geschäftsführer, welche die Solvenz-Erklärung abgegeben haben, und die Verkäufer der Gesellschaftsanteile persönlich haftbar, wenn die Gesellschaft nicht mehr in der Lage ist, ihre Schulden zu begleichen, und die *private limited company* aus diesem Grund innerhalb von einem Jahr nach Erwerb der eigenen Anteile liquidiert werden muss[1113]. Der ehemalige Gesellschafter, der seine Anteile an die Gesellschaft veräußert hat, haftet nicht unbeschränkt mit seinem Privatvermögen, sondern nur in Höhe des Kaufpreises, der ihm von der Gesellschaft für die Anteile gezahlt worden ist. Die Geschäftsführer haften gesamtschuldnerisch mit den Veräußernden[1114]. Jedoch kann sich ein Geschäftsführer der persönlichen Haftung entziehen, wenn er darlegen kann, dass zum Zeitpunkt der abgegebenen Solvenz-Erklärung verantwortbare Gründe für eine solche Erklärung vorlagen[1115].

Durch die *solvency declaration* und die damit verbundenen Haftungsansprüche der Gesellschaftsgläubiger sowie der Möglichkeit dennoch das Gericht anzurufen, ist ein vergleichbarer Gläubigerschutz wie bei der „ordentlichen“ Kapitalherabsetzung in England oder den kontinentaleuropäischen Rechtsordnungen gewährleistet.

Sinn und Zweck der Möglichkeit des Erwerbs eigener Anteile zur Kapitalherabsetzung wird zur Zeit jedoch heftig diskutiert und im Rahmen der Gesellschaftsrechtsreform ist vorgeschlagen worden, die Sonderregelung der sec. 171 CA 1985 ersatzlos zu streichen[1116]. Somit soll das Recht der *private limited company* in Bezug auf den Erwerb eigener Anteile weiter an das Recht der *public limited company* angepasst werden.

(ii) Company Law Reform

Die zur Zeit in der englischen Rechtswissenschaft diskutierte C*ompany Law Reform* macht sehr weitgehende Vorschläge zum Recht der Kapitalherabsetzung. Kern der Reformvorschläge ist die Abschaffung der richterlichen Genehmigung, die mit jeder Kapitalherabsetzung einhergeht. Sie wird als zu

---

[1112] *Bowen*, 163; *Davies*, 261. Sec. 177 (1) CA 1985. Gemäß sec. 174 subs. 1 CA 1985 kann die Zahlung aus dem Gesellschaftskapital frühestens fünf Wochen und muss spätestens sieben Wochen nach der Beschlussfassung der Gesellschafterversammlung erfolgen.

[1113] *Pennington*, 231.

[1114] Zur möglichen Schadensersatzhaftung eines Geschäftsführers gegenüber Gesellschaftern und gegenüber den Gesellschaftern, die den erlangten Erwerbspreis zurückzahlen müssen s. *Pennington*, 232.

[1115] Sec. 76 subs. 2 IA 1986; *Farrar/Hannigan*, 192 f.

[1116] *Sealy*, 377.

umständlich und zu teuer angesehen[1117]. Aus diesem Grund und zur Vereinfachung einer Kapitalherabsetzung sollte anfänglich die gerichtliche Überprüfung der Kapitalherabsetzung gänzlich abgeschafft werden. Die richterliche Überprüfung einer Kapitalherabsetzung dient jedoch sowohl dem Gläubiger- als auch dem Anlegerschutz. Deshalb musste ein anderer Schutzmechanismus gefunden werden, denn die Möglichkeit einer freien Kapitalherabsetzung würde vor allem den durch den Grundsatz der Kapitalerhaltung verwirklichten Gläubigerschutz aushebeln.

Der Vorschlag, den das *White Paper*[1118] macht, nimmt einige der anfänglichen Reformbemühungen zurück. Danach soll das momentan existierende System der gerichtlichen Überprüfung einer Kapitalherabsetzung beibehalten werden. Als Alternative soll jedoch ein zweites System zur Reduzierung des Gesellschaftskapitals angeboten werden. Nach dem Vorschlag im *White Paper* kann statt der gerichtlichen Überprüfung auch der Weg der Kapitalherabsetzung mit einer *solvency declaration* von der Gesellschaft beschritten werden[1119]. Diese Möglichkeit soll sowohl für die *private* als auch für die *public limited company* Anwendung finden. Das *solvency statement* wird von den *directors* der Gesellschaft abgegeben. Die Art und der Inhalt einer solchen Erklärung ist in clause 63 (1) der *Company Bill* des *White Paper* festgelegt[1120]. Danach hat der *director* zu erklären, dass nach seiner Meinung kein Grund dafür besteht anzunehmen, die Gesellschaft könne zum Zeitpunkt der Erklärung nicht in der Lage sein, ihre ausstehenden Schulden zu begleichen und dass sie darüber hinaus auch im folgenden Jahr ihre Schulden begleichen kann.

Ferner sollen zusätzlich die Gläubiger einer *public limited company* die Möglichkeit besitzen, der Kapitalherabsetzung zu widersprechen[1121]. Den Gläubigern einer *private limited company* muss das von der Geschäftsführung abgegebene solvency statement genügen. Nach dem Reformvorschlag sollen sie kein eigenes Widerspruchsrecht ausüben können[1122].

Augenscheinlich ist die Verwandtschaft dieses Regelungsvorschlags mit der zur Zeit bestehenden Möglichkeit der *private limited company* nach secs.

[1117] *Company Law Review Steering Group – Final Report*, Vol. I, 2.31; *dies.*, *Company Formation and Capital Maintenance*, Rn. 3.27 ff.

[1118] *White Paper – Modernising Company Law*, Cm 5553-I (2002).

[1119] *White Paper – Modernising Company Law*, Cm 5553-I (2002), 71 ff.; *Lembeck*, NZG 2003, 961 f.; *Micheler*, ZGR 2004, 338 ff.

[1120] *White Paper – Modernising Company Law (Draft Clauses)*, Cm 5553-II (2002), clause 63.

[1121] Clause 52-58 der *Companies Bill*, *White Paper – Modernising Company Law (Draft Clauses)*, Cm 5553-II (2002).

[1122] Clause 51 der *Companies Bill*, *White Paper – Modernising Company Law (Draft Clauses)*, Cm 5553-II (2002); *Company Law Review Steering Group, Final Report*, Vol. I, 2.31; *White Paper – Modernising Company Law*, Cm 5553-I (2002), 71 ff.

171 ff. CA 1985, eigene Gesellschaftsanteile zu Lasten des Gesellschaftskapitals zu erwerben. Eine wirkliche Neuerung wäre jedoch, wenn die Gesellschaftsgläubiger einer *private limited company* einer Kapitalherabsetzung nicht mehr widersprechen könnten. Die Gläubiger sind auch in diesem Fall nicht schutzlos gestellt, da sich die Geschäftsführung strafbar macht, wenn sie eine *solvency declaration* abgibt, die auf nicht nachvollziehbaren bzw. falschen Tatsachen basiert[1123]. Zudem wird diskutiert, ob bei einer absichtlich falsch abgegebenen *solvency declaration* die Kapitalherabsetzung nachträglich angefochten werden kann[1124]. Bemerkenswert ist aber, dass anders als beim Erwerb eigener Anteile einer *private limited company* zu Lasten des Gesellschaftskapitals, eine Haftung der Geschäftsführer nach sec. 76 IA 1986 nicht angedacht wird, wenn die Kapitalherabsetzung auf Grundlage einer nicht ordnungsgemäßen *solvency declaration* zustande gekommen ist.

Ausgehend von der aktuell geltenden Rechtslage kann jedoch folgendes allgemeine Prinzip formuliert werden:

Wird im Rahmen einer effektiven Kapitalherabsetzung Gesellschaftsvermögen an die Gesellschafter ausbezahlt, so besitzen die Gesellschaftsgläubiger das Recht, der Kapitalherabsetzung zu widersprechen, solange die Gesellschaft ihre Forderungen nicht sichert bzw. befriedigt.

(2) Exkurs: Kapitalherabsetzung in einer société à capital variable

Jeder Gesellschafter einer *société à capital variable* besitzt ein gesetzliches Austrittsrecht, welches nur durch eine gesellschaftsvertragliche Vereinbarung geregelt, jedoch nicht ausgeschlossen werden darf[1125].

Im Fall seines Ausscheidens besitzt der Gesellschafter einen Anspruch auf Rückzahlung seiner Einlage, welcher um einen bestehenden anteiligen Verlust der Gesellschaft vermindert werden muss[1126]. Das Ausscheiden eines Gesellschafters stellt zudem für die Gesellschaft eine Kapitalherabsetzung dar, wobei der Vorgang des Ausscheidens für sich allein gesehen eine nominelle Kapitalherabsetzung bewirkt[1127]. Besitzt der Ausscheidende jedoch

[1123] Nach clause 63 subs. 5 i.V.m. Sch. 4 Type D Offence der *Companies Bill, White Paper – Modernising Company Law (Draft Clauses)*, Cm 5553-II (2002), droht eine Haftstrafe von bis zu zwei Jahren und/oder eine Geldstrafe.

[1124] *White Paper – Modernising Company Law*, Cm 5553-I (2002), 75.

[1125] Art. L. 231-6 al. 1 C.com. Zudem kann im Gesellschaftsvertrag auch ein Ausschlussrecht vereinbart werden; *Mémento, Sociétés Civiles*, Rn. 1795, 1798 ff. Zur *société à capital variable* s.o. S. 622.

[1126] Art. L. 231-1 C.com.; *Mémento, Sociétés Civiles*, Rn. 1800, 1805.

[1127] *Lutter*, Kapital, 492.

einen Rückzahlungsanspruch gegen die Gesellschaft, so handelt es sich um eine effektive Herabsetzung des Gesellschaftskapitals.

Der Rückzahlungsanspruch des ausscheidenden Gesellschafters besteht nicht nur, wenn der Gesellschaft ungebundenes Vermögen zur Verfügung steht, sondern auch, wenn zur Begleichung des Anspruches gebundenes Vermögen der Gesellschaft herangezogen werden muss[1128]. Anders als bei einer effektiven Kapitalherabsetzung einer Gesellschaft mit „festem“ Kapital können die Gesellschaftsgläubiger einer *société à capital variable* einer Auszahlung von Gesellschaftsvermögen nicht widersprechen, es sei denn, durch das Ausscheiden eines Gesellschafters wird die untere Grenze des im Gesellschaftsvertrag festgeschriebenen variablen Kapitals unterschritten. In einem solchen Fall greifen wieder die allgemeinen Regeln[1129]. Im Ergebnis bedeutet dies, dass durch die zur *société à capital variable* bestehenden Regelungen der allgemeine Grundsatz der Kapitalerhaltung unter gewissen Umständen umgangen werden kann, da trotz einer Unterbilanz eine Leistung an einen Gesellschafter erfolgen kann[1130].

Der Auszahlungsanspruch des ausscheidenden Gesellschafters wird durch folgende Umstände begrenzt:

- Durch das Ausscheiden des Gesellschafters darf das Gesellschaftskapital nicht unter den im Gesellschaftsvertrag vereinbarten niedrigsten Wert des variablen Kapitals herabsinken[1131].
- Zudem darf durch das Ausscheiden eines Gesellschafters ein gesetzlich vorgeschriebenes Mindestkapital nicht unterschritten werden[1132]. Dies gilt seit Aufgabe des Mindestkapitalerfordernisses naturgemäß nicht mehr für die SARL[1133].

Daneben trifft den ausscheidenden Gesellschafter nach Art. L. 231-6 al. 3 C.com. eine Haftung für alle bei seinem Ausscheiden bestehenden Verbindlichkeiten der Gesellschaft für die Dauer von fünf Jahren. Der ausscheidende Gesellschafter haftet nach dem Verhältnis seines Anteils, aber nur bis zur Höhe seiner ehemaligen Einlageverpflichtung. Die Haftung besteht gegenüber der Gesellschaft, den Gesellschaftern und den Gesellschaftsgläubigern[1134].

[1128] *Lutter*, Kapital, 492 ff. m.w.N. und Beispiel.
[1129] *Mémento, Sociétés Civiles*, Rn. 1786.
[1130] *Lutter*, Kapital, 493.
[1131] Art. L. 231-6 al. 1 i.V.m. Art. L. 231-5 C.com.; *Mémento, Sociétés Civiles*, Rn. 1801.
[1132] Art. L. 231-5 al. 2 C.com.
[1133] *Mercadal/Janin/Charvériat/Couret*, Rn. 5072.
[1134] *Mémento, Sociétés Civiles*, Rn. 1810.

Trotz der aufgezeigten Abweichung zu dem formulierten Prinzip des Widerspruchsrechts der Gesellschaftsgläubiger bei einer effektiven Kapitalherabsetzung, soll dieses aufrecht erhalten werden. So soll die *société à capital variable* nur als Regelausnahme verstanden werden. Die SA kann zum einen nicht mit einem *capital variable* gegründet werden und zum anderen ist die *société à capital variable* für die Gesellschaftsgläubiger aufgrund des zwingend vorgeschriebenen Firmennamenszusatzes einfach zu erkennen[1135]. Die Gesellschaftsgläubiger wissen, dass die Gesellschafter innerhalb der Spanne des variablen Kapitals frei sind, beliebig Änderungen vorzunehmen. Darüber hinaus sind die Gesellschaftsgläubiger durch den bestehenden Haftungsanspruch für die Dauer von fünf Jahren abgesichert.

b) Die nominelle Kapitalherabsetzung

Eine nominelle Kapitalherabsetzung wird im Fall großer Verluste des Gesellschaftsvermögens durchgeführt[1136]. In diesem Fall wird die Kapitalziffer lediglich bilanztechnisch abgesenkt. Hierbei fließen keine Gelder an die Gesellschafter zurück[1137]. Die nominelle Kapitalherabsetzung dient also allein der Anpassung der Gesellschaftskapitalziffer an das Nettoaktivvermögen der Gesellschaft nach eingetretenen Verlusten. Dadurch soll das „Soll-Kapital" (Gesellschaftskapital) an das gesunkene „Ist-Kapital" (Nettoaktivvermögen) angepasst werden[1138].

Die §§ 229-236 AktG gestatten der AG, ihr Gesellschaftskapital im Wege der „vereinfachten" nominellen Kapitalherabsetzung zu reduzieren[1139]. Die Durchführung der nominellen Kapitalherabsetzung erfordert nach § 229 Abs. 3 i.V.m. §§ 222-224 AktG die Eintragung des Kapitalherabsetzungsbeschlusses im Handelsregister. Auszahlungen an die Aktionäre sind nach § 230 AktG verboten. Darüber hinaus wird das Gewinnbezugsrecht der Aktionäre insoweit eingeschränkt, als vor einer erneuten Ausschüttung die gesetzliche Rücklage wieder aufgefüllt sein muss[1140]. Hierdurch werden die Interessen der Gläubiger geschützt, die im Fall der nominellen Kapitalherabsetzung bedroht sind, weil die AG schneller wieder Gewinne ausschütten kann[1141].

[1135] S.o. S. 36.
[1136] *Farrar/Hannigan*, S. 215 f.
[1137] Dies geschieht jedoch indirekt, da in diesem Fall nach der Kapitalherabsetzung häufig wieder Dividenden an die Gesellschafter gezahlt werden können.
[1138] *Constantin*, 216; *Kübler*, 219.
[1139] Eine nominelle Kapitalherabsetzung kann auch nach den Vorschriften zur ordentlichen Kapitalherabsetzung, §§ 222-228 AktG, erfolgen; *K. Schmidt*, Gesellschaftsrecht, § 29 III 5.
[1140] § 230 AktG.
[1141] *Kübler*, 220.

Das deutsche GmbH-Recht kannte über 100 Jahre lang die Möglichkeit einer „vereinfachten" nominellen Kapitalherabsetzung nicht. Der Gesetzgeber von 1892 schuf mit § 58 GmbHG nur eine einzige Vorschrift nach der jegliche Art von Kapitalherabsetzung zu erfolgen hatte. Im Ergebnis war nur eine effektive Kapitalherabsetzung möglich. Jedoch forderten die Praxis und die Rechtswissenschaft bereits frühzeitig die Alternative einer vereinfachten Kapitalherabsetzung, wie sie 1931 durch Notverordnung für die AG eingeführt worden war[1142]. Im Jahre 1994 wurde dieser Forderung durch Einführung der §§ 58a-f GmbHG Genüge getan[1143].

Seitdem ist eine nominelle Kapitalherabsetzung ohne Gläubigeraufruf und Sperrjahr möglich. Eine vereinfachte Kapitalherabsetzung kann also auch bei der GmbH sofort durchgeführt werden[1144]. Sie darf allerdings erst nach Auflösung der offenen Eigenkapitalposten und nur zur Verlustdeckung durchgeführt werden[1145]. Die Gläubiger der Gesellschaft sind somit vor einem Abfluss gebundenen Gesellschaftsvermögens ausreichend geschützt[1146]. Ferner wird das Gewinnbezugsrecht der Gesellschafter dahingehend eingeschränkt, dass Gewinne vor Ablauf von fünf Geschäftsjahren nur dann ausgeschüttet werden dürfen, wenn die Gewinn- und Kapitalrücklagen der Gesellschaft in Höhe von 10 % des Gesellschaftskapitals aufgefüllt wurden[1147]. Darüber hinaus ist die Zahlung eines Gewinnanteils von mehr als 4 % erst 2 Jahre nach der Beschlussfassung über die Kapitalherabsetzung zulässig[1148].

Auch nach französischen Recht besitzen die Gesellschaftsgläubiger im Falle einer Kapitalherabsetzung zum Verlustausgleich kein Widerspruchsrecht wie im Fall einer effektiven Kapitalherabsetzung[1149].

Im englischen Recht bedarf es auch für eine nominelle Kapitalherabsetzung einer gerichtlichen Genehmigung[1150]. Anders als bei einer effektiven Kapitalherabsetzung besitzen die Gläubiger jedoch kein Widerspruchs-

---

[1142] *Hirte*, Die vereinfachte Kapitalherabsetzung, 25 ff. m.w.N.

[1143] Art. 48 Nr. 4 EGInsO.

[1144] *Memento*, Gesellschaftsrecht, Rn. 2471.

[1145] §§ 58a Abs. 1, 2, 58b Abs. 1 GmbHG; *K. Schmidt*, Gesellschaftsrecht, § 37 V 3b.

[1146] *Memento*, Gesellschaftsrecht, Rn. 2475.

[1147] § 58d Abs. 1 GmbHG; *Lutter/Hommelhoff*, GmbHG § 58d Rn. 1.

[1148] § 58d Abs. 2 S. 1 GmbHG. Wenn die Gläubiger jedoch befriedigt bzw. ihre Ansprüche sichergestellt wurden und sie sich nicht binnen sechs Monaten nach der Bekanntmachung des Jahresabschlusses, aufgrund dessen die Gewinnverteilung beschlossen worden ist, gemeldet haben, kann auch ein höherer Gewinnanteil an die Gesellschafter ausgeschüttet werden, § 58d Abs. 2 S. 2 GmbHG.

[1149] Dies ergibt sich als argumentum e contrario aus Art. L. 225-205 al. 1 C.com. für die SA und aus Art. L. 223-34 al. 3 C.com. für die SARL; *Constantin*, 217; *Merle*, Rn. 570; *Maier*, GmbHR 1990, 384.

[1150] Sec. 136 subs. 1 CA 1985.

recht[1151]. Das Gericht ist aber angehalten, die Interessen der Gläubiger im angemessenen Rahmen zu berücksichtigen.

Somit lässt sich folgendes allgemeine Prinzip feststellen:

Im Rahmen einer nominellen Kapitalherabsetzung dürfen keine Ausschüttungen an die Gesellschafter vorgenommen werden. Die Gesellschaftsgläubiger können der nominellen Kapitalherabsetzung nicht widersprechen und besitzen auch keinen Anspruch auf Sicherstellung bzw. Befriedigung ihrer Forderungen.

[1151] Sec. 136 subs. 2 CA 1985.

H. Zusammenfassung

Die rechtsvergleichende Untersuchung der einzelnen Kapitalerhaltungssysteme in Deutschland, England und Frankreich hat gezeigt, dass in allen drei Rechtsordnungen vergleichbare und funktionsäquivalente Kapitalerhaltungsregelungen bestehen, aus denen sich gemeinsame Prinzipien formulieren lassen.

Die Besorgnis, dass man auf eine *private limited company* bzw. eine SARL deutsche Regelungen der Kapitalerhaltung nicht anwenden kann, und dies einen fehlenden Gläubigerschutz zur Folge hätte, ist somit nicht begründet. Vielmehr finden sich gleichwertige Regelungen im englischen und französischen Gesellschaftsrecht.

Der Unterschied zwischen dem kontinentaleuropäischen und dem englischen Kapitalmodell reduziert sich bei genauer Betrachtung weitgehend auf die Existenz eines Mindestkapitalerfordernisses für den Bereich der „GmbH". Kapitalerhaltungsregelungen basieren jedoch nicht auf einem Mindestkapitalerfordernis[1152].

Die Fehlvorstellungen über das Kapitalerhaltungsregime des *Common Law* rührt wohl meist daher, dass in der deutschen Rechtswissenschaft aus der bestehenden Mindestkapitalaufbringungspflicht häufig auch die Regelungen der Kapitalerhaltung hergeleitet werden[1153].

Wie gezeigt, wird aber auch das Kapital in einer *private limited company* bzw. einer *société a responsabilité limitée a une euro*, aufgrund bestehender äquivalenter Kapitalerhaltungsregelungen, geschützt, aber nur in Höhe des vereinbarten Gesellschaftskapitals, welches in seiner Mindesthöhe nicht vorgegeben ist. Es besteht also nur ein Quantitäts- und nicht unbedingt ein Qualitätsunterschied. Im Übrigen kann dem gesetzlichen Mindestkapital keine gläubigerschützende Funktion beigemessen werden. Das Erfordernis, diesen Betrag aufzubringen, ist eine Seriositätsschwelle – nichts weiter.

Deshalb schlage ich, wie auch andere, eine Entrümpelung des deutschen Gesellschaftsrechts vor[1154]. Angriffspunkte sind dabei insbesondere die Regeln zur Kapitalausstattung, also das Mindestkapitalerfordernis und die hiermit einhergehenden Regelungen zur Kapitalaufbringung. Die *private limited company* und die SARL können als Beweis dafür herangezogen werden, dass ein Verzicht auf ein Mindestkapitalerfordernis im GmbH-Recht zu keiner nennenswerten Einbuße im Gläubigerschutz führt[1155]. Dasselbe muss auch im Recht der Aktiengesellschaften gelten.

1152 *Ferran*, Comp.Law. 1999, 316; *W. Schön*, ZHR 2002, 4 f.
1153 *Meilicke*, GmbHR 2003, 808.
1154 *Koegel*, GmbHR 2003, 1225 ff.
1155 *Heinz*, AnwBl. 2004, 618.

Ob die angedachten alternativen Kapitalerhaltungsmechanismen die bereits bestehenden ergänzen bzw. substituieren können, bleibt abzuwarten.

Dritter Teil: Die allgemeinen Prinzipien im Recht der Kapitalerhaltung

A. Kapitalausstattung

§ 1 Mindestkapital

(1) Zur Gründung von Kapitalgesellschaften, denen der Zugang zu öffentlichen Kapitalmärkten offen steht, bedarf es der Aufbringung eines gesetzlich vorgeschriebenen Mindestkapitals. Die Mindesthöhe des gesetzlichen Mindestkapitals beträgt € 25.000,-.

> *Anmerkung*: Dieser Grundsatz wurde auf Grund der Kapitalrichtlinie europaweit umgesetzt. Für Gesellschaften, deren Haftung für Gesellschaftsschulden auf das Gesellschaftsvermögen beschränkt und denen der Zugang zu öffentlichen Kapitalmärkten verwehrt ist, kann kein gemeinsames Prinzip gefunden werden. Es ist abhängig vom nationalen Recht, ob ein Mindestkapitalerfordernis vom Gesetz verlangt wird. So existiert für die SARL und die *private limited company* kein Mindestkapitalerfordernis.

(2) Gesellschaften, in denen alle Gesellschafter persönlich und unbeschränkt für die Gesellschaftsschulden haften, bedürfen zu ihrer Gründung nicht der Ausweisung eines Mindestkapitals im Gesellschaftsvertrag. Im Rahmen der Vertragsfreiheit kann jedoch ein Gesellschaftskapital festgeschrieben werden.

B. Verbot der „offenen“ Ausschüttung des durch die Kapitalziffer gebundenen Gesellschaftsvermögens

§ 2 Bindung des Gesellschaftsvermögens

(1) Haftet neben dem Gesellschaftsvermögen auch das Privatvermögen der Gesellschafter für die Schulden der Gesellschaft, so bindet ein vertraglich vereinbartes bzw. gesetzlich vorgeschriebenes Gesellschaftskapital grundsätzlich nicht das Gesellschaftsvermögen. Das Vermögen der Gesellschaft kann unbeschränkt von den Gesellschaftern entnommen oder an diese ausgeschüttet werden.

Anmerkung: Dieses Prinzip gilt in obiger Formulierung nicht für die SNC. Jedoch können die Gesellschafter einer SNC dasselbe Ergebnis, also die „Entbindung" des Gesellschaftsvermögens, durch eine Kapitalherabsetzung erzielen. Für eine solche Kapitalherabsetzung bedarf es lediglich eines einstimmigen Gesellschafterbeschlusses, s. § 32.

(2) Der persönlich haftende Gesellschafter einer Kommanditgesellschaft, die nicht öffentlich zur Zeichnung von Anteilen aufrufen darf, darf grundsätzlich gewinnunabhängige Entnahmen aus dem Gesellschaftsvermögen vornehmen.

Anmerkung: Der persönlich haftende Gesellschafter einer SCS kann der Gesellschaft nur Gewinne entnehmen, die nicht zu Lasten des gebundenen Gesellschaftsvermögens erfolgen.

(3) Die Kapitaleinlage des Kommanditisten einer Kommanditgesellschaft, die nicht öffentlich zur Zeichnung aufrufen darf, ist entweder durch eine entstehende persönliche Haftung des Kommanditisten in Höhe einer vorgenommenen Einlagenrückgewähr oder durch ein Verbot der Einlagenrückgewähr abgesichert.

(4) Der Komplementär und der Kommanditist einer Kommanditgesellschaft auf Aktien dürfen der Gesellschaft nur dann Gesellschaftsvermögen entnehmen, wenn dieses mindestens in Höhe der Kapitalziffer bestehen bleibt.

(5) Steht zur Befriedigung der Gesellschaftsschulden nur das Vermögen der Gesellschaft zur Verfügung, so ist das Gesellschaftsvermögen jedenfalls in Höhe des Kapitals gebunden und darf in dieser Höhe nicht im Wege einer Dividendenzahlung oder auf anderem Wege an die Gesellschafter ausgeschüttet bzw. zurückgezahlt werden.

Anmerkung: Man spricht hierbei auch vom Verbot der Kapitalrückzahlung.

(6) Das gebundene Gesellschaftsvermögen darf nur im Wege einer Kapitalherabsetzung an die Gesellschafter ausgeschüttet werden, §§ 31-36.

Anmerkung: Da für die Gesellschaften, in denen alle Gesellschafter persönlich und unbeschränkt für die Gesellschaftsschulden haften, § 32 gilt, ist das Gesellschaftsvermögen nicht effektiv durch die Kapitalziffer geschützt.

§ 3 Gewinnausschüttung

(1) Gewinnausschüttungen an die Gesellschafter sind zu bestimmten Zeitpunkten nur nach Feststellung eines Überschusses über das gebundene Vermögen zulässig.

Anmerkung: Es bedarf insofern keiner Liquidation der Gesellschaft, bevor es zulässig ist, Überschüsse unter den Gesellschaftern zu verteilen.

(2) An die Gesellschafter darf höchstens der Betrag des Nettoaktivvermögens ausgeschüttet werden, welcher die Summe des Gesellschaftskapitals zuzüglich der Rücklagen, deren Ausschüttung das Gesetz oder der Gesellschaftsvertrag nicht gestattet, übersteigt.

Anmerkung: Dieses Prinzip wurde für den Bereich der Aktiengesellschaften durch Art. 15 KapRiLi europaweit festgelegt.

(3) Entscheidend für eine Gewinnausschüttung ist immer der Vermögensstand der Gesellschaft und nicht das einzelne Jahresergebnis. Verteilungsfähiger Gewinn kann nur die Summe der realisierten Gewinne seit Bestehen der Gesellschaft abzüglich des Betrages der angesammelten Verluste sein.

Anmerkung: Ein Jahresgewinn kann nicht an die Gesellschafter ausgeschüttet werden, wenn und insoweit er durch einen Verlustvortrag absorbiert wird. Die Gesellschaft darf Dividenden also nur aus real erwirtschafteten Gewinnen ausschütten. Was ein Gewinn bzw. ein Verlust ist, bestimmt sich nach bilanzrechtlichen Vorschriften.

§ 4 Haftung der Gesellschafter bei verbotenen Ausschüttungen

(1) Gesellschafter, die eine unzulässige Ausschüttung erhalten haben und denen die Unzulässigkeit bekannt war oder hätte bekannt sein müssen, sind zur Rückzahlung des empfangenen Betrages verpflichtet. Der Gesellschafter haftet der Gesellschaft lediglich auf Wertersatz.

Anmerkung: Das Recht der SARL geht über dieses gemeinsame Prinzip hinaus. So besteht der Rückgewähranspruch auch dann, wenn der Gesellschafter hinsichtlich der Rechtmäßigkeit der Ausschüttung gutgläubig ist. Im Bereich der Aktiengesellschaften ist dieses Prinzip europaweit durch Art. 16 KapRiLi festgeschrieben worden. Der Erstattungsanspruch der Gesellschaft ist nicht gegenständlicher Natur, sondern die Gesellschafter haften der Gesellschaft gegenüber nur auf Wertersatz in

Höhe der unzulässigen Ausschüttung. Dies ist nur konsequent, da der Grundsatz der Kapitalerhaltung als rechnerische bzw. wertmäßige Vermögensbindung zu verstehen ist.

(2) Eine Ausfallhaftung der Mitgesellschafter für nicht durchsetzbare Rückgewähransprüche der Gesellschaft aufgrund unzulässiger Ausschüttungen besteht nicht.

Anmerkung: Für die GmbH besteht eine solche Ausfallhaftung. Jedoch ist diese auf die Höhe des Stammkapitals beschränkt und kann nur geltend gemacht werden, wenn die Gesellschaft ihre Gläubiger nicht mehr befriedigen kann.

§ 5 Haftung der Geschäftsleiter bei verbotenen Ausschüttungen

Geschäftsleiter haften gegenüber der Gesellschaft in Höhe des Wertes der unzulässigen Ausschüttungen.

Anmerkung: Der Erstattungsanspruch nicht gegenständlicher Natur, sondern die Geschäftsleiter haften, wie auch bei § 4 die Gesellschafter, nur auf Wertersatz in Höhe der unzulässigen Ausschüttung.

§ 6 Haftungsansprüche der Gesellschaftsgläubiger bei verbotenen Ausschüttungen

Gläubiger einer Gesellschaft besitzen keine eigenen Ansprüche gegen die Geschäftsleitung oder die Gesellschafter auf Erstattung unrechtmäßiger Ausschüttungen.

Anmerkung: Ob die Gläubiger die Möglichkeit besitzen, Ansprüche der Gesellschaft auf dem Klageweg durchzusetzen, bestimmt sich nach nationalen Recht. Ein gemeinsames Prinzip lässt sich hier nicht finden.

C. Verdeckte Vermögensverlagerungen

§ 7 Generelle Vertragsabschlussfreiheit zwischen Gesellschaft und Gesellschafter

Gesellschafter dürfen mit der Gesellschaft Umsatzgeschäfte abschließen.

§ 8 Verdeckte Vermögensverlagerung

Eine verdeckte Vermögensverlagerung ist unter folgenden Voraussetzungen gegeben:

- Zu Lasten der Gesellschaft wird zwischen dieser und dem Gesellschafter ein unausgeglichenes Umsatzgeschäft getätigt.
- Die Minderung des Gesellschaftsvermögens ist durch das Gesellschaftsverhältnis veranlasst (causa societatis), d.h. es handelt sich nicht um ein ordnungsgemäßes Verkehrsgeschäft.
- Als objektiver Vergleichsmaßstab zur Beurteilung eines Umsatzgeschäftes dient ein Geschäft eines ordentlichen und gewissenhaften Geschäftsführers mit einem Dritten. Das Geschäft muss zu üblichen Bedingungen geschlossen worden sein. Allerdings verbleibt der Geschäftsführung ein Beurteilungsspielraum. Der Marktpreis ist hierbei nicht unbedingt ausschlaggebend.

§ 9 Grundsätzliches Verbot verdeckter Vermögensverlagerungen

Verdeckte Vermögensverlagerungen sind verboten, wenn das gebundene Gesellschaftsvermögen durch sie angegriffen wird.

Anmerkung: Verdeckte Vermögensverlagerungen sind aus Gründen des Gläubigerschutzes, der klaren Trennung des Gesellschaftsvermögens vom Privatvermögen der Gesellschafter, aber auch aus dem Gebot der Gleichbehandlung der einzelnen Gesellschafter, grundsätzlich verboten. Zur Problemlösung der verdeckten Vermögensverlagerung werden unterschiedliche Lösungsansätze in den einzelnen Rechtsordnungen vertreten, die vor allem in dem Verständnis des Umfangs der Rechtsfähigkeit der Gesellschaft begründet liegen. Im deutschen Recht ist die Kapitalgesellschaft als juristische Person in vollem Umfang rechtsfähig. Sie ist nicht auf einen bestimmten Geschäftsgegenstand begrenzt. Deshalb werden verdeckte Vermögensverlagerungen im Rahmen der Gewinnverteilungsvorschriften rechtlich gewürdigt. Nach englischem und französischem Verständnis ist eine verdeckte Vermögensverlagerung nach der *spécialité légale* bzw. nach der *ultra vires doctrine* nicht durch den Unternehmensgegenstand gedeckt. Danach sind Vermögensauskehrungen, die nicht dem Gesellschaftsinteresse entsprechen, unwirksam. Dies gilt unabhängig davon, ob der Empfänger der Leistung Gesellschafter ist oder nicht. Die Gewinnverteilungsregeln gelten hier nur für offene Vermögensverlagerungen. Verdeckte Vermögensverlagerungen können, wenn durch sie das gebundene Gesellschaftsvermögen nicht betroffen ist, rechtmäßig sein, da durch den Grundsatz der

Kapitalerhaltung im allgemeinen nur das zur Erhaltung des Gesellschaftskapitals erforderliche Vermögen gesichert wird.

§ 10 Verdeckte Vermögensverlagerungen durch Leistungen an Dritte

Verdeckte Vermögensverlagerungen an dem Gesellschafter nahestehende Dritte, fallen als Umgehungen ebenfalls unter das in § 9 formulierte Verbot.

§ 11 Rechtsfolgen einer verdeckten Vermögensverlagerung

(1) Eine verdeckte Vermögensverlagerungen ist vom Gesellschafter, der diese empfangen hat, zurückzugewähren.

(2) Geschäftsführer sind bei einem Verstoß gegen das in § 9 formulierte Verbot der verdeckten Vermögensverlagerung verpflichtet, den entstandenen Schaden zu ersetzen.

D. Gesetzliche Gewinnrücklage

Vorbemerkung zu § 12

Ob eine gesetzliche Gewinnrücklage zu bilden, ist bestimmt sich nach nationalem Recht.

Anmerkung: Aufgabe der gesetzlichen Gewinnrücklage ist es, einen zusätzlichen „Puffer" zu schaffen, der dafür Sorge trägt, dass entstehende Verluste der Gesellschaft sich nicht sofort auf das Gesellschaftskapital auswirken. Die Bildung einer gesetzlichen Rücklage ist im englischen Recht für keine Gesellschaftsform vorgeschrieben. Insofern lassen sich in diesem Bereich auch keine gemeinsamen Prinzipien bilden. Hinzuweisen ist aber auf die Agio-Bindung im englischen Recht. Sie ist im Gegensatz zum kontinentaleuropäischen Recht vorgeschrieben (Vorbemerkung zu § 18). Im Folgenden sind hier nur die Gemeinsamkeiten im deutschen und französischen Recht dargestellt. Aber auch hier gibt es einen gravierenden Unterschied. In Frankreich ist eine gesetzliche Rücklage für die SA, SAS, SCA und die SARL vorgeschrieben. In Deutschland existiert die gesetzliche Rücklage jedoch nur für die AG und die KGaA, nicht aber für die GmbH. Die Kapitalrichtlinie schreibt die Bildung einer gesetzlichen Rücklage nicht vor, unterstellt diese, wenn sie nach nationalem Recht zu bilden ist, jedoch dem Schutz des allgemeinen Verbots der Kapitalausschüttung an die Gesellschafter. Der Vorschlag für eine Europäische Privatgesellschaft sieht eine gesetzliche Rücklage nicht vor.

§ 12 Gesetzliche Gewinnrücklage

(1) Die gesetzliche Gewinnrücklage findet sich nur bei Gesellschaften, für deren Gründung ein Mindestkapital vorgeschrieben ist. Sie dient einer Erhöhung der durch die Kapitalziffer geschaffenen Bindung des Gesellschaftsvermögens.

Anmerkung: Dass für die SARL ein Mindestkapital neuerdings nicht mehr vorgeschrieben ist, sie dennoch eine gesetzliche Gewinnrücklage zu bilden hat, spricht nicht gegen die gefundene Regel. Denn so wird die gesetzliche Rücklage im französischen Recht immer mit einer Mindestkapitalaufbringungspflicht begründet. Dass dennoch bei der SARL eine gesetzliche Rücklage gebildet werden muss, wird von der Literatur kritisiert und kann rein tatsächlich durch die Gesellschafter umgangen werden, indem sie die zu bildende gesetzliche Gewinnrücklage bei der Festlegung der Höhe des Gesellschaftskapitals berücksichtigen und entsprechend das Gesellschaftskapital reduzieren. Die SARL ist somit aufgrund der erst kürzlich erfolgten Abschaffung des Mindestkapitals und der dennoch fortbestehenden Pflicht zur Bildung einer gesetzlichen Gewinnrücklage, als systemwidrige Ausnahme anzusehen.

(2) Die gesetzliche Gewinnrücklage ist aus Anteilen des Jahresgewinns zu bilden bis ein gewisser Prozentsatz, des Gesellschaftskapitals, erreicht ist. Sie ist grundsätzlich nicht aus zusätzlichen Einlagen zu bilden.

Anmerkung: Die gesetzliche Gewinnrücklage wird sowohl nach französischen als auch nach deutschem Recht aus mindestens einem Zwanzigstel des Gewinns des Geschäftsjahres abzüglich früherer Verluste gebildet. Wenn die Rücklage ein Zehntel des Gesellschaftskapitals erreicht hat, ist diese Zuweisung nicht mehr zwingend.

(3) Die gesetzliche Gewinnrücklage erhöht nicht das Nominalkapital der Gesellschaft. Sie wird aber zum Eigenkapital der Gesellschaft gerechnet.

(4) Sinkt das Gesellschaftsvermögen unter den Betrag der Summe des Gesellschaftskapitals und der gesetzlichen Gewinnrücklage, so ist die gesetzliche Gewinnrücklage erneut durch zurückzubehaltende Gewinne mit entsprechendem Gesellschaftsvermögen zu unterlegen.

(5) Die gesetzliche Gewinnrücklage ist in der Bilanz der Gesellschaft zu passivieren.

§ 13 Bindung der gesetzlichen Rücklage

(1) Ausschüttungen, die das Gesellschaftsvermögen unter den Betrag der Summe des Gesellschaftskapitals und der gesetzlichen Gewinnrücklage absinken lassen bzw. weiter verringern, sind unzulässig.

Anmerkung: Die gesetzliche Gewinnrücklage wird wie das Gesellschaftskapital gebunden. Man spricht hierbei jedoch von einer relativen Kapitalbindung, da eine Dividendenzahlung an den Gesellschafter bei nicht vollständig eingestellter Rücklage weiterhin möglich ist; dies ist beim Gesellschaftskapital nicht der Fall.

(2) Die gesetzliche Gewinnrücklage kann nicht durch Gesellschafterbeschluss aufgelöst werden.

(3) Die gesetzliche Gewinnrücklage kann zum Ausgleich eines Verlusts verwendet werden, der das durch die Gesellschaftskapitalziffer gebundene Gesellschaftsvermögen reduzieren würde.

§ 14 Rechtsfolgen bei Ausschüttung des durch die gesetzliche Gewinnrücklage gebundenen Gesellschaftsvermögens

Bei Ausschüttungen des durch die gesetzliche Gewinnrücklage gebundenen Gesellschaftsvermögens an die Gesellschafter greifen die in den §§ 4-6 formulierten Rechtsfolgen, die auch für das durch die Gesellschaftskapitalziffer gebundene Gesellschaftsvermögen gelten.

E. Agio

§ 15 Agio

(1) Die Ausgabe von Gesellschaftsanteilen zu einem Preis, der über dem Nominalbetrag des Gesellschaftsanteils liegt, ist statthaft.

Anmerkung: Im Gegensatz dazu ist die Unterpariemission nicht statthaft. Dieses Verbot sorgt für die reale Aufbringung des Gesellschaftskapitals und ist für die „Aktiengesellschaften“ in der Kapitalrichtlinie festgeschrieben. Das Agio wurde durch die Kapitalrichtlinie nicht europaweit geregelt.

(2) Durch ein Agio soll eine „Verwässerung der Anteile der Altgesellschafter“, die durch eine Kapitalerhöhung eintreten kann, verhindert werden.

(3) Die zusätzliche Einlage eines Agios erfolgt nicht auf das Kapital der Gesellschaft. Es wird aber zum Eigenkapital der Gesellschaft gerechnet.

Anmerkung: Es ist in allen untersuchten Rechtsordnungen gestattet, dass zwischen Gesellschaftern und Gesellschaft vereinbart wird, dass ein Teil ihrer zu leistenden Beiträge in das Gesellschaftsvermögen nicht „kapitalisiert“ werden muss, somit also nicht den Betrag des Gesellschaftskapitals erhöht. Dies wird durch ein Agio erreicht. Der Gesellschaft werden zusätzliche finanzielle Mittel zur Verfügung gestellt, ohne dass das Gesellschaftskapital steigt.

(4) Das Agio ist in der Bilanz der Gesellschaft zu passivieren.

§ 16 Höhe des Agios

(1) Die Ausgabe von Gesellschaftsanteilen mit einem Agio ist grundsätzlich fakultativ.

(2) Eine Obergrenze für den Betrag des Agios und somit auch für den Ausgabepreis der Gesellschaftsanteile ist nicht vorgegeben und in jeder Höhe statthaft.

(3) Im Fall einer Kapitalerhöhung, von der ein Teil der Gesellschafter ausgeschlossen ist, unterliegt die Geschäftsführung der Pflicht zur wertgerechten Festsetzung des Agios, die sich aus dem Benachteiligungsverbot der Altgesellschafter ergibt.

§ 17 Leistung des Agios

(1) Das Agio kann durch Bar- bzw. Sacheinlage geleistet werden.

(2) Ein Agio, welches von einer Gesellschaft verlangt wird, die öffentlich zur Zeichnung aufrufen darf, muss zum Zeitpunkt der Anteilszeichnung durch die künftigen Gesellschafter vollständig aufgebracht werden.

Vorbemerkung zu § 18

Ob das Gesellschaftsvermögen in Höhe des Agios, welches eine Kapitalgesellschaft durch die Ausgabe von Gesellschaftsanteilen erhalten hat, gebunden ist, bestimmt sich nach nationalem Recht.

Anmerkung: Das Gesellschaftsvermögen in der Höhe des Agios ist in der AG, der *private limited company* und der *public limited company* gebunden. Das Agio ist nach deutschem Aktienrecht der gesetzlichen Rücklage zuzuführen, wo es deren Bindung unterliegt (§ 13). Das englische Recht unterstellt das Agio der Kapitalbindung. Daher kann es nur im Rahmen einer Kapitalherabsetzung ausgeschüttet werden. Der Rechtsgedanke, der hinter der Bindung des Agios steht, ist der, dass das Agio nicht als echter betrieblicher Gewinn zu sehen ist, sondern als reine Kapitalzufuhr. Nach französischem Recht ist das Agio zwar in einer *réserve de prime* zu bilanzieren, die jedoch jederzeit entsprechend den Bestimmungen der Satzung oder aufgrund eines Beschlusses der Gesellschafterversammlung aufgelöst werden kann. Dies gilt ebenso für das deutsche GmbH-Recht.

§ 18 Bindung des Agios

(1) Ein in einer Personengesellschaft vereinbartes Agio unterwirft das zusätzlich aufgebrachte Gesellschaftsvermögen keiner Bindung.

(2) Wird das Gesellschaftsvermögen in Höhe des Agios gebunden, so unterliegt es ebenso wie das durch die Gesellschaftskapitalziffer gebundene Gesellschaftsvermögen den in den §§ 4-6 formulierten Regelungen.

(3) Das durch ein Agio erlangte Gesellschaftsvermögen dient der Gesellschaft als Betriebskapital.

(4) Das Agio kann zur Deckung entstandener Kosten bei Gründung bzw. Kapitalerhöhung verwendet werden.

Die Pflicht zur Bildung einer gesetzlichen Gewinnrücklage bzw. einer Agiorücklage in der Gesamtschau

§ 19 Rücklagenbildung

In Kapitalgesellschaften wird die Bindung des Gesellschaftsvermögens grundsätzlich in Höhe bestimmter gesetzlicher Rücklagen erweitert.

Anmerkung: Rücklagen, die das Gesellschaftsvermögen binden, sind in allen untersuchten Rechtsordnungen bekannt. Nur bei der deutschen GmbH findet sich kein solch erweiterter Schutz des Gesellschaftsvermögens. Das Vermögen der GmbH wird also weder durch eine gesetzliche Gewinnrücklage noch durch ein Agio gebunden. Dies ist ein weiterer Beleg dafür, dass die Furcht vor der *private limited company* und ein damit angeblich einhergehender geringerer Gläubigerschutzstandard, v.a. im Vergleich zur GmbH, unbegründet ist.

F. Erwerb eigener Gesellschaftsanteile durch die Gesellschaft

§ 20 Erwerb eigener Gesellschaftsanteile

(1) Der derivative entgeltliche Erwerb eigener Anteile durch Kapitalgesellschaften, die öffentlich zur Zeichnung ihrer Anteile aufrufen dürfen, ist im Grundsatz verboten. Ein zulässiger Erwerb kann nur aufgrund eines bestehenden Erlaubnistatbestandes erfolgen.

Anmerkung: Dieses Verbot findet seine Rechtfertigung im Grundsatz der Kapitalerhaltung, denn durch einen Erwerb eigener Anteile werden die Einlagen teilweise liquidiert und an die Gesellschafter zurückgewährt. Vermögensmäßig wird bei diesem Vorgang das Gesellschaftskapital verringert; denn ist die Gesellschaft ihr eigener Anteilsinhaber, so ist ihr der auf den Nennwert der eigenen Geschäftsanteile entfallende Betrag der geschuldeten Einlagen nicht wirklich zugeflossen. Wäre ein Erwerb eigener Anteile gestattet, könnte die Gesellschaft auf diese Art und Weise die gläubigerschützenden Regelungen der Kapitalherabsetzung umgehen (§§ 31-36).

(2) Kapitalgesellschaften, die nicht öffentlich zur Zeichnung ihrer Anteile aufrufen dürfen, können den Erwerb eigener Anteile, soweit dieser durch das nationale Recht gestattet ist, nur durchführen, wenn ein solcher Erwerb nicht durch gebundenes Gesellschaftsvermögen finanziert wird.

Anmerkung: Der Erwerb eigener Anteile ist der SARL außer im Fall einer Kapitalherabsetzung nicht gestattet. Ferner ist bei diesem Prinzip die Möglichkeit der *private limited company*, eigene Anteile zu Lasten des Gesellschaftskapitals zu erwerben, ausgeklammert, da es sich hierbei um eine Form der Kapitalherabsetzung handelt (§§ 31-36).

§ 21 Umgehungsverbote

(1) Der Erwerb eigener Anteile durch eine im eigenen Namen aber für Rechnung der Gesellschaft handelnde Person ist verboten, wenn der Erwerb unter den gegebenen Umständen auch der Gesellschaft selbst nicht gestattet wäre.

(2) Eine abhängige Tochtergesellschaft darf grundsätzlich keine Anteile der Muttergesellschaft halten.

(3) Die Inpfandnahme eigener Gesellschaftsanteile ist grundsätzlich verboten. Sie kann nur unter den gleichen Voraussetzungen wie ein zulässiger Erwerb eigener Anteile erfolgen.

Anmerkung: Einziger „Ausreißer" dieses Prinzips ist die *private limited company.*

§ 22 Ausnahmen vom Verbot des Erwerbs eigener Gesellschaftsanteile

Eigene Gesellschaftsanteile dürfen von der Gesellschaft ausnahmsweise erworben werden, wenn:

- die Gesellschaft hierzu von der Gesellschafterversammlung ermächtigt wurde. Ein solcher Gesellschafterbeschluss muss die Konditionen des Erwerbs sowie die Höchstzahl der zu erwerbenden Aktien festlegen.
- sie der Ausgaben von Belegschaftsaktien dienen. Die Ausgabe der Belegschaftsaktien muss, wenn sie zuvor von der Gesellschaft gehalten werden, innerhalb von 12 Monaten nach ihrem Erwerb erfolgen.
- der Erwerb unentgeltlich erfolgt oder
- der Erwerb im Wege der Gesamtrechtsnachfolge erfolgt.

§ 23 Weitere Voraussetzungen für einen zulässigen Erwerb eigener Gesellschaftsanteile

(1) Der entgeltliche Erwerb eigener Gesellschaftsanteile ist nur zulässig, sofern dieser aus dem über den Betrag des Gesellschaftskapitals zuzüglich der Rücklagen, deren Ausschüttung nicht gestattet ist, hinaus vorhandenen Vermögen finanziert werden kann.

(2) Durch entsprechende Rücklagenbildung ist bei einem Erwerb eigener Anteile dafür Sorge zu tragen, dass das gebundene Gesellschaftsvermögen nicht durch hierfür erworbene eigene Anteile entwertet wird. Eine solche Rücklage ist mit freiem Gesellschaftsvermögen zu unterlegen.

> *Anmerkung*: Diese Sonderrücklage ist nicht auflösbar, d.h. sie kann genau wie das Gesellschaftskapital nicht an die Gesellschafter ausgeschüttet werden. Zielsetzung ist es, dass der erworbene Geschäftsanteil auf der Passivseite bilanziell neutralisiert wird, damit das freie Vermögen der GmbH nicht dem Erwerb folgend an die Gesellschafter ausgeschüttet werden kann oder für einen weiteren Erwerb von eigenen Geschäftsanteilen herangezogen wird.

(3) Der entgeltliche Erwerb eigener Gesellschaftsanteile ist nur zulässig, wenn auf die Anteile der Ausgabebetrag voll geleistet ist.

(4) Der Gesamtnennbetrag der durch eine Gesellschaft, die öffentlich zur Zeichnung ihrer Anteile aufrufen kann, gehaltenen eigenen Anteile darf nicht mehr als 10 % des Gesellschaftskapitals betragen.

(5) Der Erwerb eigener Gesellschaftsanteile ist publizitätspflichtig.

§ 24 Rechte aus eigenen Anteilen

Aus eigenen Anteilen stehen der Gesellschaft keine Rechte zu.

§ 25 Rechtsfolge eines verbotswidrigen Rückerwerbs eigener Gesellschaftsanteile

(1) Das Erwerbsgeschäft eines verbotswidrigen Rückerwerbs eigener Anteile ist nichtig.

(2) Ein Verstoß gegen die Vorschriften über den Erwerb eigener Gesellschaftsanteile wird mit einer Geldstrafe geahndet.

> *Anmerkung*: Bei der deutschen GmbH findet sich keine entsprechende Strafvorschrift.

G. Maßnahmen bei schwerem Verlust des durch das Gesellschaftskapitals gebundenen Gesellschaftsvermögens

§ 26 Gesetzliche Regelungen

(1) Für den Fall, dass das Nettoaktivvermögen nicht mehr die Hälfte des Gesellschaftskapitals abdeckt, muss in Kapitalgesellschaften eine außerordentliche Gesellschafterversammlung einberufen werden.

Anmerkung: Die gesetzliche Verpflichtung zur Einberufung einer außerordentlichen Gesellschafterversammlung besteht im englischen Recht nur für die *public limited company*, nicht aber für die *private limited company*. Dies wird als wesentlicher Unterschied zwischen beiden Gesellschaftsformen durch die Literatur hervorgehoben. Auch die *Company Law Review Steering Group* will die Verpflichtung in Zukunft nicht auf die *private limited company* ausdehnen. Dennoch soll die *private limited company* als „Ausreißer" des gemeinsamen Prinzips verstanden werden. Im Verordnungsentwurf für eine Europäische Privatgesellschaft ist diese Verpflichtung zur Einberufung einer Gesellschafterversammlung in Art. 28 ebenso aufgenommen worden.

(2) Bei Personengesellschaften besteht keine Verpflichtung zur Einberufung einer Gesellschafterversammlung, wenn das Nettoaktivvermögen der Gesellschaft unter das Gesellschaftskapital absinkt.

§ 27 Einberufung einer außerordentlichen Gesellschafterversammlung

Die Einberufungspflicht trifft die Geschäftsführung der Gesellschaft. Adressaten der Einberufung sind deren Gesellschafter. Gläubiger werden über den Verlust des Gesellschaftsvermögens nicht direkt informiert.

Anmerkung: Wenn im französischen Recht auch den *conseil d`administration*, also den Verwaltungsrat, die Einberufungspflicht trifft, so nur deshalb, weil ihm auch Aufgaben der Geschäftsführung zugewiesen sind.

§ 28 Einberufungsfrist

(1) Die Einberufungspflicht entsteht spätestens, wenn ein bestehender Verlust in Höhe der Hälfte des Gesellschaftskapitals bilanziell ausgewiesen wird.

Anmerkung: In England und Deutschland entsteht die Einberufungspflicht bereits ab Kenntnis oder Kennenmüssen der finanziellen Lage der Gesellschaft durch einen

Geschäftsführer. Das französische Recht stellt für die Entstehung der Einberufungspflicht erst auf den späteren Zeitpunkt der bilanziellen Ausweisung des Verlustes ab und verzichtet auf die Notwendigkeit eines subjektiven Elements.

(2) Die Gesellschafterversammlung ist innerhalb kürzester Zeit nach Kenntniserlangung des schweren Verlusts durch die Geschäftsführung einzuberufen und abzuhalten.

Anmerkung: In Deutschland muss die Gesellschafterversammlung unverzüglich nach Kenntniserlangung einberufen und auch abgehalten werden. Das englische Recht schreibt der Geschäftsführung die Einberufung der Gesellschafterversammlung innerhalb von 28 Tagen nach Kenntniserlangung vor und verlangt, dass die Versammlung innerhalb von 56 Tagen stattfinden muss. Jedoch soll im Rahmen der *company law review* die entsprechende Vorschrift insofern vereinfacht werden als die 28-Tage-Regel für die Einberufung aufgehoben wird, es jedoch bei der 56-Tage-Regel für die Abhaltung der Gesellschafterversammlung bleibt. In Frankreich ist die Gesellschafterversammlung innerhalb von vier Monaten nach Billigung des Jahresabschlusses, der diesen Verlust ausweist, einzuberufen und abzuhalten. Im Rahmen des Vorschlags für eine Europäische Privatgesellschaft beträgt die Einberufungs- und Durchführungsfrist der Gesellschafterversammlung einen Monat.

§ 29 Notwendigkeit einer Beschlussfassung der außerordentlichen Gesellschafterversammlung

(1) Die einberufene außerordentliche Gesellschafterversammlung dient der innergesellschaftlichen Information, um eine Basis für rechtzeitige Lösungs- und Entscheidungsmöglichkeiten zur Beseitigung der wirtschaftlichen Krise der Gesellschaft zu schaffen.

Anmerkung: Der Sinn und Zweck der Einberufung einer Gesellschafterversammlung ist nicht unumstritten. In allen Rechtsordnungen wird für die Einberufung einer solchen jedoch das Argument der Warn- und Schutzfunktion gegenüber den Gesellschaftern und den Gläubigern der Gesellschaft angeführt. Die Gegenmeinung, die vor allem in der englischen Literatur besteht, sieht in der außerordentlichen Gesellschafterversammlung eine kostenintensive Maßnahme, welche die Geschäftsführung in der wirtschaftlichen Krise der Gesellschaft mit der Organisation einer Gesellschafterversammlung belastet, obwohl sie zu diesem Zeitpunkt die Sanierung der Gesellschaft vorantreiben sollte. Auch wird angeführt, dass die Einberufung der Gesellschafterversammlung kontraproduktiv sei, da hierdurch eine womöglich letzte Kreditwürdigkeit der Gesellschaft durch negative Publicity zerstört werden könne.

Diese Meinung erkennt jedoch die Notwendigkeit der Information der Gesellschafter über den schweren Verlust des Gesellschaftskapitals allgemein an.

(2) Die Gesellschafter sind inhaltlich frei, über Art und Möglichkeit der Abwendung der wirtschaftlichen Krise der Gesellschaft Beschlüsse zu fassen.

Anmerkung: Nach deutschem und englischem Recht besteht keine Verpflichtung zu einer Beschlussfassung, wie z.B. über eine Kapitalherabsetzung oder Auswechslung der Geschäftsführung. Im französischen Recht muss jedoch im Rahmen der außerordentlichen Gesellschafterversammlung ein Beschluss darüber gefasst werden, ob die Gesellschaft fortzuführen oder aufzulösen ist. Jedoch müssen von der Gesellschafterversammlung, wie auch in den anderen Rechtsordnungen, keine konkreten Maßnahmen beschlossen werden, wie der Verlust der Gesellschaft wieder aufgefangen werden kann. Der Vorschlag für eine Europäische Privatgesellschaft folgt diesem französischen Modell.

(3) Deckt das Gesellschaftsvermögen nicht mehr die Hälfte des Gesellschaftskapitals ab, entscheiden die Gesellschafter, ob sie die Gesellschaft fortführen möchten oder nicht.

Anmerkung: Im deutschen und englischen Recht besteht keine Verpflichtung zur Wiederherstellung des durch die Kapitalziffer gebundenen Gesellschaftsvermögens. In Frankreich haben die Gesellschafter jedoch über die vorzeitige Auflösung der Gesellschaft zu beschließen. Möchten sie die Geschäfte weiterführen, muss das Kapital wiederhergestellt werden. Wird nach französischen Recht die Fortführung der Gesellschaft beschlossen, so ist diese verpflichtet, spätestens am Schluss des zweiten Geschäftsjahres, das demjenigen folgt, in dem diese Verluste festgestellt worden sind, ihr Kapital herabzusetzen. Die Herabsetzung muss mindestens den Verlusten entsprechen, die nicht durch Rücklagen gedeckt sind, sofern nicht während dieser Frist die Eigenmittel mindestens wieder den Wert der Hälfte des Gesellschaftskapitals erreicht haben. Durch eine Kapitalherabsetzung darf das erforderliche Mindestkapital der Gesellschaft nicht unterschritten werden. Erfolgt keine entsprechende Sanierung, kann die Gesellschaft durch gerichtliche Entscheidung aufgelöst werden. Diese französische Regelung wurde im Vorschlag für eine Europäische Privatgesellschaft ähnlich formuliert übernommen. Wird die Auflösung der EPG nicht beschlossen, so muss die Gesellschaft innerhalb von sechs Monaten ihr Gesellschaftskapital entweder um einen mindestens dem Verlust entsprechenden Betrag vermindern oder die Eigenmittel mindestens auf den Betrag des Gesellschaftskapitals erhöhen.

§ 30 Rechtsfolgen bei Nichteinberufung der Gesellschafterversammlung

Beruft die Geschäftsführung in dem Fall, dass das Gesellschaftsvermögen nicht mehr die Hälfte des Gesellschaftskapitals abdeckt, keine außerordentliche Gesellschafterversammlung ein, so werden die Geschäftsführer zumindest mit einer Geldstrafe bestraft.

> *Anmerkung*: Diese Geldstrafe ist in Frankreich festgelegt und wird kumulativ zur Freiheitsstrafe verhängt. Sie beträgt € 4.500. Mit Freiheitsstrafe ist die Einberufungspflicht hingegen nur in der deutschen und französischen Rechtsordnung bewehrt, nicht hingegen in England. Die Freiheitsstrafe beträgt in Frankreich sechs Monate und kann in Deutschland in Höhe von bis zu drei Jahren verhängt werden.

H. Die Herabsetzung des Gesellschaftskapitals

§ 31 Kapitalherabsetzung im allgemeinen

Das Kapital einer Gesellschaft darf herabgesetzt werden.

§ 32 Kapitalherabsetzung bei Personen- und Kommanditgesellschaften

(1) Der Kapitalanteil eines persönlich und unbeschränkt haftenden Gesellschafters darf durch Vereinbarung zwischen den Gesellschaftern herabgesetzt werden.

(2) Der Anteil eines Kommanditisten am Gesellschaftskapital kann in einer Kommanditgesellschaft, die nicht öffentlich zur Zeichnung ihrer Anteile aufrufen darf, herabgesetzt werden.

(3) Die Herabsetzung des Kommanditistenanteils in einer Kommanditgesellschaft, die nicht öffentlich zur Zeichnung ihrer Anteile aufrufen darf, hat nur Wirkung für die Neugläubiger der Gesellschaft.

> *Anmerkung*: Die Rechtslage im englischen Recht konnte hierbei nicht zweifelsfrei ermittelt werden.

(4) Handelt es sich um eine Kommanditgesellschaft auf Aktien, die öffentlich zur Zeichnung ihrer Anteile aufrufen darf, so richtet sich die Kapitalherabsetzung nach den aktienrechtlichen Vorschriften.

§ 33 Kapitalherabsetzung in Kapitalgesellschaften

(1) Wird im Rahmen einer effektiven Kapitalherabsetzung Gesellschaftsvermögen an die Gesellschafter ausbezahlt, so besitzen die Gesellschaftsgläubiger das Recht, der Kapitalherabsetzung zu widersprechen, solange die Gesellschaft nicht ihre Forderungen sichert bzw. befriedigt.

Anmerkung: Dies gilt ausnahmsweise in Frankreich bei einer sog. *société à capital variable* dann nicht, wenn es aufgrund des Ausscheidens eines Gesellschafters zu einer Kapitalherabsetzung kommt und hierdurch nicht die untere Grenze des im Gesellschaftsvertrag festgeschriebenen variablen Kapitals unterschritten wird. Jedoch haftet der ausgeschiedene Gesellschafter in diesem Fall für die Dauer von fünf Jahren für alle bei seinem Ausscheiden bestehenden Verbindlichkeiten nach dem Verhältnis seines Anteils und begrenzt bis zu Höhe seiner ehemaligen Einlageverpflichtung.

Es wird im Übrigen zwischen zwei Arten von Kapitalherabsetzungen unterschieden. Zum einen die Kapitalherabsetzung, bei der Mittel aus dem Gesellschaftsvermögen den Gesellschaftern zufließen (effektive Kapitalherabsetzung), zum anderen die Kapitalherabsetzung, bei der nur die Kapitalziffer bilanztechnisch herabgesetzt wird und keine Mittel an die Gesellschafter ausgeschüttet werden (nominelle Kapitalherabsetzung).

(2) Im Rahmen einer nominellen Kapitalherabsetzung dürfen keine Ausschüttungen an die Gesellschafter vorgenommen werden. Die Gesellschaftsgläubiger können der nominellen Kapitalherabsetzung nicht widersprechen und besitzen auch keinen Anspruch auf Sicherstellung bzw. Befriedigung ihrer Forderungen.

Anmerkung: Zusätzlich bedarf es im englischen Recht für eine Kapitalherabsetzung einer obligatorischen gerichtlichen Erlaubnis. Bei seiner Entscheidung hat das Gericht vor allem zu beachten, dass die Gesellschaft auch noch nach der Kapitalherabsetzung ihre Schulden begleichen kann. Das Erfordernis der gerichtlichen Erlaubnis wird im englischen Recht heftig kritisiert. Die *Company Law Reform* macht aus diesem Grund sehr weitgehende Vorschläge zum Recht der Kapitalherabsetzung. Kern der Reformvorschläge ist die Abschaffung der richterlichen Genehmigung, die mit jeder Kapitalherabsetzung einhergeht. Sie wird als zu umständlich und zu teuer angesehen. Aus diesem Grund und zur Vereinfachung einer Kapitalherabsetzung sollte anfänglich die gerichtliche Überprüfung der Kapitalherabsetzung gänzlich abgeschafft werden. Der Vorschlag, den das *White Paper* macht, nimmt einige der anfänglichen Reformbemühungen zurück. Danach soll das momentan existierende System der gerichtlichen Überprüfung einer Kapitalherabsetzung beibehalten werden. Als Alternative soll jedoch ein zweites System zur Reduzierung des Gesellschaftskapitals angeboten werden. Nach dem Vorschlag im *White Paper* kann statt der gerichtlichen Überprüfung auch der Weg der Kapitalherabsetzung mit einer *solvency declaration* von der Gesellschaft beschritten werden. Diese Möglichkeit soll sowohl für die *private* als auch für die *public limited company* Anwendung finden. Das *solvency statement* wird von den *directors* der Gesellschaft abgegeben. Art und Inhalt einer solchen Erklärung sind in clause 63 (1) der *Company Bill* des *White Paper* festgelegt. Danach hat der *director* zu erklären, dass nach seiner Meinung die Gesellschaft zum Zeitpunkt der Erklärung und darüber hinaus im folgenden Jahr in der Lage sei, ihre ausstehenden Schulden zu begleichen.

§ 34 Beschluss der Gesellschafterversammlung

(1) Voraussetzung für eine Herabsetzung des Kapitals einer Kapitalgesellschaft ist ein entsprechender Gesellschafterbeschluss.

Anmerkung: Bei der Kapitalherabsetzung handelt es sich im eigentlichen Sinne um eine Satzungsänderung, die eines Gesellschafterbeschlusses mit satzungsändernder Mehrheit bedarf. Im Falle einer Kapitalherabsetzung bei einer SA ist zwingend vorgeschrieben, dass den Aktionären mindestens 15 Tage vor der Hauptversammlung, in der die Kapitalherabsetzung beschlossen werden soll, ein Bericht eines Abschlussprüfers (*commissaires aux comptes*), in dem die Konsequenzen und die Tragweite der Kapitalherabsetzung dargelegt wird, vorgelegt werden muss.

(2) Der Gesellschafterbeschluss bedarf einer satzungsändernden Mehrheit in Höhe von mindestens zwei Dritteln bzw. drei Vierteln des vertretenen Kapitals.

§ 35 Veröffentlichungspflicht

Die Kapitalherabsetzung einer Kapitalgesellschaft ist durch Registereintragung zu veröffentlichen.

§ 36 Herabsetzung des Gesellschaftskapitals unter das vorgegebene Mindestkapital

(1) Ist für eine Kapitalgesellschaft ein Mindestkapital vorgeschrieben, so darf das gezeichnete Kapital durch einen Kapitalherabsetzungsbeschluss grundsätzlich nicht unter diesen Betrag herabgesetzt werden.

(2) Wird das Kapital dennoch unter das vorgeschriebene Mindestkapital herabgesetzt, so muss die Gesellschaft in eine Gesellschaftsform, die ein niedrigeres bzw. kein Mindestkapitalerfordernis besitzt, umgewandelt werden.

Anmerkung: Wird dies nicht befolgt, so kann nach französischem Recht jeder, der ein berechtigtes Interesse an der Erhaltung des Gesellschaftskapitals hat, bei Gericht die Auflösung der Gesellschaft verlangen. Das Gesellschaftskapital kann im französischen Recht im Übrigen unter der aufschiebenden Bedingung der Umwandlung der Gesellschaft auch unter das vorgeschriebene Mindestkapital herabgesetzt werden.

(3) Eine Ausnahme vom Verbot der Kapitalherabsetzung unter das vorgeschriebene Mindestkapital der betroffenen Gesellschaftsform wird bei einem zur Sanierung nötigen „Kapitalschnitt“ zugelassen. Dabei ist es zulässig, das Gesellschaftskapital unter das gesetzlich vorgeschriebene Mindestkapital abzusenken, wenn das durch eine anschließende Kapitalerhöhung die Höhe des Mindestkapitals wieder erreicht wird.

Literaturverzeichnis

Alexy, Robert, Theorie der Grundrechte, Baden-Baden 1986

Alsheimer, Herbert, Das haftende Eigenkapital der Kreditinstitute, RIW 1993, 111-115

Altmeppen, Holger, Schutz vor „europäischen" Kapitalgesellschaften, NJW 2004, 97-104

Altmeppen, Holger/Wilhelm, Jan, Gegen die Hysterie um die Niederlassungsfreiheit der Scheinauslandsgesellschaften, DB 2004, 1083-1089

American Law Institute (Hrsg.), Restatement of the Law Second, Contracts 2d, St Paul, Minn. 1981

Andrieux, Grégoire, Capital Social et Protection des Creanciers. Approche Comparative France/Etats-Unis, Global Jurist Topics, produced by Berkeley Electronic Press (bepress), Volume 2, Issue 2, Article 3, 2002 (abrufbar unter: http://www.bepress.com/gj)

Ankele, Jörg, Zum Vorschlag der Kommission der Europäischen Gemeinschaften für eine Zweite gesellschaftsrechtliche Richtlinie, BB 1970, 988-992

Association Nationale des Sociétés par actions (A.N.S.A.), Communic. avril-juin 1999, n° 2998, Rachat par une société des ses actions propres: compléments et précisions (décret n° 99-257 du 1er avril 1999)

Armour, John, Share Capital and Creditor Protection: Efficient Rules for a Modern Company Law, MLR 2000, 355-378

Bachmann, Gregor, Grundtendenzen der Reform geschlossener Gesellschaften in Europa - Dargestellt am Beispiel des britischen Reformprozesses und der Europäischen Privatgesellschaft, ZGR 2001, 351-384

Bärmann, Johannes, Europäische Integration im Gesellschaftsrecht, Köln 1970

Baldamus, Ernst-August, Reform der Kapitalrichtlinie, Köln 2002

Ballerstedt, Kurt, Kapital, Gewinn und Ausschüttung bei Kapitalgesellschaften, Tübingen 1947

Banks, R. C. I`Anson, Lindley & Banks on Partnership, 17th edition, London 1995

v. Bar, Christian, Die Study Group on a European Civil Code, FS für Henrich, Dieter, Bieleld 2000, 1-11

v. Bar, Christian/Zimmermann, Reinhard, Grundregeln des Europäischen Vertragsrechts, Teile I und II, München 2002

Bastian, Daniel/Germain, Michel, Abschnitt Frankreich, in: Jura Europae, Das Recht der Länder der Europäischen Gemeinschaft, Bd. II: Gesellschaftsrecht, München, Paris 1994

Baudenbacher, Carl/Buschle, Dirk, Niederlassungsfreiheit für EWR-Gesellschaften nach Überseering, IPRax 2004, 26-31

Bauer, Markus, Gläubigerschutz durch eine formelle Nennkapitalziffer – Kapitalgesellschaftsrechtliche Notwendigkeit oder überholtes Konzept?, Frankfurt am Main 1994

Baumbach, Adolf/Hueck, Alfred, Kurzkommentar zum GmbHG, 17. Aufl., München 2000, (zit.: *Bearbeiter* in Baumbach/Hueck, GmbHG)

Baumbach, Adolf/Hopt, Klaus J., Handelsgesetzbuch, 31. Aufl., München 2003

Bayer, Walter, Die EuGH-Entscheidung „Inspire Art" und die deutsche GmbH im Wettbewerb der europäischen Rechtsordnungen, BB 2003, 2357-2366

ders., Aktuelle Entwicklungen im Europäischen Gesellschaftsrecht, BB 2004, 1-11

Becker, Patricia, Die zivilrechtliche Haftung des französischen Geschäftsführers einer S.A.R.L. gegenüber der Gesellschaft, GmbHR 2003, 162-166

dies., Baldiges neues Gründungsverfahren in Frankreich: Die französische „Blitz-S.A.R.L.", GmbHR 2003, 706-708

dies., Verabschiedung des Gesetzes über die französische Blitz-S.A.R.L., GmbHR 2003, 1120-1121

Beckett, Margaret, Hrsg.: DTI, Modern Company Law for a Competitive Economy, London March 1998

Beck`scher Bilanz-Kommentar, Handels- und Steuerrecht, §§ 238 bis 339 HGB, Hrsg.: Berger, Axel/Ellrott, Helmut/Förschle, Gerhart/Hense, Burckhard, 5. Aufl., München 2003, (zit.: *Bearbeiter* in Beck'scher BilanzKomm, HGB)

Behrens, Peter, Die Gesellschaft mit beschränkter Haftung im internationalen und europäischen Recht, 2. Aufl., Berlin, New York 1997, (zit.: Behrens, GmbH)

ders., Gesellschaftsrecht, in: Dauses, Manfred A. (Hrsg.), Handbuch des EU-Wirtschaftsrechts, Abschnitt E. III, München 2004, Stand: Mai 2004

ders., Die GmbH im internationalen Recht, in: Ulmer, Peter (Hrsg.): Hachenburg – Großkommentar zum GmbHG, 8. Aufl., Berlin, New York 1992, Einl. Rn. 106-268

ders., Gemeinschaftsrechtliche Grenzen der Anwendung inländischen Gesellschaftsrechts auf Auslandsgesellschaften nach Inspire Art, IPRax 2004, 20-26

ders., Das Internationale Gesellschaftsrecht nach dem Überseering-Urteil des EuGH und den Schlussanträgen zu Inspire Art, IPRax 2003, 193-207
ders., Reactions of Member State Courts to the Centros Ruling by the ECJ, EBOR 2001, 159-174
ders., Reaktionen mitgliedstaatlicher Gerichte auf das Centros-Urteil des EuGH, IPRax 2000, 384-390
ders., Das Internationale Gesellschaftsrecht nach dem Centros-Urteil des EuGH, IPRax 1999, 323-331
ders., Krisensymptome in der Gesellschaftsrechtsangleichung, EuZW 1996, 193
ders., Krisensymptome in der Gesellschaftsrechtsangleichung, in: FS Mestmäcker, 1996, 831 ff.
ders., Die Europäisierung des Gesellschaftsrechts, GmbHR 1993, 129-136
ders., Das Gesellschaftsrecht im Europäischen Binnenmarkt, Rechtsangleichung – Einheitsrecht, EuZW 1990, 13-17
ders., Niederlassungsfreiheit und internationales Gesellschaftsrecht, RabelsZ 1988, 498-525
ders., Voraussetzungen und Grenzen der Rechtsfortbildung durch Rechtsvereinheitlichung, RabelsZ 1986, 19-34
Berger, Klaus Peter, Die Eigenkapitalausstattung der Banken nach neuem EG-Recht, BB 1989, 1017-1022
Bericht der fanzösischen Assemblée Nationale (Nationalversammlung), Bericht der Nationalversammlung, Nr. 572, tome I, 2eme Partie v. 28.1.2003, zu Art. 1
Bericht des französischen Sénat (Senats), Bericht des Senats, Nr. 217 v. 19.3.2003, J.O. n° 179 du 5.6.2003, 13449
Graf von Bernstorff, Christoph, Einführung in das englische Recht, 2. Aufl., München 2000
Bézard, Pierre, La Société Anonyme, Paris 1986
Bezzenberger, Tilman, Der Erwerb eigener Aktien durch die AG, Köln 2002
Birds, John/Ferran Eilís/Villiers, Charlotte/Boyle, A. J., Boyle & Birds` Company Law, 4th edition, Bristol 2000
Blaise, Henry, L`Apport en société, Paris 1955
Blackett-Ord, Mark/McDonnell, Conrad, Partnership – The modern law of trade, business and professional partnership in England and Wales, London, Edinburgh, Dublin 1997
Blanc, Pierre, La perte des trois quarts du capital social dans les sociétés anonymes, Paris 1939
Blanquet, Françoise, Droit communautaire des sociétés de capitaux: quelles tendances générales prévisibles à l`aube du 3e millénaire?, Rev.soc. 2000, 73-76

Blaurock, Uwe, Europäisches und deutsches Gesellschaftsrecht – Bilanz und Perspektiven eines Anpassungsprozesses, ZEuP 1998, 460-483

Bödecker, Carsten, Die Kapitalerhaltung im englischen Gesellschaftsrecht, Frankfurt am Main 1994

Boizard, Martine, La réduction du capital social à zéro, Rev.soc. 1999, 735-741

Bolton Committee, The Report of the Committee of Inquiry of Small Firms, Cm 4811, London 1971

Bommert, Rainer, Verdeckte Vermögensverlagerungen im Aktienrecht, Köln, 1989

Bonell, Michael Joachim, An international restatement of contract law: the UNIDROIT principles of international commercial contracts, New York 1997

ders., Das UNIDROIT-Projekt für die Ausarbeitung von Regeln für internationale Handelsverträge, RabelsZ 1992, 274-289

Borges, Georg, Gläubigerschutz bei ausländischen Gesellschaften mit inländischem Sitz, ZIP 2004, 733-744

Bowen, Michael, Fox and Bowen on the law of private Companies, 2nd edition, London 1995

Boucourechliev, Jeanne, Die Harmonisierung des Gesellschaftsrechts in der Europäischen Union: Erreichtes und Perspektiven, RIW 1999, 1-6

Boucourechliev, Jeanne/Hommelhoff, Peter (Hrsg.), Vorschläge für eine europäische Privatgesellschaft, Eine Studie des Centre de recherche sur le droit des affairs der Industrie- und Handelskammer Paris 1999, Köln 1999

Breitenstein, Jürgen, GmbH-Reform: Die „neue" GmbH als wettbewerbsfähige Alternative oder nur „GmbH light"?, BB 2006, 1457-1462

Brödermann, Eckart, Die erweiterten UNIDROIT Principles 2004, RIW 2004, 721-735

Brödermann, Eckart/Rosengarten, Joachim, IPR/IZVR – Anleitung zur systematischen Fallbearbeitung im internationalen Privat- und Zivilverfahrensrecht, 3. Aufl., Hamburg 2004

Bruck, Frédéric, Bilanzen in Frankreich, in: Bilanzen im Ausland, Hrsg.: Deutsche Gesellschaft für Betriebswirtschaft, Berlin 1972

Butzke, Volker, Gesetzliche Neuregelungen beim Erwerb eigener Aktien, WM 1995, 1389-1392

Cambassédès, Marie-Josèphe, La nature et le régime juridique de l'opération d'apport, Rev.soc. 1976, 431-454

Canaris, Claus Wilhelm, Die Rückgewähr von Gesellschaftereinlagen durch Zuwendungen an Dritte, FS für Fischer, Robert, Berlin, New York 1979, 31-45

Le Cannu, Paul, La loi pour l'initiative économique et le droit des sociétés, Rev.soc. 2003, 409-427

ders., Les apports à une SARL et la libération du capital des sociétés à capital variable (art. 124 de la loi NRE, L. 223-7 et L. 231-5 du code de commerce), Rev.soc. 2001, 633-643

ders., Les rides du capital social, in der Dokumentation zum Kolloquium „Quel avenir pour le capital social" (Okt. 2003) Centre des recherche en droit financier de l'Université Panthéon-Sorbonne, 3-10, Hrsg.: Couret, Alain/ Le Nabasque, Hervé, Paris 2004

Chambre de Commerce et d'Industrie de Paris, Verordnungsentwurf zur Europäischen Privatgesellschaft, (www.etudes.ccip.fr/dossiers/spe/de/textde.htm)

Chaput, Yves, Droit des sociétés, Paris 1993

ders., Objet social – Influence sur les pouvoirs des organes sociaux, Juriscl.Soc., fascicule 9-2, 1987

Chaussade-Klein, Bernadette, Gesellschaftsrecht in Frankreich, München 1993

Cheffins, Brian R., Company Law: Theory, Structure and Operation, Oxford 1997

Clark, Alistair, Ultra Vires after Rolled Steel Products, Comp.Law. 1985, 155-160

Claussen, Carsten P., Wie ändert das KonTraG das Aktiengesetz?, DB 1998, 177-186

ders., 25 Jahre deutsches Aktiengesetz von 1965 (II), AG 1991, 10-18

ders., Aktienrechtsreform 1997, AG 1996, 481-494

Cohen Committee, Report of the Committee on Company Law Amendment, Cm 6659, London 1945

Company Law Review Steering Group (Editor: DTI), First Consultation Paper, Modern Company Law for a Competitive Economy, London, März 1998

dies., The Strategic Framework, London, February 1999

dies., Company Formation and Capital Maintenance, London, Oktober 1999

dies., Developing the Framework, London, März 2000

dies., Capital Maintenance: Other Issues, London, Juni 2000

dies., Completing the Structure, November 2000

dies., Final Report Volume I & II, Juli 2001, (Alle Berichte der Company Law Review Steering Group sind auch im Internet unter: http://www.dti.gov.uk abrufbar.)

Conac, Pierre-Henri, Le capital dans le droit américain des sociétés, in der Dokumentation zum Kolloquium „Quel avenir pour le capital social" (Okt. 2003) Centre des recherche en droit financier de l'Université Panthéon-Sorbonne, 153-178, Hrsg.: Couret, Alain/ Le Nabasque, Hervé, Paris 2004

Constantin, Alexis, Droit des sociétés, Paris 2004

Contin, Raphael, Le Contrôle de la gestion dans les Sociétés Anonymes, Paris 1975

Contin, Raphael/Hovasse, Henri, L'autonomie patrimoniale des sociétés, D. 1979 Chronique 197 ff.

Coudin, Pascal, Prime et capital, in der Dokumentation zum Kolloquium „Quel avenir pour le capital social" (Okt. 2003) Centre des recherche en droit financier de l'Université Panthéon-Sorbonne, 31-42, Hrsg.: Couret, Alain/ Le Nabasque, Hervé, Paris 2004

Couret, Alain, La réduction du capital. À la recherche de son régime juridique, in der Dokumentation zum Kolloquium „*Quel avenir pour le capital social*" (Okt. 2003) Centre des recherche en droit financier de l'Université Panthéon-Sorbonne, 85-99, Hrsg.: Couret, Alain/ Le Nabasque, Hervé, Paris 2004

Cozian, Maurice, Les grands principes de la fiscalité, Paris 1983

ders., Précis de fiscalité des entreprises, 11e édition, Paris 1987

Cozian, Maurice / Viandier, Alain / Deboissy, Florence, Droit des Sociétés, 14e édition, Paris 2001

Daigre, Jean-Jacques, L'autodétention du capital social, in der Dokumentation zum Kolloquium „Quel avenir pour le capital social" (Okt. 2003) Centre des recherche en droit financier de l'Université Panthéon-Sorbonne, 11-19, Hrsg.: Couret, Alain/ Le Nabasque, Hervé, Paris 2004

Dana-Démaret, Sabine, Le capital social, Paris 1989

dies., Anmerkung zu: Com. 17. mai 1994, Rev.soc., 1994, 485

Dasté, Pierre, La prime d'émission dans les sociétés par actions, Paris 1925

Dauses, Manfred (Hrsg.), Handbuch des EU-Wirtschaftsrechts, Bd. 2, München 2004, (zit.: *Bearbeiter* in: Dauses)

Davies, Paul L., Gower's Principles of Modern Company Law, 6th edition, London 1997

ders., Legal Capital in Private Companies in Great Britain, AG 1998, 346-354

Deckert, Martina R., Zu Harmonisierungsbedarf und Harmonisierungsgrenzen im Europäischen Gesellschaftsrecht, RabelsZ 2000, 478-496

Dejmek, Paulina, Das künftige Europa und die Europäische Privatgesellschaft, NZG 2001, 878-884

Denecker, Jean, La deuxième directive du Conseil des Communautés européennes relative a la constitution de la société anonyme, au maintien et aux modifications de son capital, Rev.soc. 1977, 661-679

Department of Trade and Industries (DTI), European Company Law and Corporate Governance, Directive Proposals on Company Reporting, Capital Maintenance and Transfer of the Registered Office of a Company, A consultative Document, London 2005

dies., Companies in 2001-2002, London 2002

dies., Share buybacks, A consultative Document, London 1998

dies., The Purchase by a Company of its own Shares, Cm 7944, London 1980

(Alle Jahresberichte des DTI sind im Internet unter: http://www.dti.gov.uk einsehbar.)

Dine, Janet, Company Law, (Published by Palgrave), 4th edition, Hampshire 2001, (zit.: *Dine*, Palgrave)

dies., Company Law, (Published by Sweet & Maxwell`s), London 2001, (zit.: *Dine*, Sweet & Maxwell`s)

Döllerer, Georg, Verdeckte Gewinnausschüttung und verdeckte Einlagen bei Kapitalgesellschaften, 2. Aufl., Heidelberg 1990

Doran, N. J. L., Transactions at an Undervalue and the Maintenance of Capital Principle, Comp.Law. 1991, 169-175

Drinkuth, Henrik, Die Kapitalrichtlinie – Mindest- oder Höchstnorm?, Köln 1998

Drury, Roberts/Hicks, Andrew, Die Erfahrungen der Nationalrechte und Vorschläge für eine europäische Rechtsform – Erfahrungen und Vorschläge: Das Vereinigte Königreich, in: Boucourechliev, Jeanne/Hommelhoff, Peter (Hrsg.), Vorschläge für eine europäische Privatgesellschaft, Eine Studie des Centre de recherche sur le droit des affairs der Industrie- und Handelskammer Paris 1999, Köln 1999

Drygala, Tim, Die Vorschläge der SLIM-Arbeitsgruppe zur Vereinfachung des Europäischen Gesellschaftsrecht, AG 2001, 291-299

Ebenroth, Carsten Thomas, Die verdeckten Vermögenszuwendungen im transnationalen Unternehmen, Bielefeld 1979

Ebenroth, Carsten Thomas/Neiß, Ellen, Zur Vereinbarkeit der Lehre von der verdeckten Sacheinlage mit EG-Recht, BB 1992, 2085-2090

Ebert, Sabine/Levedag, Christian, Die zugezogene „private company limited by shares (Ltd.)“ nach dem Recht von England und Wales als Rechtsformalternative für in- und ausländische Investoren in Deutschland, GmbHR 2003, 1337-1346

Ebke, Werner F., Die Würfel sind gefallen: Die Sanktionen der Sitztheorie sind europarechtswidrig!, BB 2003, I

Edelmann, Hervé, Grundzüge des französischen Gesellschaftsrecht, AnwBl 1995, 71-76

Edwards, Vanessa, EC Company Law, Oxford 1999

Ehricke, Ulrich, Die Überwindung von Akzeptanzdefiziten als Grundlage zur Schaffung neuer supranationaler Gesellschaftsformen in der EU, RabelsZ 2000, 497-516

Eidenmüller, Horst/Rehm, Gebhard M., Niederlassungsfreiheit versus Schutz des inländischen Rechtsverkehrs: Konturen des Europäischen Internationalen Gesellschaftsrechts – Zugleich eine Besprechung der Entscheidung Inspire Art, EuGH, NJW 2003, 3331, ZGR 2004, 159-188

Einmahl, Matthias, Die Verantwortlichkeit der Mitglieder von Geschäftsführungs- und Aufsichtsorganen im Innenverhältnis: eine vergleichende Studie des Gesellschaftsrechts Deutschlands, Frankreichs und Englands zur Herausarbeitung gemeineuropäischer Prinzipien, Hamburg 2004

Eisenhardt, Ulrich, Gesellschaftsrecht, 9. Aufl., München 2000

Van der Elst, Christoph, Economic Analysis of Corporate Law in Europe: an introduction, Financial Law Institute, Universiteit Gent 2002, in: Elgar, Edgar, Economic Analysis of Law: A European Perspective, 2002 (http://www.law.rug.ac.be/fli/WP/WP2002-pdf/WP2002-01.pdf)

Emmerich, Volker, Wechselseitige Beteiligungen bei AG und GmbH, NZG 1998, 622-626

Ernaelsteen, Hendirk, Fragen des Gläubigerschutzes in den Neuordnungen der GmbH im deutschen und französischen Recht, Münster 1975

Esambert, Bernard, Le rachat par les sociétés de leurs propres actions, Herausgegeben vom C.O.B., janv. 1998, (Abrufbar unter: http://www.cob.fr/documents/general/3269_1.pdf)

Escarra, Jean/Escarra, Edouard/Rault, Jean, Traité théorique et pratique de droit commercial – Les sociétés commerciales, Tome III – Sociétés par actions, Paris 1955

Esser, Josef, Grundsatz und Norm in der richterlichen Fortbildung des Privatrechts, Tübingen 1956

Fabritius, Andreas, Vermögensbindung in AG und GmbH – tiefgreifender Unterschied oder grundsätzliche Identität?, ZHR 1980, 628-641

Farrar, John H. /Hannigan, Brenda M., Farrar's Company Law, 4th edition, London, Edinburgh, Dublin 1998

Ferran, Eilís, Company Law and Corporate Finance, Oxford 1999

dies., Creditors' interests and "core" company law, Comp.Law. 1999, 314-323

Fleck, Hans-Joachim, Der Grundsatz der Kapitalerhaltung – seine Ausweitung und seine Grenzen, in FS: 100 Jahre GmbH-Gesetz, Hrsg.: Lutter, Marcus/Ulmer, Peter/Zöllner, Wolfgang, Köln 1992

Fleischer, Holger, Kapitalschutz und Durchgriffshaftung bei Auslandsgesellschaften, in: Europäische Auslandsgesellschaften in Deutschland (Hrsg. Lutter, Marcus), Köln 2006

ders., Gläubigerschutz in der kleinen Kapitalgesellschaft: Deutsche GmbH versus englische private limited company, DStR 2000, 1015-1021

ders., Grundfragen der ökonomischen Theorie im Gesellschafts- und Kapitalmarktrecht, ZGR 2001, 1-32

ders., Covenants und Kapitalersatz, ZIP 1998, 313-321

Flume, Werner, Allgemeiner Teil des Bürgerlichen Rechts, Bd. 1 Teil 2, Die juristische Person, Berlin 1983

ders., Der Gesellschafter und das Vermögen der Kapitalgesellschaft und die Problematik der verdeckten Gewinnausschüttung, ZHR 1980, 18-33

Forsthoff, Ulrich, Internationales Gesellschaftsrecht im Umbruch, DB 2003, 979-981

ders., Gründungstheorie – jetzt wird es ernst!, DB 2003, I

Frank, Susanne/Wachter, Thomas, Aktuelle Änderungen im französischen GmbH-Recht, GmbHR 2002, 54-57

dies., Neuere Entwicklungen im französischen GmbH-Recht, RIW 2002, 11-27

Freedman, Judith, Limited Liability: Large Company Theory and Small Firms, MLR 2000, 317-354

Freitag, Robert, Der Wettbewerb der Rechtsordnungen im internationalen Gesellschaftsrecht, EuZW 1999, 267-270

French, E. A., The Evolution of the Dividend Law of England, in: Studies in Accounting Theory, 306-331, Hrsg.: Baxter, W. T./Davidson, S., 3rd edition, London 1977

Frick, Joachim G., Die UNIDROIT-Prinzipien für internationale Handelsverträge, RIW 2001, 416-422

Frommel, S. N., Introduction a une étude de droit comparé des sociétés en europe, Rev.soc. 1976, 1-16

Furey, Nigel, The protection of creditors' interests in company law, in: Corporate and commercial law – Edited by Feldman, David/Meisel, Frank, London 1996

Gandolfi, Giuseppe (Hrsg.), Code Européen des Contrats – Avant Projet, Mailand 2001

Gansen, Georg, Harmonisierung der Kapitalaufbringung im englischen und deutschen Gesellschaftsrecht, Frankfurt am Main 1992

Ganske, Joachim, Das zweite gesellschaftsrechtliche Koordinierungsgesetz vom 13. Dezember 1978, DB 1978, 2461-2465

Geißler, Heinrich, Der Gesellschaftsanteil der Gesellschaft mit beschränkter Haftung nach deutschem und französischen Recht, Borna-Leipzig 1928

Germain, Michel, Administration – Contrats entre les administrateurs et la société, Juriscl.Soc., fascicule 130-5, 1985

Geßler, Ernst/Hefermehl, Wolfgang/Eckhardt, Ulrich/Kropff, Bruno, Kommentar zum Aktiengesetz, München 1994, (zit.: *Bearbeiter* in Geßler/Hefermehl/Eckhardt/Kroppf, AktG)

Geßler, Jörg, Kommentar zum Aktiengesetz, Neuwied, Kriftel 2002, (zit.: J. Geßler)

Geyrhalter, Volker/Gänßler, Peggy, Perspektiven nach „Überseering" – wie geht es weiter?, NZG 2003, 409-418

dies., „Inspire Art" – Briefkastengesellschaften „on the Move", DStR 2003, 2167-2172

Gibirila, Deen, Droit des sociétés, 2e édition, Paris 2003

Goldenberg, Philip, Guide to Company Law, 4th edition, Bicester Oxfordshire 1997

Goré, Francois, La notion de capital social in : Etudes offertes à René Rodière, Paris 1981, 85-99

Goulding, Simon, Company Law, 2nd edition, London, Sydney 1999

Gower, L. C. B., Hrsg.: DTI, The Purchase by a Company of its Own Shares, Cm 7944, London 1980

Greene Committee, The Report of the Company Law Amendment Committee, Cm 2657, London 1926

Griffin, Stephen, Company Law Fundamental Principles, 3rd edition, London, New York 2000

Großerichter, Helge, Ausländische Kapitalgesellschaften im deutschen Rechtsraum: Das deutsche Internationale Gesellschaftsrecht und seine Perspektiven nach der Entscheidung „Überseering", DStR 2003, 159-169

Großkommentar zum Aktiengesetz, Bearbeiter: Barz, Carl Hans, Band 1, §§ 1-75 AktG, Berlin, New York 1973, (zit.: *Barz* in GroßkommAktG, Bd. 1)

Großkommentar zum Aktiengesetz, Herausgegeben von Hopt, Klaus J./Wiedemann, Herbert, §§ 54 – 66, 4. Aufl., Berlin, New York 2000, §§ 92 – 94, 4. Aufl., Berlin, New York 1999, (zit.: *Bearbeiter* in GroßkommAktG)

Group of German Experts on Corporate Law, Stellungnahme der Group of German Experts on Corporate Law zum Konsultationsdokument der High Level Group of Experts on Corporate Law, ZIP 2002, 1310-1324 *dies.*, Stellungnahme der Arbeitsgruppe Europäisches Gesellschaftsrecht (Group of German Experts an Corporate Law) zum Report of the High Level Group of Company Law Experts on a modern Regulatory Framework for Company Law in Europe, ZIP 2003, 863-880

Grua, Francois, L`acte gratuit en droit commercial, Paris 1978

Guyon, Yves, Droit des Affairs, Tome 1: Droit commercial général et Sociétés, 11e édition, Paris 2001

ders., La personnalité morale des sociétés – Effets, Juriscl.Soc., fascicule 27 E-2, 1980

ders., Les réformes apportées au droit des sociétés par la loi du 15 mai 2001 relative aux nouvelles régulations économiques, Rev.soc. 2001, 503-514

Habersack, Mathias, Europäisches Gesellschaftsrecht, 2. Aufl., München 2003

Habersack, Mathias/Mayer, Christian, Share buybacks in English and German company law, CFILR 2000, 330-342

Hachenburg –Großkommentar zum GmbHG, Hrsg.: Ulmer, Peter, 8. Aufl., Berlin 1992, (zit. *Bearbeiter* in Hachenburg, GmbHG)

Hager, Johannes, Die verdeckte Gewinnausschüttung in der GmbH, ZGR 1989, 71-106

Halsbury`s, Hrsg.: Lord Hailsham of St. Marylebone, Lord High Chancellor of Great Britain, Laws of England, Volume 7 (I), 4th edition 1970-1987, 1996 (Reissue)

Hansard, Luke, House of Lords, Parliamentary Debates

Hansen, Søren Friis, From C 212 to L 212 – Centros Revisited, EBOR 2001, 141-157

Happ, Wilhelm/Holler, Lorenz, „Limited“ statt GmbH? – Risiken und Kosten werden gern verschwiegen, DStR 2004, 730-736

Harrer, Herbert, Konkursrisiken bei Verpflichtung zur Zahlung von Aufgeld mit Absicherung durch Verwendungsabrede in GmbH-Satzung, GmbHR 1994, 361-364

Hayton, D.J./Kortmann, S.C.J.J./Verhagen, H.L.E. (Hrsg.), Principles of European Trust Law, The Hague 1999

Heckschen, Heribert, Agio und Bezugsrechtsausschluss bei der GmbH, DStR 2001, S. 1437-1445

Heidelberger Kommentar zum Handelsgesetzbuch, 4. Aufl. , Heidelberg 1995, Glanegger, Peter/Güroff, Georg/Neidner, Jochen/Peuker, Monika/Ruß, Werner/Stuhlfelner, Ulrich, (zit.: *Bearbeiter* in HeidelbergerKomm, HGB)

Heinz, Volker G., Englische Limited und Deutsche GmbH – eine vergleichende Darstellung, AnwBl. 2004, 612-618

Helms, Dietmar, Die europäische Privatgesellschaft, Köln 1998
Hémard, Jeanne, Anmerkung zu Cass. com vom 28. Juni 1976, Rev.soc. 1977, 239-242
Hémard, Jean/Terré, Francois/Mabilat, Pierre, Les sociétés Commercial, Bd. 1, Paris 1972, Bd. 2, Paris 1974
Henze, Hartwig, Gesichtspunkte des Kapitalerhaltungsgebotes und seiner Ergänzung im Kapitalgesellschaftsrecht in der Rechtsprechung des BGH, NZG 2003, 649-659
Herberstein, Gabriele, Die GmbH in Europa – 50 Länder im Vergleich, Wien 1999
Herchen, Hilke, Agio und verdecktes Agio im Recht der Kapitalgesellschaft, Köln 2004
Herms, Volkmar, Die Aktie und ihre Übertragung im französischen Recht, Köln 1972
Herrmann, Carl/Heuer, Gerhard/Raupach, Arndt, Kommentar zum Einkommensteuer- und Körperschaftsteuergesetz, 21. Aufl., Köln 1995
Hess, Klaus Peter, Der „ultra vires" Grundsatz im britischen Gesellschaftsrecht, RIW 1992, S. 638-639
High Level Group of Company Law Experts (Chairman: Winter, Jaap), Moderne gesellschaftsrechtliche Rahmenbedingungen in Europa: Ein Konsultationspapier der Hochrangigen Expertengruppe auf dem Gebiet des Gesellschaftsrechts, Brüssel, 25. April 2002, (http://europa.eu.int/comm/internal_market/de/company/company/modern/index.htm)
dies., Report of High Level Group of Company Law Experts on a modern regulatory Framework for Company Law in Europe, Brüssel, 4. November 2002, (http://europa.eu.int/comm/internal_market/en/company/company/modern/consult/report_en.pdf)
Hirte, Heribert, Kapitalgesellschaftsrecht, 4. Aufl., Köln 2003
ders., Rheinische Post vom 28.4.2004
ders., Wettbewerb der Rechtsordnungen nach „Inspire Art": Auch das Beurkundungserfordernis für GmbH-Anteilsübertragungen steht zur Disposition, GmbHR 2004, R 421
ders., Der Anfang vom Ende der GmbH droht, FAZ (Recht & Steuern im Überblick) vom 22.01.2003, 19
ders., Die Europäische Aktiengesellschaft, NZG 2002, 1-10
ders., Rezension über: Boucourechliev, Jeanne/Hommelhoff, Peter (Hrsg.), Vorschläge für eine Europäische Privatgesellschaft, ZHR 2001, 495-497
ders., Die vereinfachte Kapitalherabsetzung bei der GmbH, Hamburg 1997

Höfling, Barbara, Das englische internationale Gesellschaftsrecht, Heidelberg 2002

Hohloch, Gerhard, Abschnitt Vereinigtes Königreich, in: EU-Handbuch Gesellschaftsrecht Hrsg.: Hohloch, Gerhard, Herne/Berlin 1997

Hommelhoff, Peter, Einige Bemerkungen zur Organisationsverfassung der Europäischen Aktiengesellschaft, AG 2001, 279-288

ders., Die „Société fermée européenne" – eine supranationale Gesellschaftsform für kleine und mittlere Unternehmen im Europäischen Binnenmarkt, WM 1997, 2101-2109

Hopt, Klaus J., Europäisches Konzernrecht?, EuZW 1999, 577-578

Horn, Norbert, Deutsches und europäisches Gesellschaftsrecht und die EuGH-Rechtsprechung zur Niederlassungsfreiheit – Inspire Art, NJW, 2004, 893-901

Houin, Roger, Droit des sociétés. Deuxième Directive des Communautés européennes sur l'harmonisation des sociétés no. 77/91 du 13 décembre 1976; constitution de la société anonyme, maintien et modification du capital social, RTDE 1978, 728-735

Houpin, C., Anmerkung zu Cass.Civ. 15 mars 1927 (Soc. française des fonderies et aciéries électriques de Saint-Chamond), J.Soc. 1928, 155

Houpin, C./Bosvieux, H., Traité général théorique et pratique des sociétés civiles et commerciales et des associations, 7ème édition, Paris 1935

Hueck, Goetz, Der Grundsatz der gleichmäßigen Behandlung im Privatrecht, München 1958

Hüffer, Uwe, Kommentar zum Aktiengesetz, 6. Aufl., München 2003

ders., Harmonisierung des aktienrechtlichen Kapitalschutzes, NJW 1979, 1065-1070

Hübner, Ulrich/Constantinesco, Vlad, Einführung in das französische Recht, 3. Aufl., München 1994

Jeandidier, Wilfried, Administration – Abus des Biens, du crédit, des pouvoirs ou des voix, Juriscl.Soc., fascicule 132-B, 1985

Jeantin, Michel, Droit des Sociétés, 3e edition, Paris 1994

Jenkins Committee, Report of the Company Law Committee, Cm 1749, London, Juni 1962

Jones, Sally A., Raising and Maintenance of Share Capital, NLJ 1983, 155-160

Jones, Sally A. / Bellringer, David R., Share Capital, Company Law and Taxation, London 1984

Joost, Detlev, Kapitalbegriff und Reichweite der Bindung des aufgebrachten Vermögens in der GmbH, GmbHR 1983, 285-290

ders., Grundlagen und Rechtsfolgen der Kapitalerhaltungsregeln im Aktienrecht, ZHR 1985, 419-443
ders., Grundlagen und Rechtsfolgen der Kapitalerhaltungsregeln in der GmbH, ZHR 1984, 27-55

Kahn-Freund, Otto, Some Reflections on Company Law Reform, MLR 1944, 54-66
Kallmeyer, Harald, Vor- und Nachteile der englischen Limited im Vergleich zur GmbH oder GmbH & Co. KG, DB 2004, 636-639
Kalss, Susanne, Gesellschaftsrecht in den Ländern Mittel- und Osteuropas, ZGR 2000, 819-869
dies., Der Erwerb eigener Aktien im österreichischen Recht, AG 1996, 550-561
Keenan, Denis, Smith & Keenan's Company Law for students, 10th edition, London 1996
Kersting, Christian, Rechtswahlfreiheit im Europäischen Gesellschaftsrecht nach Überseering, NZG 2003, 9-13
ders., Societas Europaea: Gründung und Vorgesellschaft, DB 2001, 2079-2086
Kessler, Manfred/Suchan, Stefan Wilhelm, Erwerb eigener Aktien und dessen handelsbilanzielle Behandlung, BB 2000, 2529-2537
Kindl, Johann, Der Erwerb eigener Aktien nach Europäischen Gemeinschaftsrecht, ZEuP 1994, 77-99
Kindler, Peter, Auf dem Weg zur Europäischen Briefkastengesellschaft? Die „Überseering"-Entscheidung des EuGH und das internationale Privatrecht, NJW 2003, 1073-1079
Kleinert, Jens/Probst, Peter, Endgültiges Aus für Sonderanknüpfungen bei (Schein-) Auslandsgesellschaften, DB 2003, 2217-2218
Kloße-Mokroß, Lydia, Gläubigerschutz im Kapitalgesellschaftsrecht, Frankurt am Main 1997
Knobbe-Keuk, Brigitte, Bilanz- und Unternehmenssteuerrecht, 9. Aufl., Köln 1993
Koegel, Steffen, Formalien der GmbH-Gründung – ein Musterbeispiel für zuviel Staat, GmbHR 2003, 1225-1230
Kölner Kommentar zum Aktiengesetz, Herausgegeben von Wolfgang Zöllner, Bd. 1, §§ 1-75, 2. Aufl., Köln, Berlin, Bonn, München 1988, Bd. 2, §§ 76-117, 2. Aufl., Köln, Berlin, Bonn, München 1996, (zit.: Bearbeiter in KölnerKomm, AktG)
Kommission der Europäischen Gemeinschaften, Bericht der Kommission an das Europäische Parlament und den Rat – Ergebnisse der vierten Phase der SLIM-Initiative, Brüssel, den 4.2.2000, DOK KOM (2000) 56

(http://europa.eu.int/comm/internal_market/simplification/docs/com2000-56/com2000-56_de.pdf)

dies., Mitteilung der Kommission an den Rat und das Europäische Parlament – Modernisierung des Gesellschaftsrechts und Verbesserung der Corporate Governance in der Europäischen Union – Aktionsplan, Brüssel, den 21.5.2003, KOM (2003) xxx endgültig, (http://www.jura.uni-duesseldorf.de/dozenten/noack/com corporategov_de.pdf.)

Kort, Michael, Das Verhältnis von Auszahlungsverbot (§ 30 Abs. 1 GmbHG) und Erstattungspflicht (§ 31 GmbHG), ZGR 2001, 615-643

Krämer, Sven, Der Wechsel von Gesellschaftern bei Personen- und Kapitalgesellschaften in Deutschland, England und Frankreich – Eine rechtsvergleichende Untersuchung zur Ermittlung gemeinsamer gesellschaftlicher Prinzipien, Frankfurt am Main 2004

Kronstein, Heinrich, Die abhängige juristische Person, München, Berlin 1931 (Nachdruck 1973)

Kübler, Friedrich, Gesellschaftsrecht, 5. Aufl., Heidelberg 1999

ders., Unternehmensfinanzierung und gesetzliches Garantiekapital in Europa, AG 1998, 345

ders., Institutioneller Gläubigerschutz oder Kapitalmarkttransparenz, ZHR 1995, 550-566

ders., Aktienrechtsreform und Unternehmensverfassung, AG 1994, 141-148

ders., Aktie, Unternehmensfinanzierung und Kapitalmarkt: rechtsvergleichende Untersuchung der Möglichkeiten der Eigenkapitalbeschaffung in der Bundesrepublik und in der USA, unter besonderer Berücksichtigung der mit der nennwertlosen Aktie verbundenen Vor- und Nachteile, Köln 1989

Kulms, Rainer, Die US-amerikanische Limited Liability Company – Vorbild für eine deregulierte GmbH?, ZvglRWiss 2003, 272-287

Lagarde, Anmerkung zu Cass.Civ. 15 mars 1927 (Soc. française des fonderies et aciéries électriques de Saint-Chamond), S. 1927, I. 209

Lando, Ole, Principles of European Contract Law – An Alternative or a Precursor of European Legislation, RabelsZ 1992, 261-273

Lando, Ole/Beale, Hugh (Hrsg.), Principles of European Contract Law – Parts I and II, Prepared by The Commission of European Contract Law, The Hague 2000

Lando, Ole/Clive, Eric/Prüm, André/Zimmermann, Reinhard (Hrsg.), Principles of European Contract Law, Part III, The Hague für 2003

Lanzke, Gert Uwe, Umsetzung und Anwendung der europäischen Bankrichtlinien durch die Mitgliedstaaten, WM 1994, 2001-2010

Law Commission for England and Wales, (http://www.lawcom.gov.uk), Partnership Law – A Joint Consultation Paper, Consultation Paper 159, Chairman: Carnwath, Justice, London, September 2000, (abrufbar unter http://www.lawcom.gov.uk/files/cp159.pdf eine Zusammenfassung findet sich im Internet unter http://www.lawcom.gov.uk/files/cp159sum.pdf)

dies., Limited Partnerships Act 1907 – A Joint Consultation Paper, Consultation Paper 161, Chairman: Carnwath, Justice, London, November 2001, (http://www.lawcom.gov.uk/files/cp161.pdf eine Zusammenfassung findet sich im Internet unter http://www.lawcom.gov.uk/files/cp161sum.pdf)

dies., Partnership Law – Report presented to the Parliament of the United Kingdom by the Lord High Chancellor by Command of Her Majesty, Chairman: Toulson, Justice, Cm 6015, London, November 2003, (abrufbar unter http://www.lawcom.gov.uk/files/lc283-2.pdf eine Zusammenfassung findet sich im Internet unter http://www.lawcom.gov.uk/files/lc283sum.pdf)

dies., Draft Partnerships Bill, Chairman: Toulson, Justice, London, November 2003, (http://www.lawcom.gov.uk/files/lc283bill.pdf)

Law Society of England and Wales, Memoranda No. 464 des Company Law Committee, The European Commission`s Action Plan for Company Law, London, Juli 2003, (http://www.lawsociety.org.uk/influencinglaw/policyinresponse/view=article.law?DOCUMENTID=93155)

dies., Memoranda No. 440 (mit Appendix) des Company Law Committee, A Modern Regulatory Framework for Company Law in Europe, A Consultative Document of the High Level Group of Company Law Experts, London, Juni 2002, (http://www.lawsociety.org.uk/influencinglaw/policyinresponse/view=article.law?DOCUMENTID=2357)

dies., Memoranda No. 346 des Company Law Committee, European Commission Consultation Paper on Company Law, London, Mai 1997, (http://www.lawsociety.org.uk/influencinglaw/policyinresponse/view=article.law?DOCUMENTID=2357)

Lefebvre, Francis/Pöllath, Reinhard/Rädler, Albert J., Steuern in Frankreich, Köln 1976

Le Fèvre, Alain, La traduction en droit francais des sociétés commerciales de la 2e directive du conseil des communautés économiques européennes: La Loi n° 81-1162 du 30 décembre 1981 et le décret n° 82-460 du 2 juin 1982, Rev.soc. 1982, 441-472
Leible, Stefan/Hoffmann, Jochen, Wie inspiriert ist „Inspire Art"?, EuZW 2003, 677-683
Lembeck, Eva Désirée, UK Company Law Reform – Ein Überblick, NZG 2003, 956-965
Levedag, Christian, Capital Maintenance in England – Ein Überblick über die Kapitalerhaltungsgrundsätze im englischen Gesellschaftsrecht, IWB 2002, 575-600
Lienhard, Alain, Loi pour l`initiative économique: Quoi de neuf pour les sociétés?, D. 2003, 1900-1904
Lucas, François-Xavier, La distinction des titres de capital et des titres de créance, in der Dokumentation zum Kolloquium „Quel avenir pour le capital social" (Okt. 2003) Centre des recherche en droit financier de l`Université Panthéon-Sorbonne, 21-30, Hrsg.: Couret, Alain/ Le Nabasque, Hervé, Paris 2004
Lutter, Marcus, Kapital, Sicherung der Kapitalaufbringung und Kapitalerhaltung in den Aktien- und GmbH-Rechten der EWG, Frankfurt am Main 1964
ders., (Hrsg.) Europäische Auslandsgesellschaften in Deutschland, Köln 2006
ders., Europäisches Unternehmensrecht im 21. Jahrhundert, ZGR 2000, 1-18
ders., International Encyclopedia of Comparative Law, Volume 13: Business and Private Organisations, Chapter 2: Limited Liability Companies and Private Companies, Tübingen, Dordrecht, Boston, Lancaster 1998, (zit.: *Lutter*, International Encyclopedia)
ders., Gesetzliches Garantiekapital als Problem europäischer und deutscher Rechtspolitik, AG 1998, 375-377
ders., Europäisches Unternehmensrecht, 4. Aufl. (ZGR Sonderheft 1), Berlin, New York 1996
ders., Zum Umfang der Bindung durch Richtlinien, in: FS für Everling, Ulrich, Baden-Baden 1995, 765-782
ders., L`Apport en numéraire fictif: Une théorie allemande et un problème de droit européen, Rev.soc. 1991, 331-344
ders., Verdeckte Leistungen und Kapitalschutz, in: FS für Stiefel, Ernst C., München 1987, 505-533
ders., Vom formellen Mindestkapital zu materiellen Finanzierungsregeln im Recht der Kapitalgesellschaften, in: FS für Riesenfeld, Stefan, Ius Inter

Nationes, Hrsg.: Jayme, Erik/Kegel, Gerhard/Lutter, Marcus, Heidelberg 1983, 165-185

ders., Die Entwicklung des Gesellschaftsrechts in Europa, EuR 1975, 44-72

Lutter, Marcus/Hommelhoff, Peter, Kommentar zum GmbH-Gesetz, 15. Aufl., Köln 2000

Lyon-Caen, Ch./Renault, L./Amiaud, André, Traité de droit commercial, Tome 2 seconde partie, 5e edition, Paris 1929

Maier, Arno, Der Grundsatz der Kapitalerhaltung und die Durchgriffshaftung wegen Unterkapitalisierung im deutschen und amerikanischen Gesellschaftsrecht, Frankfurt am Main 1986

ders., Die GmbH im französischen Recht, GmbHR 1990, 379-384

Magnus, Ulrich, Die allgemeinen Grundsätze im UN-Kaufrecht, RabelsZ 1995, 469-494

Magnus, Samuel Woolf / Estrin, Maurice, Companies, Law and Practice, 3rd edition, London 1957

Manning, Bayless/Hanks, James J., Legal Capital, 3rd edition, New York 1990

Marini, Philippe, La modernisation du droit des sociétés – Rapport au Premier ministre, Paris 1996

Martens, Klaus-Peter, Die Anzeigepflicht des Verlustes des Garantiekapitals nach dem AktG und dem GmbHG – Zur Informationspolitik in den Kapitalgesellschaften, ZGR 1972, 254-288

ders., Erwerb und Veräußerung eigener Aktien im Börsenhandel, AG 1996, 337-349

Maser, Peter/Sommer, Alexander, Die Neuregelung der „Sanierenden Kapitalherabsetzung" bei der GmbH, GmbHR 1996, 22-32

Maul, Silja, Die Gründung einer SARL, RIW 1997, 911-920

Mayson, Stephen W. / French, Derek / Ryan, Christopher L., Company Law, 18th edition, London 2001

McGee, Andrew, Share Capital, London, Edinburgh, Dublin 1999

McCormack, Gerard, Company law and the new millennium: some cautionary tales from the past, Comp.Law. 2000, 57-58

McKendrick, Ewan, Contract Law, 4th edition, Hampshire 2000

Meilicke, Wienand, Anmerkung zum Urteil „Inspire Art", GmbHR 2003, 1271-1273

ders., Die Niederlassungsfreiheit nach „Überseering" – Rückblick und Ausblick nach Handelsrecht und Steuerrecht, GmbHR 2003, 793-809

Menjucq, Michel, Perspectives européennes du capital social, in der Dokumentation zum Kolloquium „Quel avenir pour le capital social" (Okt. 2003) Centre des recherche en droit financier de l'Université

Panthéon-Sorbonne, 145-151, Hrsg.: Couret, Alain/ Le Nabasque, Hervé, Paris 2004
Memento (Hrsg.: Memento Verlag), Gesellschaftsrecht für die Praxis, 3. Aufl., Freiburg i. Br. 2002, (zit.: *Memento*, Gesellschaftsrecht)
Mémento (Hrsg.: Francis Lefèbvre), Sociétés Civiles, Mémento Pratique Francis Lefèbvre, Levallois 2004, (zit.: *Mémento, Sociétés Civiles*)
Mercadal, Barthélémy/Janin, Philippe/Charvériat, Anne/Couret, Alain, Sociétés Commercial 2004, Mémento Pratique Francis Lefèbvre, Levallois 2003
Merkt, Hanno, Die Pluralisierung des europäischen Gesellschaftsrecht, RIW 2004, 1-7
ders., Der Kapitalschutz in Europa – ein rocher de bronze?, ZGR 2004, 305-323
Merle, Philippe, Droit commercial – Sociétés commerciales, 9e édition, Paris 2003
Mertens, Hans-Joachim, Anwendbarkeit von § 92 Abs. 1 AktG im Vergleichsverfahren?, AG 1983, 173-178
Meyer, Justus, Haftungsbeschränkung im Recht der Handelsgesellschaften, Berlin, Heidelberg, New York 2000
Michalski, Lutz, Ungeklärte Fragen bei der Einlagenrückgewähr im Aktienrecht, AG 1980, 261-269
Michalsky, Udo, Vergleichender Überblick über das Recht der Kapitalgesellschaften in Großbritannien, DStR 1991, 1660-1664
ders., Vergleichender Überblick über das Recht der Kapitalgesellschaften in Frankreich, DStR 1991, 1563-1568
Micheler, Eva, Gläubigerschutz im englischen Gesellschaftsrecht – Reformvorschläge mit Implikationen für Europa, ZGR 2004, 324-347
dies., The impact of the Centros case on Europe's company laws, Comp.Law. 2000, 179-182
Milman, David/Flanagan, Terence, Modern Partnership Law, London, Canberra 1983
Moellering, J./Koepsell, J., Das neue englische Gesellschaftsrecht, RIW 1981, 517-522
Moliérac, J., De la clause d'intérêts fixes dans les sociétés en commandite, Rev.soc. 1938, 113-124
Moreau, André, La société anonyme – Traité pratique, 2ème édition, Paris 1955
Morse, Geoffrey, Partnership Law, 5th edition, London 2001
ders., Charlesworth & Morse, Company Law, 16th edition, London 1999
Mülbert, Peter O./Birke, Max, Legal Capital – Is There a Case against the European Legal Capital Rules?, EBOR 2002, 695-732

Müller, Hans-Friedrich, Insolvenz ausländischer Kapitalgesellschaften mit inländischem Verwaltungssitz, NZG 2003, 414-418

Müller, Welf, Der Verlust der Hälfte des Grund- oder Stammkapitals - Überlegungen zu den §§ 92 Abs. 1 AktG und 49 Abs. 3 GmbHG, ZGR 1985, S. 191-213

Müller, Wolfgang/Müller Sebastian, Ausländische Gesellschaftsformen – eine wirkliche Alternative für deutsche GmbH-Unternehmer? 1. Teil: Deutsche GmbH, französiche S.A.R.L. und spanische SLNE, GmbHR 2006, 583-587

dies., Ausländische Gesellschaftsformen – eine wirkliche Alternative für deutsche GmbH-Unternehmer? 2. Teil: Englische Ltd., niederländische B.V., Fazit, GmbHR 2006, 640-643

Münchener Handbuch des Gesellschaftsrechts, Hrsg.: Gummert, Hans/Riegger, Bodo/Weipert, Lutz, Band 1, BGB-Gesellschaft, Offene Handelsgesellschaft, Partnerschaftsgesellschaft, EWIV, 2. Aufl., München 2004, (zit.: Münch. Hdb. GesR I-*Bearbeiter*)

dies., Hrsg.: Riegger, Bodo/Weipert, Lutz, Band 2, Kommanditgesellschaft, GmbH & Co. KG, Publikums-KG, Stille Gesellschaft, 2. Aufl., München 2004, (zit.: Münch. Hdb. GesR II-*Bearbeiter*)

dies., Hrsg.: Hoffmann-Becking, Michael, Band 4, Aktiengesellschaft, 2. Aufl., München 1999, (zit.: Münch. Hdb. GesR IV-*Bearbeiter*)

Münchener Kommentar zum Aktienrecht, Hrsg.: Kropff, Bruno/Semler, Johannes, München 2000, (zit.: *Bearbeiter* in MünchKomm, AktG)

Le Nabasque, Hervé, La fin de la connexion apports/capital?, in der Dokumentation zum Kolloquium „Quel avenir pour le capital social" (Okt. 2003) Centre des recherche en droit financier de l'Université Panthéon-Sorbonne, 103-125, Hrsg.: Couret, Alain/ Le Nabasque, Hervé, Paris 2004

Napier, C. / Noke, C., Premiums and Pre-Acquisition Profits: The Legal and Accounting Professions and Business Combinations, MLR 1991, 810-829

Natterer, Joachim, Bezugsrechtsausschluß und zweite gesellschaftsrechtliche Richtlinie, ZIP 1995, 1481-1489

Neßler, Volker, Wettbewerb der Rechtsordnungen oder Europäisierung? – Stand und Perspektiven des Europäischen Gesellschaftsrechts, ZfRV 2000, 1-8

Neuling, Jasper, Deutsche GmbH und englische private company, Köln 1997

Nienhaus, Julia, Kapitalschutz in der Aktiengesellschaft mit atypischer Zwecksetzung: eine rechtsvergleichende/europarechtliche Untersuchung

für Deutschland, Frankreich, Belgien, Großbritannien und Irland, Köln 2002
Niederleithinger, Ernst, Gesetzliches Garantiekapital als Problem europäischer und deutscher Rechtspolitik, AG 1998, 377-379
Niessen, Hermann, Gründung und Kapital von Aktiengesellschaften im Gemeinsamen Markt – Zum Vorschlag der Kommission einer zweiten Richtlinie zur Angleichung des Gesellschaftsrechts, AG 1970, 281-296
Nobel, Peter, Unternehmensfinanzierung und gesetzliches Garantiekapital in der Schweiz, AG 1998, 354-358
Nowotny, Christian, Verlust des halben Stammkapitals – Ein „kleiner“ Unterschied zwischen deutschem und österreichischen GmbH-Recht, FS Semler, Johannes, Berlin, New York 1993, S. 231-260

Ommeslaghe, Pierre van / Ryn, Jean van, International Encyclopaedia of Comparative Law, Volume 13: Business and Private Organisations, Chapter 5: Capital and Securities of Marketable Share Companies, Tübingen, Dordrecht, Boston, Lancaster 1990

Paefgen, Walter G., Wider die gesellschaftsrechtliche Ausländerphobie, ZIP 2004, 2253-2262
ders., Auslandsgesellschaften und Durchsetzung deutscher Schutzinteressen nach „Überseering“, DB 2003, 487-492
Paillusseau, Jean, La SA, Technique d`organisation de l`entreprise, Paris 1967
Palandt, Otto, Kommentar zum Bürgerlichen Gesetzbuch, 64. Aufl., München 2005, (zit.: *Bearbeiter* in Palandt, BGB)
Palmer's Company Law, Principal Editor: Morse, Geoffrey, Mehrbändige Loseblattsammlung, 25th edition, London 1992
Palmer's Limited Liability Partnership Law, Co-Ordinating Editor: Morse, Geoffrey, London 2002, (zit.: *Palmer*, Limited Liability)
Parléani, Isabelle, Les comptes courants d`associés, Paris 1986
Pecqueur, O., Variations autour du nouvel article L. 223-2 du Code de commerce relatif à la fixation du capital des SARL, JCP èd. N. 2003, 1645 ff.
Peitsmeyer, Philip, Die Vererbung von Gesellschaftsanteilen an Personen- und Kapitalgesellschaften in Deutschland, Frankreich und England – Eine rechtsvergleichende Untersuchung zur Ermittlung gemeinsamer Prinzipien des Gesellschaftsrechts, Frankfurt am Main 2004
Peltzer, Oliver, Die Neuregelung des Erwerbs eigener Aktien im Licht der historischen Erfahrungen, WM 1998, 322-331
Pennington, Robert R, Company Law, 8th edition, London, Edinburgh 2001

ders., Abschnitt Vereinigtes Königreich, in: Jura Europae, Das Recht der Länder der Europäischen Gemeinschaft, Bd. IV, Gesellschaftsrecht, München, Paris 1994

Pettet, Ben, Company Law, London 2001

Pic, Paul/Baratin, F., Des sociétés à responsabilité limitée, 2ème édition, Paris 1929

Pietrancosta, Alain, Capital zéro ou zéro capital, in der Dokumentation zum Kolloquium „Quel avenir pour le capital social" (Okt. 2003) Centre des recherche en droit financier de l'Université Panthéon-Sorbonne, 127-141, Hrsg.: Couret, Alain/ Le Nabasque, Hervé, Paris 2004

du Pontavice, Emmanuel, Bull. CNCC 1976.201

du Pontavice, Emmanuel/ Dupichot, Jaques, Traité de Droit Commercial, Bd. 2: Les sociétés Commercial, 3e édition, Paris 1983

Poole, Jill, Abolition of the Ultra Vires Doctrine and Agency Problems, Comp.Law. 1991, 43-49

Poitrinal, F. D., L'auto-détention du capital; approche comparative entre les droits francais et américain, Rev. Banque, 1991, 732 ff.

Poulnais, M., L'achat de ses propres actions par une société depuis la loi du 24 juillet 1966, RTD com. 1969, 17-35

Price Waterhouse Coopers, Die englische Limited mit Verwaltungssitz in Deutschland, pwc Juli 2004, 20-21

Raiser, Thomas, Recht der Kapitalgesellschaften, 2. Aufl., München 1992

Rajak, Harry, Sourcebook of Company Law, 2nd edition, Bristol 1995

Recq,Jean-Gabriel/Hoffmann, Sven, Die französische SARL als GmbH-Ersatz?, GmbHR 2004, 1070-1077

Reinhard, Yves, Interdiction de l'achat par une société de ses propres actions, RTD com. 1993, 533-537.

ders., L'actif net des sociétés (les capitaux propres), Paris 1984

Riedemann, Susanne, Das Auseinanderfallen von Gesellschafts- und Insolvenzstatut – „Inspire Art" und die Insolvenz über das Vermögen einer englischen „limited" in Deutschland, GmbHR 2004, 345-349

Riegger, Bodo, Centros – Überseering – Inspire Art: Folgen für die Praxis, ZGR 2004, 510-530

Ripert, Georges, Aspects juridiques du capitalisme moderne, 2e édition, Paris 1951

Ripert, Georges / Roblot, René / Germain, Michel, Traité de droit commercial, Bd. 1 Volume 2, 18e édition, Paris, 2002

Rojo, Angel, Unternehmensfinanzierung und gesetzliches Garantiekapital in Spanien, AG 1998, 358-363 *von Rosen, Rüdiger/Helm, Leonard*, Der Erwerb eigener Aktien durch die Gesellschaft – Plädoyer für ein neues Instrument der Unternehmensfinanzierung in Deutschland und einen wichtigen Impuls für den deutschen Kapitalmarkt, AG 1996, 434-442

Roth, Wulf-Henning, Internationales Gesellschaftsrecht nach Überseering, IPRax 2003, 117-127

Rousseau, Jean, Traité des sociétés à responsabilité limitée – Régime juridique et fiscal, Paris 1952

Rowedder, Heinz, Gesetz betreffend die Gesellschaft mit beschränkter Haftung, 4. Aufl., München 2002

Saintourens, Bernard, Droit des sociétés, 2e édition, Paris 1998

Sandrock, Otto, Die Schrumpfung der Überlagerungstheorie, ZvglRWiss 2003, 447-504

ders., Sitzrecht contra Savigny? Zum angeblichen Chaos im internationalen Gesellschaftsrecht, BB 2004, 897-901

Sayag, Alain/Palmade, Alexis, Le capital social et sa rémunération après les récentes reformes, Rev.soc. 1983, 699-735

Schanze, Erich/Jüttner, Andreas, Anerkennung und Kontrolle ausländischer Gesellschaften – Rechtslage und Perspektiven nach der Überseering-Entscheidung des EuGH, AG 2003, 30-36

Schertz, Ernst, Der Schutz der Gesellschaftsgläubiger in der Gesellschaft mit beschränkter Haftung und der Société à responsabilité limitée – Eine vergleichende Studie des deutschen und französischen Rechts, Saarbrücken 1933

Schilling, Wolfgang, Urteilsbesprechung BGH, 24.3.1954 – II ZR 23/53, JZ 1954, 634 ff.

Schmidt, Karsten, Gesellschaftsrecht, 4. Aufl., Köln, Berlin, Bonn, München 2002

ders., Die Sicherung der Kapitalaufbringung und Kapitalerhaltung in Kapitalgesellschaften, in: Blaurock, Uwe (Hrsg.), Recht der Unternehmen in Europa, Baden-Baden 1993, 103 ff.

ders., Insolvenzrisiko und gesellschaftsrechtliche Haftung, JZ 1985, 301-308

ders., Der gutgläubige Empfang von Scheingewinnen und die Kapitalsicherung im Aktienrecht, im Recht der GmbH und im Kommanditgesellschaftsrecht, BB 1984, 1588-1593

ders., Kommanditisteneinlage – Kapitalaufbringung und Kapitalerhaltung in der KG, ZGR 1976 307-348

Schmidt-Tiedemann, Ulrike, Geschäftsführung und Vertretung im Gesellschaftsrecht Deutschlands, Frankreichs und Englands – Eine

rechtsvergleichende Untersuchung zur Feststellung gemeineuropäischer Prinzipien des Gesellschaftsrechts, Frankfurt am Main 2004
Schmitthoff, Clive M., The Future of the European Company Law Scene, in: The Harmonisation of European Company Law, edited by Schmitthoff, Clive M., London 1973, 1-27
ders., The second EEC directive on company law, CMLR 1978, 43-54
Schön, S., Geschichte und Wesen der eigenen Aktie, Triltsch, Würzburg 1937
Schön, Wolfgang, Die verdeckte Gewinnausschüttung – eine Bestandsaufnahme, in: Festgabe für Werner Flume zum 90. Geburtstag, Berlin, Heidelberg 1998, 265-299
ders., Wer schützt den Kapitalschutz?, ZHR 2002, 1-5
ders., Das Bild des Gesellschafters im Europäischen Gesellschaftsrecht, RabelsZ 2000, 5-37
Scholz, Franz, Kommentar zum GmbH-Gesetz, Band 1, §§ 1-40, 9. Aufl., Köln 2000, Band 2, §§ 45-87, 9. Aufl., Köln 2002, (zit.: *Bearbeiter* in Scholz, GmbHG)
Schultze-Petzold, Dirk, Die GmbH als Trägerin eigener Geschäftsanteile, Frankfurt am Main 1991
Schumann, Alexander, Die englische Limited mit Verwaltungssitz in Deutschland: Kapitalaufbringung, Kapitalerhaltung und Haftung bei Insolvenz, DB 2004, 743-749
Schuster, Peter, Gesetzliches Garantiekapital als Problem europäischer und deutscher Rechtspolitik, AG 1998, 379-381
Schwanna, André, Die Gründung von Gesellschaften in Deutschland, Frankreich und Großbritannien – Gemeineuropäische Prinzipien des Gesellschaftsrecht, Frankfurt am Main 2002
Schwarz, Christian Günter, Europäisches Gesellschaftsrecht – Ein Handbuch für Wissenschaft und Praxis, Baden-Baden 2000
ders., Europäisches Gesellschaftsrecht –Textsammlung, Baden-Baden 2000
Scott, T, Returning Value to Shareholders. Options for Companies, (1997) 8 (3) PLC 19
Sealy, Len S, Cases and Materials in Company Law, 7th edition, London, Edinburgh 2001
Seibert, Ulrich, GmbH-Reform: Der Referentenentwurf eines Gesetzes zur Modernisierung des GmbH-Rechts und zur Bekämpfung von Missbräuchen – MoMiG, ZIP 2006, 1157-1168
Simon, Joëlle, La société par actions simplifiée et la proposition de création d`une société privée européene, Rev.soc. 2000, 263-270
Skog, Rolf, Der Erwerb eigener Aktien: Reformbestrebungen in den EU-Mitgliedstaaten, ZGR 1997, 306-333

SLIM-Arbeitsgruppe, SLIM-Schlankheitskur für EU-Gesellschaftsrecht, ZIP 1999, 1944-1948
Sonnenberger, Hans Jürgen, Der Entwurf eines Europäischen Vertragsgesetzbuchs der Akademie Europäischer Privatrechtswissenschaftler – ein Meilenstein, RIW 2001, 409-422
Sonnenberger, Hans Jürgen/Autexier, Christian, Einführung in das französische Recht, 3. Aufl., Heidelberg 2000
Sonnenberger, Hans Jürgen/Dammann, Reinhard, Französisches Handels- und Wirtschaftsrecht, 2. Aufl., Heidelberg 1991
Sousi, Gérard, Un délit souvent inadapté: l'abus des biens et du crédit de la société, RTD com. 1972, 297-317
Spickhoff, Andreas, Der verbotswidrige Rückerwerb eigener Aktien: Internationales Privatrecht und europäische Rechtsangleichung, BB 1997, 2593-2603
Spier, Jaap/Haazen, Olaf A., The European Group on Tort Law ("Tilburg Group") and the European Principles of Tort Law, ZEuP 1999, 469-493
Spindler, Gerald/Berner, Olaf, Inspire Art – Der europäische Wettbewerb um das Gesellschaftsrecht ist endgültig eröffnet, RIW 2003, 949-957
Spolidoro, Saverio, The legal capital and the raising of funds through the issuance of securities in Italy, AG 1998, 363-368
Staudinger, J., Kommentar zum Bürgerlichen Gesetzbuch mit Einführungsgesetz und Nebengesetzen, Buch 2 – Recht der Schuldverhältnisse, §§ 705-740 (Gesellschaftsrecht), 13. Aufl., Berlin 2003, (zit.: *Bearbeiter* in Staudinger, BGB)
Stengel, Arndt/Scholderer, Frank, Der zivilrechtliche Ausgleich des Steuernachteils einer verdeckten Gewinnausschüttung, ZGR 1997, 41-65
Stimpel, Walter, Zum Auszahlungsverbot des § 30 Abs.1 GmbHG, in FS: 100 Jahre GmbH-Gesetz, Hrsg.: Lutter, Marcus/Ulmer, Peter/Zöllner, Wolfgang, Köln 1992, 335-361
Storp, Roger, Reform des französischen Unternehmensrechts im Rahmen des Gesetzes über "Neue Wirtschaftliche Regulierungen" vom 15.5.2001, RIW 2002, 409-423

Talbot, Lorraine/Grant Michael, Houses built on sand: the case of the debenture-holder, Comp.Law. 2000, 212-216
Teichmann, Christoph, Bericht über die Diskussion (ZGR-Symposium), ZGR 2004, 348-354
Tillmanns, Wolfhard, Abschnitt Frankreich, in: EU-Handbuch Gesellschaftsrecht, Hrsg.: Hohloch Gerhard, Herne, Berlin 1997

Timmermanns, Christian W. A., Die europäische Rechtsangleichung im Gesellschaftsrecht – Eine integrations- und rechtspolitische Analyse, RabelsZ 1984, 14-47

Tipke, Klaus/Lang, Joachim, Steuerrecht, Ein systematischer Grundriß, 16. Aufl., Köln 1998

Torck, S., Le rachat par les sociétés cotées de leurs propres actions et le principe d`egalité des actionnaires, Joly Bourse 2002, 509-ff.

Triebel, Volker, Exportschlager englische Ltd – Ladenhüter GmbH?, BB 2004, Heft 17, VI-VII

Triebel, Volker/von Hase, Karl, Wegzug und grenzüberschreitende Umwandlungen deutscher Gesellschaften nach „Überseering" und „Inspire Art", BB 2003, 2409-2417

Triebel, Volker/Hodgson, Stephen/Kellenter, Wolfgang/Müller, Georg, Englisches Handels- und Wirtschaftsrecht, 2. Aufl., Heidelberg 1995

Tries, Hermann-Josef, Verdeckte Gewinnausschüttungen im GmbH-Recht, Köln 1991

Ullrich, Christine, Verdeckte Vermögensverlagerungen in den Aktien- und GmbH-Rechten Frankreichs, Belgiens und Deutschlands, Köln, Berlin, Bonn, München 1994

dies., Kapitalaufbringung und »verdeckte Sacheinlage« im französischen Gesellschaftsrecht, DB 1990, 465-470

Ulmer, Peter, Gesellschaft bürgerlichen Rechts und Partnerschaftsgesellschaft, Sonderband aus Band 5 des Münchener Kommentar zum BGB, 4. Aufl., München 2004, (zit.: Ulmer, BGB)

ders., Gläubigerschutz bei Scheinauslandsgesellschaften – Zum Verhältnis zwischen gläubigerschützendem nationalem Gesellschafts-, Delikts- und Insolvenzrecht und der EG-Niederlassungsfreiheit, NJW 2004, 1201-1210

ders., Gesellschafterhaftung gegenüber der GmbH bei Vorteilsgewährung unter Verstoß gegen § 30 Abs. 1 GmbHG, in FS: 100 Jahre GmbH-Gesetz, Hrsg.: Lutter, Marcus/Ulmer, Peter/Zöllner, Wolfgang, Köln 1992, 363-389

ders., Die GmbH und der Gläubigerschutz, GmbHR 1984, 256-264

Unger, Joachim, Unterkapitalisierung in Belgien und Frankreich, Frankfurt am Main 1998

Veaux-Fournerie, Paulette, L`acquisition de ses propres actions ou parts sociales par la société émettrice, Rennes 1953

Viandier, Alain, Le rachat d`actions après la loi n° 98-546 du 2 juillet 1998, R.J.D.A. 1998, 590-ff.

Vidal, Dominique, Le commissaire aux comptes dans la société anonyme, Paris 1985
Viegener, Johannes, Verdeckte Gewinnausschüttungen im französischen Steuerrecht, RIW 1988, 788-803
Vietz, Nadja, Feliz Ano Nuevo oder: Glückliches Spanien – Armes Deutschland?, GmbHR 2003, 26-28
Vorpeil, Klaus, Neuere Entwicklungen im englischen Handels- und Wirtschaftsrecht, RIW 2004, 691-703
ders., Neuere Entwicklungen im englischen Handels- und Wirtschaftsrecht, RIW 2001, 449-456

Wachter, Thomas, Auswirkungen des EuGH-Urteils in Sachen Inspire Art Ltd. Auf Beratungspraxis und Gesetzgebung – Deutsche GmbH vs. Englische private limited company, GmbHR 2004, 88-105
ders., Frankreich: Die "Ein-Euro-GmbH" ab 2004, GmbHR 2003, R 377-R378
Wainman, David, Company Structures, London 1995
Walter, Bernhard, Gesetzliches Garantiekapital und Kreditentscheidung der Banken, AG 1998, 370-372
Wassermeyer, Franz, Einige Grundsatzüberlegungen zur verdeckten Gewinnausschüttung, GmbHR 1998, 157-163
Weill, Alex, Droit Civil, Introduction générale, 3e édition, Paris 1973
Weller, Marc-Philippe, „Inspire Art": Weitgehende Freiheiten beim Einsatz ausländischer Briefkastengesellschaften, DStR 2003, 1800-1804
ders., Einschränkung der Gründungstheorie bei missbräuchlicher Auslandsgründung?, IPRax 2003, 520-524
ders., Das Internationale Gesellschaftsrecht in der neusten BGH-Rechtsprechung, IPRax 2003, 324-328
ders., Scheinauslandsgesellschaften nach Centros, Überseering und Inspire Art : Ein neues Anwendungsfeld für die Existenzvernichtungshaftung, IPRax 2003, 207-210
Wendt, Susanne, Die Kontrolle der Geschäftsführung in Personen- und Kapitalgesellschaften in Deutschland, Frankreich und England – Eine rechtsvergleichende Untersuchung zur Ermittlung gemeinsamer Prinzipien des Gesellschaftsrechts, Frankfurt am Main 2004
Weßling, Johannes/Romswinkel, Marco, Wehret den Anfängen – Keine Diskriminierung ausländischer Gesellschaften nach EuGH „Inspire Art", GmbHR 2003, R441-R442
White Paper – Modernising Company Law, Presented to Parliament by the Secretary of State for Trade and Industry by Command of Her Majesty, Cm 5553-I, London, 16. July 2002

White Paper – Modernising Company Law (Draft Clauses), Presented to Parliament by the Secretary of State for Trade and Industry by Command of Her Majesty, Cm 5553-II, London, 16. July 2002
Wiedemann, Herbert, Gesellschaftsrecht Bd. I, München 1980
Wilhelm, Jan, Kapitalgesellschaftsrecht, Berlin 1998
ders., Umgehungsverbote im Recht der Kapitalaufbringung, ZHR 2003, 520-545
ders., Bilanz, Vermögen, Kapital, Gewinn bei Einzelkaufmann, Personengesellschaften und Kapitalgesellschaften, ZHR 1995, 454-478
ders., Die Vermögensbindung bei der Aktiengesellschaft und der GmbH und das Problem der Unterkapitalisierung, in: FS für Flume, Werner Bd. II, Köln 1978, S. 337-397
Wilson Committee, The Financing of Small Firms, Interim Report of the Committee to Review the Functioning of Financial Institutions, Cm 7503, London 1979
Winter, Martin, Verdeckte Gewinnausschüttung im GmbH-Recht, ZHR 1984, S. 579-602
Wirth, Gerhard, Vereinfachte Kapitalherabsetzung zur Unternehmenssanierung, DB 1996, 867-872
Wolf, Martin, Ausbau des Gläubigerschutzes statt Totalverbots der „GbR mit beschränkter Haftung" – Eine kritische Nachlese zum Urteil des BGH vom 27.9.1999, WM 2000, 704-712
Würdinger, Hans, Aktienrecht und das Recht der verbundenen Unternehmen, 4. Aufl., Heidelberg, Karlsruhe 1981
Wymeersch, Eddy, Gesellschaftsrecht im Wandel: Ursachen und Entwicklungslinien, ZGR 2001, 294-324
ders., Das Bezugsrecht der alten Aktionäre in der Europäischen Gemeinschaft: eine rechtsvergleichende Untersuchung, AG 1998, 382-393

Yamey, Basil S., Aspects of the law relating to company dividends, MLR 1941, 273-298

Ziebe, Jürgen, Die Regelung des Erwerbs eigener Aktien in den Mitgliedstaaten der Europäischen Gemeinschaft, AG 1982, 175-190
ders., Der Erwerb eigener Aktien und eigener GmbH-Geschäftsanteile in den Staaten der Europäischen Gemeinschaft, Frankfurt am Main 1981
Ziemons, Hildegard, Freie Bahn für den Umzug von Gesellschaften nach Inspire Art?!, ZIP 2003, 1913-1920
Zimmer, Daniel, Internationales Gesellschaftsrecht, Heidelberg 1996

ders., Nach „Inspire Art“: Grenzenlose Gestaltungsfreiheit für deutsche Unternehmen?, NJW 2003, 3585-3592
Zweigert, Konrad / Kötz, Hein, Einführung in die Rechtsvergleichung, 3. Aufl., Tübingen 1996

Europäische Integration
und Internationale Wirtschaftsbeziehungen
Rechtswissenschaftliche Studien

Herausgegeben von Peter Behrens

Band 1 Hella Kinder: Die Außenindustriepolitik der Europäischen Gemeinschaft dargestellt am Beispiel von Antidumpingmaßnahmen. 1996.

Band 2 Stefan Flach: Rechtsbindung einer industriepolitischen Instrumentalisierung öffentlicher Aufträge. 1996.

Band 3 Nicolas Baron von Behr: Multinationale Unternehmen und Exportkontrollen. Völkerrechtliche Zulässigkeit und Grenzen extraterritorialer Ausfuhrbeschränkungen. With an English Summary. 1996.

Band 4 Andreas Pense: Die personalistische Eurokapitalgesellschaft als Instrument der Unternehmenskooperation in der EU. Ein Entwurf auf rechtsvergleichender Grundlage. 1997.

Band 5 Marcus Mackensen: Institutionelle Anleger im Unternehmensrecht Deutschlands und der USA. 2000.

Band 6 André Schwanna: Die Gründung von Gesellschaften in Deutschland, Frankreich und Großbritannien. Gemeineuropäische Prinzipien des Gesellschaftsrechts. 2002.

Band 7 Ulfert Frenzel: Die Beurteilung von Forschungs- und Entwicklungskooperationen zwischen Herstellern und Zulieferern in der deutschen Automobilindustrie nach europäischem und deutschem Kartellrecht. 2003.

Band 8 Fabian Stancke: Einstweilige Anordnungen im dezentralen Vollzug des Gemeinschaftsrechts. Einstweilige Anordnungen und die Kohärenz des gemeinschaftlichen Rechtsschutzsystems bei der Anwendung des Gemeinschaftsrechts durch deutsche Verwaltungs- und Zivilgerichte. 2004.

Band 9 Katerina Buchtova: Marktstrukturelle Kriterien bei der kartellrechtlichen Beurteilung vertikaler Bindungen im europäischen und im tschechischen Kartellrecht. 2004.

Band 10 Katja Koch: Handelspräferenzen der Europäischen Gemeinschaft für Entwicklungsländer. Typologie, Konditionierungen, WTO-Konformität. 2004.

Band 11 Julia Richter: Gatekeeper Positionen in der europäischen Fusionskontrolle. Marktabschottungsgefahren bei Zusammenschlüssen im Informations- und Kommunikationssektor. 2004.

Band 12 Ulrike Schmidt-Tiedemann: Geschäftsführung und Vertretung im Gesellschaftsrecht Deutschlands, Frankreichs und Englands. Eine rechtsvergleichende Untersuchung zur Feststellung gemeineuropäischer Prinzipien des Gesellschaftsrechts. 2004.

Band 13 Kerstin Dittmann: Öffnung von Märkten durch kartellrechtlichen Kontrahierungszwang. Eine Analyse von § 20 Abs. 1 GWB und Art. 82 EG unter Berücksichtigung der *essential facilities-doctrine*. 2004.

Band 14 Susanne Wendt: Die Kontrolle der Geschäftsführung in Personen- und Kapitalgesellschaften in Deutschland, Frankreich und England. Eine rechtsvergleichende Untersuchung zur Ermittlung gemeinsamer Prinzipien des Gesellschaftsrechts. 2004.

Band 15 Britta Noack: Industrielle Zulieferverträge und Art. 81 EGV. Unter besonderer Berücksichtigung der Gruppenfreistellungsverordnung 2790/99 für vertikale Vereinbarungen. 2004.

Band 16 Sven Krämer: Der Wechsel von Gesellschaftern bei Personen- und Kapitalgesellschaften in Deutschland, England und Frankreich. Eine rechtsvergleichende Untersuchung zur Ermittlung gemeinsamer gesellschaftsrechtlicher Prinzipien. 2004.

Band 17 Philip Peitsmeyer: Die Vererbung von Gesellschaftsanteilen an Personen- und Kapitalgesellschaften in Deutschland, Frankreich und England. Eine rechtsvergleichende Untersuchung zur Ermittlung gemeinsamer Prinzipien des Gesellschaftsrechts. 2004.

Band 18 Jörg Arzt-Mergemeier: Der gesellschaftsrechtliche Minderheitenschutz in Deutschland, England und Frankreich. Eine rechtsvergleichende Untersuchung zur Ermittlung gemeinsamer Prinzipien des europäischen Gesellschaftsrechts. 2006.

Band 19 Christian Rosner: Staatliche Ausgleichsleistungen für gemeinwirtschaftliche Verpflichtungen im Spannungsfeld zwischen Wettbewerb und Daseinsvorsorge. 2006.

Band 20 Andreas W. Dimke: Neutralitätspflicht und Übernahmegesetz. Eine vergleichende Untersuchung von Abwehrmaßnahmen bei feindlichen Übernahmen nach deutschem und US-amerikanischem Recht unter besonderer Berücksichtigung des deutschen Übernahmegesetzes. 2007.

Band 21 Justus Jansen: Der gesellschaftsrechtliche Kapitalschutz in Deutschland, England und Frankreich. Eine rechtsvergleichende Untersuchung zur Ermittlung gemeinsamer gesellschaftsrechtlicher Prinzipien. 2007.

www.peterlang.de

Peter Lang · Europäischer Verlag der Wissenschaften

Marc Merschmeyer

Die Kapitalschutzfunktion des Jahresabschlusses und Übernahme der IAS/IFRS für die Einzelbilanz

Frankfurt am Main, Berlin, Bern, Bruxelles, New York, Oxford, Wien, 2005.
326 S.
Europäische Hochschulschriften: Reihe 2, Rechtswissenschaft. Bd. 4182
ISBN 3-631-53856-1 · br. € 56.50*

Ausgangspunkt der Arbeit ist die dem nationalen Gesetzgeber durch die so genannte IAS/IFRS-Verordnung vom 19.07.2002 gewährte Möglichkeit, Kapitalgesellschaften die Befolgung der IAS/IFRS im Einzelabschluss verbindlich aufzugeben. Der Autor untersucht die Eignung der IAS/IFRS unter dem Gesichtspunkt der europäischen und nationalen Kapitalerhaltungsregeln und vor dem Hintergrund des kapitalgesellschaftsrechtlichen Trennungsprinzips. Dabei kommt er zu dem Ergebnis, dass das geltende, in rechtspolitischer Hinsicht fundierte Kapitalerhaltungsregime, für dessen Bewahrung er eintritt, auf Grundlage der IAS/IFRS nicht aufrechtzuerhalten wäre.

Aus dem Inhalt: Der europäische Rechtsrahmen des Kapitalschutzes · Kapital als Instrument der Risikoverteilung zwischen Gläubigern und Unternehmenseignern · Handelsbilanzieller Bezugsrahmen des Kapitalschutzes · Einzelabschluss auf Grundlage der IAS/IFRS · Konsequenzen für das Jahresabschlussrecht

FSC
www.fsc.org
MIX
Papier | Fördert
gute Waldnutzung
FSC® C083411

Kolibri 360 GmbH
Ferdinand-Jühlke-Straße 7
99095 Erfurt, Deutschland
produktsicherheit@kolibri360.de

Druck:
CPI Druckdienstleistungen GmbH
im Auftrag der
Kolibri 360 GmbH
Ferdinand-Jühlke-Str. 7
99095 Erfurt